现代农业发展、城乡一体化与生态文明建设

——地方区域经济发展研究

XianDai NongYe FaZhan,ChengXiang YiTiHua
Yu ShengTai WenMing JianShe
——DiFang QuYu JingJi FaZhan YanJiu

张良悦 郭素玲 李国强 刘 君 著

经济科学出版社

前　言

始于1978年的农村改革，以家庭联产承包责任制的制度安排，大大激发了农民的热情和农村经济发展的活力，很快解决了中国农村的贫困问题，稳固了农业的基础地位，为后来中国城市经济的快速发展提供了强有力的支持。然而，在随后30年工业化和城镇化的快速推进中，并没有对农业的基础地位和农村的进一步发展给予应有的重视，使农业现代化未能与工业化和城镇化同步进行，出现了许多新的发展问题。例如，耕地的大规模消失、城乡收入差距的逐步扩大、农业兼业化乃至副业化、农村空心化及发展活力的衰退、农村生态环境的破坏，等等。因此，当中国经济步入中等收入阶段之后，农业和农村区域的进一步发展，自然而然成为理论关注的重大问题。

首先，什么是现代农业，如何在发展新型工业化、新型城镇化的同时，同步推进农业现代化。一般认为，现代农业是以“绿色革命”为标志的石化农业和机耕农业，区别于传统的家庭农业。由于种子培育、农药化肥、机械动力等外部要素的引入，现代农业大大地提高了产出效率，并释放出大量劳动力。但是，由于农产品缺乏弹性的需求特征，使得农业产业并不能像工业品一样，随着产出的提高效益同步增加，而是收益减缓甚至下降。因此，与制造业和服务业相比，比较优势逐步丧失，日益成为弱势产业。这样，就使其在现代化的过程中呈现出兼业化和副业化的发展特征。这一问题进一步发展，就呈现出现农业发展阶段中的“收入问题”：即粮食数量安全不是由于生产能力，而是由于农业收益的低下导致的。就中国农业目前的发展来看，农业“收入问题”既具有规律性特征，也具有制度性因素，是家庭承包责任制农地制度发展困境的综合反映。

随着工业化的快速发展和城镇化的强力推进，农民的非农就业机会不断增加，家庭农业劳动的机会成本不断上升，再加上农业技术的进步和资本投入的增加，使得农业劳动生产率急剧下降，从而导致农业的兼业化和副业化，使家庭承包制所带来的细碎化经营的弊端暴露无遗。这就需要通过土地流转，适度规模经营加以解决。但是，在制度供给短缺的情况下谈何容易？土地流转必须从根本上解决人地高度紧张的基本矛盾，需要转移农村相对剩余的劳动力，而劳动力的转移需要工业化为其提供就业岗位，需要城镇化为其提供生活空间。但是，工业化怎样发展，城镇化公共产品的资金又如何积累，农村居民土地财产（宅基地财产）当如何置换，都是需要解决的相关问题。此时，农业问题又与农村区域发展问题紧密联系在一起，与工业化、城镇化联系在一起。所以，现代农业的发展，必须与新型工业化、新型城镇化同步推进。

其次，现代农业发展与生态环境紧密联系在一起。农业生产与生态环境是不可分割的，一方面，农地的开垦改变了生态；另一方面，农业的耕作又维持了生态，关键是怎样与生态环境和谐共生。为什么我们将 20 世纪 60 年代农业技术进步所引发的农业现代化称之为“绿色革命”？这是因为，农业技术的大幅进步（特别是种子技术），农业机械的大规模实施，农业耕作方式的大量改进，大大提高了土地的产出效率，从而节约了人口增长需要对耕地开垦的压力，保护了生态环境。从发达国家现代农业发展所走过的过程来看，石化农业所带来的生态问题主要包括土壤的退化、化肥过度使用与农药残留对环境的全方位污染、水资源的过度使用所带来的隐患。基于这样的认识，它们提出了多功能农业和可持续农业的概念，注重对生态环境的保护，对耕地的保护，对食品质量（有机农业）的再认识。

我国近年来的农业发展也同样经历着这些问题，特别是，由于耕地相对不足和粮食需求的紧平衡，家庭经营不能很好适应现代农业的规模经营，农业“收入问题”逐步显现，使得中国的农业生产出现高复种率、高化肥农药投入、高水资源消耗的特征，对生态环境形成极大的破坏，为农业的可持续发展带来极大的困难。这就需要我们在推进农业现代化的进程中，充分考虑农业的多功能性，考虑农业的可持续发展，走新型农业现代化道路。

最后，现代农业发展与城乡一体化。从发展的角度看，城市和乡村表现为“二元”的特征，一方面是农村贫困的、落后的不发展状态；另一方面是城市富裕的、先进的发达状态，因此，传统发展经济学家认为，经济发展的主要任务就是由不发达的“二元”状态向一元状态的过渡。但是，随着经济的高度发达，特别是通讯和交通的高度发展，以及城镇化扩张存在的规模不经济、生态环境等问题，发达国家又出现了“逆城市化”的城市化形态。这种发展的复归，实际上反映了以人为本、与自然和谐、社会包容的发展观，是城乡发展的一体化。作为一种发展的理念，城乡一体化不仅要解决农村贫困和落后，还是解决城市拥堵和城市污染等问题的途径。健康的城镇化存在两种反馈机制，即农村以生产城市居民必要的农产品和干净的水、空气来支持城市，而城市则应以文明卫生的生活方式、高效的经济模式、创新的科技和充沛的资本来反哺农村。中国目前的城镇化，由于制度的短缺和机制的约束，形成了“土地城镇化”，“二元”结构的强化。土地城镇化，一方面表现为城镇空间的快速扩张与土地资本化；另一方面表现为农村发展的边界蔓延和空心化。“二元”结构的强化，一方面表现为城乡差距的逐步扩大；另一方面表现为农民工迁移的“非市民化”，形成新的城市“二元”结构。这些可称之为“城市病”和“农村病”。因此，从发展的角度来看，特别是从新型工业化、新型城镇化和新型农业现代化“三化”协调发展的视角看，在各种制度和因素的约束下，城乡一体化就成为一种现实选择。城乡一体化就是通过城乡统筹，实施就地城镇化和乡村区域的更新。

带着对这些问题的思考，形成了我们不同的研究课题。粮食安全、现代农业发展、土地流转、农民合作组织、城乡一体化、“三化”协调发展、食品质量安全以及绿色食品与循环农业等等问题的研究，都是以上述农业现代化和农村区域发展为中心。如果可以作为一个概括，我们称之为“现代农业发展、城乡一体化与生态文明建设”。

目录

contents

第一篇

土地流转、专业合作组织及粮食生产

党的十八大提出了“工业化、信息化、城镇化、农业现代化同步发展”的新型发展道路，高度重视农业在经济发展中的基础性地位，以保证我国的粮食安全和生态环境。十八届三中全会则进一步提出“推进家庭经营、集体经营、合作经营、企业经营等共同发展的农业经营方式”，以及“鼓励农村发展合作经济，扶持发展规模化、专业化、现代化经营”的发展措施，进而改变农业弱势和被边缘化的地位，并逐步提高农民收入和激活农村经济发展活力。这充分表明了粮食生产和现代农业在我国经济发展中的重要意义。本篇三章内容紧紧围绕这一思想，对粮食生产和现代农业发展问题进行了集中研究。第一章从宏观的视角就河南粮食主产区的战略地位、发展中存在的问题及其未来的发展路径进行了分析。第二章从微观的视角对农民专业合作组织进行了研究，分析总结了农民专业合作社示范社的发展状况与实践经验，探讨了保持合作社提高效率健康成长的内外部机制。第三章主要分析土地流转问题，在对土地流转一般理论和基本状况分析的基础上，结合区域具体案例，就土地流转中存在的现实问题、制度需求及政府作为提出了相应的政策建议。

第一章

国家重要粮食生产与现代农业基地的发展路径*

【本章摘要】 本章主要内容可从四个方面解释，首先从中国粮食安全基本状况的视角分析河南省粮食生产和现代农业发展在全国经济发展中的重要地位，以及河南农业发展对中原经济区发展的重要意义。其次从实证的角度分析了河南省粮食生产的基本状况、发展空间及面临的主要问题。河南省无论是在粮食总产量上，还是在粮食种植结构上，都是我国粮食生产的核心区，在未来的粮食生产中也具有进一步增产的空间。但是河南省未来粮食生产也面临严峻的问题，其中最为突出的是“农业收入”问题，即农业收入在农民收入中的占比逐步下降所带来的种粮积极性的降低。最后是在前文基础上提出了河南粮食生产和现代农业发展的基本路径。提出河南粮食生产和现代农业发展的基本战略，即从根本上转变农业发展方式，通过现代农业发展，用解决农业收入问题来保障粮食生产。在具体的发展路径上，提出了从制度上解决收入问题，农业的产业化经营与产业集群构建，以种子产业为突破加大农业技术进步与推广，以及食品健康与食品监管等方面的内容。最后是总结性的政策建议。提出“抓住源头，盘活中间，做大末端”的政策思路。所谓抓住源头是指，在农业产业化的生产中必须加大研发投入，加大技术应用和推广力度，重视技术在农业生产中的贡献；所谓盘活中间是指，在农业生产和农业加工方面通过制度创新进行适度规模经营，大力发展设施农业，优化种植和养殖业的比例结构，积极关注有机农业，实现农业的可持续发展；所谓做大末端是指，紧紧围绕居民食品结构转化的需求，开发满足不同层次需求的食物产品，做大包括冷链物流、餐饮配送在内的第三产业，实现劳动力转移和产业结构升级。

---

* 本章内容为2011年度河南省哲学社会科学规划委托项目“关于河南建设国家重要粮食生产和现代农业基地的发展路径研究”（2011GJJ045）的结项成果，项目主持人：杨新新教授。项目参与人：张良悦、杨群、刘君、王继鹏、郭素玲，张良悦执笔。

第一节　引　　言

一、研究目标

本章主要研究目标是，从理论和实践的角度研究在中原经济区建设中河南省粮食生产和农业现代化的基本发展路径。粮食安全问题一直是社会关注的重大战略问题。我国是粮食生产和消费大国，年产粮食在5亿吨以上，保障了我国粮食需求的高自给率。尽管与全球粮食危机相比，我国粮食目前能够完全自给，但在粮食生产问题上也绝不容忽视。随着城市化、工业化的推进和人均收入增长及生活方式的转变，粮食需求的增加及土地、劳动、资本等要素的转移，我国粮食安全将面临严峻的挑战（王雅鹏等，2011）。近年来，我国粮食生产呈现明显的“北移西扩”趋势，中部粮食产区的产量比重不断上升，在我国粮食安全战略中占据重要地位。河南省更是粮食生产的重点省区，连续多年一直位居全国之首。2011年9月，《国务院关于支持河南省加快建设中原经济区的指导意见》提出，“积极探索不以牺牲农业和粮食、生态和环境为代价的‘三化’协调发展的路子，是中原经济区建设的核心任务”。这使河南省的农业发展摆在更为突出的位置，“国家重要的粮食生产和现代农业基地”成为其战略定位。加快转变农业发展方式，发展高产、优质、高效、生态、安全农业，提高农业专业化、规模化、标准化、集约化水平，成为河南粮食和农业生产的发展方向。

二、研究的主要任务

本章的主要任务是：（1）从理论和实践上探讨分析河南粮食生产增产的空间、存在的主要问题；（2）河南省农业发展方式的转变，包括粮食生产和现代农业发展的制度需求与供给，土地流转制度、农民合作组织的发展；（3）河南省现代农业发展的路径选择，包括从制度上解决农业收入问题，产业结构的调整和产业集群的形成；（4）以种子产业为代表的农业技术进步对粮食生产的贡献；（5）在理论分析和实践调研的基础上提出政策建议。

三、研究的主要方法

本章的分析主要基于现有的统计资料、理论前沿、实践调研，对问题的分析和政策的建议主要从产业政策的角度，置于全国发展的市场背景和河南省全省的实际状况及发展的态势，而不是局限于某一具体问题和暂时的状况。相应的政策建议更加侧重于思路分析，而不是具体的操作方法。

第二节 我国粮食安全的基本概况及河南农业生产的基础地位

一、我国粮食生产与安全概况

（一）我国粮食生产、消费的一个基本概况

我国既是粮食生产大国，更是粮食消费大国。我国粮食需求与供给的发展历史表明，粮食需求表现为刚性增长趋势，而供给能力却受到多重因素制约。2010年全国粮食总产量54 647.7万吨，其中，谷物49 637.1万吨，大豆1 896.5万吨，薯类3 114.1万吨，连续7年获得丰收，并创新高。然而，根据国家海关和国家农业部统计，2010年中国粮食净进口5 963.5万吨，占国内粮食总产出的10.91%，已经连续3年超出国家粮食95%的自给率目标。图1－1、图1－2和图1－3分别是我国近十年粮食生产、粮食进出口和人均粮食占有情况，尽管粮食生产在稳步提升，但从中可以发现，粮食生产和供给处于一种长期的紧平衡状态。

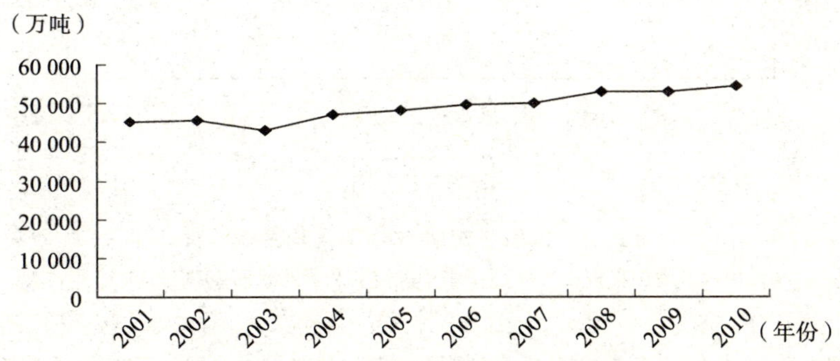

图1－1 2001～2010年中国粮食生产情况

资料来源：《中国农业发展报告（2011）》，中华人民共和国农业部2011年11月。

我国是粮食消费大国，粮食生产供给缺口的解决不能过度依赖进口，必须依靠本国的生产加以解决。2009年我国粮食需求达到5.23亿吨，占世界2009/2010年度粮食消费需求的23.5%，相当于世界贸易量的2倍。即使是10%的粮

食进口，也相当于世界谷物出口量的20%。可见，中国粮食进出口的“大国效应”非常显著，如果寄希望于依赖进口贸易满足基本粮食供应，则粮食供应问题随时将转化为国家安全问题。在世界农产品供求紧张的情况下，谷物产品是最容易列入各国政府实施贸易管制甚至禁止贸易的产品。

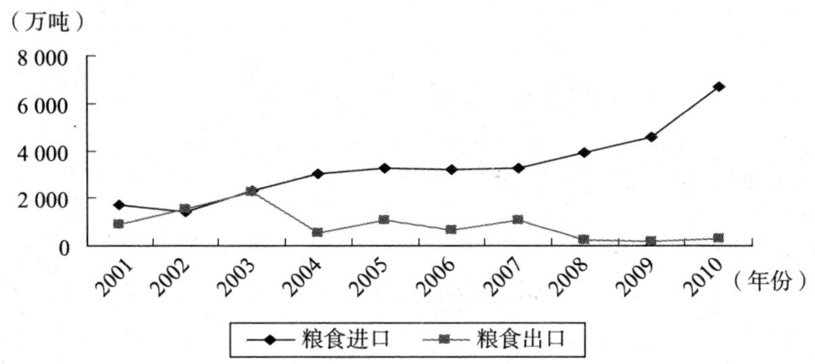

图1-2　2001~2010年中国粮食进出口状况（含大豆）

资料来源：《中国农业发展报告（2011）》，中华人民共和国农业部2011年11月。

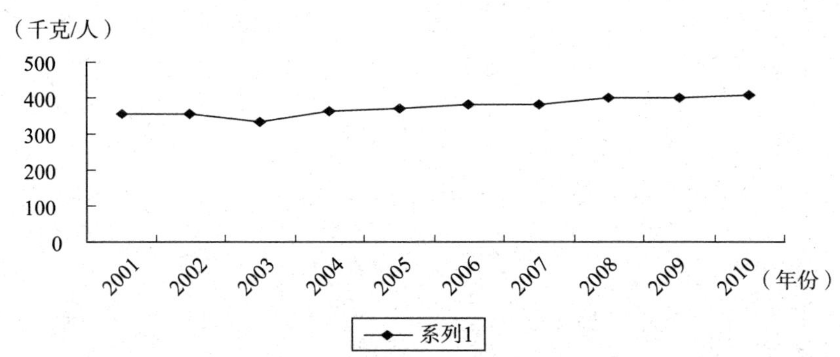

图1-3　2001~2010年中国人均占有粮食

资料来源：《中国农业发展报告（2011）》，中华人民共和国农业部2011年11月。

我国粮食需求的刚性增加，一方面是由于人口增加导致新的需求所引起；另一方面则是消费结构的转换导致对更多粮食的需求。

近年来，中国的粮食消费结构发生很大变化。随着收入水平的提高，城乡居民人均口粮消费趋于减少，饲料用粮稳步增长，工业用粮则快速增加。据国家粮油信息中心数据显示，2009/2010年度，用于口粮消费的水稻、小麦和玉米占三大粮食消费总量的56.4%；饲料用粮占三大粮食品种消费总量的27.4%；工业用粮占三大粮食消费总量的14.6%（吴乐等，2011）。随着人们生活水平的提高，动物性食品和食用植物油脂消费量快速增长，例如，原来70%的玉米用做口粮，现在65%的玉米用做饲料粮，而且，每年也有4 000多万吨的小麦和稻谷用做饲料。所以，饲料粮将成为我国粮食消费的一大项，我国粮食问题主要是饲料粮问题，粮食增产的大部分将主要用做饲料。

由于饲料消费的快速增加，带动了玉米和大豆需求的强劲增长，结果也使粮食种植结构和中国粮食进出口结构发生了变化，即用于生产饲料的玉米种植面积增加，而相应的稻谷和小麦种植面积减少。例如，1995年谷物种植面积占农作物播种面积的59.59%，稻谷、小麦、玉米的比重分别为20.51%、19.26%、15.20%；2010年谷物的种植面积占农作物播种面积的55.92%，相应地，稻谷、小麦、玉米的比重分别为18.59%、15.10%、20.23%。这种变化也同样反映在粮食进出口的变化上（见图1－4）。

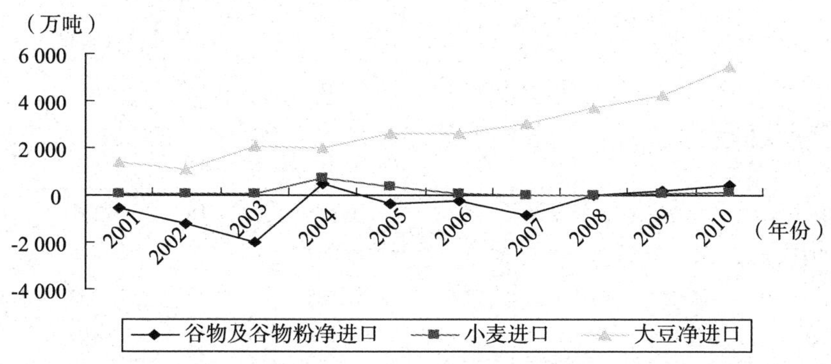

图1－4　2001～2010年中国部分粮食进出口情况

资料来源：《中国统计年鉴》相关年鉴。

从图1－4中可以看出，中国谷物及谷物粉的国际贸易正逐步由净出口变为净进口。2003年粮食大幅减产，2004年净进口为502万吨，但2010年，在粮食连续六年取得丰收之后仍进口451万吨，说明国内对谷物需求的缺口压力较大，其中，小麦进口也是在波动中趋于增加。最为明显的是，大豆净进口呈明显的增加趋势，最近3年，我国大豆进口超过全球大豆进口量的一半。这与中国的粮食种植结构有很大的关系。大豆的进口在很大程度上替代其他的粮食生产与消费。尽管近年来由于饲料需求和食用植物油需求大幅增加，但由于谷物为主要的粮食消费，为了保证谷物的生产，大豆的种植面积一直维持在农作物播种面积的5%～6%之间。事实上，近年来中国进口大量大豆和棉花节约大量耕地进行主要粮食生产，一方面推动了我国当前粮食安全状况得到持续改善，但另一方面也同时成为我国未来粮食安全状况的制约因素（马文峰、王义斌，2011）。

表1－1为我国2004～2011年粮食供需平衡的一个基本情况。可以看出：(1)尽管粮食安全系数在稳步增加，但对粮食进口依赖也有所增加。虽然期间粮食生产在稳步增加，但进口在持续减少至2008年最低点之后又恢复增加，而粮食出口却在快速减少，净进口呈稳步增长之势。(2)口粮消费在稳步减少，饲料用粮在稳步上升，工业用粮快速增加。(3)为了保障国家粮食安全，粮食库存也在逐步增加，成为调节供需的一个重要组成部分。

表1－1　2004～2010年中国粮食供需平衡表　单位：万吨

	2004/2005	2005/2006	2006/2007	2007/2008	2008/2009	2009/2010	2010/2011
期初库存	7 743	9 537	11 268	13 882	13 876	15 850	17 705
粮食产量	46 947	48 402	49 804	50 160	52 870	53 082	54 641
国内供给	54 690	57 940	61 072	64 043	66 746	68 932	72 346
进口	970	611	352	150	145	305	552
总供给	55 661	58 551	61 424	64 193	66 891	69 237	72 899
口粮消费	28 747	27 758	27 514	27 281	27 500	27 160	27 052
工业消费	2 970	3 417	4 096	5 357	6 095	6 479	6 880
深加工	1 297	1 627	1 939	2 463	2 714	2 691	2 906
酿造消费	1 673	1 790	2 157	2 894	3 381	3 789	3 974
饲料消费	18 096	19 590	19 676	21 485	22 042	22 632	23 289
副产品	6 576	6 511	6 653	6 956	7 200	7 227	7 339
种子	1 174	1 210	1 245	1 254	1 322	1 327	1 311
损失	939	968	996	1 003	1 057	1 062	1 093
国内总消费	45 349	46 431	46 875	49 425	50 817	51 434	52 286
出口	774	852	667	893	224	98	78
总消费	46 123	47 283	47 541	50 318	51 041	51 532	52 364
期末	9 537	11 268	13 882	13 876	15 850	17 705	20 534
安全系数	20.68	23.83	29.20	27.58	31.05	34.36	39.21

资料来源：马文峰，王义斌．中国粮食安全的几个问题［J］．粮食加工，2011（3）：6－10.

（二）中国未来粮食生产的目标

中国政府历来重视粮食安全问题，把保障粮食供给作为头等民生大事。国务院根据中国人口增长和未来经济发展的基本情况，制定了《2008～2020年中国粮食发展规划纲要》，提出粮食供给率95%的明确要求；《全国新增1 000亿斤粮食生产能力规划（2009～2020年)》，提出了到2020年增加1 000亿斤的具体目标。

与此相应，“十二五”种植业发展的总体目标进行了进一步的细化：粮食安全保障有力，主要农产品满足供应，农产品质量安全水平稳定提高，产业结构不断优化，技术装备水平显著提升，可持续发展能力明显增强。具体目标上提出了努力实现“一个确保，三个力证”。即确保粮食基本供给，立足国内实现基本自给、确保自给率达95%以上，粮食播种面积稳定在1.07亿公顷以上，粮食综合生产能力稳定在5.4亿吨以上；力争食用植物油自给率稳定在40%，油料播种面积稳定在1 400万公顷，产量达到3 500万吨；力争棉花基本满足国内消费需求，棉花面积稳定在533万公顷左右，总产量达到700万吨以上；力争蔬菜稳定供应，蔬菜面积稳定在1 866.7万公顷，总产量稳定在6.5亿吨左右。

二、中国粮食生产面临的主要约束条件

从总体上看，我国未来粮食生产中存在着不可忽视的问题：粮食播种面积总体呈下降趋势，粮食产量波动明显，品质优良的粮食品种仍难满足城乡居民生活与加工需求，粮食质量安全隐患仍比较严重，粮食生产比较效益持续偏低，农民种粮积极性下降，粮食生产投入不足，生产要素持续流出；粮食产业链利益分配失衡，种粮农民分享增值收入偏低；粮食市场调控体系不健全，应对国际竞争的总体战略设计缺失（翟虎渠，2011）。

（一）耕地减少的压力

耕地是粮食生产的基本条件，没有耕地和适宜的气候与水资源，农业生产是不可能实现的。为了保障粮食供应和粮食安全，中国政府制定了18亿亩耕地的红线。尽管如此，未来中国的粮食生产仍然会受到耕地减少的压力和约束。这主要包括两个方面：一是城市化进程土地的刚性需求形成对耕地减少的压力，例如，1998~2008年，在快速的城市化进程中，由于多种因素，我国耕地面积减少了1.12亿亩；二是由于耕作方式导致的土地退化所带来的耕地减少的压力。中国农业主要特征是常规农业生产体系下的高土地生产率。20世纪70年代后期引入的农业绿色革命经过30多年后已经基本上形成了农业化学的生产方法。然而，这种“精耕细作”主要是依靠技术进步、化肥投入和水利资源。目前，由于过度的耕作和化肥的过度使用，已经导致了土壤退化、沙漠化和土地风化，反过来，恶劣的耕作条件又对未来的农业生产形成进一步的制约，陷入一种恶性循环。所以，土地风化和沙漠化是中国农业的一个主要风险，可能会不断减少可耕用土地。

（二）小规模的家庭农业生产面临挑战

中国的家庭承包责任制在解决农民生产积极性方面发挥了极大的作用，并持续推动中国粮食产出水平的不断提高。然而，这种家庭生产方式又是与农业绿色革命结合在一起的，绿色革命对农业技术进步、农业化学产品的投入、水利设施建设、农业机械装备、劳动力素质的提高等方面提出了相关的要求，而家庭生产对这些大规模的农业外部要素的投入并不是较好的组织方式。所以，在农业绿色革命进一步推进的过程中，家庭农业生产的优势便逐步减弱。例如，由于耕地的细碎化，使得家庭生产无法扩大规模，难以获得贷款和相应的公共服务。这样，新的技术进步应用、现代农业生产的物质技术装备、劳动力素质的提升都会受到家庭生产的挑战。再如，由于农民知识和技术的局限，现代农业生产方式转换滞缓，农民认为增加产出的唯一办法就是增加化肥投入；殊不知，当灌溉和肥料的用量已经达到很高水平时，现代要素的边际报酬递减规律便开始发挥作用，即高投入并不能带来高产出。这些都需要生产方式的转变。

经济发展方式转变要求粮食生产由粗放型向集约型转变，由主要依靠物质消耗向依靠科技进步、劳动者素质提高和管理创新方向转变，同时，低碳和农业循环经济的发展也对粮食生产提出了更高的要求。然而，目前从事农业生产的劳动力大多都是老人和妇女，年轻一代从事农业劳动意愿的极少，农业劳动力面临断层的困扰。在这种情况下，农村总体人力资本不仅没有提升，反而呈现出下降的趋势，这对现代农业生产的技术进步也是一个非常不利的影响。这两个方面对家庭责任制的经营方式提出了严峻的挑战。

（三）食品消费结构转换带来的压力

在需求方面，随着生活水平的提高，城市区域营养习惯的改变也将影响农业生产。从谷物消费占主导的营养结构向更高比例的蔬菜、水果、奶制品和肉制品营养结构的转变将会促使农民转变其产出结构。结果是要生产和谷物同样的营养热量，将会要求越来越多的土地和能量（Vereijken P. H.，2002）。例如，我国肉食消费量近年来在稳步增长（见图1－5）。这里面很可能出现的情况是，为了适应消费结构的变化和增加农业收入，农民对经济作物的种植增加（以及对养殖业投入的增加）会挤压粮食作物的耕种，进而影响粮食生产。

（四）生产成本增加与收益减少导致的农民生产激励的降低

粮食主产区经济社会协调发展与农民增收对粮食安全构成严峻的挑战。粮食生产比较效益低，粮食主产区经济社会发展水平相对滞后，经济社会发展的协调性差，地方政府与农民均缺乏粮食生产的积极性，粮食生产面临发展与增加收入的巨大压力。

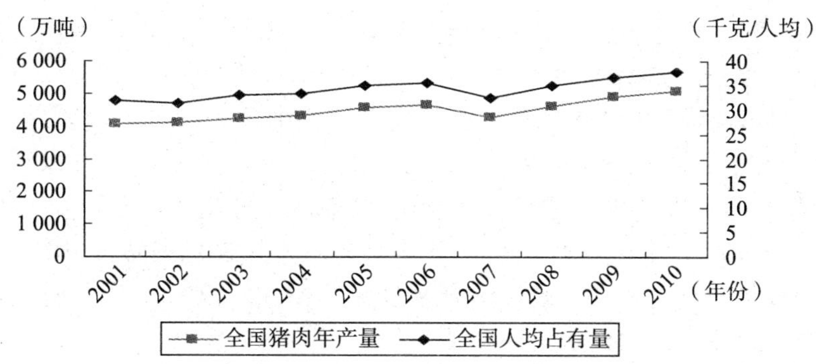

图 1－5　2001～2010 年我国人均猪肉消费情况

注：不包含进出口情况。

资料来源：《中国农业发展报告（2011）》，中华人民共和国农业部 2011 年 11 月。

谷物相对价格的下降和生产资料价格的上涨使得进一步的集约化变得无利可图。水资源短缺今天在许多地区成为农业生产的主要制约因素，水资源短缺导致的粮食生产成本提高。粮食生产供给的动力不足，不是由于生产的潜能问题，而是由于农业收入低下问题。现实已经表明，我国的农业发展已经进入“农业收入”问题阶段，如果不能很好解决农民生产的积极性，那么，中国的粮食供给和粮食安全将会成为一个严峻问题。

三、粮食生产在中原经济区建设中的地位与作用①

（一）中国粮食生产的区域转移

近年来，我国粮食生产的“北移西扩”趋势日趋明显。1996 年全国粮食总产突破 5 亿吨，南方产区的产量占 51.73%，东部产区占 37.55%；2007 年全国

① 中原经济区是以全国主体功能区规划明确的重点开发区域为基础，以中原城市群为支撑，注重河南全省，延及周边地区的经济区域。2011 年 9 月，《国务院关于支持河南省加快建设中原经济区的指导意见》提出，“积极探索不以牺牲农业和粮食、生态和环境为代价的‘三农’协调发展的路子，是中原经济区建设的核心任务”。2012 年 11 月，国务院批复了中原经济区规划，其范围涵盖河南全省 18 个市；山西省的晋城市、长治市和运城市；河北省的邯郸市和邢台市；山东省的聊城市、菏泽市和泰安市与平县；安徽省的淮北市、亳州市、宿州市和淮南市凤台县，共涵盖 30 个地级市和 2 个县。区域面积 28.9 万平方公里，涉集人口 1.7 亿人。出于不同的研究视角和对问题的侧重，本书在不少地方将中原经济区与河南省相互替代使用。

粮食产量再次超过5亿吨，南方产区和东部产区粮食产量分别下降至47.49%和32.97%。统计显示，目前全国80%以上的商品粮和90%以上的粮食调出量来自13个粮食主产区。在主产区内，各个省份对国家粮食安全的贡献率变化也很大，粮食安全对个别省份的依存度有所增加。1995～2009年，粮食主产区中辽宁、河北、湖北、湖南、四川、江西6个省对全国粮食安全的贡献率较小，低于4%；黑龙江、吉林、内蒙古3个省区贡献率较大，其中黑龙江省的贡献率最大，为22%；河南省的贡献率成较明显的上升趋势，2005年以来一直保持在15%以上；山东和江苏对粮食安全的贡献率逐年大幅下降。从粮食安全依存度上看，1996年黑龙江、吉林、内蒙古、山东、江苏5个省区对国家粮食安全贡献率均超过10%，而到2007年超过10%的省区则减少为黑龙江、吉林、内蒙古、河南4个省（王兆华等，2011）参见表1-2。

表1-2　2000～2009年我国粮食主产区8省对国家粮食安全的贡献率

年份	黑龙江	吉林	内蒙古	山东	河南	江苏	安徽	湖南
1995	23.11	20.39	3.60	18.32	-0.81	11.58	5.42	4.70
2000	23.14	12.38	7.21	9.99	13.84	7.46	5.46	7.97
2001	24.36	18.72	7.24	9.63	13.70	6.25	4.80	6.76
2002	28.35	22.44	10.01	1.09	14.12	5.02	9.12	2.55
2003	25.34	27.74	11.59	8.05	7.10	0.07	1.60	4.53
2004	26.86	25.35	10.66	3.33	12.42	2.39	6.78	3.66
2005	22.78	21.39	10.57	6.71	15.06	0.92	4.61	4.57
2006	23.50	20.90	9.87	6.50	18.01	2.28	6.78	3.79
2007	23.48	16.55	10.48	6.92	19.75	2.77	6.76	3.26
2008	28.83	18.69	12.49	5.46	17.20	1.27	6.20	2.83
2009	30.43	14.73	10.95	5.91	17.37	1.70	6.97	3.82

资料来源：王兆华等．粮食安全视野下的我国粮食生产结构再认识［J］．农业现代化研究，2011，(3)：257-260.

（二）河南粮食生产在国家粮食安全中的地位

河南粮食总产量占全国的1/10，小麦年总产量占全国的1/4，小麦的商品粮占全国的1/3，油料总产多年居全国第一。河南每年调出近150亿千克的商品粮食和粮食制成品，为国家的粮食安全做出了重大贡献。河南是全国粮食生产的主产区，在中国工业化大力发展和城市化加速推进的今天，河南作为国人粮仓生产基地的地位愈加凸显。图1-6显示，1978年改革开放以来，河南粮食播种面积占全国粮食播种面积的比重稳中有升，从最低的7.56%上升到最高的9.01%；同样，粮食产出水平占全国产出水平的比重也是稳步增长，从最低的6.25%上升到最高的10.26%。1998年河南粮食产量突破400亿千克，2006年突破500亿千克。占全国粮食产量的1/10。在近几年的全国粮食增长中，河南新增粮食产量占全国增量的1/3。

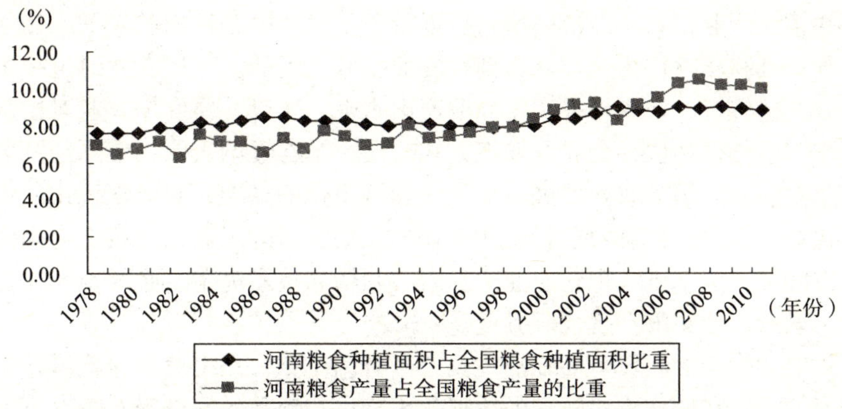

图1-6　1978~2010年河南粮食种植与生产占全国的比重

资料来源：《中国统计年鉴》相关年份。

河南粮食生产大省的地位不仅表现在粮食总产出水平上，更表现在粮食的种植结构上。2010年，河南耕地面积占全国耕地面积的6.51%[①]，仅次于黑龙江的9.72%，居全国第二。但是，播种面积占全国播种面积的8.87%，大于黑龙江省的播种面积7.57%，居全国首位。在农业生产中，粮食作物播种面积占农作物播种面积68.36%，与全国平均水平68.38%基本持平，但从种植结构上看，谷物种植比重为91.59%，远高于全国水平55.92%，其中，稻谷、小麦、玉米的种植比重分别为6.44%、54.21%、30.25%，而同期全国平均水平分别为18.59%、15.10%、20.23%。所以，无论是从粮食总产量上，还是从粮食种植结构上，都说明河南粮食生产的主体地位不容动摇，由此也决定了中原经济区建设中河南粮食生产的战略定位。

四、农业现代化与中原经济区崛起

（一）农业与经济增长

粮食问题是发展中国家经济起飞过程中重点关注的问题，发展经济学家如李

① 资料来源于《中国统计年鉴》(2011)。下文没有标明来源出处的数据，皆是来自该年鉴。

嘉图、刘易斯等人就明确指出，低收入国家在农业停滞不前的情况下会遇到粮食问题。如果发展中国家不重视提高农业生产率，不重视农业技术进步所需要的农业投资，不断向工业转移农业资源，通过掠夺农业实现工业化，必然会产生粮食（短缺）问题，从而使工业化陷入困境。研究表明，农业发展是工业发展和城市发展的基础，如果没有农业的持续强大的发展，就不可能有有竞争力的工业和充分发展的第三产业，农业经济的增长可以带动工业和第三产业的发展。然而，农业的这种基础和支撑作用是建立在现代农业基础之上的。现代农业通过技术进步和耕作方式的转变，极大地提高了农业产出水平。所以，要发挥农业对经济增长的促进作用，必须尽快转变农业发展方式。这一基本理论表明：中原经济区建设中不容忽视农业问题，农业发展是工业化和城市化的基础；农业现代化的本质是用工业化的理念改造传统农业，现代农业的发展为新兴工业化和城市化提供了新的发展空间和产业基础；现代农业的发展必须依靠技术进步，必须走产业化的道路，大力发展产业集群和现代服务业。

河南农业生产方式转变面临的主要任务有两个：一是土地细碎化耕作带来的农业技术的应用和耕作方式转变的挑战与困难，在现有的家庭经营情况下，现代要素的投入（化肥、农药、机耕、灌溉等）开始呈现边际报酬递减现象，粮食生产已经接近极限；二是农业收入低下所带来的农业生产激励的降低，由于粮食产品的需求弹性特征，农业生产成本的不断上涨以及非农就业工资的大幅上涨，农业副业化已经相当严重，并由此造成可能的粮食短缺。

（二）农业产业化是河南农业发展的主要任务

现代农业的本质就是农业的产业化，利用现代技术和工业装备以及市场基础上的产业经营理念改造传统的农业。

农业产业化必须依靠技术投入和进步。解决未来粮食安全问题主要在于单产提高，而单产提高主要靠品种改良、耕作方法改进、耕地质量的提高三个方面。具体来讲，通过提高粮食生产科技含量、特别是优质高产良种推广，对于粮食单产提高至关重要；加大实施土地整理，不断提高耕地质量，保障粮食生产的基础条件；改进粮食作物种植制度，实施测土配方，做到“以用为养”，改进和提高土地肥力；完善粮食产业化经营制度，有条件的地区采取适度规模经营。中国粮食产量增长有很大的潜力，如果达到当前国际先进水平，水稻、小麦和玉米总产分别可以提高 30%、50% 和 50%（马文峰、王义斌，2011）。

大力发展设施农业，增加农业附加值，提高农民收入。在现代经济产业体系中，农业产业是一个弱势产业，这主要是由于农产品的需求性质所决定。但另外，农产品是一个必不可少的基础产品，具有公共产品的性质，必须保障其供应。尽管国家可以采取产业政策加以扶持，但也会带来一系列问题，如导致产品的过度供给，增加财政负担等。所以，解决这一问题还必须从产业内部调整上加以解决，通过产业和产品结构的调整，逐步提升产业竞争力。其竞争力的来源主要在于适应城市化居民结构的转换所带来的增值空间，例如，新鲜食品、精加工产品、方便食品、熟制食品的供应，高度加工化食品的配送，餐饮业的大力发展等，都能成为现代农业发展的增值空间，从而增加农民收入。再如，蔬菜生产和畜牧养殖业的规模化提升，不仅是未来食品结构转变的需要，也是现代农业发展的一个主要内容。河南粮食生产充足，气候条件适宜，是中国养殖业（生猪）理想的区域，应该大力发展。这些都将成为未来河南农业产业化发展的重要内容。

（三）农业现代化与农业产业集群的突破

现代农业产业化的发展，产品价值链是一个重要的载体。现代经济的竞争，已经不是单个企业、单一商品之间的竞争，而是以产品价值链为主导的产业之间的竞争、区域之间的竞争。产业价值链在龙头企业的驱动下，从产品的研发、设计、制造、营销、服务等各个环节呈现给市场和消费者，每个环节都能够成为价值增值的空间，所以，更加发挥了专业化分工的优势和产品的综合产业优势和地域优势。农业产业化同样也存在着产品价值链，而且，更加体现出地域特征。所以，农业现代化为未来经济的发展提供了一个极佳的机会和空间。中原经济区建设中，必须紧紧抓住中国城市化快速发展、城市化人口迅速增长、人们消费结构急迫转变的发展机遇，在现代农业的发展中大力发展农业加工业和农业服务业，通过培育发展农业龙头企业来促使农业产业集群的形成和发展，进而提高农民收入和转移农村劳动力，提高种植规模，保障粮食生产供应。

第三节　河南粮食生产的现状与提升空间

一、河南粮食生产的现状

（一）粮食总产稳步提高

2010 年，河南省拥有耕地面积 7 202. 38 千公顷（2008 年普查数目），播种面积为 14 248. 69 千公顷，粮食生产 54 647. 1 万吨。河南地处中原地带，具有粮食生产的自然优势，自古以来就是我国粮食生产的主要地区。改革开放以来，河南粮食生产取得长足的增长，每隔大约十年就会跃上一个台阶。如图 1 –7 所示，20 世纪 70 年代末至 80 年代初，河南粮食产出水平为 200 多亿千克；80 年代末至 1990 年代初突破 300 亿千克；90 年代末至 21 世纪初突破 400 亿千克；2006 年突破 500 亿千克。经过十多年的发展，河南省已经成为中国的粮食主产区和生产大省，其粮食产出水平占全国粮食的 1/10，占 13 个粮食主产区的 13%。

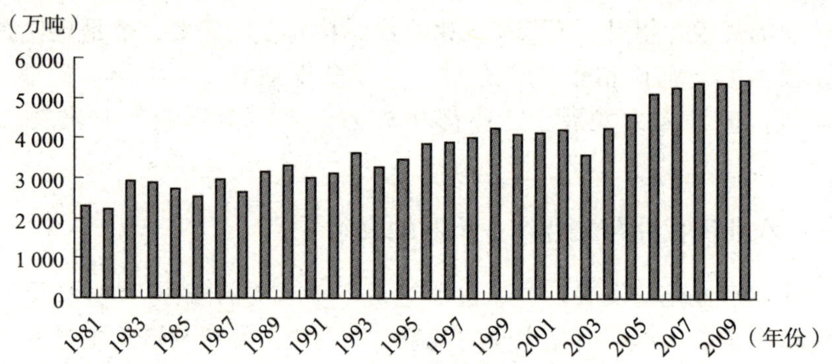

图 1 –7 1981 ~2010 年河南粮食产出水平

资料来源：《新中国 60 年统计资料汇编》。

（二）种植结构稳中有升

河南省在粮食生产上产业定位明确，始终把粮食生产作为农业生产的重大任务，近 10 年来河南粮食的增产主要是靠小麦、玉米、水稻三大作物的增产实现的。图 1 –8 所示，2001 ~2010 年河南农作物种植结构中，粮食种植面积稳中有升，油料和蔬菜面积有较小幅度增长，棉花种植有较大幅度下降。这一种植结构，一方面显示了河南对粮食生产的重视；另一方面也较好地发挥了河南粮食生产的比较优势。

（三）单产水平增幅滞缓

图 1 –9 所示为 2001 ~2010 年河南省单位土地面积（公顷）的产出水平。从总体上看，河南粮食单产呈小幅稳步增长状态，主要谷物小麦和玉米都是先下降尔后恢复增长，且小麦单产水平高出玉米单产水平。从具体情况上看，小麦单产水平虽在 2003 年大幅下跌之后恢复并稳步增长，但距 2002 年的最高单产水平仍有很大差距，例如，2010 年的单产水平比之 2002 年的最高水平仍相差 1 800 千克。玉米则是波动增长，其中，2003 年为最低水平 3 211 千克，2008 年为最高水平5 727千克。玉米单产水平长期低水平增长是河南粮食生产急需解决的重要问题。

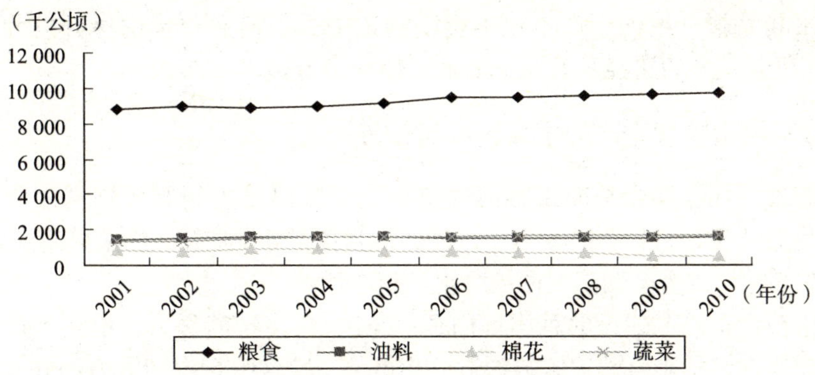

图 1－8　2001～2010 年河南主要农作物种植情况

资料来源：《河南六十年（1949～2009）》和《河南统计年鉴（2011）》。

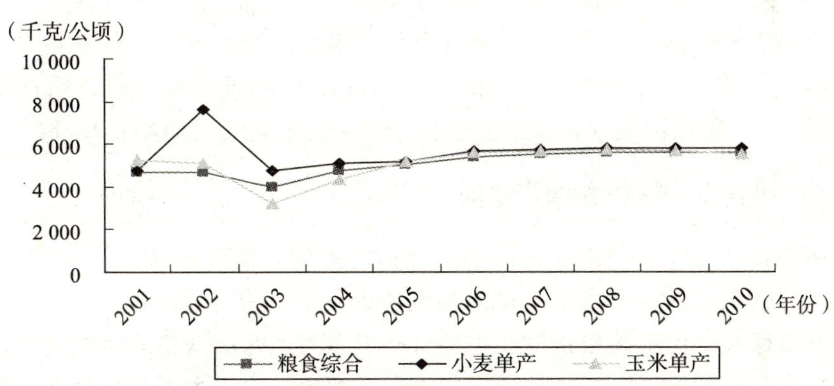

图 1－9　河南省主要作物单位土地面积产出状况

资料来源：《河南统计年鉴》(2005 年、2011 年)。

二、河南省粮食生产增产空间

从我国东部发达地区改革开放后三十多年的发展来看，随着经济的逐步发展，粮食产出和农业生产会受到很大的冲击，原来的“南粮北运”变成了粮食生产的“北移西扩”。也正是因为河南农业和粮食生产在中国经济发展中的重要地位，那么，中原经济区的发展会不会影响河南粮食生产，进而影响国家的“粮食安全”？这恰是国家从发展战略和区域布局上慎重考虑的问题，所以，《国务院关于支持河南省加快建设中原经济区的指导意见》提出，探索“不以牺牲农业和粮食、生态和环境为代价的‘三化’协调发展的路子”。那么，这一发展思路是否具有可行性？从河南粮食生产的基本情况和未来的发展趋势看，只要产业政策明确且有刚性，农业发展方式转变到位，技术进步和推广保障有力，生产基础条件不断完善，粮食生产不仅不会受到影响，反而有很大的提升空间，探索“三化”协调发展的路径具有完全的现实性和可行性。

（一）河南粮食生产的主要目标与任务

河南省《国家粮食战略工程河南粮食核心区建设规划纲要》规划制定了河南粮食发展的长远目标：粮食年生产能力由目前的5 000万吨稳定提高到2020年的6 500万吨，成为全国重要的粮食生产核心地区。

河南粮食核心区建设的总体目标是：经过10多年的努力，粮食生产的支撑条件明显改善，抗御自然灾害能力进一步增强，粮食综合生产能力和农业综合效益显著提高，成为全国重要的粮食稳定增长的核心区、体制机制创新的试验区、农村经济社会全面发展的示范区。规划到2020年，通过对现有高产田进一步巩固提高，使粮食亩产平均提高到1 050千克水平，吨粮田面积由目前的近1 000万亩扩大到2 500万亩；对3 200万亩中产田实行高标准开发，使其粮食亩产提高到900千克以上；对1 800万亩低产田实施综合改造，使其粮食亩产提高到800千克以上，确保河南粮食新增生产能力150亿千克（吴海峰，2011）。

（二）粮食主产区粮食增产空间

河南粮食增产能力是建立在科学的分析之上的。统计显示，在全省18个省辖市中，尽管除了济源市由于退耕还林的原因粮食有所下降外，其余17个市粮食产出都有增长，但河南粮食增长主要来源于豫南地区。从各地市粮食增产对全省粮食增产的贡献看，驻马店、周口、信阳、商丘、南阳5市粮食增产对全省粮食增产的贡献率都在10%以上，5市合计对全省粮食增产的贡献率在66.6%。安阳、新乡、平顶山、开封、濮阳、漯河6市对全省粮食增产的贡献率在3.0%～10%之间，6市合计对全省粮食增产的贡献份额达到25.7%。郑州、洛阳、鹤壁、焦作、许昌、三门峡6市对全省粮食增产的贡献份额低于3%，其合计的贡献份额为7.9%。这说明河南省近年来的粮食增产主要在于黄淮地区的商丘、周口、驻马店、信阳4市（贡献率54%）和南阳盆地（贡献率12.6%）。而这些地区从单产水平上看并不是全省最高的，处于中间水平，通过技术进步和精耕细作，粮食单产提高的空间和可能性很大。

（三）现有技术水平下单产的增进空间

在耕地总量稳定甚至减少的情况下，未来粮食产出水平的提高主要在于单产的提高。从单产的水平来看，小麦和玉米无论是世界先进的技术条件下，还是在现有的技术水平下，都还有很大的增长空间，这是保证河南粮食生产水平不断提高的重要因素，也是未来应该着重努力的方向。

从技术的可行性上看，河南的粮食产出水平仍有很大的单位面积增长潜力。从目前世界先进的生产水平看：2000～2010年的平均值，法国小麦是国内小麦单产的1.6倍；玉米单产比世界主要粮食生产国家平均水平低14%，只为美国的50%多一点，而最近5年与世界平均水平的差距拉大到20%（马文峰和王义斌，2011）。在过去的数十年中，生物育种技术的综合使用使种子产业发生了革命性的变化，以至于一些种子公司提出，到2030年在减少1/3投入的情况下，使玉米和棉花每公顷的产出翻番成为可能。

表1-3　2010年河南省市（县）粮食单位面积产量及种植面积

单位：千克/公顷，千公顷

市（县）	单产	面积	市（县）	单产	面积
郑州市	4 607.098	361.80	许昌市	6 402.937	429.49
#巩义市	3 502	44.78	漯河市	6 377.244	263.43
开封市	5 574.112	458.47	三门峡市	3 881.376	162.95
#兰考县	5 392	88.88	南阳市	5 192.484	1 124.78
洛阳市	4 500.525	524.21	#邓州市	5 436	190.42
平顶山市	4 773.108	413.23	商丘市	6 459.747	926.78
#汝州市	4 725.953	94.25	#永城市	6 204	182.03
安阳市	6 176.024	541.19	信阳市	6 991.339	822.76
#滑县	7 471	175.66	#固始县	7 813.96	153.98
鹤壁市	6 759.454	165.14	周口市	6 403.479	1 130.18
新乡市	6 298.382	605.17	#鹿邑县	6 845.1	126.63
#长垣县	6 262	91.20	驻马店市	5 778.79	1 160.03
焦作市	7 431.042	268.34	#新蔡县	5 726.97	131.77
濮阳市	6 601.713	380.25	济源市	5 179.257	41.78

资料来源：《河南统计年鉴（2010）》。

注：#为地级市下属的县级市或县。

就目前的技术水平，如果从制度、基础设施、耕作技术以及管理上加以改进，也可以有较大幅度的提高。比如，在灌溉系统上，不少粮食主产县并没有完全实施水电、地埋水管的机井灌溉，有一半的机井使用的是机械动力灌溉，成本很高，以至于不少农民在考虑成本收益的情况下放弃灌溉，从而使单产水平降低。如果能够对水利设施加以改进，单这一灌溉条件的改进就可以增产单位产出。这一情况在河南粮食主产区黄淮地区和南阳盆地尤为明显。

表1－3是河南省2010年各地市（县）粮食单位面积产量及种植面积的基本情况，从中可以发现，产量大县古始县和滑县是三门峡市单位面积产出的2倍或接近2倍，比南阳市的单位产出多1/3，说明如果相应的生产条件和技术推广给予满足，则多数地区的土地产出率都有增长的空间。以黄河为界，利用加权平均的办法计算出豫北各地区单位面积的产出水平为6 489.43千克/公顷，而豫南各地区的单位面积的产出水平为5 803千克/公顷，豫南地区比豫北地区每公顷低686千克。即使豫南6个粮食主产地市（许昌、南阳、驻马店、周口、商丘、信阳）的单位面积产出为6 126.19千克/公顷，也低于豫北的产出水平。这其中一个可能的原因是，在水利灌溉的生产条件方面，豫北地区要好于豫南地区，在农业的精耕细作方面豫北地区要好于豫南地区。如果豫南地区尤其是黄淮地区和南阳盆地进一步改善水利设施条件和精耕细作，其产出水平将有大幅增进。

（四）中低产田改造与产出水平提高

要在高产田的基础上大量增加粮食产量是不现实的，最切实高效可行的办法是针对不同土壤的不良因素进行中低产田改造，这是提高土地生产能力的重要途径和实现我国粮食安全的现实需要。近年来，我国中低产田改造技术体系，包括工程技术、农艺技术、生物技术和专项改造技术，为中低产田改造提供了可靠的技术支撑。据中国农业科学院通过对全国各省、自治区综合分析，全国10亿亩中低产田经初步改造，可增产粮食694亿千克。据此推算，平均改造每亩中低产田可增产粮食159.07千克（沈允钢、陈建峰，2011）。

河南省的中低产田面积占比较大，具有改良为优质粮田的提升空间。目前，全省有200万公顷的高产区，400万公顷的中产区，266.7万公顷的低产区，中低产田所占比重高达80%以上，抗御自然灾害能力差。中低产田亩产率很低，单产极不稳定，中产田粮食单产比高产田低1/3，有些低产田粮食不到高产田的1/2。中低产田改造的潜力很大，粮食增长的潜力也很大，今后河南粮食发展的最大潜力在于如何提高中低产田粮食产量水平（张伟，2011）。从实践上看，每改造一亩中低产田，可平均增产150～200千克的粮食生产能力。要把中低产田改造为高标准农田，作为综合开发的重点和着力点，综合运用基建、生物和科技等措施，提高农业生产的集约化、规模化和组织化，实行统一机耕、统一播种、统一灌溉、统一施肥和统一机收（吴海峰，2011）。假如有85%的中产田改为高产田，80%的低产田改为中产田，河南粮食产量可增加15.2%（张伟，2011）。

在土地整治方面，河南南阳邓州市为这方面的研究提供了可资借鉴的经验。邓州市的土地整治始于2004年，到2011年2月为止，共实施了9个项目，整治规模21.62万亩，投资总额2.61亿元，新增耕地1.04万亩。邓州市通过土地整治实现了“田块整齐肥沃、水利设施配套、田间道路畅通、林网建设适宜、农业优质高效”的综合目标。在土地整治中将农业技术的推广使用作为重要的突破，通过土地整治，特别是通过平整土地、优化田间道路、配套田间渠系，为农业技术的应用提供了基础平台。项目区通过推广优良品种、推行精量播种技术、氮肥后移技术，实行秸秆还田、节水灌溉、测土配方施肥、建立病虫害观测站、机械化收获等，保障了农作物生产、管理、收获的全过程高效率。土地整治为现代农业发展创造了条件，土地整治示范区内实现了六统一：统一测土配方施肥、统一机耕机播、统一供应良种、统一病虫害防治、统一供水灌溉、统一机械收获。同时，在示范区内还发展养殖业，建成5个养牛场，存栏3 200头，消化秸秆2 160万千克。建成两个粮食加工小区，引入粮食加工企业56家，年加工转化小麦9.6亿千克。土地整治还推动了土地流转与适度规模经营，并通过水利化、机械化和信息化建设，提高了土地产出率及农业劳动生产率（郧文聚等，2011）。

（五）“绿色革命”效应进一步显现

“绿色革命”一般是指20世纪60年代以来所发生的农业生产方式变革，因为通过农业技术进步，大幅地提高产出水平之后，就不需要开垦大量耕地，在原有的耕地规模上进行生产即可满足人口增加对粮食的需求，这样就很好地保护了生态环境，故而称为“绿色革命”。“绿色革命”所体现的农业技术进步主要表现在植物良种、化肥、机械、水利，以及对这些技术能够很好应用的人力资本方面。相对于传统的农业生产方式，它们一般称为外在的要素。所以，外在要素投入的增加即意味着产出水平的提高。河南省在改革开放后的30年间，在农业的外部要素投入方面有了很大的改观，成为河南粮食增长现实的物质基础，也是未来河南粮食进一步增长的关键。

首先是农业种子的改良。科技兴农，种子先行，提高生产率的一个关键投入是作物种子遗传方面的改进。20世纪60~90年代，将所有因素考虑进去，估计在所获得的小麦和水稻的产出中，至少一半的增加要归结于对遗传学育种的利用（Khush，2001；Evenson and Gollin，2003）。在过去的几十年，物种的持续改善支撑了产出的稳步提高。国内的相关研究也表明，在影响粮食产能的四大要素中，良种贡献率占33.8%，先进的耕作与栽培技术贡献率占34.1%，植保与防灾贡献率占14.2%，土壤改良的技术贡献率占17.9%（叶池，2011）。

目前，河南省先后培育出郑麦9023、豫麦34、新麦18、郑单958、浚单20等主导的高产优质品种。在良种推广上，通过创建万亩示范区加以推广。到2010年，全省已建成小麦万亩示范田327个，平均亩产达到531.42公斤。河南省成为全国粮食生产用种大省和供种大省，主要农作物良种覆盖率达到98%以上，玉米良种覆盖率达到100%，小麦良种覆盖率达99%。小麦品种已从过去的8~10年更换一代提升到4~5年更换一代，小麦良种对小麦生产的科技贡献率达40%以上。

其次，在水利设施方面，近年来全省有效灌溉面积以年均3.5万公顷的速度递增，2008年，全省有效灌溉面积占耕地面积的比例达到63%。然而，目前全省中低产田比重很大，高标准农田不足耕地面积的30%；大中型水库病险率高，水利骨干工程完好率不足50%，小型农田水利设施建设滞后，还有近40%的耕地为望天田。所以，在这一方面还需要加大投入力度，也是河南粮食未来增产的一个重要环节。

最后，在农业机械、化肥投入、能源动力等方面，河南的农业基础设施也有了长足的进步。1978~2010年河南在农业机械总动力、有效灌溉面积、化肥施用量、农村用电量方面的年均增长率分别为7.37%、0.95%、7.95%、9.56%，而同期全国的增长率分别为6.46%、0.90%、5.73%、10.40%。可见，除农村用电量之外，其他三个方面的农业要素投入均高于全国平均水平（见图1-10、图1-11、图1-12和图1-13）。

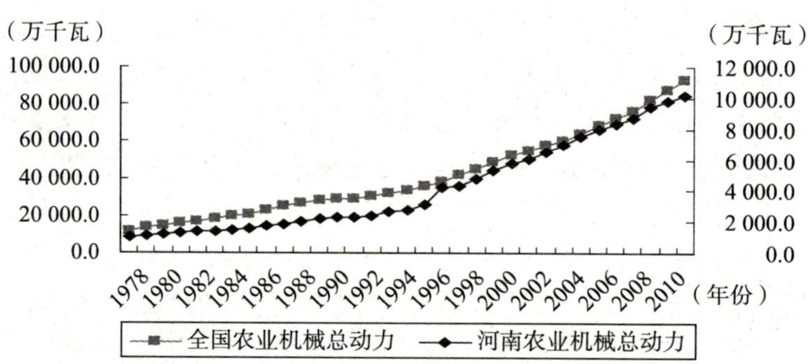

图1-10　1978~2010年河南机械动力投入及与全国状况比较

资料来源：《新中国60年统计资料汇编》、《河南60年：1949~2009》、《河南统计年鉴（2011）》、《中国统计年鉴（2011）》。

三、河南粮食生产面临的主要问题

河南未来的粮食生产面临一系列困难，包括耕地数量的保持及土地肥力的培育；技术进步的投入与推广；劳动力素质的提升；水力灌溉系统的完善与改进；农业设施和农业机械投入的增加，土地规模化经营的推进以及农业政策的扶持；等等。当前最为重要的是两个问题，一个是耕地减少的压力，耕地是农业生产最基本的物质支撑，在目前的技术条件下，没有耕地也就无所谓农业生产；另一个问题是，必须解决好农业收入低下问题，这一问题不解决好，技术进步与公共产品的供给的贡献也便失去了扶持的意义，不能取得应有的成效。

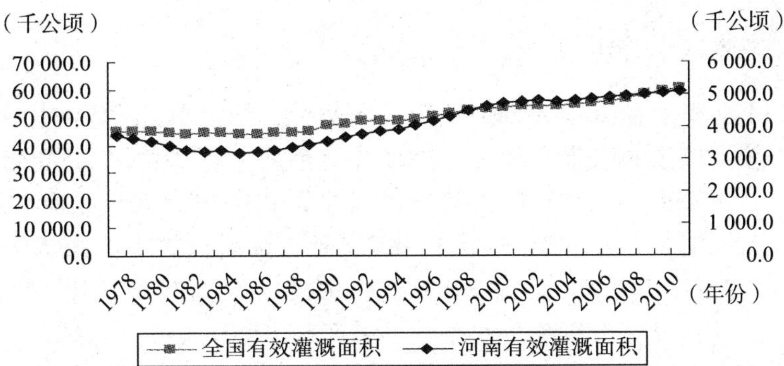

图 1－11　1978～2010 年河南有效土地灌溉面积及与全国比较

资料来源：《新中国 60 年统计资料汇编》、《河南 60 年：1949～2009》、《河南统计年鉴（2011）》、《中国统计年鉴（2011）》。

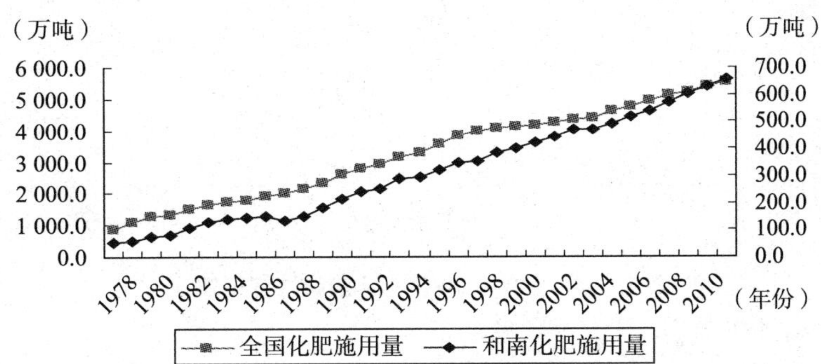

图 1－12　1978～2010 年河南化肥施用量及与全国比较

资料来源：《新中国 60 年统计资料汇编》、《河南 60 年：1949～2009》、《河南统计年鉴（2011）》、《中国统计年鉴（2011）》。

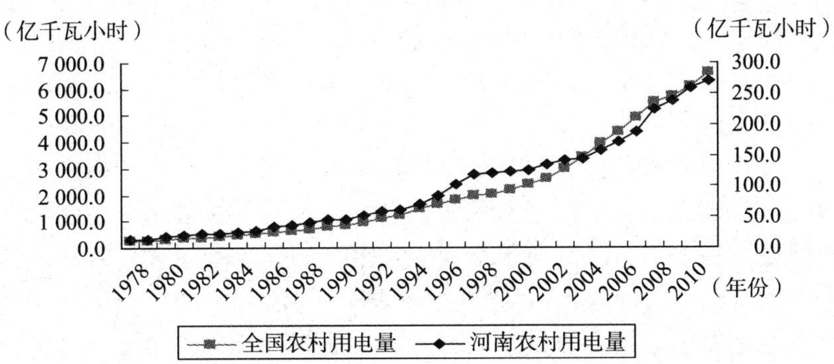

图 1－13　1978～2010 年河南农村用电量及与全国比较

资料来源：《新中国 60 年统计资料汇编》、《河南 60 年：1949～2009》、《河南统计年鉴（2011）》、《中国统计年鉴（2011）》。

（一）耕地减少的压力

图1-14是河南省2001~2008年末耕地变化情况。其中，2001~2002年的增长是由于统计口径的变化导致的，2008年之后的数据一直以2008年的普查数据为准。仅分析2002~2008年的情况，从中可以发现，7年之间耕地减少了115.87千公顷（173.8万亩），年均递减0.3%。城镇化是中国经济未来发展的主要增长点，“十二五”期间，中国的城镇化率要达到50%，2010年河南的城镇化率为38.8%，远低于全国平均水平，如果河南省要快速推进城镇化，则城镇化的刚性用地将会对河南省的耕地保有量造成很大的压力。

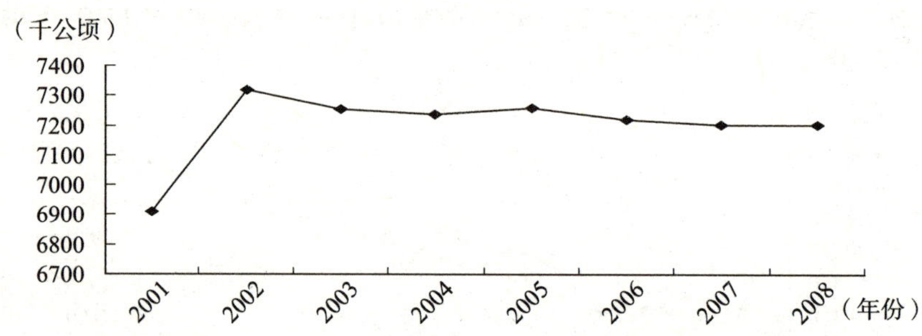

图1-14　2001~2008年河南耕地减少情况

资料来源：《河南统计年鉴》相关年份。

目前，城镇化是经济增长的主要动力，但中国的城镇化还主要是城市规模空间的扩张，土地不仅是城市空间的刚性需求，而且还承担着城市发展资本融资的重要功能。这是对未来耕地侵蚀的最主要的威胁，也是我们考虑“三化”协调发展和保障粮食安全所要解决的重点问题。

另外，在耕地的利用上也存在着一些不容忽视的隐患。首先，耕地的细碎化问题。河南省人口由于基数较大，相对人口增长也较大，但城市化率水平提高较慢，所以，人均耕地面积一直在减少。反过来，人均耕地面积的减少进一步加大土地耕作的细碎化，不利于单产水平的提高。其次，尽管家庭承包制稳定了农民对土地长期使用的关系，但是由于目前农业生产的逐步副业化，农民对土地的投入和保护并没有也不可能做到科学化。他们竭尽可能加大对土地的使用频率和力度，而对土地肥力保养则不会尽最大努力，不能做到科学的用地养地。

（二）农业收入占比下降导致种粮积极性降低

河南粮食生产进一步增产的困难和忧患的另一个主要表现，是由于农业收入在农民总收入中所占比重逐步降低而导致的种粮积极性的降低。图 1－15 是河南粮食增长率与全国粮食增长率的一个比较，从中发现，河南粮食生产在改革开放后的 30 多年里，其年增长率的变动幅度大于全国粮食年增长率的幅度，只是到了 2008 年之后才趋于一种稳步增长状态。这里面除了农业生产的自然风险以外，其中一个重要的方面是，粮食生产可能由于“农业收入低下”而导致的徘徊甚至下滑（见表 1－4）。

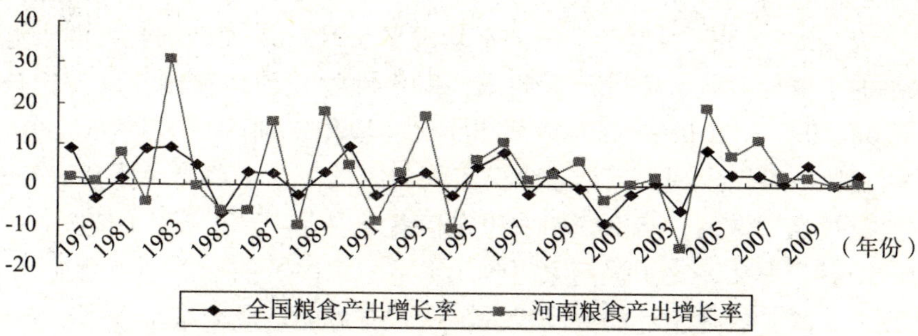

图 1－15　1979～2010 年河南粮食增长率与全国粮食增长率的比较

资料来源：《中国统计年鉴》。

表 1－4　　农村居民家庭人均纯收入来源的比较分析　　单位：元，%

		2000 年					2010 年				
		纯收入	工资	经营	财产	转移	纯收入	工资	经营	财产	转移
全国		2 253.42	702.30	1 427.27	45.04	78.81	5 919.01	2 431.05	2 832.80	202.25	452.92
	构成		0.31	0.63	0.02	0.03		0.41	0.48	0.03	0.08
	速度						10.13	13.22	7.1	16.2	19.1
河南		1 985.82	473.68	1 427.24	29.15	55.75	5 523.73	1 943.86	3 240.43	59.29	280.14
	构成		0.24	0.72	0.01	0.03		0.35	0.59	0.01	0.05
	速度						10.77	15.16	8.5	7.3	17.52

资料来源：《中国统计年鉴》相关年份。

调研发现农业正被逐渐副业化：一是完全靠天收成，不进行必要的水利灌溉与田间管理。例如，2011 年河南遭遇较严重的春旱，部分地区小麦由于没有及时灌溉而导致严重的减产。而小麦不能及时浇水的原因不是由于水利设施限制，而是由于外出务工农民认为农业收益太低不值的，粮食增产的收益不足以弥补其工资性收入再加上回家抗旱的交通费用，农民从“经济人”的角度考虑做出放弃抗旱“明智”的选择。二是农民只把粮食生产作为口粮。他们或者种植一年粮食供两三年之用，或者种植仅够口粮即可，甚至有的干脆不种植，用外出打工收入直接购买粮食吃。三是部分农民根本不愿意种田，十分愿意将自家承包的土地流转出去，但是由于没有合意的承租人和流转价格而只好随意种植。通过调查还发现，30年前的家庭承包制极大地调动了农民生产的积极性，农民认为种好粮食就可以实现他们的理想，收获希望。而现在则发现种粮食已经成为一种“负担”。

表1－4是河南农村居民家庭人均纯收入与全国农村居民家庭人均纯收入的比较分析。从农村居民家庭人均纯收入总量上来看，2010年，河南省的人均纯收入水平为5 523.73元，低于全国的平均水平5 919.01元。从收入的来源上看，全国水平的工资性收入、家庭经营收入、财产性收入和转移性收入占比分别为：0.41、0.48、0.03、0.08；而河南省相应的比重分别为：0.35、0.59、0.01、0.05。两相比较可以发现，河南省农民人均收入低下，主要是由于家庭经营性收入所占比重过高导致的，从而说明农民在粮食和农业生产上投入的越多，则相对越贫穷的困惑。那么，为了提高家庭收入水平，农民可能会进一步增加外出务工的劳动投入，减少农业生产的劳动投入，这将有可能造成未来粮食生产中的劳动投入不足。

与2000年相比，从增长速度上进行比较发现，河南省农民家庭人均纯收入、工资性收入、家庭经营性收入都高于全国平均水平，但财产性收入和转移性收入的增长速度却低于全国水平。尤其是在转移性收入中，河南省的增长速度不仅低于全国水平，而且在转移收入的量上排名逐步下滑，到2010年河南省成为全国农民转移收入最低的省份。1980年，主销区农民人均纯收入是主产区的1.4倍，2009年这一差距拉大到1.64倍（王国敏，2011）。图1－16将东部（山东和浙江）、西部（陕西和新疆）中部河南及全国农村家庭人均转移性收入平均水平加以比较，从中可以发现，河南农民的转移性收入不仅低于东部和全国水平，而且也低于西部水平。图1－17进一步将中部5个粮食生产大省与全国农村家庭人均转移性收入相比较，从中发现，5个粮食主产省农民的转移性收入都低于全国水平，而河南在这其中又处于最低水平。这说明，虽然中央政府为了扶持农业和粮食生产采取了各种惠农政策，但这种普惠制在粮食生产大省中并没有得到多少实惠，反而进一步印证了“穷省”（粮食生产大省）对“富省”（粮食主销大省）的补贴。这成为中国粮食和农业生产的一个典型性特征：粮食增产与农业收入低下，或者说着粮食生产在国家粮食安全中日益重要和农民收入持续低下的矛盾困惑。

农民种粮收入的低下不仅导致农民种粮积极性降低，而且也会影响到区域经济的发展。从1999年开始，中央财政对各省区市实行了粮食风险基金包干，即需要地方政府提供配套资金。这对产量区地方政府的种粮积极性造成了双重打击。一方面，由于要保证粮食种植面积，地方政府要放弃很多招商引资进行工业生产的机会，这等于放弃了工业生产能力为该地区带来丰厚的财政回报。另一方面，地方政府还要对粮食生产提供部分补贴，而且粮食产量越大，地方政府付出的补贴就越多，粮食生产越好，地方财政负担就越重（王国敏，2011）。

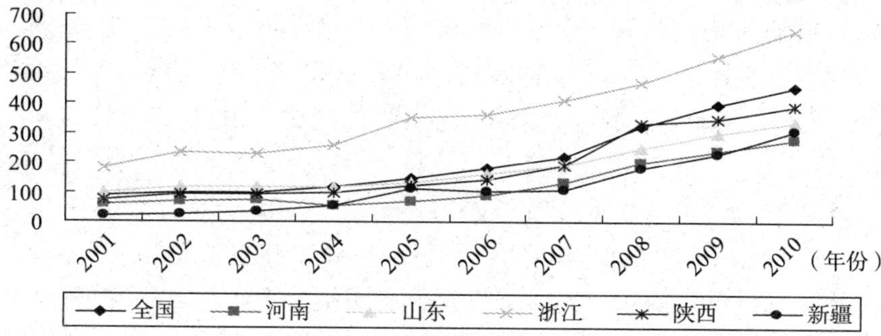

图 1－16　2001～2010 年全国及部分省区农村居民人均转移性收入比较

资料来源：《中国统计年鉴》。

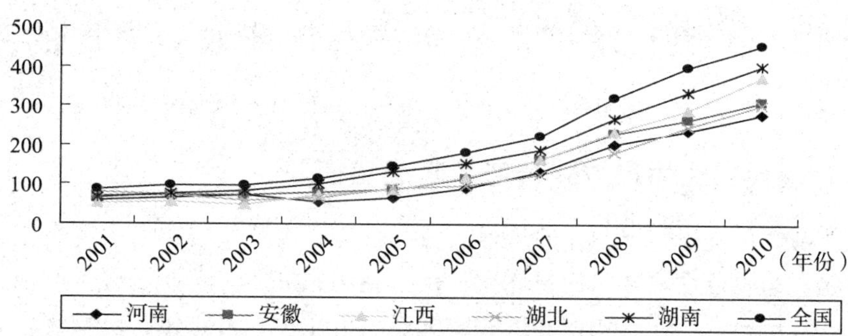

图 1－17　2001～2010 年中部 5 省农村居民人均转移性收入与全国平均水平比较

资料来源：《中国统计年鉴》。

这种状况除了政策因素之外，还有以下几个方面的客观原因：第一，是人多地少，人地矛盾非常突出，劳动投入的边际产出严重低下，不足以引起农民对农业生产的应有重视。从总量上看，河南耕地面积仅次于黑龙江省的耕地面积，但是人均耕地面积仅为 1.68 亩，不足黑龙江省人均水平的 15%，低于全国的平均 2.28 亩的水平。第二，城市化率严重偏低，2010 年，全国城市化率平均水平为 49.59%，河南省的城市化率为 38.8%，低于全国平均水平近 11 个百分点。尽管河南省已经成为劳务输出大省，但并没有实现真正的城市化移民，农地的社会保障功能包袱沉重，现代农业生产和精细化耕作障碍较多。第三，农业产业结构不合理，种植业比重偏高，养殖加工业比重偏低，而且，在种植业中，粮食种植面积偏高，高价值农业偏低。例如，2010 年河南省与山东省相比，在养殖业方面，从农村家庭居民平均每人出售的畜产品和水产品上看，河南省猪牛羊肉的人均销售量为52.26 公斤，高于山东省的人均销售量 36.4 千克，但是，在禽、蛋、奶和水产品上的人均销售分别为 6.84 千克、17.46 千克、2.07 千克、4.05 千克，远不及山东省的人均销售量分别为 44.37 千克、24.66 千克、5.26 千克、24.07 千克。同样，在种植业上，河南省农村居民家庭平均每人出售的主要农产品粮食、棉花、油料、麻类、烟叶、蔬菜、水果分别为 540.07 千克、4.42 千克、15.21 千克、0.47 千克、4.12 千克、126.29 千克、39.25 千克，山东省相应的数据分别为 563.16 千克、34.78 千克、25.11 千克、0.05 千克、1.10 千克、366.4 千克、88.08 千克。不仅粮食人均出售低于山东省，而且，在棉花、油料、蔬菜和水果上更是远远低于山东。比较分析充分说明粮食生产和农业发展仅从农业产业内部解决是不够的，必须考虑劳动力的转移和传统农业的改造，把现代农业生产和粮食生产结合起来统筹解决，从解决农民收入的角度来解决粮食生产问题。

第四节　中原经济区粮食生产与现代农业发展的路径

一、现代农业生产方式转变及其战略任务

农业现代化是指传统农业向现代农业的转变，主要包括技术的现代化和制度的现代化。物质条件和技术的现代化，是指利用先进的科学技术和生产手段装备农业，改造传统的耕作方式，实现农业生产的机械化、信息化、生物化；制度的现代化是指农业组织管理的现代化，实现农业生产的专业化、社会化、产业化，提高农业产业的竞争优势。

河南省是一个农业和人口大省，粮食生产占全国产量的 1/10，是国人的粮仓。但另一方面，农业收入低下，农业现代化发展水平相对不足，产业结构演化滞后，城市化率低于全国平均水平，农业生产方式相对低下。这些基本的省情决定了中原经济区粮食发展与现代农业发展的战略任务是：通过制度变迁与技术进步确保粮食生产，在粮食生产保障的基础上调整产业结构，大力发展高价值农业与食品加工产业，围绕食品加工和配送构建“三化”协调发展的产业桥梁，做大做强农业产业集群，实现农业现代化与城市化的直接对接（见图 1 - 18）。

粮食生产和现代农业发展的基本路径可以概括为如下四个方面：（1）从制度上解决农业收入问题；（2）农业生产的产业化；（3）技术进步与技术推广；（4）食品质量安全与健康。主要涉及政府对现代农业生产方式的制度供给与制

度变迁、产业规划与产业政策、现代农产品市场的开发与监管，农业企业研发投入、技术推广与产业集聚等内容。

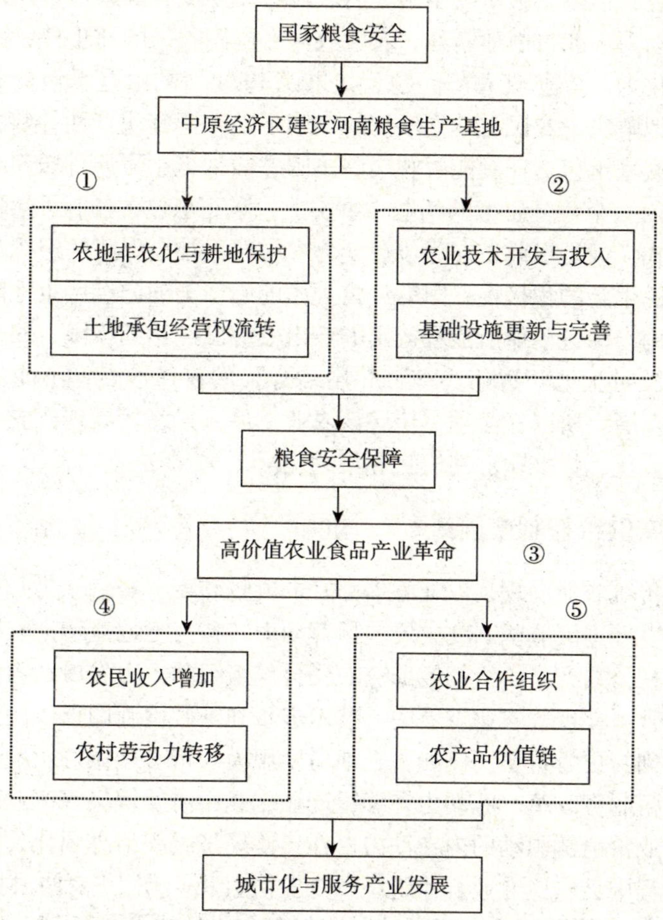

图 1－18　河南粮食生产农业现代化发展路径

注：①制度变迁；②技术进步；③农业生产方式转变；④农民生活方式转变；⑤农业产业化与农业治理模式转变。

二、从制度上解决“农业收入”问题

（一）对传统农业生产方式的改造

中国家庭承包责任制实质上仍是一种传统的农业生产方式，是在传统家庭生产方式下使用现代农业技术进行的家庭农业生产，没有从根本上改变“自给自足”

的社会生产特征，没有完全加入社会分工，依靠商品生产融入社会经济的运行，仍表现出浓厚的“维生经济”的原始痕迹。尽管在这一制度下家庭生产成功地解决了农村温饱问题，但是，在解决温饱之后农业生产并没有健康地走向现代农业的产业化经营，劳动力不能自由地转移，农业收入占国民收入的比重持续走低，粮食生产问题逐步转化为“农业收入”问题。如果说1978年的家庭承包责任制释放的制度效应，很好地解决了农民在计划经济的束缚下因“不能生产而导致的粮食短缺”，那么，现在的家庭承包责任制能否解决农民因“收入低下不愿种田而导致的粮食短缺”这应该成为一个认真思考的问题。事实上，家庭承包责任制虽然仍是中国农业生产的主要形式，但是目前正在逐步蜕变为农村居民社会保障的组织形式，已经无法充分调动农民生产的积极性；家庭经营规模的逐步萎缩已经严重地阻碍了农业技术的推广与应用，绿色革命所能释放出的产出效应已经达到极限；农业生产的副业化不能激励农民对土地“以用为养，养用结合”的耕作改良，不能从根本上保持农业的可持续发展。所以，必须尽快转变农业发展方式，发展现代农业，促进农业生产经营的专业化、标准化、规模化和集约化。

（二）制度供给与制度创新

为了实现传统农业向现代农业发展路径的顺畅转变，我们认为必须采取强有力的制度措施加以推进。这些制度主要包括劳动力转移与土地流转；农民培训与农业技术推广；农村公共产品供给的增加；农民合作组织的大力发展；农业产业化与食品价值链的攀升。在现代农业发展中，技术进步和基础设施的提供固然必须，但制度供给与管理创新更为重要。例如，土地适度规模经营必须做好土地流转，而土地流转又涉及户籍制度改革、劳动力转移；产业化经营需要解决好产业政策和市场运行，解决好产业价值链驱动的内在动力；在集体经济组织治理弱化，家庭农业经营逐步瓦解的过程中，农民专业合作组织和专业协会将会作为一种农村治理结构①的替代形式，等等，都需要通过不断的制度创新和供给来解决。这一方面的研究有大量的内容，在这里就不具体展开。发展路径转变或者说实现现代农业的主要标志应该包括：明显的制度变迁和技术进步；自给自足的生产方式转变为现代农业的常规生产方式；农民生活方式转变，农业生产成为一种职业概念，不再是一种“维生”手段；农业产业化与农业治理模式发生转变，包括第一、第二、第三产业在内的农业产业在现代经济中占有重要的地位，农民专业合作组织在农业生产

① 调研中发现现在农村中组织松懈，不少农民一脸茫然，不知道自己的未来是什么，也不知道将来会发生什么。这与东部和发达地区的农民“懂市场、找产业、学经营、积资本”的追求有很大差距。甚至不少农民对农民专业合作组织没有真正的了解和认识。他们迫切希望能有一个好的领头人带领他们走向更好的生活，或者希望党和政府能够再给他们提升一个新的生活台阶。

中发挥重要作用。

（三）处理好粮食安全与农业结构调整、农民增收的关系

粮食安全事关经济社会发展全局，在转变农业发展方式中必须始终把粮食生产放在第一位，通过技术进步，尤其是种子技术的推广应用，大幅提高产出水平。在提高产出水平的基础上，根据城乡居民食品结构的改变调整农业产业结构，构造合理的“粮食、饲料、经济作物”的结构关系，提高农民收入水平。在处理这三者之间的关系时要求把握好这样几个问题：第一，农业结构调整是发展现代农业的主线，是农民增收的重要途径。实现粮食安全和农民增收的双重目标，既不能再走单纯靠扩大粮食种植面积来增加产量的老路，也不能只顾眼前利益和局部利益借结构调整来大肆压粮扩经，影响粮食生产。第二，未来粮食的增产必须依靠单产的增加，依靠科技进步，特别是种子技术革命。种子在粮食产出中的作用越来越重要，目前，欧美国家开始研究在不增加甚至减少化肥、农药和能源等要素的情况下粮食产出水平提升的种子技术，而且有望在2020年前后付诸实施。在我国农业资源匮乏且利用效率低、农业环境保护和可持续发展压力增加，传统生产方式对粮食增产能力影响减弱的情况下，要保持持续的粮食生产能力，对持续的农业科技创新的支撑能力提出了越来越高的要求。因此，必须改变传统的以公益性为主的农业科技体制，实施农业产业化和技术推广的企业化，加大私人和公共研发投资，通过企业的产业化经营来促进技术进步和农业劳动者素质的提升，保障粮食生产的持续增长能力。第三，粮食生产必须走农业产业化的发展路径。概括地说，粮食安全和粮食生产必须以耕地为可靠基础，依靠耕地保护和耕地质量提升实现粮食稳产增产，以科技为根本手段，依靠科技实现粮食丰产。但这些都是基本的物质基础和先进的技术因素，要将这些因素充分地加以利用，还必须以市场为运行方式，依靠农业产业化和企业的品牌信誉与价值来带动农民增收，进而保障粮农产品的充足供应。这就需要在粮食生产和现代农业发展上走产业化和产业集群的路子，通过龙头企业或者农民专业合作组织不断地推进农产品价值链的攀升，为农产品的升值提供增值空间。

三、农业的产业化经营与产业集群构建

农业产业化的本质是农业生产的“工业化”和农业产业竞争力的提升：一是农产品的深度加工，二是农产品生产的范围扩张。农业产业化的形成主要是通过农业产业结构的调整和农业产业链的构建。通过调整和优化农业产业结构，实施农业生产经营的专业化、标准化、规模化、集约化，逐步形成有地域特色和产品特色的现代农业产业集群。河南农业生产一方面必须紧紧抓住粮食生产，另一

方面又必须大力发展设施农业，适度发展有机农业。在粮食生产方面，应该通过绿色革命，通过依靠以种子培育为代表的技术进步、完善的田间水利设施和实用的农业机械，进一步提高土地的产出效率，保持常规农业的可持续发展。在设施农业方面，应该根据居民饮食结构的变化，大力发展现代养殖业和现代种植业，并通过养殖业和种植业，拓展产业链条，提供深加工和物流服务，增加非农就业机会。在有机农业生产方面，应适度开发特色有机农业生产，保持和传承传统的生态环境和田园风光，为城市居民提供农村生态旅游资源，通过旅游产业增加农民收入。有机农业生产必须作为未来农业的一个发展方向及早考虑，因为有机农业生产一方面更加适合部分高收入群体消费的意愿，有较大的市场空间；另一方面相对于常规农业能够吸纳更多的劳动力，其产品增加值要远高于常规农业所生产的农产品。在目前劳动力转移较为困难的情况下可看作是解决劳动就业的一种有效替代。在农业产业化的经营方面应该做好如下三个方面的工作。

（一）农业产业的标准化经营

标准化是产业化的重要基石，是产品质量保障和竞争力所在。如果没有产业的标准化，那么，产业价值链就很难构建，产品的质量也很难控制，企业与农民之间的结合也很难融洽。产业化的每个环节都应该标准化，从原料、生产、包装以及废弃物的处理到产后的储藏、物流、销售以及技术服务都必须按照标准进行操作。具体地，一是土地利用的标准化，促进土地利用效率提高；二是水资源利用的标准化，实现全方位节约用水；三是投入品标准化，达到科学使用投入品的目标；四是装备标准化，切实提高机械设备的使用效率和节能效率；五是养殖业标准化，促进生态养殖业的发展；六是农产品加工标准化，产品质量和产品附加值同时得到提升；七是可再生资源综合循环利用标准化，大力推进循环经济在农业产业化过程中的应用。例如，标准化区域规模养殖是现代畜禽生产的主要方式，是现代畜牧业发展的根本特征，对于疫病防治和食品质量安全具有重要的意义。推进畜禽标准化规模生产，就是对一些养殖场和养殖小区实行统一规划设计、统一管理制度、统一养殖品种、统一饲料和兽药、统一疫病防治、统一无害化处理、统一技术服务和统一产品销售的标准化生产。

农业标准化由于涉及广大农村和分散的农户，实施起来十分复杂，必须走龙头企业标准化的路子。龙头企业标准化既是标准化的重要内容，又是标准化实施的突破口，龙头企业通过现代农业产业链有效地拉动标准化在整个农业产业化过程中的实施。龙头企业标准化要走“公司＋协会＋基地＋标准”的发展模式。

大力发展农民专业合作组织，是龙头企业标准化的关键。通过龙头企业与农产品基地、农民专业协会的联系，带动广大的农村和分散的农户稳步走上标准化之路。在市场经济条件下，农业产业标准化单靠基层行政组织是“统”不起来的，国家经济技术部门也包揽不了，企业单家独户更不可能办到，农民专业组织是必不可少的纽带。

我国现行农业标准多为农产品质量标准，缺少有关的农产品生产规程、种源、产地环境等方面的标准。多数标准只注重栽培技术，忽视了土壤条件和病虫害的防治、化肥的使用等相关技术。对这些方面应该多加注意，特别是在农业产业集群的发展中，不注重生产方面的标准化，将会使产品质量大打折扣，影响产品市场的开发。所以，在农业产业的标准化方面应该更加注意投入品质量方面的控制，包括施肥、农药和灌溉等方面；注重生产操作规程方面的标准化，实施测土施肥，提高利用效率，减少环境污染；注重农业污染综合防控，如重金属的污染、“废液、废气、废渣”的污染，养殖区内畜禽粪便的无害标准化处理等（章力建和朱立志，2001）。

（二）产品价值链驱动与产业集群构建

1. 食品生产链是现代经济食品生产和供给的主要方式

食品生产链是现代农业产业结构调整的重要特征。通过产业结构的调整，一方面满足了消费者食品结构转换的要求，另一方面又为农民增收提供了机遇。随着我国城市化水平和人们收入水平的提高，人们的食品结构也在发生转变，例如，对肉食、水果、蔬菜食物产品的提高，对谷物消费的降低。这就必须大力发展现代养殖业和现代种植业，合理构建“粮食、饲料、经济作物”三者之间的关系，满足居民食品结构转变的需要。现代城市食品结构的转变体现为食品提供的工业化（加工的食物）、食品提供的鲜活化、食品供给的及时化。这些为食品加工和食品配送提供了价值链的攀升空间，通过食品深加工和配送服务，不仅增加了产品的附加值，也提供了农民的非农就业机会。

现代农业革命的一个主要表现是高价值农产品。高价值农产品生产和消费的增加伴随着食品产业的转型，包括食品加工、批发及零售环节。高价值农产品的兴起是由消费者驱动的，收入的增加和城市化的扩展刺激了对高附加值产品、半加工产品、加工产品和方便食品的需求，进而导致了食品产业价值链的形成。同时，消费者对食品质量和安全的关注与日俱增，媒体广告也加大了对消费者偏好的影响，促使食谱日益国际化（世界银行，2008）。这一趋势为一系列高附加值农产品市场的开拓提供了空间，如连锁超市的出现与迅速成长、食品加工和食品服务行业的快速发展。当然，这些食品不同于传统的大宗农产品，属于高附加值的鲜活农产品，容易腐烂，要求经过特殊设备的特殊处理（包装厂、冷藏和冷冻运输）提供服务。同时，为维持食品的质量、减少物质和营养损失，要求迅速将产品交付到消费者手中。这样便形成了农场—公司—成品的链接，构成了一个农业食品产业价值链体系。于是，由农产品生产和加工者依靠其品牌和销售体系来驱动的农产品配送和销售的产业链便应运而生。

2. 产业价值链驱动是产业集群发展的主要路径

（1）农产品价值链有助于小农生产方式的改造。

农产品生产链和农业食品的工业革命造就了高价值农业，扩大了国内和国际市场，为农民和农业企业带来了巨大的商机（Jackson et al.，2006）。然而，另外，新市场的商品质量、及时交付货物、规模经济等要求却又对小农户提出了新的挑战。这就需要通过制度创新帮助小农户从价值链主导的“新型农业”中获益，其中包括：发展农民或生产者营销组织；鼓励发展订单农业；通过将私人部门和公共部门的有机结合发展高价值出口产品的供应链等方式（Ganesh Thapa，2010）。一般地，订单农业被看作是把小农户融入不断增长的高价值农产品市场的潜在手段，订单中通常包含提供种子、肥料、技术支持、信贷、价格等内容。这种纵向合作恰好是产品价值链的一种治理模式，可以解决小农户提高生产率所面临的许多约束。因此，我们认为产品价值链是改造小农经济的一种有效的产业组织形式。

（2）农产品价值链有助于有机农业的发展。

根据国际有机农业行动协会的定义（IFOAM），有机农业是一种能够促使环境、社会和经济改善的关于食品、纤维和木材等农业产品的生产体系。在这样的生产体系中，土壤的肥力被看作是成功生产的关键因素，从事有机生产的农户的主要目标是依据植物、动物和生态风景的自然属性从农业和环境的各个方面优化产品的质量。有机产品的销售做到了家庭（农场）标牌生产制度，其销售不仅要标明产品的性质和质量，而且还要对产品的种植、收获、打包、运输以及分发等环节做出详细说明。为了保障消费者的健康消费，质量认证成为其关键环节。认证标准是一种基于效率、标准化、官方管制和价格竞争基础上的对产业规则和商业质量的重新评价，通过认证可形成一种包括规范、实践特征、制度在内的新的生产规则。所以，认证标准代表了一种基于社会、法律和官方制度的强有力的价值链的治理形式，其服务本身在许多方面、在公司和国家之间强化了传统的经济不平等。因此，尽管许多研究都显示有机农业的投入产出关系对农户是有利的，但如果不将传统的小农纳入产品价值链，则很难促进小农与市场的对接，无法有效地实施有机农业生产。

3. 农业产业功能区是产业集群的重要依托

按照比较优势原则，加快优化农业功能区布局，培育特色化、专业化、区域化的产业基地和产业带。大力建设区域化布局、专业化生产的现代农业生产园区、精品农业园区、规模化畜牧养殖小区、水产养殖园区、农产品加工园区和农产品市场物流园区的建设。使这些农业产业功能区成为实现农业规模化、标准化、集约化生产的有效载体。例如，在养殖业方面，目前河南畜牧养殖领域已形成闻名全国的豫东、豫中、豫西南“中原牛肉带”，“黄河滩区绿色奶业示范带”，以及豫南豫中生猪基地、豫东槐山羊、信阳水禽、豫北蛋肉鸡、豫东平原奶牛养殖基地等一大批生产基地和农业产业带（区）。

农业功能区的建设，必须坚持产业主导，特色鲜明的原则。例如，粮食、蔬菜、食用菌、养殖、水果、有机农业、农产品加工等，每个园区有自己的主导产业，有自己的地域特色，这样就能够占有市场，带动生产。目前，各级政府应该将农业种子种苗业、农产品精深加工业、农产品现代物流业、农业生产性服务业、农业休闲观光业等作为战略性新型产业加以培育。

在园区的建设上，既要重视园区的硬环境建设，更要重视园区的软环境建设。政府可采用产业扶持政策，强化园区的农业基础和装备设施建设，优化产业结构布局，推广应用先进适用的技术。开发园区的市场功能是园区建设的重要内容。以培育统一的农产品市场和要素市场为重点，按照市场化、国际化、新兴工业化和城镇化深入推进的要求，进一步加快农产品市场体系建设和生产要素市场化进程，注重提升农产品市场建设的水平，大力发展农产品批发、拍卖、期货、物流等现代流通业态，积极培育土地、资本、信贷、技术、人才等农业要素市场。大力鼓励发展农业专业合作社和合作联盟，农产品行业协会，提高农业产业化与组织化水平，鼓励和组织工商企业投资农业新型战略性产业，增强农业市场竞争力。要加快实施农业“走出去”战略，加强农业的跨省区合作，鼓励农业龙头企业和有实力的专业合作社到国外建立基地，开拓市场，培育一批竞争力强、外向度高的农业龙头企业和标准化农产品出口基地，培育一批农业投资公司、农业发展基金、大规模农业集团公司、农产品国际贸易综合商社和农业跨国公司，引导全社会的投资资金投向现代农业。培育壮大农产品流通企业，支持农产品加工流通企业改善设施。加快培育农村经纪人、农产品运销专业户和农村中介流通组织。进一步构建信息服务平台，用信息技术提升农业生产、市场销售和管理水平。建立完善的农业生产地理信息、智能专家咨询、农产品电子交易、专家食品、网络媒体食品等农业信息服务系统（张大东等，2011）。

（三）农产品龙头企业的培育

农业产业化和农业产业集群的一个重要内容是农产品龙头企业的培育与成长。一般地，农业产业化龙头企业以农产品种植、加工或流通为主，通过各种利益联结机制与农户相联系，带动农户进入市场，使农产品生产、加工、销售有机结合、相互促进。相应地，着力培育壮大农业龙头企业，就是扶持一批产业带动力大、市场竞争力强、与基地农户利益联系紧密的加工型、外向型农业龙头企业。鼓励和支持有实力的工商企业通过资本运作、产业延伸、品牌嫁接投资农业，高起点建设成一批农业大企业、大集团。

首先，龙头企业是产业和产业集群的标志和竞争力的体现，对市场开拓和产业发展起着主导作用。食品产业结构的转换主要表现为食品供给的工业化，是对初级农产品的深加工和提供物流服务，这些都需要一些农业加工企业围绕食品产业链去开拓适合市场需求的农产品。如果没有一定规模和竞争力的龙头企业，很难形成稳定的市场和持续发展的产业。

其次，龙头企业是食品产业价值链的主导者和驱动者。龙头企业在瞄准市场定位和产品开发之后，就会从食品链的主要环节去构建产业链条，例如，高价值农业龙头企业在市场开发方面非常重要，一旦抓住市场，生产基地的构建、销售市场的布点、物流配送的链接也就是水到渠成的事情。再如，如果食品加工企业成为龙头企业，那么，就会在养殖基地、加工基地、市场销售、冷链物流方面形成一定的产业链条，并构建相应的产业集群。

再次，龙头企业在农业产业和产业集群的标准化、食品质量安全等方面起着重要的推广、示范和监督作用。龙头企业为了保持产品的竞争力，必然会在产品的质量和规格方面进行便于监控和销售方面的要求。这些要求反过来会对涉及产品加工的所有环节的技术和质量标准提出统一的要求。同样，龙头企业在农业的技术进步和产业链条的升级方面也起着重要的推动作用，从而使农业技术的推广和应用更加及时和有效。

最后，龙头企业在现代农业的发展中起着重要的资本推动作用。应该承认，在农业产业化和产业集群的构造中，由于资本的短缺无法对产业进行开发，龙头企业的引入为产业的开发提供了基本的物质和技术条件，是一个重要的启动因素。

河南省应充分发挥农业大省、人力大省、资源大省的优势，用发展工业的理念发展农业，引导农业产业化经营项目向优势产业和优势区域集中，龙头企业向工业园区集中，强化产业集聚。例如，南阳市16家畜牧企业通过省无公害畜产品产地认证，河南龙大牧原肉食品有限公司建设年屠宰生猪100万头，加工各类肉制品10万吨，新野科尔沁建设10万头肉牛产业开发项目；漯河市发展以食品工业为主导的优势产业，涌现出了双汇等骨干企业；许昌市河南众品食业股份有限公司被农业部认定为猪肉加工专业分中心；开封市一批农产品龙头加工企业，采用“农户+基地+公司”的模式，形成生产、加工、销售一条龙的发展格局，实现了分散的农户与国内外大市场有效结合，吸引了亚洲第一大肉牛加工企业长春皓月集团投资建厂，开封县引进泰国正大饲料有限公司，助推开封农产品就地加工转化。

在此基础上，河南涌现出一大批畜牧产品加工骨干龙头企业，成为全国最大的肉类加工基地和速冻食品生产基地。“华英”鸭、“大用”鸡、“思念”水饺、“双汇”火腿肠等一大批名牌肉类产品享誉国内外。双汇集团年屠宰生猪能力达到1 500万头，销售冷鲜肉及肉制品180多万吨，是中国最大的肉类加工基地；华英集团年加工肉鸭能力达到8 000万只，居世界第一；河南大用集团产业链从动物饲料加工、家禽育种、工厂化饲养，到肉鸡屠宰分割、速冻调理熟食肉制品生产，再延伸到产品的储运销等环节，产业模式涵盖了从“农田到餐桌”的全过程。

四、以种子产业为突破，加大农业技术进步与推广

河南虽然是粮食生产大省，但也是人口大省，土地资源稀缺，人均耕地资源低于全国水平，决定了传统耕作方式的长期性和土地细碎化耕作的现实情况，农业经济效益低下，进而影响粮食生产和现代农业发展。走现代农业道路需要进一步发展以“绿色革命”为主要内容的现代农业的常规耕作方式，进一步推进以种子开发、现代养殖、设施农业为主要内容的技术进步，提高劳动生产率，增加农业收益和农民收入。重视技术进步不仅表现在加大农业技术投入上，而且更表现在完善农业推广体系和农民经营素质的提高上①。现代农业生产无论是常规的化学方法生产，还是有机农业生产，都对农民提出了更高的知识要求。因为，现代农业已不再仅仅局限于传统的土壤、天然种子、水利、气候、季节等内部生产因素，还需要大量的化肥、农药、杂交种子、机械、农业设施等外部生产因素。如果从食品生产供应链的角度去考虑，则农民除了农业耕作方面的知识之外，还需要对居民的消费需求、市场信息、产业结构、产品品质、质量安全等其他方面知识的掌握。美国经济学家舒尔茨在分析传统农业的改造时也特别强调对农民生产知识的改造和人力资本的提升。2012年中央“一号文件”也是抓住了这一核心问题，就农业技术推广问题进行重点实施和政策安排。

（一）种子对现代农业发展的贡献日渐凸显

2010年中央“一号文件”提出，“切实把农业科技的重点放在良种培育上，

① 我们在调研时发现，有不少农民也想通过养殖业增加其收入，但是由于他们对现代养殖技术和市场信息极度缺乏，往往使其无法实现，甚至严重亏损。可以说，技术、市场和风险是农民进行养殖的主要障碍，这就需要通过适合乡村的技术推广方式来增加农民的技术知识、市场管理和信息处理。当然，我们在调查中也询问对农民技术知识的培训问题，但不少是流于形式，没有结合具体的经营项目和专业技能，因而其收效十分微弱。

加快农业生物育种创新和推广应用体系建设……推动国内种业加快企业并购和产业整合，引导种子企业与科研单位联合，抓紧培育有核心竞争力的大型种子企业。”

粮食最明显的增长是起源于“绿色革命”所带来的植物品种的多样性和耕作系统的改进。小麦、水稻和大米种子遗传的改良，加之化肥、灌溉和对虫害的控制，极大地提高了粮食的产出水平。20 世纪 60 年代以来，“绿色革命”的成功使世界粮食供应满足了人类增长的需求，并保持了对耕地的最小开发。在未来的粮食生产中，由于最肥沃的耕地已经被很好使用，而增加中低产田又面临着环境和资源（尤其是水资源）可获得性的限制，所以，产出的大规模增加就需要通过单位面积产出的提高。在过去，产出的增加相对来说主要依靠投入的增加获得的，特别是化肥、灌溉和对虫害的控制。然而，这一生产方式是不可持续的，必须探索如何在总的资源投入减少（尤其是化肥和能源）的情况下维持不变的产出增长率（Egli D. B.，2008）。

提高生产率的一个关键投入是作物种子遗传方面的改进。20 世纪 60 ~ 90 年代，将所有因素考虑进去，估计在所获得的小麦和水稻的产出中，至少一半的增加要归结于对遗传学育种的利用（Khush，2001；Evenson and Gollin，2003）。在过去的几十年，物种的持续改善支撑了产出的稳步提高。未来产出的增加（或者投入的减少）将来自于对生物工程技术的应用，通过生物工程技术改善的物种将会增加对杂草和昆虫危害的抵抗。先进的基因和 DAN 标志技术所支撑的育种战略能够减少在物种培育和改良过程中的时间和费用。在过去的数十年中，这些技术的综合使用已经发生了革命性的变化，以至于一些种子公司提出，到 2030 年在减少 1/3 投入的情况下，使玉米和棉花每公顷的产出翻番成为可能。而且，作为一种供应分发体系，种子产业不仅是一种作物遗传的改良，也是一种提高农业产出效率的新的种植和生产方法。

中国目前已经充分地认识到种子产业的重要性。这一看法的取得是建立在过去发展的教训之上的。过去 20 年，我国玉米生产发展很快，但是单位面积产量的增益速度却异常缓慢，年均增长率只有 0.8%。这一速度低于小麦（2.0%），甚至低于油菜（2.4%）和棉花（3.0%）。在历史上，我国玉米产量增益速度在 20 世纪 60 年代曾高达 6.0%，70 年代下降到 4.4%，80 年代下降到 3.1%，90 年代下降到 0.7%，2000 年为 0.8%，尽管 2001 年以后产量增益速度开始缓慢提升，但还未达到 1%。数据表明，在过去 20 年，主要是最近 15 年，我国玉米种植面积增加近 1.5 亿亩（年均增加 2.1%），总产量以每年 2.9% 的速率增加，而产量增益只有每年 39 公斤/公顷。其中 1996 ~ 2005 年期间几乎停滞。20 年来，扩大面积对增产的贡献率超过 70%，而提高单产的贡献率不足 30%。反映出这一段时间内玉米种植面积快速增长而技术储备不足的相关政策的失误。

在技术储备方面，我们与发达国家的差距不是在缩小，而是在扩大，特别是常规育种能力被削弱，其中支撑商业育种能力建设的前育种研究被长期忽视。商业育种需要科研单位提供前育种研究成果支撑种业发展。一个强国，不可能只靠科研单位和大学做玉米育种，而不去扶持自己的种子产业。从发达市场经济的经验看，政府主导共性技术研发，为产业发展培养后备人才，吸引企业支持和参与，而企业则延伸差别化研究，当技术成熟和转移之后，科研单位启动退出机制。因此，大力发展以商业化运作模式为目标的种子企业是中国今天粮食生产的重要任务。

（二）现代种业与现代种子企业

现代种业是指以商业化为中心的种子的需求与供给。商业化育种需要三个不可或缺的前提条件。一是技术市场。育种技术商业化的基本前提是需求；二是保护知识产权的法律环境。这是吸引投资的先决条件；三是强大的公益性研究支撑产业。从国际种业发展实践看，企业是国家种业发展的主要载体，扶持企业壮大是强大国家种业的必由之路，必须坚持和巩固企业的主体地位。

现代种业技术包括三个基本环节，即产品和技术研发，种子生产加工，市场开拓与服务。可以概括为育繁推一体化。在不同发展阶段，这三个环节的关系和性质各不相同，从而决定了每一个发展阶段的基本特点。商业化育种有一个明确的目标，那就是市场定位，而不是根据计划经济下形成的科研项目和目标，也不是被品种审定所规划和引导。市场目标决定着育种方向（张世煌，2012）。

孟山都、先锋及先正达三大跨国公司商业化育种结构及主要流程是，一般由育种目标决策、种质资源利用、育种技术研发、生物信息处理、田间测试评价、生产与市场反馈等模块组成。从育种研发、繁育制种、营销管理和推广服务，它们拥有“从上游技术研发、中游产品物化和下游价值实现”一套功能完整、衔接紧密、运转高效的产业链条。企业只有通过这个产业链条才能将潜在的科技创新转化为现实的商业市场价值，实现利润最大化。从育繁推内部结构看，通过上游品种研发为下游推广服务提供源源不断的创新技术产品，同时下游推广服务与生产实际紧密结合，可将生产实际需求直接反馈到育种研发，及时优化调整育种目标和方向，研发适合要求的新品种、新技术。

（三）以种子产业的壮大助推中原经济区粮食生产的跃升

1. 河南种子产业及其推广的成就

河南在生物育种和推广方面具有较大的优势，取得不小的成绩，为河南粮食生产做出了重要贡献。郑单958获取国家科技进步一等奖，温县小麦农民专家吕平安获取国家科技进步二等奖。在种子的培育方面，先后培育出郑麦9023、豫麦34、新麦18、郑单958、浚单20等主导的高产优质品种。在良种推广上，通过创建万亩示范区加以推广，到2010年，全省已建成小麦万亩示范田327个，平均亩产达到531.42公斤。目前，主要农作物良种覆盖率达到98%以上，玉米良种覆盖率达到100%，小麦良种覆盖率达99%。小麦品种已从过去的8~10年更换一代提升到4~5年更换一代，小麦良种对小麦生产的科技贡献率达40%以上。

研究表明，优良的杂交种子在玉米增产中起25%~30%的作用。21世纪以来，四个品种在全国玉米增产中起着重要作用：农大108、郑单958、先玉335和浚单20，其中，河南研发的种子就占两个主导产品。

农大108是中国农业大学培育，1998年通过国家审定，2000年种植面积134.74万公顷，2002年达到274.63万公顷，2007年仍保持73.16万公顷。

郑单958为河南省农科院培育出来的紧凑型玉米，是中国玉米生产上少有的优秀品种，为中国粮食生产做出了重要贡献，并为种子产业抵御跨国公司的进入赢得了时间。从其2001年投入市场以来，以其耐密、高产优势一直是中国玉米主产区种植的主要品种，迅速从黄淮海地区扩展到东北地区，在种子市场上占有绝对优势。2001年全国种植面积22.6万公顷，2002年猛增到88万公顷，2004年287万公顷，2006年393万公顷，2008年427万公顷，2009年依然保持456万公顷。郑单958品种较好地协调了高产与稳产的关系，适应性广，综合抗病性好，耐密植幅度宽，成为农民喜好的“懒玉米”。

先玉335是铁岭先锋种子公司在中国土地上培育出的玉米品种，2004年通过国家审定，2006年全国种植面积17万公顷，2008年54.4万公顷，2009年迅速猛增到133万公顷。在东北地区，先玉335表现高产、稳产、早熟、脱水快、出籽率高，容重高，商品品质好，适合机械化收获，比当地品种有5%~10%的产量优势。先玉335增产增收，供不应求，有的农民提前半年预交定金，营销高峰期甚至要排队购种。

浚单20品种2003年通过国家审定，曾创造夏玉米百亩连片高产纪录。2006年以后种植面积迅速跃升，2009年增至3 678万亩，2010年达400多万亩。

2. *河南种子企业基本概况及主要问题*

（1）中国种子行业的基本状况。

目前，我国农作物种业发展仍处于初级阶段，还存在着一些亟待解决的问题。其总体表现可概括为：商业化的农作物种业科技体制尚未建立，科研与生产脱节，育种方法、技术和模式落后，创新能力不强；种子市场准入门槛低，企业数量多、规模小、研发能力弱，育种资源和人才不足，竞争力不强；供种保种政策不健全，良种繁育基础薄弱，抗灾能力较低；种子市场监管技术和手段落后，法律法规不能完全适应农作物种业发展新形势的需要。

第一，产业链割裂，缺乏商业化运作的企业主导与环境。在我国，作为种业的核心竞争力的品种资源与新品种选育，基本隶属于教学和科研系统，种子企业作为产业和创新主体的地位不强。据统计，目前我国80%以上的育种资源和人才集中在科研和教学单位，88%的农作物杂交品种由科研教学单位选育，与美国80%以上的商业育种由企业完成形成了巨大反差。另外，育种目标不明确，在研究开发上不是面向产业，而仅仅是面向科研。2000～2008年全国共审定3 200多个玉米品种，其中只有大约1/10的品种能够商业开发，且竞争力很弱（王英君等，2012）。

第二，企业主体地位不强，发展后劲不足。由于我国农作物种业发展滞后，结果导致种子企业杂、多、乱、小、散，企业作为主体地位不强，进而呈现出研发能力不足导致核心竞争力不强。国内种子企业一直存在着行业门槛低、集中度低的问题，大多数种子企业没有建立起完整的育种研发体系。据统计，目前全国持证种子企业近万家，而其中注册资金3 000万元以上的仅有200多家。中国种子协会称，全球种业10强公司占全球种业市场份额的35%，而中国种业10强公司占全球市场份额仅为0.8%。2008年上市的登海种业、隆平高科、敦煌种业、丰乐种业，其全年营业收入分别只有4.17亿元、10.91亿元、11.1亿元、9.41亿元（杨今胜等，2010）。

第三，企业营销观念和营销手段落后，商业化运作理念亟待提高。在我国长期以来，种子生产和经营长期脱节，市场拓展能力不强。目前，国内种子企业的营销模式主要是地区代理商模式，企业营销人员基本不接触农民等种子最终消费者，不了解终端需求者的具体要求。相反，国外种子企业却非常注重这一方面的商业开发。例如，在育种理念上，跨国公司商业化育种的目标并不单纯追求丰产性状指标，而是更注重强化抗病虫、抗旱等抗逆性状，以提高品种稳产性；注重农艺措施的改进，如抗除草剂、耐密植、养分高效利用等，使育种目标更符合农业生产和市场需求。为此，从种子生产、推广到市场营销等人员都能参与育种研发过程，对育种决策发挥重要作用。由于我国种子企业普遍小而分散，有的不具备技术推广能力，有的不但缺乏服务意识，甚至采用假冒伪劣等非法手段坑农害农。同时，由于法律和执法体系不健全，知识产权保护不力，导致产业市场混乱，既影响了大企业研发和技术推广的积极性，也阻碍了产业技术进步。

（2）河南种子企业的状况及问题。

目前，河南种子企业共有630家，其中，农业部注册批发21家，省级机关注册批发211家，市级机关注册批发223家，县级机关注册批发175家（中国种业信息网，2012）。河南省的种子企业和全国的种子企业的经营状况基本一样：

企业数目多，规模小，经营模式落后。表 1－5 是全国 13 个粮食主产区种子注册的基本情况，从中可以发现，在总量上，河南省种子企业最多，但在企业规模上（注册资本 3 000 万元以上）河南省的种子企业却排在倒数第 5 位，这应该基本反映河南种子产业经营的情况。

表 1－5　　全国 13 个粮食主产区种子企业的基本情况　　单位：家

	企业所在地各级机关批发的种子企业	农业部（注册资本 3 000 万元以上）	省级（注册资本 3 000 万元以上）	注册资本 1 亿元以上
北京		12		3
河北	524	7	5	0
内蒙古	194	1	9	0
辽宁	108	2	12	0
吉林	540	4	22	0
黑龙江	572	5	6	1
江苏	296	8	1	0
安徽	348	8	9	2
江西	103	4	2	1
山东	397	13	4	2
河南	609	8	2	1
湖北	298	7	11	0
湖南	97	4	12	0
四川	229	16	7	3

资料来源：中国种业信息网。

种子数目多，经营规模小，一方面，会形成市场的恶性竞争，导致企业利润的低下，影响整个种子产业的进一步发展，尤其是研发的投入；另一方面，众多的种子企业可能会折射出种子经营与种子补贴之间的捆绑关系，影响种子经营的质量。这些需要河南省相关部门加大对种子产业的市场环境建设，引导企业在合法、规范、公平的市场上进行有序的竞争，并在竞争的基础上鼓励企业进行兼并，逐步做大并提高服务质量。

3. 河南种子企业面临外资企业扩张的威胁

中国是世界第二大种子需求国，常年用种量 300 亿千克，价值达 500 亿元，巨大的市场空间吸引了许多跨国种业企业巨头，如孟山都、先锋、先正达等跨国公司先后进入中国。2010 年，“洋种子”已控制了我国高端蔬菜市场的 50% 以上的市场份额，几乎涉及所有的蔬菜品种，挤压了我国种子企业的经营空间。目前，洋种子开始全面进入我国的大豆、玉米、小麦、棉花等大田作物领域，并逐渐形成垄断优势。洋品种依仗其在品质、产量、抗病性等方面的优势，占据市场80%以上的利润。下面以玉米种子为例来具体分析对河南种子市场的影响。

21世纪前10年，高产优质玉米品种郑单958和先玉335大面积推广，给农民带来丰收，引领玉米育种方向。但在这一竞争过程中，先玉335越来越显示出其企业经营优势，而郑单958则逐渐暴露出其管理和制度的弊端。郑单958和先玉335的竞争过程，反映出中国科研体制和种业管理存在的深层次问题。中国种业与跨国公司的差距，最主要的不全是人力、资本、技术、产品、资源等物质要素，而是制度层面的，即宏观和微观上的制度弊端与缺陷（佟屏亚，2010）。

首先，在种子的推广销售上，郑单折射出更多的是行政干预的理念，而先玉反映出先进的营销理念与技术推广服务。

郑单958品种由4家种子公司控制营销权：河南省农业科学院；河南省粮食研究所，金博士种子公司；北京德农种业公司。合法生产经营郑单958的只有5家企业，但私下营销的超过40家。郑单958热销10年不衰，彰显出品种的核心竞争力。然而，4家公司分别制种、独自销售，在全国市场构成竞争格局。加之缺乏一个规范化的法制环境，制种基地混乱，非法制种、套购站牌、无序竞争，难以稳定逐年从高走低的种子价位，占有市场但利润稀薄。

郑单958在销售上存在很多问题。一是种子质量标准低。按国际规定种子发芽率为85%，通常每亩需要3~5公斤，有一半的种子被间苗剔除，增加种田成本；二是价格波动，郑单958有多家公司经销，受种源供求关系影响，相互存在价格竞争；三是良种补贴与“统一供种”挂钩，各级部门在招标过程中层层设卡，索取“好处费”；四是市场管理混乱，假冒品种，无序竞争。农民种植什么品种，一般都是由经销商说了算，经销商控制了最终消费者。

先锋公司则创造了适应中国农村组织形式的新兴销售与售后服务模式，通过现场会向农民开展玉米播种期、管理期、收获期的技术跟踪服务——良法跟着良种，服务全程到位。

一是现场播种会，先锋公司率先推行单粒机械播种技术，售后代为播种。农民说：先玉335种子发芽率95%以上，整齐均匀，每穴一粒，一播全苗，节省了间苗工序，减少了种子用量，降低成本一半左右。二是田间管理现场会，为农民提供施肥、防治病虫害知识和技术。三是收获现场会，服务人员携带脱粒机免费收获脱粒，现场产量比较，让农民亲身感受到品种优势，增加农户反馈行为。谁控制了产品最终消费者，谁就控制了市场的最终话语权，通过“三会”构建了“研发—生产—推广—销售—播种—收获”一个完整的服务链条，为中国农资连锁经营、玉米全程机械作业、农业合作服务体系的建立提供了新思路和新样板。

其次，在育种的思路上，先锋公司更是面向产业化和市场化。先玉紧紧以市场为导向，以种植者节本增效为目的。我国的品种选育审定的多而推广的少，不仅市场反应滞后，而且缺乏长远规划。在产量的提升方面，先玉是以中穗型和耐密植为玉米育种的主流，强调抗逆性和适应性，确立通过培育理想株型增加密度、依靠群体、全程适应机械化获取高产的育种思路。而我国习惯于培育稀植、高杆、大穗、晚熟型，一直在依靠延长生育期和增加株高、提高产量的道路上徘徊。

最后，在种子制作方面，先锋公司执行的是高规格的企业标准。在种子加工方面，先锋公司执行的是远高于国标的企业标准，项目指标不仅是国标四大项，其质量要求几乎涵盖了真、纯、净、干、健、强、壮等近乎完美的主要和次要指标，并在国内率先实行按粒包装。我国种子行业质量标准比较低，检测项目也少。按照国家标准，玉米种子发芽率只要高于85%就算合格，这也是绝大多数国内种业企业的标准。而先锋的标准是95%，实际种子发芽率为98%左右，接近100%。在种子的穗烘干、脱粒、精细分级、包衣、包装等方面，我国既缺技术也缺设备，距离种子加工的标准化仍有很大差距。

4. *河南种子企业发展的主要目标*

河南种子企业未来的发展目标应该是，根据《国务院关于加快推进现代农作物种业发展的意见》，大力发展育繁推一体化的大企业。具体地讲应该采取如下的发展步骤。

首先，鼓励企业横向兼并，提高种子行业集中度，提升种子企业的竞争力。目前，河南种子企业规模较小，容易出现恶性竞争的局面，使整个行业利润下降。同时，还有一些企业因不具有竞争优势，可能会导致质量问题，造成整个市场质量信誉问题。据此，可以建议相关部门应加大种子市场环境建设，从生产者的知识产权保护，到市场监管对农户的保护及至食品质量安全对消费者权利的保护等方面进行市场环境建设，让真正具有发展实力的企业，通过市场竞争的方式逐步做大。

其次，鼓励种子企业实行纵向一体化的发展战略。在企业做大的基础上，鼓励有条件的企业尽快实施纵向一体化的兼并发展战略。具体地说，在上游要尽快建设种子企业的研发中心，加大研发投入和新的品种的开发；在中游应寻找更加具有成本优势的种子制作基地，进一步减少种子制作的成本；在下游则应实施广泛的代理模式和区域化战略经营方式进行营销。从国外种子企业发展的历史来看，种子产业的育繁推一体化既可以使种子行业内部的种子企业主导进行混合兼并，也可以是种子行业以外的涉农企业主导进行混合兼并。在这一方面，相关部门应大力鼓励工商资本进入农业领域，实行战略投资。

最后，鼓励种子产业转变营销方式，增加服务咨询。种子技术的利用在一定程度上可以看成是农业生产方式的转变，要使种子的技术潜能充分发挥，未来的种子企业应围绕种子技术的推广增加服务咨询营销。例如，在耕作技术、施肥环节、水利设施等方面进行相应地改进，种子企业应进行全面的技术辅导，通过“让别人赚钱来使自己赚钱”的策略，扩大自己的市场份额。

五、食品健康与食品监管

随着现代农业的发展和国际贸易的推进，食品安全成为现代农业中的一个重大问题。从国际视角看，欧美等发达国家疯牛病的爆发，口蹄疫的肆虐，以及各种问题食品的频繁发生，引起人们对日常食品供应信任危机和一定程度上的惊恐，并由此导致了反对生物技术进步和返归自然的有机生产活动。从国内视角看，“非典”事件、问题奶粉、三聚氰胺、瘦肉精等问题的接踵而至，也使食品安全成为中国现代农业发展中的重大问题，并对食品生产者的道德和声誉提出质疑。2011 年 3 月，双汇“瘦肉精”事件爆发之后，国务院召开紧急会议，专门就食品安全问题进行讨论，并做出了有关食品安全的专门决议。

现代农业的发展，不仅体现在粮食供给的保障上，更体现在以粮食保障为基础的日益多样化的食品加工产业。随着人们收入水平的提高，消费结构不断升级，多样化的需求推动了食品加工产业的大力发展，但同时也不可避免地带来了更为复杂的食品（质量）安全隐患。从生产者的角度，如果生产者提供的食品不能达到健康和卫生的标准，或者爆发严重的食品事件，那么，将会对厂商的声誉造成极大的影响，轻者会产品召回、市场下滑，重者则可能责令停产、倒闭破产。所以，严重的食品安全问题将会影响到食品加工产业和餐饮服务产业的发展，必须引起足够的重视。

从发达的市场经济来看，食品的卫生检疫与安全生产控制以及健康的食品提供是现代农业的一个重要内容，需要在食品安全上提供安全标准和监督机制，如实行科学的危害与关键点控制（HACCP）和食品追溯制度（Motarjemi and Mortimore，2005），为粮食和农业产品的生产提供一个良好的质量声誉保障。需要说明的是，食品（质量）安全或者说食品风险控制不可能做到 100%，但是一定要清楚有些食品安全是由于技术原因和自然原因引起的，需要技术进步加以克服；有些食品安全则是由于制度原因引起的，是完全可以通过食品监管能够解决的。如果不通过食品监管制度有力地解决食品安全，就会造成所有食品安全都是由于政府的“失职”造成的错误认识和印象，进而在消费者中产生对食品安全的不信任感和恐慌。当出现这些问题时，就会严重影响对食物生产和食品加工产业的发展，使农业发展面临市场信任危机的风险。所以，在农业产业化的发展中，必须未雨绸缪，高度重视。

六、现代农业发展是农业生产方式的根本转变

图1－19是对上述四个方面发展措施的一个综合分析。从图1－19中可以看出，现代农业生产是一个内容非常丰富的生产体系或模式，是农业生产方式的根本转变，并不仅仅是简单的对传统农业耕作方式的改变。其发展急需要从内部加以根本的改造，也需要按照市场规则与第二、第三产业相衔接，需要适应城市化的发展内容去发展。任何对现代农业生产的轻视和简单化的认识，都会导致对现代农业发展的偏误和延迟。

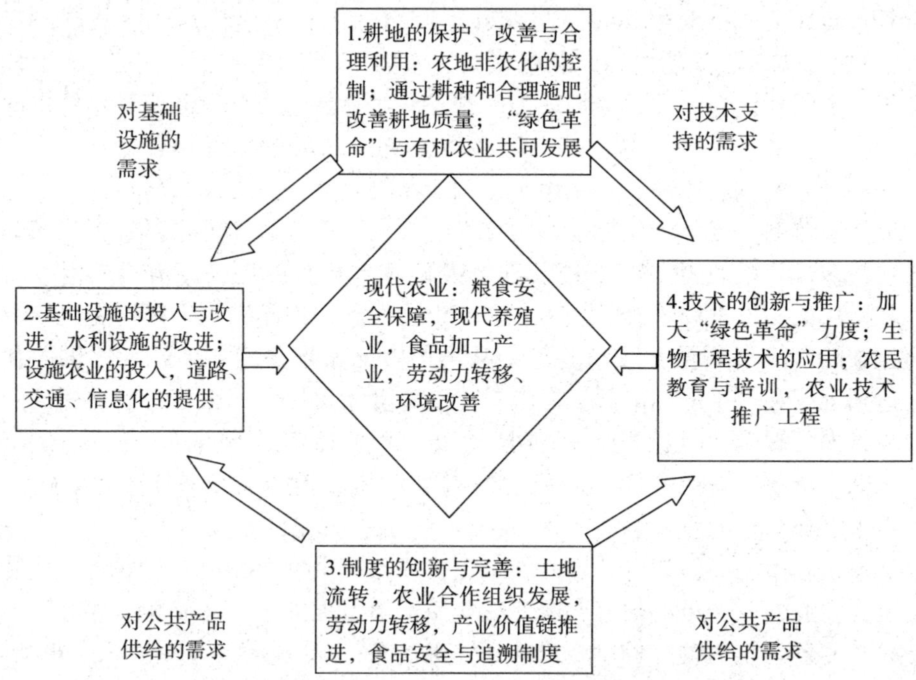

图1－19　现代农业生产方式的内容及特征

在农业发展方式的转变上，政府部门既需要对公共产品的投资，又需要对生产方式转变的制度需求加以供给和完善；政府部门和私人（企业）部门需要进行密切的配合加大对农业研发和技术进步的投入，加大技术的推广和人力资本的提高；农业生产方式的转变必须以企业为主体走产业化的道路，通过农业的产业化来实现农业的现代化，农业现代化不仅要提高农业产业的附加值和竞争力，还要大力发展服务产业，增加就业岗位；农业现代化的发展也是农民减少的过程，农村劳动力转移和农民的职业化是现代农业的一个必然结果和要求。

第五节 总结及政策建议

中原经济区建设中河南粮食生产和现代农业发展必须走产业化的路径。在市场竞争的基础上，通过产业化的发展，围绕食品链去扩大社会分工，提供精深加工，增加就业岗位，发现增值空间，促进技术进步，提高产业竞争力，将传统的弱势农业改造成包含有研发投入、产品加工、物流服务、餐饮配送等在内的现代农业。结合河南农业的实际情况和比较优势，在农业产业化的具体路径上可以概括为如下的发展策略：抓住源头、盘活中间、做大末端。农业现代化主要是围绕食品提供所构造的具有产业化特征（规模经济和范围经济）的产业链条和产业集群。所谓抓住源头是指，在农业产业化的生产中必须加大研发投入，加大技术应用和推广力度，重视技术在农业生产中的贡献；所谓盘活中间是指，在农业生产和农业加工方面通过制度创新进行适度规模经营，大力发展设施农业，优化种植和养殖业的比例结构，积极关注有机农业，实现农业的可持续发展；所谓做大末端是指，紧紧围绕居民食品结构转化的需求，开发满足不同层次需求的食物产品，做大包括冷链物流、餐饮配送在内的第三产业，实现劳动力转移和产业结构升级。

一、以种子产业为突破紧紧抓住产业源头

在源头研发投入和技术推广方面必须克服传统的观念。在多数人的观念中认为，所谓的现代农业就是大规模的农业机械化生产。其实，这仅仅是一个很小的方面，现代农业在技术进步上更多地表现为生物育种、基础设施和现代信息系统。现代农业发展表明，生物育种是现代农业产出增加的主要来源。未来的生物育种不仅会进一步提高产出水平，而且会在物种的抗逆性方面加以改进，从而可以减少农业化学产品的投入，减少对外部环境带来的危害。基础设施的改善一方面是大田作物种植中水利设施的改善、田间道路的改进、机械化耕作的改良；另一方面则是设施农业装备水平的不断提高。基础设施水平的提高，不仅能够增加土地的规模效益，充分发挥技术对现代农业的贡献作用，而且还能够扩大范围经济，进行立体化耕作，实施循环利用，充分地做到土地使用的集约节约化。现代信息系统主要是利用现代电子和通信技术，做到对农业生产的实时监控和跟踪指导，在病虫害防治和其他灾害防治方面做到提前预测、及时处理和补救。所有这些技术的投入和推广，都是现代农业的基础，也是农业产业链条重要的生产环节和价值增值空间。必须充分地认识到这些产业机会，并及时地将其转化为现实的产业基础和产业竞争力。

例如，在种子培育方面就存在着巨大的市场空间。现在农民已经充分地认识到种子在生产中的贡献，所以，他们已经不再自己培育种子，主要依靠商业化的种子进行生产，使我国的种子市场空间有进一步扩大的潜能。目前，我国在全球仅次于美国，是种子使用第二大市场，但是，在种子市场上还没有形成强有力的种子企业。我国种子市场上，蔬菜种子50%以上已经被外国企业所控制，有被进行价格垄断和索取高价的威胁；大田作物已经出现了玉米种子对国内玉米种子进行全面竞争的趋势和格局。所以，随着种子产业的全球化和中国种子产业的逐步开放，中国种子产业必将面临产业结构转型和产业、研究体制的再市场化，进而引起国内种子企业的大洗牌。这些都已经引起国家战略层面的重视，2011年4月，国务院颁发了《国务院关于加快推进现代农作物种业发展的意见》，实际上是给粮食主产区释放出大力发展本国和本地区种子企业的强烈信号，是一个非常符合粮食生产大省比较优势的发展机遇。

河南是大田作物种植大省、养殖大省和全国蔬菜生产的重要基地，在种业发展方面具有种质资源、理论研究、市场空间等方面的优势，但是在种子商业化的运作方面却很不理想，不具有市场的竞争力和控制力，急需将种子产业作为战略新型产业大力发展。如果河南省不能在种子产业上迅速崛起并发展壮大，那么，随着国内种子市场竞争的逐步加大，产业集中度的提高，以及知识产权保护和法规管制的逐步完善，河南将会在农业生产的源头上失去控制，从而更加丧失农业生产的比较优势，至少是丢失种子产业发展的战略机遇。其实，在种子产业的商业化开发方面本身也存在一个“从上游技术研发、中游产品物化和下游价值实现”的产业链条，形成了育种研发、繁育制种、营销管理和推广服务不同的产业环节和增值空间。必须抓住这一新型战略产业，对其战略地位和未来价值增值空间进行充分的评估，尽快通过市场化的方式做大做强河南省的种子企业。

二、以土地流转和农民专业合作组织为重点盘活生产环节

盘活中间，主要指在生产环节上用先进的技术改造传统的小农耕作方式，通过适度规模经营和产业内部结构调整增加农民收入。主要应包括这样几个内容：土地流转、适度规模经营与劳动力转移；合理构建种植业与养殖业的比例，以及种植业中粮食作物与高价值农业的比例；对鲜活农产品进行精深加工；充分发挥农民专业合作组织在现代农业生产中技术推广、市场化运作、产业集群构建方面的作用。

中国的农业生产规模化经营，不能以技术生产能力来判断，只能以劳动力的收入水平为标准。在市场经济条件下，城乡劳动力的配置都是以市场价格为标准。兼业化的过度发展使农业生产处于边缘化的状态，农业生产逐步副业化，农

业生产的劳动力投入严重不足，农业生产面临新生劳动力断层的困境。这种状况无疑是劳动力市场调节的结果。劳动力收入作为土地转让的标准的基本思路是：(1) 农村劳动力必须进行分层，发挥各自优势，从事农业生产的专业化农民保障对农业生产的劳动投入；(2) 通过适度规模经营提高劳动力的收入水平，使农业劳动力的年均纯收入不低于劳动力非农就业收入，从而使农业劳动力愿意全力投入农业生产，而不是外出打工；(3) 以专业农民年均收入水平为标准，推算出所需经营的土地面积。例如，假设农民外出打工年均纯收入为3万元，为了保障专业农民不离开农业，也必须使专业农民的年均纯收入不低于3万元。按照目前每亩粮食纯收益1 000元，则需要30～40亩。如果再考虑到农业生产的周期性和特点，专业农民也有部分兼业工作时间（比如1/3年的时间），可以降到20～25亩。如果仍然按照家庭农场进行经营，一个家庭至少2～3个劳动力，这样，一个适度规模化生产的家庭经营至少在100亩以上。

如果一个家庭经营100亩以上的耕地，就需要相当大的农业投资：(1) 农业机械设备和水利设施；(2) 田间道路的整修与土地平整；(3) 农业知识的学习，技术培训，市场信息的获取等基本经营知识和管理技术的投入；(4) 农业风险的防范，包括自然风险和市场风险；(5) 与农户签约及将各种资源进行组合的企业家才能。将这些因素考虑进去，我们发现尽管土地流转已经形成较大的共识，但是真正实施起来却非常困难，需要借助外在启动因素。这一启动因素主要是政府的政策和制度。

首先，必须解决农村劳动力转移问题，增加非农就业机会。在这一问题上，不仅要考虑农村劳动力城市化的完全转移，更要着眼于农村劳动力就地的非农化转移。这就需要在农业的产业化和集群化上做文章，围绕食品的生产和供应构建产业链，包括农业生产、农产品加工和食品配送。其次，土地流转必须转向多功能农业生产，包括粮食生产、养殖、经济作物、有机农业和生态旅游。土地流转必须发挥两个功能：通过适度经营和加大技术投入增加粮食产出水平；通过结构调整，增加农业和非农就业水平及农业收入。事实上，中国进入中等收入发展水平为土地流转提供了实施条件和机遇。中国收入水平的普遍大幅提高带来了饮食结构的转换，肉、蛋、奶、水果、蔬菜的需求比例稳步提升，提出了对种植业与养殖业及种植业内部的产业结构调整的要求；城市化的快速推进及城市人口的大量增加，对加工食品和保鲜食品的需求日益增加，提出了食品加工、食品分送和冷链物流需求产业的要求；城市居民收入水平的增加提出了对食品健康的高品质要求，有机食品、生态农业、生态旅游将逐步成为城市居民的消费点和农业收入的增长点。最后，农业支持政策应该重新调整瞄准机制。2004年以来，农业税收的全面废除，农业直补及各种补贴政策，为提高农民生产积极性发挥了重要作用，保障了粮食生产的逐年提高。但是另一方面，由于受家庭微小生产规模的制约，这一政策的效果已呈现出边际递减效应[①]。所以，农业生产支持政策在继续实施粮食生产直补的普惠政策的前提下，应将政策支持直接与农业产业结构的调整相连接。从全国的层面上看，加大对粮食主产区和生产大省的补贴力度；从粮食生产大省来看，加大对现代农业生产、粮食高产的支持力度，加快农业发展方式的转变，将农业补贴与农业生产链条的构建、产业集群的发展结合起来，将土地流转作为一个“补贴门槛”来推动粮食生产和农业现代化的发展。

农民专业合作组织不仅具有农民组织协会的性质，在目前中国的农村经济中还具有一定的农村治理模式的替代功效，对传统农业生产方式的改造具有重要的作用。例如，在技术的推广与应用，引导农民规范化生产和产业化运作中，就具有较好的示范、带动效应。我国目前的公益性技术推广过程中只注重生产环节，忽视产前、产后的服务功能和主动意识。这不利于农业产业化的经营。如在设施农业生产方面，各个种植户主要是移植成功的种植经验，没有在新的生产技术、品种开发、植保肥力、食品安全等方面进行考虑和投入。这在产品的价值和市场开拓上就会影响其竞争力，至少不会超越他人，只能跟在别人的后面。另外，对市场的开发不够重视，使得一些企业不能很好地做到适应市场、占领市场，甚至是开发市场。还有一个方面，在生产销售的过程中，基本上是每个种植户的单个行为，没有形成一个地域品牌，形成地域竞争优势。所有这些问题的解决，不仅需要地方政府为当地农民开拓市场，创造、培育、保护当地品牌，加大知识产权保护和市场监管；还需要农民在生产、加工、经营过程中充分发挥农民专业合作组织的作用，在技术开发、生产监管、质量把控、市场开拓、风险回避等方面发挥其网络平台的功能和优势。

另外，农民专业合作组织在提高产品质量，保障食品安全，增加产品信誉方面也通过其相互监督机制发挥着重要的作用。例如，在养殖业中，通过养殖经济合作组织将养殖户组织起来，一方面在市场上与龙头企业处于同等博弈的地位；另一方面合作组织内部对其成员的监督成本要比龙头企业直接监督养殖户要小得多、更加有效，而且使得畜牧动物的质量追溯也有了明确主体。有了明确的主体后，该主体出于自己的声誉和长期合作关系考虑，就会减少机会主义行为，放弃不符合长期要求的短期利益。实践证明，养殖经济合作组织的出现对于协调和处理好养殖户与龙头企业的关系，保障肉类食品质量安全具有极其重要的作用。建立完善肉类食品质量追溯体系、保障肉类食品质量安全，就必须促进中国零散

---

① 我们在调研过程中多次发现，粮食直补的普惠政策，生产资料价格补贴、良种补贴等各种补贴虽然惠及了全体农民，但是在最近几年并没有完全发挥出其激励农民种粮的积极性。而且，与农民的打工收入相比较，现在农民也没有把这一补贴收入看得那么重要。

的、原子式的生产经营者主体向结构化、规模化方向发展。对此，要大力培育壮大肉类食品生产企业、养殖经济专业合作组织等中介组织，提高农产品生产和经营的组织化程度。要积极推进“龙头企业＋中介组织＋养殖户”的肉类食品质量安全组织模式，通过不断提高农产品生产和经营的组织化程度，建立生产者和经营者的利益联结机制和约束机制，推动肉类食品的标准化生产、产业化经营和规范化管理，为质量追溯培育载体。

河南省在农民专业合作组织方面已经取得不小成就，初具数量规模，但是，在如何引导农民进行人力资本素质提升、技术培训和推广以及市场开发和风险回避等方面，还有很大的改进空间，需要在这一方面加大制度改进的力度。.

三、依托龙头企业构建产品价值链做大末端市场

做大末端市场的本质就是通过农业产业集群去满足和开拓不同消费群体对农产品结构转化的需求，反过来，由消费者的需求驱动来进一步做大农业产业集群规模。所以，做大末端一方面意味着必须打造农业龙头企业，包括生产方面、流通方面；另一方面则依托地域优势来打造地域品牌，形成产业集群，提升价值空间。龙头企业必须在市场开拓方面具有带动能力，将分散的农户连接起来，真正发挥改造传统小农经济的作用，做好现代服务农业。

从产业经济学一般的理论上看，产业关联是产业集群的一个根本特征。所谓产业关联是指从事某一产业或相关产业的集群成员企业之间的联系，主要有价值链连接、竞争合作互动联结、公共性投入和生产要素互补联结等。从目前的产业组织形式上看，产业价值链是企业之间联结的主要形式，因此，构建产业价值链就成为产业集群不可或缺的重要内容。或者说，要建成有活力的产业集群和产业区，必须依靠产业价值链的驱动。当前，全球化的发展使得经济竞争已由企业之间、企业集团之间的竞争演进到产业链之间的竞争。从价值链演变和驱动者的力量上来看，产品价值链可分为生产者驱动的价值链和购买者驱动的价值链。生产者驱动，是指由拥有技术优势的生产者投资来推动市场需求、形成本地生产链的垂直分工体系的模式；购买者驱动是指由拥有品牌优势和发达销售渠道的购买者通过市场需求拉动产业链运行的动力模式。一般来说，一个产业链有四种关键要素，即资源、市场、技术和协调。除了发挥基础作用的协调要素之外，一般均可以成为产业链的主导驱动因素。

农业产业链是指与农业初级产品生产密切相关的具有关联关系的产业集群所组成的网络结构。这些产业集群依其关联顺序包括为农业生产准备的科研、农资等前期产业部门，农作物种植、畜禽饲养等中间产业部门，以农产品为原料的加工业、储存、运输、销售等后期产业部门。农产品价值链的形成包括两个方面，

一是农产品种植、加工、销售等环节上企业的价值链，二是各环节之间的纵向联系通过对影响各环节企业价值创造而形成的价值链。

在构建农产品价值链的过程中，总有一个企业（供应商、生产商或零售商）充当发起者，成为价值链的核心。因此，可以说，价值链是围绕着核心企业建立起来的，如果将价值链看做一种企业联盟的话，核心企业就是盟主。这种结构方式有利于企业间达成合作协议，降低交易成本，加强价值链的管理，提高价值链的运行效率。由于核心企业是价值链的信息交换中心和价值链上物流集散的“调度中心”，使其具有强大整合能力，不但可以全方位协调价值链条上处于不同位置的企业，而且可以对整个价值链起到管理监督，譬如河南省双汇、众品、大用等肉类食品加工企业对整个肉制品价值链都发挥了核心作用。

从理论上说，价值链的驱动者可以是生产者，也可以是销售商，但在实际的农业产业化中，价值链的直接推动者是下游零售商，而非上游的农产品生产者。因为，一方面，由于农业部门的弱质性，使得农业产业在产业链区域延伸中分享的分工经济收益的份额相对较小，而在区域延伸中承担的交易费用相对较大；另一方面，在农产品市场开放和贸易自由化的情况下，可以从别的国家进口大量农产品或控制农产品价值链使其延伸到其他国家，一定程度上会取代国内价值链以及本国的农业生产者和涉农企业（洪银兴和郑江淮，2009）。所以，农业生产者的驱动动机不强烈。例如，我国目前比较普遍采取“订单农业”的组织方式，或称为“关系型”价值链。农业生产者与下游加工企业或零售商签订联盟合约，按照下游价值环节的要求进行农产品生产，但同时得到下游环节关于价格、利润分享、技术支持、资金支持等有关方面的承诺。关系型驱动者一般为大型超市、龙头企业、营销大户等。

小农户主要是通过“公司 + 农户”的方式切入农业价值链。因为直接推动者是下游零售商，所以必须满足顾客的成本、质量和安全等诸多方面的要求，例如，对产品质量、加工技术以及对新的生物技术的采用和推广中的要求，而且中间的不确定因素也多，客观上为一体化带来困难。这就要求依靠下游零售商和上游农产品加工、流通企业以及众多的农户之间以价值链治理模式做出制度安排，依赖合同将多个产业环节联系起来。所以，“公司 + 农户”的产业价值链模式便在中国的现代农业生产中广为发展。在公司对农户实行准纵向一体化的组织中，公司与农户仍然是各自独立经营的主体，但农户的生产完全纳入到公司的生产计划中，公司对农户实行准车间化的管理，并在产前、产中和产后环节为农户提供各种技术和管理服务。

农产品价值链的增值程度和收益的大小与价值链的驱动者和驱动程度有关。与国际市场上的大买家相比，我国农业龙头企业一般规模小，技术水平低，竞争力不强，市场占有率不高。而这些因素又形成了农业企业的低进入和低退出，进而可能造成农业产业结构雷同、质量瑕疵以及恶性竞争的市场特征。其最终结果是，使产品增值降低，价值链驱动减弱。而要解决这一问题，就必须从根本上解决农业生产的规模问题，反过来又要通过土地流转进行适度规模经营。

参考文献

[1] 国务院公报．国务院关于支持河南省加快建设中原经济区的指导意见，2011，29.

[2] Ganesh Thapa. 亚洲和拉美地区经济转型过程中小规模农业面临的挑战和机遇 [J]. 中国农村经济，2010 (12).

[3] 韩长赋．实现“十二五”良好开局，加快发展现代农业 [J]. 农村工作通讯，2011 (1).

[4] 胡霞．中国农业成长阶段论——成长过程、前沿问题及国际比较 [M]. 北京：中国人民大学出版社，2011.

[5] 吉利斯，波金斯，罗默，斯诺德格拉斯著．发展经济学 [M]. 北京：中国人民大学出版社，1998.

[6] 牛立超，祝尔娟．日本与中国的农业现代化的发展进程比较 [J]. 世界农业，2011 (7).

[7] 世界银行 .2008 年世界发展报告：以农业促发展 [M]. 北京：清华大学出版社，2008.

[8] 沈允钢，陈建峰．产业结构调整与粮食生产 [J]. 科学与社会，2011 (3)：17 – 22.

[9] 佟屏亚．郑单 958PK 先玉 335 引发的深层思考 [J]. 中国种业，2010 (6)：36 – 37.

[10] 王国敏．我国粮食安全面临的挑战及对策 [J]. 经济观察，2011 (11)：32 – 35.

[11] 王英君，薛春湘，刘超等．现代种子产业体系的竞争与重建 [J]. 中国种业，2012 (1)：4 – 6.

[12] 王雅鹏，王薇薇，吴娟．我国粮食安全的热点问题辨析 [J]. 农业现代化研究，2011 (1)：6 ~ 10.

[13] 王兆华，褚庆泉，王宏广．粮食安全视域下的我国粮食生产结构再认识 [J]. 农业现代化研究，2011 (3)：257 – 260.

[14] 吴海峰．略论河南省农业发展的区域格局 [J]. 开发研究，2011 (4)：86 – 89.

[15] 吴乐，邹文涛．我国粮食消费的现状和趋势及对策 [J]. 农业现代化研究，2011 (3)：129 – 133.

[16] [美] 西奥多 · W · 舒尔茨著，梁小民译．改造传统农业 [M]. 北京：商务印书馆，2006.

[17] 叶池．从缺粮大省到产粮大省——粮食丰收的河南样本 [J]. 中国农村科技，2011 (9 – 10)：38 – 41.

[18] 杨今胜，李小霞，柳京国等．国际化背景下我国种子产业的发展策略 [J]. 山东农业科学，2010 (5)：116 – 119.

[19] 郧文聚，陈新中，张清松等．丰收之季话整治——河南邓州市创新建管机制打造土地整治品牌的实践［J］．中国土地，2011（11）：39－42.

[20] 翟虎渠．关于中国粮食安全战略的思考［J］．农业经济问题，2011（9）：4－7.

[21] 章力建，朱立志．农业产业化龙头企业标准化的思考［J］．中国农业资源与区划，2011（3）：21－25.

[22] 张大东等．浙江加快农业发展方式转变的战略思考［J］．中国农业资源与区划，2011（1）：51－57.

[23] 张良悦．城市化进程中的土地利用与农地保护［M］．北京：经济科学出版社，2009.

[24] 张良悦．户籍对价、劳动力迁移与土地流转［J］．财经科学，2011（1）.

[25] 张世煌．种业改革是应对挑战的战略选择［J］．种子科技，2012（1）：1－4.

[26] 张伟．河南粮食增长态势、潜力与战略对策［J］．中国农业资源与区划，2011（2）：22－26.

[27] Evenson R. E. , Gollin D. , Assessing the Impact of the Green Revolution, 1960 to 2000, Science, 300(2003), pp:758－762.

[28] Khush G. S. , Green Revolution: The Way Forward, Nature Review, Genetics, 2(2001), pp: 815－822.

[29] Loch, D. S. , Boyce, K. G. , Balancing Public and Private Sector Roles in an Effective Seed Supply System, Field Crops Research, No. 84(2003), pp:105－122.

[30] Miller, J. K. , Herman, E. M. , Jahn, M. , Bradford, K. , Strategic Research, Education and Policy Goals for Seed Science and Crop Improvement, Plant Science, No. 179(2010), pp:645－652.

[31] Motarjemi Yasmine, Mortimore Sara, : Industry's need and Expectations to Meet Food Safety, 5th International Meeting: Noordwijk Food Safety and HACCP Forum 9－10 December 2002. Food Control, Vol. 16 (2005), pp:523－529.

[32] Vereijken P. H. , Transition to multifuntional land use and agriculture, *NJAS* 50－2, 2002.

第二章

农民专业合作社的成长机制与发展思路*

【本章摘要】农民专业合作社是农民专业合作经济组织的重要组成部分，是在农村家庭承包经营基础上，同类农产品的生产经营者或者同类农业生产经营服务的提供者、利用者自愿联合与民主管理的互助性经济组织。本章研究农民专业合作社发展状况与实践经验，以安阳市首批省级农民专业合作社示范社作为研究典型，通过实证研究，分析了合作社内部利益协调方面的问题，探讨了保持合作社提高效率健康成长的内外部机制，并总结符合中原区域发展的农民专业合作社理想经营模式，为河南省农民专业合作社发展与创新提出相应的发展措施。

第一节 引 言

为实现农业现代化的愿景，必须依照科学发展观，创新体制机制，将分散的农户按不同生产门类构建起不同专业合作组织，充分利用现代科学技术、设施和市场信息等资源，推行农业适度规模经营。为此，2006 年 10 月农业部出台《中华人民共和国农民专业合作社法》，随即全国各地数量众多的农民专业合作社如雨后春笋般涌现出来。从组织形式上看，百花盛开，有“龙头企业 + 农户”、“公司 + 合作社 + 农户”，甚至于“合作社 + 合作社”；从组成结构上看，有农户自发组成、有农民经纪人牵头组成，也有政府部门引导扶持组成；从规范发展上说，有工商部门注册正式的，也有随机发展的；从经营活动内容上看，多种多样，涉及畜牧、蔬菜、瓜果、农机、粮食等。这些农民专业合作社的发展不论对提高

* 本章涉及的研究内容主要是以河南省安阳市为例，曾获 2010 年河南省社科联一等奖（SKL－2009－3196）、2012 年河南省社科联一等奖（SKL－2011－3217）。主持人：刘君，安阳师范学院副教授，从事产业经济与区域发展研究。课题组成员：王慧娟、李国强、张焕敬、于璐、李丽、冯刚。

农民进入市场的组织化程度、适合发展现代农业、促进县域经济发展、增加农民收入都做出了积极的贡献。当然也必须看到，农民专业合作社仍然处于初级阶段，存在不少问题，如管理不规范、利益分配不清晰、规模过小、辐射带动力较弱等。不过这些不足以制约农民专业合作社的发展及壮大。

基于上述现状，为充分发挥农民专业合作社的辐射带动和典型示范作用，促进农民专业合作社规范健康发展，2009 年的“中央一号文件”明确提出“加快发展农民专业合作社、开展示范建设行动”。2010 年的“中央一号文件”进一步强调“深入推进合作社示范社建设行动”，2009 年 10 月河南省第一批农民专业合作社示范社创建，其中安阳市有 8 家合作社荣获“省级示范社”称号。2011 年 1 月安阳市又有 15 家合作社荣获“省级示范社”称号，这是对合作社示范社建设的肯定。在此背景下对河南省农民专业合作社示范社建设进行实证研究，希望能进一步规范合作社运作，落实示范合作社政策，为农民专业合作社健康发展培育一批坚实有力的、真正的“标杆”、“典型”，加快农业现代化建设。

第二节　农民专业合作社相关概念

一、农民专业合作社

农民专业合作社是农民专业合作经济组织的重要组成部分，《中华人民共和国农民专业合作社法》（以下简称《农民专业合作社法》）中给出农民专业合作社定义。《农民专业合作社法》第二条规定：农民专业合作社是在农村家庭承包经营基础上，同类农产品的生产经营者或者同类农业生产经营服务的提供者、利用者、自愿联合、民主管理的互助性经济组织。农民专业合作社与以公司为代表的企业法人一样，是独立的市场经济主体，具有法人资格，享有生产经营自主权，受法律保护，任何单位和个人都不得侵犯其合法权益。

二、农民专业合作社利益协调机制

合作社的经营活动分为与社员交易和与非社员交易，在与社员交易时按着市场价格进行，而与非社员进行交易时它必须追求交易价值最大化。利润对合作社来说不是目的，而是为了保持合作社活力，更好地为社员服务的手段。对于合作社这种特殊的经济组织，对内要实现社员的利益最大化，对外要追求合作社利润最大化，如果合作社的经营不能达到该目的，将难以为继，为社员利益服务的宗旨也必然落空。

农民专业合作社的利益协调机制就是合作社的盈余在合作社与社员之间进行分配的制度安排，是合作社对内谋求社员利益最大化与对外追求合作社利润最大化的综合，是公平与效率的统一。利益协调问题就是如何处理好社员利益与合作社整体利益的关系问题，主要表现在：合作社是否要提取公共积累；公共积累提取比例的高低；盈余主要是按交易额分配还是按股分红；分配方案由管理层决定还是由社员大会决定。如果能处理好这些利益协调问题，合作社的发展就进入到良性循环。

合作社的利益分配是由合作社的产权制度决定的。从经济关系上看农民专业合作社并非一种单一的经济形态，包括各种不同的经济类型，体现不同的生产要素的组合方式，存在不同的产权关系。从生产要素上看，它可以是劳动的联合、劳动与资本的联合、劳动与资本与技术的联合；从产权关系方面看，它可以是私有产权之间的联合、私有产权与集体产权之间的联合等形式。不同的生产要素在合作社的生产经营中发挥着不同的作用，理应获得不同的报酬；由不同的产权归属形成不同的利益主体，其利益分配方式也会不同。由于合作社的产权结构有多种形式，因此不同形式的农民专业合作社利益分配方式也应有差异。

三、农民专业合作社示范社考核标准分析

2010 年 6 月，农业部印发了《农民专业合作社示范社创建标准（试行）》（以下简称《标准》），《标准》的发布为农民专业合作社示范社建设提供了“标准”，更加有利于引导培育农民专业合作社成为引领农民参与国内外市场竞争的现代农业经营组织。《标准》中的主要内容一级指标有五条：第一，民主管理好；第二，经营规模大；第三，服务能力强；第四，产品质量优；第五，社会反响好。每条之下还有具体说明，二级指标有 19 条，《标准》的制定有三个特点。

一是以《农民专业合作社法》为核心，以《农民专业合作社登记管理条例》、各地法律实施办法等为配套的政策法规体系。如《标准》的第 8 条规定，“可分配盈余按成员与本社的交易量（额）比例返还，返还总额不低于可分配盈余的 60%”，这与《农民专业合作社法》第 37 条第 1 款规定基本一致。该条对体现合作社“民办、民管、民受益”特征，增强凝聚力、夯实发展基础，发挥带动农户作用非常关键。《标准》中对这些内容加以强调，希望能够发挥出《标准》的引导作用，不断提高合作社的管理水平，促进合作社的规范化发展。

二是农业部等 11 个部门《关于开展农民专业合作社示范社建设行动的意见》和各地示范社建设经验为代表的合作社发展实践总结。如《标准》的第 16 条规定，“生产食用农产品的农民专业合作社所有成员能够按照《农产品质量安全法》和《食品安全法》的规定，建立生产记录制度，完整记录生产全过程，实

现产品质量可追溯”与《关于开展农民专业合作社示范社建设行动的意见》中引导、鼓励和支持农民专业合作社率先实行标准化生产的精神相符。这些内容对合作社实现标准化生产、增强市场竞争能力、带动农民增收具有重要作用。在《标准》中对这些内容进行规定，就是为合作社在生产经营方面制定具体目标，引导广大合作社积极向上述目标努力。

三是能够反映农民专业合作社发展大趋势动向。如《标准》第15条规定，“生产鲜活农产品的农民专业合作社参与农超对接、农校对接或在城镇建立连锁店、直销点、专柜、代销点，实现销售渠道稳定畅通”。与现代农业发展大趋势吻合。在《标准》中对这些内容进行规定是为了合作社建立自己的品牌，提高市场竞争力，形成共赢的农产品零售关系。同时也是为了克服农户规模小的不足，促进合作社扩大农产品销售规模、提高农产品流通效率。

关于示范合作社的考核内容与标准，考核内容的规范性是重点，考核内容关乎着合作社的“真伪”及“优劣”与否，标准则可适宜调整。《标准》内容覆盖了合作社规范建设的全部经营管理内容，对农民专业合作社规范性建设与发展具有一定引领性。2009年、2011年河南省农民专业合作社示范社评审依据的主要内容与标准与《标准》的内容是相对照的，并且结合了河南省合作社发展的实际情况进行了具体调整。如第3条内容，“合作社成员人数50人以上，其中农民成员达到80%以上，成员年纯收入比当地非成员农民年纯收入高出20%以上”。与《标准》第12条、第19条是相对照的，并做进一步的细化、具体化。当然也降低一些标准，如关于成员收入高于本县域同行业非成员农户收入30%以上，河南省评价标准降为20%以上。这一点是切合河南省实际的，河南省合作社发展速度较快，但是起步较晚，与浙江一带的合作社发展无法比拟，因此对标准的调整是有必要的。

第三节　河南省农民专业合作社发展概况

一、河南省农民专业合作社发展情况

河南省农民专业合作社萌芽于20世纪80年代，起步于90年代，2000年以来进入快速发展阶段。特别是2004年以来，农民专业合作社数量增加迅猛。根据河南省农业厅的统计，截至2004年年底，全省农民专业合作社2 819家，社员数量达到183万户，占全省乡村总数的9.1%。2007年河南省农业厅对全省16个县、市的农民专业合作社的基本情况进行调查，调查资料显示目前正常运转的

河南省专业合作社 4 220 家，其他相当一部分有名无实，基本处于瘫痪状态。

河南省农民专业合作社的发展现状呈现如下特征：专业合作社的区域发展不平衡，主要集中在郑州、南阳、驻马店等地；合作社的合作领域主要集中在市场化、规模化、专业化程度较高的种植业和养殖业，如蔬菜、水果、花木、家畜等行业，并且养殖行业的合作社数量最近几年增加较快；专业合作社的组建方式不同，但大部分还是以农民能人或大户牵头创办；合作社经营类型多样化，涉及农产品的供产销产业链条所需内容，以农资供应、农产品供销和提供信息技术服务为主；专业合作社的辐射范围有限、带动能力不强，主要局限于一乡一村；专业合作社的建立及发展不规范，合作社登记注册数量比率较低，不能明确其法律地位，加之其内部治理不规范，利益分配不公平，农民利益很难得到保证，持续发展能力较弱。

二、安阳市农民专业合作社发展情况

近几年来，安阳市通过强化政策支持、加大资金投入、提供信贷支持、狠抓示范社创建等措施，全力推进农民专业合作社发展，出现了各类专业合作社迅猛发展的强劲势头。自 2010 年年初以来，安阳市新增专业合作社 466 家，在工商部门登记注册的各类农民专业合作社总数已达 1 811 家，注册资金 11.4 亿元，社员 11 903 人，比非社农户人均增收 10% ~15%，带动农户 12 万户。其中，汤阴县金桥养殖专业合作社、汤阴县易发菌专业合作社、内黄县鼎盛花生专业合作社等 8 家合作社被评为省级示范社，受到省委、省政府的表彰；145 家农民专业合作社被评为市级示范社。至 2011 年 1 月，汤阴县易源蔬菜专业合作社、汤阴县易兴瓜菜专业合作社、安阳市联创奶牛养殖专业合作社等 15 家合作社被评为省级示范社。

安阳市农民专业合作社发展现状呈现如下特征：第一，组织发展总数不断提升，带动效应明显增强。第二，以特色农业为基础，业务范围主要集中在种植业、养殖业等行业。第三，合作社成员结构多样化，以农民为主体，种植大户、养殖大户、技术能手、经纪人等成为兴办农民专业合作社的领头人。第四，管理规范化程度逐步提高，注册登记、按照农民专业合作社法规要求设立相应的成员大会、理事会、监事会的合作社数量日益增加。第五，农民专业合作社的经营实体功能逐步提升，形成供产销一体化的经营体系。

当然在合作社蓬勃发展的同时仍存在一些困难与问题。第一，外在规范运作但内部运行机制不健全。第二，缺乏高素质的人才，限制合作社发展。第三，缺乏政府足够引导与政策上有效支持，缺乏发展的财政支持。第四，合作社带动农户增收能力后劲不足，农户对合作社期望值较低。第五，合作社面临的问题差异性较大，主要有农业生产资料供应问题、产品销售问题、土地问题、技术问题、资金问题、农产品经济效益差、农户与合作社之间的信任等问题。

诸如以上分析，如何处理合作社发展中遇到的种种困难，是摆在我们面前的难题，而对于该问题解决关键在于如何引导规范合作社发展，示范合作社建设可以说是一个标杆性工程，为合作社发展树立好的榜样，能带动合作社朝着健康、有序方向发展。

三、安阳市农民专业合作组织发展呈现的特征

根据安阳市农业局2008年调查表明，截至2008年6月，全市登记注册农民专业合作组织共计111个。其发展呈现的特征为：

（一）总体数量较少，规模偏小，带动能力不强

安阳市2008年有111个农民专业合作组织，成员总数1 044个，成员50人以下的77户，占总数的69.4%，成员50~100人的33户，占总数的29.7%，成员100人以上的只有1个，仅占总数的0.9%，对于全体农民而言，总体数量少，规模小，多数在本镇或村组建设发展，服务功能较弱，组织化程度较低，带动力有限。

（二）主体多元，经营类型多样

从兴办主体来看，安阳市农民专业合作组织主要有龙头企业依托型、农民合作创办型和“领头创办型”三种。其中滑县道口义兴张烧鸡有限公司是龙头企业依托型的代表，滑县绿缘温棚瓜菜农民专业合作组织属于农民合作创办型组织，滑县海通纸业有限责任公司则是“领头创办型”的代表，并且该种类型组织主要表现为以农业、供销、行业协会等单位牵头创办。

从经营类型来看，既有各类种植业、养殖业合作组织，又有食品、蔬菜、木材等加工型组织，还有从事营销贸易销售的合作组织。如汤阴县易发菌菜专业合作组织，已从单纯的菌种供应，发展到统一组织食用菌销售。合作组织不断把合作领域拓展，涵盖了农业生产各个环节，农村经济的各个领域，丰富了合作内容及层次。

（三）管理规范化程度逐步提高，但可持续发展能力弱的问题仍然比较严重

安阳市在鼓励因地制宜，大力兴办各种形式的合作组织的同时，对合作组织的规范化建设也逐步加强。加强了合作组织的注册登记工作，并于2008年完成

了调查统计工作，共登记111家农民专业合作组织。按照合作社法规要求各个组织机构设立相应的成员大会、理事会、监事会。但是相当一部分组织章程不够规范，有的仅是流于形式，组织机构不健全，履行章程规定的职责不明确，日常活动不正常，民主决策机制不完善，决策随意，农户利益难保障。另外还存在着发展缺乏资金有力支撑的困难，大多数合作组织没有建立公积金、风险基金等积累机制，致使部分组织生命力不强，难以抵御自然与市场风险，发展后劲缺乏。

目前，从总体上看安阳市农民专业合作组织发展仍然缓慢，其发展的滞后性严重地制约了农业的进一步发展和农业现代化体系的建立，影响着农业商品化、现代化进程和农业市场竞争力的提高。

第四节　农民专业合作社发展的个案分析

本节从安阳市首批省级示范合作社中选择经营类型不同的几个合作社作为研究对象，希望能从中获取一些经验，为农民专业合作社发展与创新提出对策性建议。

一、研发引领型——汤阴县易发菌菜专业合作社

（一）合作社产生过程与基本情况

汤阴县易发菌菜专业合作社是在“汤阴县食用菌研究所”基础上，于2006年8月经工商局登记注册成立的具有法人资格的“汤阴县易发食用菌蔬菜合作社”，随着《中华人民共和国农民专业合作社法》的颁布实施，2008年7月正式更名为“汤阴县易发菌菜专业合作社”。出资总额分为5股，共计3万元。随着入股社员的踊跃加入，2009年5月出资总额增加为80万元。该社坚持“民办、民管、民受益”的原则，吸纳全县食用菌生产大户、经纪人、加工龙头企业等社员105人入股，带动农户650户。合作社现有办公、示范场地3 500平方米，其中大棚5栋1 350平方米，办公室、财务室、实验室、培养室、接种室、原料库、服务部等配套设施齐全。现有占地10亩的食用菌基地2个，总资产120余万元。该社拥有中、高级技术人员6人，外聘副高以上技术顾问8人，均为著名食用菌专家、教授。

（二）合作社的运行机制

合作社采取“三个统一”的有效措施，把社员紧紧地连在一起，结成了经

济利益共同体，有效地推动了汤阴县食用菌产业稳健发展。

一是统一协调产前材料供应，由合作社统一组织协调优质菌种和生产原材料，保证社员食用菌菌种、原料质量达标。自合作社成立以来，共组织协调优质菌种20余万瓶，棉籽壳3 000余吨，麸皮等辅料600余吨，栽培袋10余吨，消毒药剂等添加剂1万余箱。

二是产中统一技术服务，由合作社组织技术人员定期培训和亲临各个种植户进行巡回技术指导，帮助社员掌握关键技术环节，提高食用菌生产成功率，为高产优质奠定基础。针对大多数社员缺乏系统的理论学习和操作技能，生产水平低和盲目性强的情况，该社加大科技推广力度，加速科技成果转化，以举办培训班、经验交流会、现场会、播放科教片、发放技术手册等形式，每年培训社员3 000余人次，并多次聘请河南省农科院、河南农业大学等大专院校专家教授为社员授课，亲临菇农大棚内进行技术指导、疑难解答。对技术不熟练的种植户，采取技术指导、跟踪服务的方法，发现问题及时解决，消除他们对技术的后顾之忧。两年来，向社员提供了大量的优质菌种，技术资料和先进的栽培技术。取得了良好的经济效益和社会效益。

三是产后统一组织产品销售，由合作社联系上海、杭州、西安等大市场商户，根据市场价格统一组织收购，使社员放心生产放心卖，消除其后顾之忧。为增强合作社食用菌产品的市场竞争力，2007年3月，该社申请注册了“易发”牌商标，合作社统一印制带有“易发”商标的包装箱发放给社员，每个社员设定一个编号，然后由合作社统一组织运往上海、南京、杭州、武汉、广州、西安等市场销售，个别产品一旦出现质量问题，商户可根据包装箱上的编号，反馈给合作社，然后由合作社对生产社员进行处理。2008年3月，根据双孢菇春季价格偏低的实际情况，合作社经过多方联系与山东康发公司签订了罐头标准双孢蘑菇回收订单，以每千克高出市场价近2元的价格对合作社菜园镇东街村12户的双孢蘑菇予以回收，共收购鲜菇4 500千克，使户均增收900余元。虽然收购量不大，但使社员真正体会到了“订单”带来的实惠。

（三）合作社的绩效与问题

自合作社成立以来，形成了上聘专家教授，中有农民技师、营销经纪人，下联食用菌公司、示范户、种植户的组织网络。2009年，合作社实现销售收入650万元，利润27.2万元，按照《中华人民共和国农民专业合作社法》要求，将可分配盈余的60%返还社员，共计20.3万元，使合作社成员人均增收3 383元，带动农户户均增收1 150余元。

（四）基本评价

农业生产既面临自然灾害风险，又面临市场风险，增加农业生产抵御风险的能力，对于单个农户而言很难实现，合作社的成立就承担了这样的职责，而且也必须具备这样的能力。汤阴县易发菌菜专业合作社就是这样应运而生的。该合作社具有一般合作社所不具备的核心竞争力，那就是技术能力，通过该种能力能够增加抗拒风险的概率，并且增加了农户对合作社的信任，为合作社发展聚集了人气，凝聚力较强、创新能力较强的合作社发展潜力是无穷的。所以，对合作社进行培训与培育是一项重要的工作。

二、金融合作型——汤阴县金桥养殖专业合作社

（一）合作社产生与基本情况

汤阴县金桥养殖专业合作社，位于汤阴县光明路中段，是在市县畜牧局的大力支持下，由同类畜禽产品的生产经营者，自愿联合成立，民主管理的互助性经济组织，是汤阴县优秀示范合作社，现有社员 312 户，带动农户 1 100 余户，流动资金 670 万元，年产肉、蛋鸡 300 万只，产值 7 600 万元，社员盈利 900 余万元，养殖户年增加收入 2 万余元。

（二）专业合作社组建背景、动因及发展历程

汤阴县是养殖大县，特别是“永达”肉鸡、“众品”猪肉等大型食品加工企业落户汤阴，极大地带动了该县养殖业的发展，是农民重要的就业项目。但是由于受饲料成本增加、市场利益分配不均、食品安全等因素影响，且由于养殖户大多都是松散型的，没有规模和竞争力，难以抵御市场行情冲击。使多数养殖户经营困难和赔钱，陷入困境。为了应对市场风险，在市县各级政府、畜牧业协会的支持和引导下，积极与养殖户沟通联系，分析市场行情和发展趋势，研究解决办法。养殖户们一直认为要想能够赚钱，实现联合经营，共同发展致富，依法成立“专业合作社”是最好的办法。养殖户依托“合作社”来增强抵御市场冲击的能力，实现养殖业的稳产增收。2007 年 3 月由 10 户养殖大户牵头，依法在工商局注册登记，成立了金桥养殖专业合作社。

（三）组织机构和运行机制

合作社以服务社员、提高社员组织化程度，谋求全体社员的共同利益为宗旨。依法选举理事会、监事会成员组织，制定了各项管理制度。合作社社员中，

农民成员占社员总数的90%以上。社员大会是合作社的最高权力机构，由全体社员组成。社员大会选举和表决，实行一人一票制，社员各享有一票基本表决权。社员入社自愿，退社自由，地位平等，实行自主经营，独立核算，自负盈亏，利益共享，风险共担。社员入社要缴纳2 000元股金，可一次缴纳，也可分批缴纳。合作社设专业会计，按制度规定合作社会计信息定期及时向本社社员公布，接受社员监督。

（四）合作社的经营和服务活动

金桥养殖专业合作社经过两年发展和实践，使广大社员养殖户得到了丰厚的利益回报，社员严格按照无公害标准进行生产管理，保障食品安全，在上级政府和各级主管部门的大力支持下，合作社与永达肉鸡、正大饲料等大型龙头企业形成了战略合作关系，成立了合作社养殖产业便民服务中心，中心采用“专业合作社+行业协会+龙头企业”的服务模式，依托安阳市畜牧业协会、禽业协会养殖产业信息数据库，上连政府中连市场下连农户，为社员产前、产中、产后提供各项服务，从社员急需解决的问题着手，采取了以下主要服务措施：

1. 资金互助

第一，与银行建立了银社长期合作机制，在县人民银行、县邮政储蓄银行等金融部门的大力支持下，开通了农户小额贷款快捷通道，合作社向银行推荐和协调，社员与社员之间相互担保，合作社督促社员按时还款，有困难的社员由合作社帮助还款和结息，保证不发生一笔不良贷款，增强社员信誉，解决养殖户融资难的瓶颈。

第二，充分利用养殖户停养之间的闲散资金，进行资金互助，提高资金利用率，降低资金使用成本，使养殖户少出钱，多挣钱。

2. 六个统一

第一，统一信息服务：社员统一加入养殖产业信息数据库，中心定期向社员发送当天安阳市及周边地区放养总量、销售总量、存栏总量、市场行情信息，使社员对本地及周边地区的饲养、销售规模和市场行情有清晰的了解，以便决定自己的放养时间，放养数量，可有效地规避因集中上市相互压价而导致亏损的风险。

第二，统一采购：通过合作社组织团购，为社员统一低价购进种苗、饲料、兽药等生产资料，降低饲养成本。

第三，统一供种：利用合作的规模优势，选择规范种源厂家，统一购进良种，提高饲料转化率，增加经济效益。

第四，统一防病：统一防疫、防病，可减少发病率，降低防疫、用药费用，增加社员收入。

第五，统一管理：统一按照无公害标准化生产，保障食品安全，增加养殖产品附加值。

第六，统一品牌销售：合作社采用统一品牌销售社员生产的产品，可有效降低销售成本，提高销售价格，增加养殖收益。

合作社服务中心的建立，让平时处于弱势群体的养殖户联合起来，变成了最大的购买户，省去了中间环节，使每个散养户都能够享受到团购的优惠，以最低的价格，买到最优质的产品，大大降低了养殖户的生产成本；中心的统一集中销售，使养殖户生产的产品与市场形成了合理对接，结束了养殖户家家户户跑市场，成本高、风险大的销售模式，使养殖户可以一心一意搞养殖，钻研技术，扩大规模，轻轻松松多挣钱。

中心聘请了多名畜牧兽医师，派专用车辆送畜牧兽医专家定期下乡，指导养殖户合理用药，防病、治病，组织培训养殖户，提高养殖户的饲养水平，规范养殖户的养殖流程，使畜禽少生病、不生病，以提高养殖效益。

同时，中心向社员提供产业信息、政策咨询等服务，维护社员的合法权益，收集行业信息和社员需要解决的问题，促进社员与企业、政府的沟通联系，争取政策支持，促进行业发展。

（五）合作社的实际效果和作用

2008 年在金融危机大环境下，合作社社员由于降低了生产成本，效益有了保障，生产销售一样红火，效益可观。以肉鸡养殖户李××为例，他一次养殖规模为 3 000 只，需用饲料 15 吨，过去由经销商供应饲料，比现在每吨要高出 300 元以上，还不是知名品牌，质量没有保障，现在合作社统一从厂家采购饲料，一批鸡少支付饲料款 4 000 多元，由于是名牌大厂家饲料，料肉比每只鸡可节省饲料 1 元左右，由于鸡舍进行了改造，增设了负压风机、水帘、暖风炉等升、降温设备，现在养鸡很少有病，又有专家长期指导生产，统一科学防疫，现在养殖基本不用药，降低生产成本，产品达到无公害要求，每批鸡可多卖 2 000 多元，李××一批鸡可增加效益 5 000 多元。2008 年一年多增加收入 2 万余元。

由于合作社严格实行标准化生产制度，保障了食品安全，得到加工企业和市场的认可，取得了社会、经济效益双丰收。

（六）基本评价一个农民专业合作社能否运作成功，领头人即合作社社长是非常关键的人物，领头人是兴办农民专业合作社的精英和骨干

领头人必须有强烈的合作意识，有带领农民致富意识，有为农民合作事业献

身精神，有为推动合作事业而奋斗的决心和毅力。在当前我国农民专业合作组织发展困难时期，具有管理、技术、威望、奉献精神的带头人是合作社发展的中坚力量，必须重视在农村基层中发掘和培养合作社企业家。

第五节　农民专业合作社发展中的利益协调问题

农民专业合作社是我国农村改革开放，发展社会主义市场经济中涌现出的新生事物，是广大农民群众适应市场经济发展要求，满足经济发展合作需要，在家庭承包经营基础上对农业经营体制的创新，是农民合作经济组织的重要组成部分。2007 年 7 月 1 日《中华人民共和国合作社法》的颁布实施，确立了农民专业合作社的法人地位，规范了农民专业合作社的组织和行为，保护了合作社及其成员的合法权益，以立法的形式推动农民开展经济互助与合作，将合作社的发展推到了一个健康的新阶段。河南省是一个农业大省，大约有 6 900 万农业人口，凡是涉及经济发展的问题都与农民问题无法分割。一直以来党和国家高度重视“三农”问题，2007 年中央号召大力发展农民专业合作经济组织，全国各个省份纷纷响应，但是其发展参差不齐。浙江、山东、河北等省农民专业合作经济组织发展较为迅速，在农民增收方面发挥了重要作用，而在河南省，虽然农民专业合作经济组织也有发展，但是合作经济组织的发展还处于初级阶段，规模较小，缺乏经济实力，服务功能有限，整体上并没有发挥出组织优势作用。作为农业大省的河南省更应为经济社会和谐发展贡献力量。本章研究的目的就是通过分析农民专业合作社利益协调的有关问题，探索促进河南省农民专业合作社发展的利益协调机制，从而推动农民专业合作社又好又快地发展。

一、河南省农民专业合作社利益协调情况分析

农民专业合作社能否可持续发展壮大，关乎农业产业化经营与农业现代化建设，而作为特殊企业的专业合作社，如果对内能实现社员的利益最大化，对外能追求合作社利润最大化，其可持续发展就不成问题。

本节研究的样本数据是由研究人员与安阳师范学院的学生于 2009 年 7 月对河南省安阳、新郑、开封、周口、驻马店、信阳、鹤壁、濮阳八个市区的合作社进行调研获得。共发放问卷 100 份，实际收回 90 份，其中有效问卷 87 份。需要说明的一点是，由于合作社实际运作中存在形式主义以及政府过多的干预致使调查结果与预期有一定的差距，调查研究仍需进一步深入。但本次调研所选择样本的代表性确保了项目调查结果具有一定的验证力，能作为研究的第一手资料，使

我们的研究具有科学性。

(一) 农民专业合作社利益分配方案的制订

从表2－1可知，在农民专业合作社利益分配方案的制订中，由社员大会制订仅占27.6%，利益分配方案由管理层和核心大户决定的比例高达72.4%，这一点说明了现在的农民专业合作社中有明显集权的性质，不利于合作社的管理和发展，也不利于维护社员农户的利益。

表2－1　　农民专业合作社利益分配方案的制订

制订者	合作社个数	百分比（%）
管理层	40	45.9
核心大户	23	26.5
社员大会	24	27.6
合　计	87	100

(二) 农民专业合作社盈余分配方式

从表2－2可以看出，农民专业合作社的盈余分配比较单一，按交易额分配35.6%，并且整体上以按交易额为主的分配方式比率高于41.3%。

表2－2　　农民专业合作社盈余分配方式

盈余分配方式	合作社个数	百分比（%）
按交易额分配	31	35.6
按股分红	16	18.4
二者结合	10	11.5
二者结合以按交易额分配为主	5	5.7
二者结合以按股分红为主	3	3.4
平均分配给每个社员	3	3.4
其　他	19	22
合　计	87	100

(1) 调查中发现绝大部分合作社都没有进行公积金、公益金等公共积累的

提取，即使有积累，也占很少比例，到来年时要么弥补亏损要么平均分配给社员。

（2）其中41.3%的合作社主要是按交易额进行盈余分配的，这里还未统计按交易额与按股分红结合的分配方式，也就是说以按交易额进行盈余分配的合作社比例要远远超过41.3%。因此，按交易额进行盈余分配是合作社当前的主要分配方式。

（3）主要以按股分红的方式进行分配的合作社所占比例为21.8%，但调查中发现合作社并不十分清楚股金分红与股息如何区分，其中相当一部分是社员入股得到的利息补偿。

（4）除了所列出的分配方式之外，其他分配方式所占比例也相当高，达到22%，这是合作社根本就说不清采取哪种方式分配的，归纳起来应该属于隐性式分配。该类合作社本身无经营收入，也不直接分配，他们采用契约形式，以相对稳定的价格或保护价格收购社员的农产品，利用组织的销售网络统一对外销售，在合作社与社员之间建立稳定的购销关系，使社员直接从销售环节中获利。

（三）管理层所获收益加总占可分配利润的比例较高

从表2-3可以看出，管理层所获收益占可分配利润的比例较高，管理层所获收益占可分配利润的比例在30%～50%之间的合作社合计有79.4%的，这与调查样本中合作社规模较小、权力相对集中于管理层的特点有关。这种分配特点容易造成收入差距拉大和合作社内部不公平感的增强，影响农户加入合作社的积极性，应对管理这一要素给出准确的定位。

表2-3　　农民专业合作社管理层所获收益加总占可分配利润的比例

管理层所获收益加总占可分配利润的百分比（%）	合作社个数	百分比（%）
0～10	2	2.3
11～20	5	5.7
21～30	10	1.5
31～40	30	34.5
41～50	29	33.4
51～60	10	11.5
61～70	1	1.1
71～80	0	0

续表

管理层所获收益加总占可分配利润的百分比（%）	合作社个数	百分比（%）
81～90	0	0
91～100	0	0
合　计	87	100

（四）农民专业合作社社员收入情况

从表2－4可以看出，87.4%的合作社的社员都不同程度地存在收入增加的情况，尽管增加程度不同，这也是农民加入合作社的基本动因，从而也说明了发展合作社符合农村经济发展要求，符合农民的切身利益，应积极促进农民专业合作社的发展。

表2－4　　农民专业合作社社员收入情况

收入情况	合作社个数	百分比（%）
增加了	76	87.4
减少了	5	5.7
不　变	6	6.9
合　计	87	100

（五）农民专业合作社财产归属情况

从图2－1可以看出，在合作社财产归属方面有64%合作社社员认为合作社的财产应归属集体或国家所有，也应由政府或乡镇、村干部组建创办，只有36%合作社社员认为合作社财产每人都有一份，社员可以入股合作社，促进其发展。调查中社员对合作社的称呼有，我们社、他们社、合作社等，以上都是说明社员对合作社财产关注度低、社员并没有对合作社的发展进行关注、合作社是个别人控制的社，而不能体现服务为农户的宗旨。

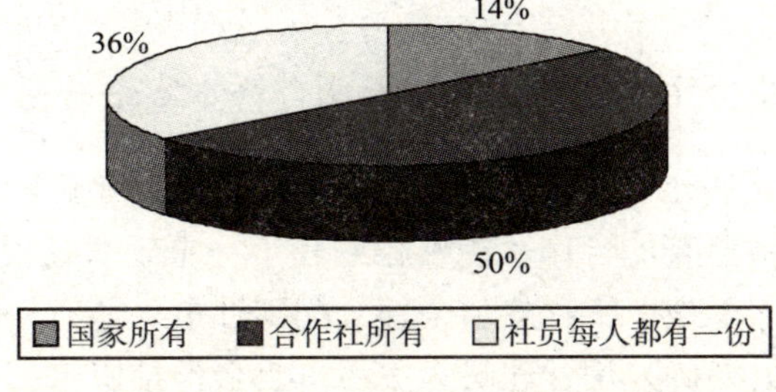

图2－1　农民专业合作社财产归属

（六）农民专业合作社利益分配满意度调查

调查中有52%的合作社社员对合作社利益分配情况不了解，且对分配情况不满意；48%的合作社社员对合作社利益分配情况有所了解，但从表2-5与图2-2中可以看出，了解分配方式的社员中仍有59.8%的合作社社员对利益分配表示不太满意和不满意，这说明农民专业合作社的分配整体满意度较低，这也是合作社发展缺乏活力的主要原因，也是制约合作社发展的最主要原因，急需对合作社的利益分配机制进行调整。

表2-5　　农民专业合作社利益分配满意度调查

满意度	份　数	百分比（%）
不满意	25	28.7
不太满意	27	31.1
满　意	35	40.2
合　计	87	100

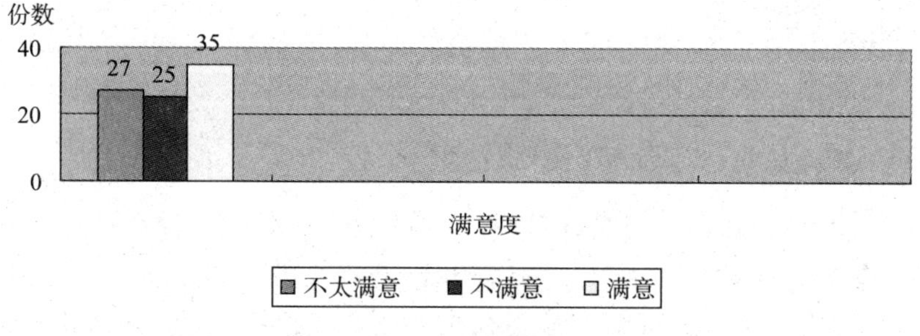

图2-2　满意度调查柱状示意

二、河南省农民专业合作社利益分配满意度低的原因分析

（一）农民专业合作社利益协调情况调查样本实证分析

首先合作社对盈余分配前未提取公共积累，或提取比例较少（平均水平不到9%），主要原因是被调查的合作社规模普遍较小，希望通过较多的盈余分配吸引更多的非社员加入，于是把所有盈余全部分配到社员；还有一些原因是怕社员有意见，特别是怕社员误认为是管理层为贪污占有合作社资金打起的幌子，这些合作社以能人大户牵头组建为特点。

其次按交易额进行盈余分配的方式所占比例较大，这是传统的合作社分配原则，为了反对社员通过拥有资产受益，防御大资本的支配和压制，维护社员的利益，这符合合作社组建的宗旨，这种分配方式比较适应于合作社发展初期。本次调查的合作社总体处于初创时期的特点恰能验证这个道理。但当合作社不断发展时，这种分配方式就暴露出弊端，不利于各种生产要素在合作社中充分发挥作用，也不利于实现利益的公平分配和调动社员的积极性，致使合作社发展受阻。

再次隐性分配盈余方式（最为简单原始的分配方式）是成立合作社的动因，其充分利用合作社的“协作利益”，提高农民的自组织能力，集合农民的批量供给和小规模需求组成规模供给和规模需求，内部组织交易替代外部市场交易，从而稳定市场，扩大影响，降低交易成本，提高社员获利水平。农户对这种既简单又透明的分配方式容易接受，所以其比例高达22%。调查中还发现这种隐性分配方式无需烦琐的会计记录，合作社管理人员就能兼职，不需要聘请专职会计从业人员协助工作，当然调查中发现合作社要么没有专职的会计，要么就是会计人员学历较低，以上这些情况也能验证隐性分配盈余方式仍然有存在的空间。

最后需要说明的一点是调查结果显示管理层所获收益占合作社分配利润比例较高、分配方案绝大部分是由管理层制定的与盈余主要是按交易额分配的这三种情况不矛盾，原因有三：一是合作社普遍规模较小；二是合作社大多是能人或大户牵头组建；三是合作社欠缺优秀的管理人才、职业经理人。

（二）农民专业合作社利益协调问题规范分析

利益协调问题是专业合作社的核心问题，是合作社对内谋求社员利益最大化（社员利益）与对外追求合作社利润最大化（合作社整体利益）的综合。当利益协调公平且具有效率，社员积极性会增加、会吸引更多非社员入社、吸引更多资金融入、合作社盈利能力会提高、合作社规模不断扩大并得以持续发展。

基于以上分析，合作社利益可以分为社员利益与合作社整体利益；也可以分为当前利益与长远利益；社员利益是合作社发展的保证，合作社整体利益则是社员利益的条件，二者相辅相成；当前利益是合作社发展的基础，长远利益则是当前利益的条件，二者相辅相成；利益协调就是协调当前利益与长远利益的关系，或者协调社员利益与合作社整体利益的关系。

农民专业合作社是否要提取公共积累，这个问题就体现了合作社当前利益和长远利益的关系，盈余若用于分配，社员很快得到实惠，立竿见影，若用于积累可以扩大合作社发展规模、经营范围，为社员与合作社带来的是长远利益，尤其是农民专业合作社处于初建阶段，合作社资金需求大多来源于社员股金和合作社的积累，积累资金对合作社的发展非常重要。如果合作社不提取公共积累，再加上其融资能力差，一旦遭遇市场风险和自然风险，将会对农民专业合作社社员造成毁灭性的打击。所以从农民专业合作社的长远发展考虑，应提取公共积累，而且要提高公共积累的提取比例。

盈余主要是按交易额分配还是按股分红，该问题实质上体现的也是当前利益与长远利益的关系。合作社成立初期，交易额发生频繁，为了体现办社宗旨，为社员服务主要以按交易额分配的方式，这使得社员都得到了当前利益。但是从合作社长远发展来看，特别是对于那些资金、技术、劳动力等生产要素共同参股，或资金参股比例大的合作社，实行主要按交易额分配的方式，不利于各种生产要素在合作社中充分发挥作用，也不利于实现利益的公平分配和调动社员的积极性，合作社发展受阻。

综上分析，合作社在成立之初没有将产权明确到个人，社员人数较少，利益分配问题影响不大，但当合作社不断发展，产权模糊就会严重制约组织的发展。其具体表现：

第一，产权关系模糊降低了社员对合作社资产的关切度以及利益分配的合理性。农民专业合作社是在传统的社会主义市场经济理论上建立起来的集体所有制经济组织，从理论上论证集体的财产应归属每一个社员所有。但这种理论因无相应的产权制度及其实现机制而流于形式。实际上合作社集体所有制成了一种无所有制或职权所有制，即理论上把人人所有制演化成了实际经济生活中无人所有或少数领导者所有。传统体制的这一痼疾在集体财产数量不大，家底很薄，并且由于劳动者实际上并未拥有集体的产权，对资产关切不高，其问题表现并不突出，而一旦集体财产达到一定规模，这一体制的弊端也就暴露无遗，利益分配也会因此而被扭曲。

第二，现有体制的集权性质造成了干群关系紧张、管理效率低下的倾向。产权制度决定着经济管理体制的形成。在原有合作社集体所有的产权制度下，一元化的产权制度决定着管理方式的集体倾向。在这种管理体制下，民主机制因缺乏必要的产权基础而流于空泛的议论。由于缺乏民主管理的机制，对集体财产的管理不能形成权责利的制约关系，原有体制便成了产生诸如决策随意化、私欲熏心、贪污受贿等现象的“温床”。管理集权必然会导致利益流向的集中化趋势。

第三，现有体制下，各社员各自为政，严重影响了合作社的发展壮大。由于农民专业合作社分配形式单一，各生产要素不能实现应有的衔接，造成社员之间、社员和管理层之间的利益牵连性不够强，因此社员之间不能实现有效的协作，降低了合作社经营效益，反过来对合作社的利益分配产生负面影响。

三、河南省农民专业合作社利益协调问题探讨

（一）农民专业合作社利益协调机制需要建立科学的产权制度

从实质上来看，农民加入产业合作社最直接的原因就是为了增收，获得更多的利益，合作社发展的根本动因取决于社员利益得到满足以及各种合作要素的报酬实现的充分程度。因此农民专业合作社的利益协调问题是农民专业合作社生存与发展的重要基础，是农民专业合作社有效运行的根本所在，好的协调机制是农民专业合作社稳定、发展、壮大的关键。

现代经济学的理论研究表明，在产权制度、激励行为与经济活动之间存在着正相关关系，即是说，在一定的经济体制下，产权关系是否清晰、利益界区是否明朗、决定着个体对经济组织资产的关心度；市场经济强调的是经营要素配置主体以平等身份和均等机会自由选择合作者组成农业组织参与竞争。而要做到这一点，必须有界定清晰和受法律保护的经营要素产权作保障。对于农民专业合作社而言，从经济关系上看，其并非一种单一的经济形态，还包括各种不同的经济类型，不同的生产要素在合作社的生产经营中发挥着不同的作用，理应获得不同的报酬。而不同的产权归属形成不同的利益主体，他们的利益必须得到保障，因此合作社的利益协调应由产权制度决定。

首先应在合作社建立之初，发放股金证，建立股金账等方式明晰国家、社员、龙头企业或其他经济实体投入的资金份额，防止集体和个人产权混淆，避免组织共有资产流失。其次设置合理产权结构、维护农民受益的原则。合作社可以是一个多元化的产权结构，但是农民社员必须在合作组织内部占有绝大多数股份。借鉴其他省份经验，其他发起人可以占较大的股金比例，但持股比例不应超过总股金的20%，防止股权结构不合理导致决策权力不均衡，利益分配不合理，普通社员难以真正享受合作社带来的利益。因此，农民专业合作社的利益协调机制改革，应以如何分散股权又能吸引更多的资本融入合作社破题，着力创新集体经济实现形式，构建“归属清晰，权责明确，利益共享，流转规范，监管有力”的农村现代集体经济产权制度。

（二）农村集体经济产权制度要求合作社建立社员适宜的民主治理结构

产权制度决定着经济管理体制。建立起农村现代集体经济产权制度的农民专业合作社也应当把现代企业的法人治理结构纳入合作社的管理体制中，以下面组织结构为例进行改制（见图2－3）。

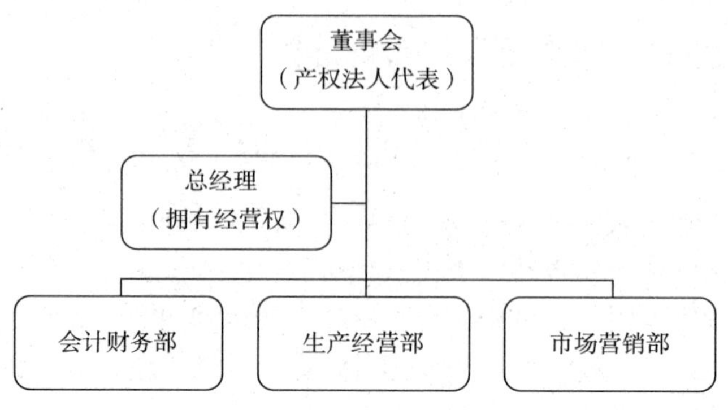

图2－3　农民专业合作社治理结构

在这样的农民专业合作社的治理结构之上，要使农民专业合作社真正走上规范化轨道，在管理体制上必须进一步规范：

首先，依据《中华人民共和国农民专业合作社法》明确组织法人财产权地位，并落实法人财产地位。要依据合作社法的运营规则规范领导体制，使企业的管理制度化、决策民主化与科学化。其次，规范合作社的日常经营制度，目前的农民专业合作社，在经营上经济核算制度仍然是十分薄弱的，有的甚至没有设立账户开展独立核算，这直接影响合作社的经济效益，应当依据《中华人民共和国农民专业合作社法》的规定，对经营活动进行核算，以使资金的使用财务开支和利用情况有清晰的账目显示，推动合作社的规范运作。最后，要完善合作社的机构设置建立健全规章制度，依据合作社活动的特点和业务发展需要对合作社的职能部门设置加以完善，同时要制定合作社各方面的具体制度，使合作社依章运行，克服目前组织松散效率低下的现象。总之如何引导建立既能体现社员民主控制又能具有激励的治理结构是改革的关键。

（三）河南省农民专业合作社利益协调方法的思路

以构建“归属清晰，权责明确，利益共享，流转规范，监管有力”的农村现代集体产权制度为基本原则，借鉴国内外优秀的实践经验，结合河南省实际情况，提出农民专业合作社利益协调方法的思路。

农民专业合作社并非一种单一的经济形态，它包括各种不同的经济类型，我们认为针对不同模式的合作社、生产要素组建方式不同的合作社、处于不同成长阶段的合作社应采取不同的利益分配方式，利益分配方式权变处理。根据调研结果，河南省农民专业合作社的模式主要有生产主体型、流通服务主体型与综合型；生产要素多以劳动的联合、劳动与资本的联合为主；大部分合作社仍处于成长的初期阶段。针对以上特点，本项目认为生产主体型的合作社是合作社最为原始的模式，分配方式多以按交易额分配，不提取或很少提取公共积累，这类合作社一般也处于成长的初级阶段，随着其不断发展，利益分配方式应发生适宜变化：公共积累由少变多；以按交易额分配为主变成按交易额分配与按股分红相互权变结合；产权制度越来越规范。生产要素多以劳动联合为主的合作社应以按交易额分配为主；生产要素以资本为主的当然应以按股分红为主，但也应考虑社员利益，增加社员入股比例以及改变社员入股的形式；两种要素联合的分配方式也是按交易额与按股分红相结合。处于合作社发展的初级阶段分配方式制定集权一些，而处于成长阶段，规模较大、业务比较复杂，应分权一些，分配方式也应由单一的按交易额分配转变为按交易额与按股分红二者相结合。

第六节　农民专业合作组织的成长机制与发展模式

一、研究背景

农民专业合作组织是在保持家庭承包经营自主权的前提下，以农民自愿为基础，按照共同的经济利益联合起来的组织。大力发展农民专业合作组织，是对家庭联产承包经营体制的完善和创新。所以，党的十七届三中全会《中共中央关于推进农民改革发展若干重大问题的决定》提出要“按照服务农民、进退自由、权利平等、管理民主的要求，扶持农民专业合作社加快发展，使之成为引领农民参与国内外市场竞争的现代农业经营组织”。

由于农业市场化程度的不断提高和农产品市场竞争的日益激烈，以家庭为单位的经营模式下的农民无论是面对龙头企业、城市超市还是小商小贩，都属于“弱势群体”，只有联合起来创立以“利益共享、风险共担”为宗旨的专业合作经济组织，才能强化市场主体地位，提高农民市场竞争力。陈晖涛（2009）认为发展农民专业合作组织是推进农业产业化经营的必然选择，通过合作机制，在不改变农户家庭经营这个微观基础的前提下，一定程度上解决了小规模农户经营与社会化大市场之间的矛盾，为广大农民提供了以较低的成本和快捷方式与市场对接的途径。张晓山（2009）则更进一步指出中国农业和农民未来的发展与合作社的发展紧密相关，例如，保障中国粮食安全问题上，农村土地流转及适度规模经营上，农村金融的发展上面都可以开展农民专业合作组织。然而，在承认农民专业合作经济组织大力发展空间的同时，也必须注意中国农业现代化发展的特征和农民专业化经济合作组织发展的环境约束。

不少学者认为，近二三十年来，农业产业正处于具有深远意义的结构变革中：一是日益向上游生产者（农民）和终端用户（消费者）延展的产品供应链或价值链发展趋势；二是在农业经营过程中生产技术的采用，以及整个产品供应链特别是农业生产方面的智能化。当农民合作经济组织发展被嵌入这样变化的发展环境中，必定会对其内部治理和制度安排形成挑战。例如，目前农民专业合作组织真正由农民自己兴办的少，而由农民以外力量“领办”的多，由于领办主体往往也是合作经济组织的主要投资者和资源信息的拥有者，它在合作经济组织内部居于强势地位。这种强势地位若缺乏相应的监督和约束，极有可能导致机会主义的发生。再如，由于政府干预的客观存在以及政府对合作社社会功能的要求，使目前中国很多农民合作经济组织承载了政府所要求的许多非经济功能。而从合作社发展的角度来看，政府的支持可能是其当前最现实的、低成本的、可期待的资源，所以，政府对合作社的支持资源往往就成为要求合作社承担政府某些经济或社会功能的交换条件。

简而言之，如何健康地发展农民专业合作组织，如何使其在农村经济发展中更好地发挥组织功能，促进农村土地流转和农业产业化的进一步发展，就成为农村经济发展中的一个亟待解决的问题。

二、农民专业合作组织成长机理分析

根据系统论的观点，任何一个组织都不可能孤立地存在与发展，农民专业合作组织的发展也必然会受到内外部环境因素的影响与制约。因此农民专业合作组织的成长必然是处在以农民、市场、相关企业（处于农业产业纵向一体化发展各个环节的企业）、政府等利益集团构建的内外部环境因素形成的框架下的。在自身合作组织资源优势的基础上，对内以期提高内部资源配置、运行效率。对外则融入农业产业链条中，形成合作组织自身的竞争优势。所以，农民专业合作组织成长的实质就是组织内外部一系列复杂因素的共同作用和相互平衡、“内外兼修”的结果，是一种边界扩张与实力增加的可持续发展。

（一）农民专业合作组织成长的内部运行机制

从合作组织的组建形式、运营机制、章程、利益分配来看，它是一种具有独特性质的市场经济主体，因而，其发展必须具有完善的内部运行机制，包括合作组织管理机制、民主决策机制、利益分配机制与监督约束机制。

第一，健全的组织管理机制。规范运作的合作组织首先应该进行登记注册，形成较为规范的章程，内部管理制度。其次应该按照合作制原则健全“代表会、理事会、监事会”等组织管理机构，保证社员主体地位与民主地位。最后健全组织内部人事、财务、营销等各项规章制度，确保有章可循，并通过签订合同、协议等，明确双方权利与义务，规范各自的行为。

第二，建立科学有效的决策机制。首先要有民主的选举制度，合作组织的“三会”都要由会员选举产生。其次要充分发挥农民在合作组织中的主人地位和作用。主要通过召开全体会员代表大会，民主讨论决策重大问题，确保年终收益分配的合理性等体现。最后要提高财务管理民主程度，监督审计要透明公开，会员有独立发表意见看法的民主权利，建立制度化的农民利益表达机制，通过表决，形成全体会员的统一意见。总之要健全合作组织会员大会制度与投票机制，使得会员大会成为会员行使决策权力的有效平台，这样才能真正做到合作组织是一种有凝聚力的组织。

第三，完善利益分配机制。合作组织内部应该是一个风险共担、利益共享的利益共同体，通过农民合作，提高农业组织化程度、保障农民收益。一般来说，组织的利益分配牵涉到国家、企业、会员等诸多单位和个人，所以，分配的原则、方式会影响到组织的健康成长。按照合作组织“民办、民受益”的原则，应该把农民的利益放在首位，正确处理合作组织与农民的利益分配关系，提高内部运作效率，促进组织的发展壮大。

第四，建立有效的监督约束机制。由于监督成本较高、无力监督或者由于监督中的“搭便车”行为，合作组织不愿意进行监督或监督空缺。当合作组织中的管理者的利益最大化目标与组织的盈利目标出现矛盾时，就难以克服管理者的机会主义行为和道德风险。这样就会出现合作组织的管理者背离会员利益的经营行为。所以，合作组织的有效运行取决于是否赋予了会员监督权，特别是监事会的监督作用是否能够有效发挥、组织的经营行为是否在广大会员的监督之下。

（二）农民专业合作组织成长的外部推动机制

农民专业合作组织的成长不仅取决于农业、农民本身，而且，由于农业的弱质性，还非常需要外部环境的提供和助推。在农业产业一体化的链条中，农业和农民处于价值链的低端，不具有比较优势，需要引入工业资本进行价值驱动，提高农业生产的边际产出。这样，在农业产业收益提高的前提下，才能够促使农民合作组织的启动和发展。当然，工业资本和企业只有融入农业产业链条中，才能更好地挖掘和提升产业价值链的价值。所以，“以工哺农”及其农业产业价值链的构建是农民专业合作组织成长的重要外部因素。

目前的农业生产还主要表现为小农经济的生产，在产业的延伸上要么是短链，要么是断链，无法形成价值链的攀升。而这其中的原因又在于，或者是缺少资本，或者是缺少信息而无法组成产销一体化的链条。引入工业资本和企业，特别是“龙头企业”（或价值驱动者），借助企业的经营优势，尤其是其市场开拓能力实现农产品生产、加工、储运、销售经营的一体化，使公司与农户结成风险共担、利益均沾、互惠互利、共同发展的经济利益共同体，让参与经营的农户能够分享整个产业链条的平均利润，提高农业的比较效益，达到工业化模式发展农业产业的目的。

在公司对农户实行准纵向一体化的组织中，公司与农户仍然是各自独立经营的主体。但农户的生产完全纳入公司的生产计划中，公司对农户实行准车间化的管理，并在产前、产中和产后环节为农户提供各种技术和管理服务。这样，在农业产业价值链的构建中，就为农民专业合作组织的建立提供了条件和可能。但需要强调的是，农业合作组织建立的目的是解决小农户生产与大市场的矛盾，落脚点是使参与经营的农户增收获利。所以，在借助外部环境建立合作组织中必须解决好如下问题。

首先要建设与企业相对等的股份合作制组织，真正提高农户的组织化程度、农户与企业的谈判能力和维护自身利益的能力，构建具有真正独立性的专业合作组织。其次要加强合作组织与企业的合作意识，构建合理的利益分配机制。在认真分析产业化经营中的各个环节，研究产业增值部分真正来源的基础上，把各要素和各类风险等综合到利益分配的方案中去，既尊重农户的劳动，又充分肯定企业的经营绩效。最后要推行平等合同，强化合同管理。企业与组织应按照自愿、平等、互利的原则，签订有法律效力的合同，明确双方的权利和义务，稳定企业与农户之间的关系，限制双方的机会主义行为。此外，组织的成长外部推动力也离不开政府的引导与支持，政府应在专业合作组织处于不同的阶段提供不同制度供给并采取相应的政策措施保障。

三、农民专业合作社发展模式总结

（一）农民专业合作社土地租赁经营模式

小规模、分散的农地经营模式日渐成为我国农业现代化发展的障碍，农民专业合作社进行农地流转，得到国家政策的大力扶持，程序规范、透明，农民收益大、风险小，是当前实现农地流转的理想平台，特别是“合作社租赁经营”模式是合作社及现代农业发展的切实选择，是农户易于接受的特殊模式。

在农民专业合作社土地租赁经营模式中，合作社作为承租方与承包土地的农户就其承包地的面积、租赁期限、租金支付方式进行协商，协商成功后，签订规范的土地租赁合同，农民专业合作社按约定支付租金取得农户一定期限的土地承包经营权。土地出租后原土地承包关系不变，原承包方继续履行土地承包合同规定的权利和义务。承租方按出租时约定的条件对出租方负责。如安阳县富农薯业专业合作社，在成立之初通过土地流转的形式，从农民手中租地 2 800 亩，用于进行红薯规模种植。入社社员可以有两种选择：一是耕种自己的土地，跟合作社签订合同，红薯成熟时以市场价格收购，实行最低保护价；二是将自己的土地承包给合作社统一管理，年底按照小麦的市场收购价进行分红。该种形式农户受益明显，举例说明，其中一个社员家有 4 亩耕地，过去种植小麦，一年的纯收入仅 2 000 多元。加入合作社后，他开始种植红薯，平均亩产红薯 4 000 千克，红薯的市场价格为每千克 0.6 元，除去成本，4 亩红薯地纯收益 8 000 元，现在的收益是过去的 4 倍，该社发展势头强劲。

（二）合作社 + 金融机构担保合作经营模式

金融问题是合作社发展中所遇到的难题中的难题，成为合作社发展壮大的瓶颈，合作社如果能解决这个问题（尤其是畜牧养殖业），就能在同行业合作社发展中表现出很强的发展势头。

鼓励农民专业合作社开展信用合作，应支持和鼓励农民专业合作社通过自有资产抵押或成员联保等形式办理贷款。支持和鼓励农民专业合作社牵线、龙头企业为农户提供贷款担保，对为农户提供担保的龙头企业，各级政府给予相应的支持和奖励。如汤阴县金桥养殖专业合作社，由从事畜禽养殖的广大农民养殖户自愿联合成立，采用“专业合作社 + 金融机构 + 龙头企业”的服务模式，汤阴县金桥养殖专业合作社与农村信用社积极协调，为农民饲养户开辟了金融服务绿色通道，并形成有效担保机制，批量进行贷款，仅 2009 年前 10 个月就累计发放贷款 200 余万元，解决了饲养行业融资担保难的问题。与此同时，该合作社还充分利用饲养户停养期间的闲散资金进行资金互助，提高资金利用率，降低资金使用成本，使饲养户少出钱、多用钱、有钱用、多挣钱。

该种模式除了依靠农户、合作社、金融机构以外，还需要政府的大力财政支持、金融扶持，针对贷款满足率较低、贷款模式有限（通过向农民专业合作社的社员发放农户小额信度贷款、农户联保贷款等）、信贷投入较少、贷款利率偏高、资金供给渠道狭窄（仅限于农村信用社、农业银行）等问题，应该有针对性尽快解决，不要让财政支持“三农”成为空谈。

（三）合作社 + 科研机构合作模式

现代农业是高科技含量的农业，农民专业合作社的竞争力核心体现在对技术的掌握程度，以及所能带来的高产、高质量的产品。农民专业合作社应根据农产品市场需求，指导成员及时引进和采用最新农业科技，提高了生产效益。而对于现在合作社发展的水平、人才匮乏的现状，很少有合作社有能力具有自主研发能力，因此最为切实可行的选择就是依赖科研院所，开展“合作社+农校”、“合作社+农业科研院所”的合作社科研机构合作模式。如汤阴县易发菌菜专业合作社，依托易发食用菌研究所于2009年5月注册成立。拥有中高级技术人员6人，外聘副高以上技术顾问8人，均为著名食用菌专家、教授。聘请来自省农科院、河南农业大学等院校的专家和教授来给社员进行技术指导，依托易发食用菌研究所，合作社以科技为核心，使其带动社员致富的能力显著增强。2009年，合作社实现销售收入650万元，利润27.2万元，合作社成员人均增收3 383元，带动农户户均增收1 150元。

（四）合作社+超市联合模式

2009年6月20日，商务部等下发的《关于做好农产品“农超对接”试点工作的通知》指出，要积极推进大型连锁超市、农产品流通企业直接与鲜活农产品产地农民专业合作社“农超对接”。“农超对接”通过推动超市利用自身在市场信息、管理等方面优势参与农产品生产、加工、流通的全过程，提供生产技术、物流配送、市场信息咨询、产品销售等一整套服务，将农户的小生产与大市场有效地联结起来。“农超对接”是搞活农产品流通、扩大农产品消费、保障城乡居民食品安全、促进农业增长的一项重要举措，是推进现代农业和社会主义新农村建设的重要内容。

“合作社+超市联合模式”是以超市为核心的联盟形式，一般有两种类型，一个是合作社贴牌生产超市自有品牌，另一个是超市销售合作社自有品牌农产品，显然第二种模式对于合作社无论是收益还是名誉都是最为有利的。不过不是所有的合作社都可以选择“合作社+超市联合模式”第二种类型进行经营的，合作社与超市对接是要量力而行。首先，应具备《农民专业合作社法》规定的设立和登记条件，并依法注册半年以上。其次，要有符合对接超市和农产品流通企业需求的基本生产能力和规模，社员数量要达到一定规模，有规范的章程、完善的管理制度、健全的监督机制、独立的会计核算。最后，要有强有力的领导把一家一户的生产管理起来，建立利益共同体，统一对外。此外，专业合作社要积极培育自有品牌，对特色农产品要积极开展无公害、绿色食品认证，增强消费者对专业合作社农产品质量安全的信心，促进专业合作社扩大农产品销售规模。

当然对于以上条件，虽然专业合作社示范社是符合要求的，但是想稳定“合作社+超市”这条利益链，必须在品牌建设上继续努力，坚持开展无公害、绿色、有机产品、产地认证，打造一批农产品和合作社的知名品牌，提高农产品市场竞争力和品牌的知名度、信誉度和美誉度。

（五）合作社+大学生“村官”联办模式

按照要求合作社中的成员中较大比例应该是农户，但是一般农户只拥有有限的自然资源，严重缺乏人力资源，决定其只能是组织中的惠顾者；而组织的发展需要更为重要的人力资源，特别是拥有丰富的生产运作、财务、科研、营销等能力的人力资源。鉴于此，大学生“村官”的身份就显得非常突出，向政府申请大学生“村官”到合作社工作，或进行研发；或进行生产、营销管理；尤其是财务管理工作，是当前合作社发展中可行模式之一。

（六）合作社+加工企业共赢模式

农产品由于生产周期比较长，所以生产风险较大；再者农产品初级产品竞争完全，价格低廉，而深加工不发达，因此通过农产品深加工，增加农产品附加值，延伸产业链条，提高农民收益。

农民专业合作社不能简单地固守在生产领域和市场领域，而要向加工领域延伸产业链条，避免农产品集中上市带来的价格低廉的风险，进行精深加工，拓展合作社发展空间。一般“合作社+加工企业共赢模式”有两种类型：一是有条件的农民专业合作社发展农产品深加工，自办农产品加工企业，让农民更多分享工业化生产和加工领域增值收益。二是农产品加工龙头企业与农民专业合作社联合建立原材料基地。第二种类型属于当前风险小、可操作性强的形式。该种模式类似于美国20世纪80年代后期出现的“新一代合作社”。

第七节　政策建议

促进河南农民专业合作社的进一步发展，可以从以下两个方面考虑：一方面要逐步提高合作社的规范化程度，充分发挥出示范社的示范带头作用；另一方面要协调好合作社内外部的几个主要关系。

一、逐步提高合作社的规范化程度

农民专业合作社即将成为农业农村经济增长的新的着力点。受我国农业生产发展水平以及各地、各产业不同的组织资源的影响，农民专业合作社呈现出了不同的阶段性组织特点和发展特色。在全社会对于农民专业合作社的组织意义有了普遍认同的情况下，更应该考虑的是当前情况下如何把握合作社阶段性发展特点，促使合作社发展有秩序、可持续。因此，在开展示范社选择与发展建设的工作中应当始终注意把握以下几点。

（一）“公正、公平”优选示范社

示范社的选择是示范社建设中的首要问题，示范社的合法性则是所有示范工作开展的前提，也是保障示范社建设工作质量的关键。示范社建设行动的公平与否与广大农民对于示范社建设的信任度息息相关。要确保选拔的“公正、公开”，拉动农民参与合作社的积极性和主动性，确保示范社建设切实有效开展，确保农民对于示范社建设行动的拥护。

在农民专业合作社发展的任何阶段，或是合作社发展的任何时期，开展示范社建设，都要始终把合法性摆在所有工作的首位。所以《农民专业合作社法》、《标准》及其相关的法律法规都是示范社选择及发展的依据和准则。示范社的选择行为本身就是促进、带动其他合作社发展的重要环节，依法认真地选取具有代表意义的合作社，采取有效措施，促进其健康发展，才能有利于构成良性、有序的组织、制度以及政策环境，为其他合作社发展构建出规范的发展框架。

（二）“因时、因地”设置示范标准

在示范社建设的过程中，要积极明确、始终严格执行《标准》，将示范标准的特殊性与严肃性有效结合起来，把握政策方向。农民专业合作社有益经验的宣传推广，有力地促进和激励合作社的发展，从中央到省、市、县都有针对合作社开展的示范推广活动，取得了一定的成绩。在总结成功经验的基础上，有一个问题非常突出，即《标准》没有区分东中西部，行业和产品，并且《标准》还存在宽泛、弹性大的特点。但是各地的农业农村经济基础和发展特点各有不同，不同的示范社建设活动面对的群体和植根的区域是有差异的，合作社发展的状况也是千差万别，所以应当在符合法律要求的基础上，突出地区的特殊性，制定出有的放矢的、有针对性的示范社建设标准。

此外，通过调研发现，已经开展的示范社建设工作，存在着获得示范社项目支持后疏于管理，在内部治理结构、盈余分配方式、资金管理或者成员账户设置等方面的不规范现象，这种情况的存在不仅不能够对其他合作社起到示范带动作用，反而会给其他合作社的发展带来负面的影响，也会影响项目的公信力和权威性。因此，在示范社建设行动中，要认真总结本地合作社发展的经验，结合本地特点，将示范标准的特殊性和严肃性有效地结合起来，保证示范活动开展的质量。

（三）“依法、依责”引导监督示范社发展

虽然合作社依照“民办、民管、民受益”的原则建立及发展，但是各级政

府和农业行政主管部门以及其他有关单位、部门引导监督合作社建设发展的作用无法替代。特别是在示范社建设中，应当依法加强示范项目的指导，使得示范工作有法可依、有章可循。政府及其农业行政主管部门以及其他有关单位、部门，在示范社建设行动中处于主动地位，拥有选择权和决定权，可以通过其行为对示范项目和示范社产生直接的影响。

因此，在示范社建设行动中，作为项目决策方的各级政府和农业行政主管部门以及其他有关单位、部门要严格依法、依职责办事，加强对示范社的指导、扶持和服务，特别要做好示范社项目执行的监督工作，保障示范社建设工作的质量，创建公平有效的合作社发展空间。坚决杜绝将示范社项目视为合作社获取临时性资金支持途径的思想倾向，要注意采取多种措施促进示范社组织能力的提高，把对示范社的支持作为一项长期、可持续的工作开展下去。

二、采取措施促进示范社的建设，确保发挥示范带动作用

开展示范社建设行动，通过示范项目来促进农民专业合作社的发展，是国家财政手段支持农民专业合作社发展的重要手段。国家财政资金的注入，无论是对于农民专业合作社发展整个事业，还是对于接受资金支持的示范社而言，其目的不仅在于促进特定的农民专业合作社的发展，而是要发挥特定农民专业合作社辐射本区域内的合作社发展的作用，以及促进农民专业合作社发挥组织优势，带动相关产业发展，促进农民增收的职能。但就目前的情况而言，辐射现象还未如预期有所出现，示范项目多停留在示范社自身建设的局部上。因此，在下一步深入推进示范社建设行动中，要采取措施，确保示范社建设的带动效应的稳定出现和逐步增强，使得示范社建设真正发挥示范作用，做到“范而有示”。

（一）做好培训和宣传工作，提高示范社影响力

政府相关部门应该对农民专业合作社理事长、经营管理人员、财务会计人员和专业技术人员加强培训，深入开展各种形式的普法宣传工作，确保与合作社相关的法律法规到基层、到农户、到干部，进一步营造支持农民专业合作社发展的良好舆论环境和工作氛围。另外，及时总结宣传示范农民专业合作社及其带头人的经验，树立榜样，发挥示范合作社的带动作用。

（二）建立合作社联合会，提升示范社在农业发展中的影响力

我国浙江省最早成立农民专业合作社联合会，其成立在推动合作社的建设与发展起到重要作用。以示范社为核心，利用其示范标杆及影响力依法成立合作社联合会，借助联合会的力量，实现资金、人才、信息等资源的共享，提升合作社

的管理能力、市场竞争力。根据示范社的影响能力，形成或村、乡、县、市、省或跨省、国际型的联合社，整合资源，扩大规模，以农业产业化为背景，以农业产业集群为平台，促进合作社数量及质量的提升。

（三）构建服务平台，大力推介示范社及其产品

示范社建设行动的重点在于如何通过特定的示范社的规范建设达到拉动、促进整个区域内农民专业合作社发展的目的。作为具有服务职能的政府应该着重于构建合作社发展的服务平台，大力推介合作社及合作社产品。有不同地方政府做法可以借鉴，如陕西省启动了“农民专业合作社示范县建设行动”，以示范县建设为合作社发展构建良好政治、经济与社会环境。浙江省台州市每年举办一次合作社产品推介会，并利用各类农业博览会、展销会等途径，加强对合作社产品的推介宣传，为合作社产品进入国内外市场牵线搭桥。

示范社的选择及示范项目的执行过程，对于示范社本身而言，有总结自身发展积极经验，巩固发展成果之意，在总结经验的过程中，不应当只满足于示范项目中有多少合作社获得了支持，不应安守于示范社数量的增加，应当在开展示范行动的过程中注意如何将示范社做大做强，使其成为合作社的龙头、产品的龙头、产业的龙头。

此外，在示范社建设行动中，还应当有战略性眼光和全局性的视野。农民专业合作社的发展是一项系统工程，不可能一蹴而就，我国农民专业合作社的发展还有一些问题需要解决，因此，在示范社的选择和示范社的建设中，要注意不同类型、不同层次的合作社的选择性的培养与支持，要从大局出发，注意多种经验的积累，为农民专业合作社今后的发展储备力量。

三、协调好合作社内外部的几个主要关系

第一，对内应该加强团结农户之间关系，增强谈判力量，减少机会成本，降低交易成本，从事多样化、多品种经营，更有效地维护自身利益。首先针对合作组织内部民主关系，要建立健全民主选举制度、民主决策制度、财务管理、会计核算制度与组织发展与经营状况统计报表等制度，实现合作组织科学管理。其次合作组织内部成员的利益分配关系要具有公平性与竞争性。合作组织要坚持为成员服务的宗旨，合作经营获取的利益要实行惠顾返还的原则，最大限度地增加成员收入。要严格限制股金分红，以防止合作组织改变性质、蜕变为少数人控股的企业。同时，合作组织要留足公积金，以扩大服务、防患风险，要鼓励实行多形式、多环节的分红、让利、返利的分配制度，让生产环节的成员分享到农产品在加工、仓储和销售等环节上的利润。最后基于组织内部的农户与“能人”、关键

成员（股份拥有量高）与普通成员之间不对等的关系，应建立科学规范的约束制度，赋予会员对合作组织应有监督权，监事会、会员要从内部管理的角度进行监督，实行社务、财务公开，特别是要充分发挥监事会的监督作用，使组织的经营行为在广大会员的监督之下，成为促进广大会员而不是少数大户获利的经济组织，健全自我监督机制。

第二，合作组织作为一个开放的系统，要协调好与农业产业化经营企业的关系。发展合作组织不是要取代“龙头”企业，其最重要的身份是中介组织，在农业产业化发展中，主要的职能是在农户与企业之间发挥纽带和桥梁作用，既要与处于产业链上游的农资生产、下游的农产品加工销售企业处理好关系，更要强化与龙头企业的关系，与其“联姻结亲”。所以专业合作组织既要代表农民利益与企业谈判，更要兼顾龙头企业利益，建立起“企业 + 合作组织 + 农户”的长期、稳定、互信的利益关系。只有这样才能降低企业与农户之间的交易成本，有效地提高农民的组织化程度，促进组织成长，也推进农业产业化经营。

第三，合作组织的可持续发展离不开政府引导与推动，要处理好合作组织与政府之间的关系，立足地区资源优势特色，形成具有产业优势的合作组织，促进区域的合理化布局。对于合作组织与政府部门的关系，一方面，合作组织要成为政府和农民的纽带，协助政府贯彻落实农村政策，并把农民的意愿反馈给政府。另一方面，政府部门要制定落实优惠扶持政策、开展培训与服务、帮助协调有关方面的关系，努力为合作组织的发展创造宽松的环境。

参考文献

[1] 姜增伟．农超对接：反哺农业的一种好形式［J］．求是，2009（23）．

[2] 农业部关于印发《农民专业合作社示范社创建标准（试行）》的通知．中国农民合作社，2010（6）．

[3] 胡定寰，杨伟民，张瑜．“农超对接”与农民专业合作社发展［J］．农村经营管理，2009（8）．

[4] 李瑞芬．农民专业合作经济组织知识［M］．北京：中国农业出版社，2006.

[5] 潘劲．农村专业合作组织的困境［J］．农业工作通讯，2004（3）．

[6] 河南省第一批农民专业合作社示范社名单［J］．河南农业，2009（12）上．

[7] 黄祖辉，徐旭初，冯冠胜．农民专业合作组织发展的影响因素分析——对浙江省农民专业合作组织发展现状的探讨［J］．中国农村经济，2002（3）．

[8] 张晓山．农民专业合作社发展需要关注的一些问题［J］．农村经营管理，2011（1）．

[9] 张晓山．农民专业合作社的发展趋势探析［J］．管理世界，2009（5）：89－96.

[10] 苑鹏．农民专业合作社规范化发展、一石击“四鸟”——密云县的经验［J］．农村

经营管理，2006（11）.

[11]《中华人民共和国农民专业合作社法》. 中华人民共和国主席令第57号，2006年10月31日.

[12] 刘劲松. 农业合作经济组织主体模式及治理机制研究 [J]. 江西财经大学经济学院，2008（20）.

[13] 刘斌，张兆刚，霍动. 中国“三农”问题报告 [M]. 北京：中国发展出版社，2004.

[14] 郭红乐，方文豪，钱崔红. 我国农民参与专业合作社组织的意愿和行为 [J]. 农业经济，2005.

[15] 王新，葛天慧. 激活农村土地资源的新探索 [J]. 城市发展一体化前线，2009（7）.

[16] 张喜顺，陈文玲. 让村民共享城市化发展成果 [J]. 求是杂志，2009（15）.

[17] 宋奎武. 农户行为研究若干问题评述 [J]. 农业技术经济，2002（4）.

[18] 石敏俊，金少胜. 中国农民需要合作社组织吗？[J]. 浙江大学学报（人文社会科学版），2004（5）.

[19] 张启明. 农户行为分析与农业宏观调控政策 [J]. 中国农村经济，1997（6）.

[20] 张晓山，宛鹏. 合作经济理论与实践——中外比较研究 [M]. 北京：中国城市出版社，1991.

[21] 廖运风. 对合作制若干理论问题的思考 [J]. 中国农村经济，2004（5）.

[22] 徐旭初. 中国农民专业合作经济组织的制度分析 [M]. 北京：经济科学出版社，2005.

[23] 周学光. 关系产权：产权制度的一个社会学解释 [J]. 社会学研究，2005.

[24] 江晓华，李长健，李伟. 新时期农民合作经济组织治理的理性思考 [J]. 新疆社会科学，2006.

[25] 白永秀，吴振磊. 社会主义新农村建设的关键问题——农村经济发展载体研究 [J]. 经济纵横，2008（2）.

[26] 宋一淼. 我国农业产业集群发展的分类研究 [J]. 中国台湾农业探索，2005（1）.

[27] 赵国杰，郭春丽. 农民专业合作社生命周期分析与政府角色转换初探 [J]. 农业经济问题，2009（1）：76－80.

[28] 陈晖涛. “合作社＋农户”：当前农业产业化经营的理想模式 [J]. 理论观察，2009（3）：97－99.

[29] 徐旭初，邵科. 新形势下中国农民合作经济组织的发展与变革——“中国农村改革30年：中国农民合作经济组织发展”国际研讨会综述 [J]. 中国农村经济，2009（1）：92－96.

[30] 林德荣. 中国农民专业合作经济组织变迁的回顾与启示 [J]. 山东工商学院学报，2009（4）：1－4.

[31] 洪银兴，郑江淮. 反哺农业的产业组织与市场组织 [J]. 管理世界，2009（5）：67－79.

附1：农民专业合作社示范社创建标准（试行）

（一）民主管理好

1. 依照《农民专业合作社法》登记设立，在工商行政管理部门登记满2年。有固定的办公场所和独立的银行账号。组织机构代码证、税务登记证齐全。

2. 根据本社实际情况并参照农业部《农民专业合作社示范章程》制定章程，建立完善的财务管理制度、财务公开制度、社务公开制度、议事决策记录制度等内部规章制度，并认真执行。

3. 每年至少召开一次成员（代表）大会并有完整会议记录，所有出席成员在会议记录上签名。涉及重大财产处置和重要生产经营活动等事项由成员（代表）大会决议通过，切实做到民主决策。

4. 成员（代表）大会选举和表决实行一人一票制，或一人一票制加附加表决权的办法，其中附加表决权总票数不超过本社成员基本表决权总票数的20%，切实做到民主管理。

5. 按照章程规定或合作社成员（代表）大会决议，建立健全社务监督机构，从本社成员中选举产生监事会成员或执行监事，或由合作社成员直接行使监督权，切实做到民主监督。

6. 根据会计业务需要配备必要的会计人员，设置会计账簿，编制会计报表，或委托有关代理记账机构代理记账、核算。财会人员持有会计从业资格证书，会计和出纳互不兼任。理事会、监事会成员及其直系亲属不得担任合作社的财会人员。

7. 为每个成员设立成员账户，主要记载该成员的出资额、量化为该成员的公积金份额、该成员与本社的交易情况和盈余返还状况等。提取公积金的合作社，每年按照章程规定将公积金量化为每个成员的份额并记入成员账户。

8. 可分配盈余按成员与本社的交易量（额）比例返还，返还总额不低于可分配盈余的60%。

9. 每年组织编制合作社年度业务报告、盈余分配方案或亏损处理方案、财务状况说明书，并经过监事会（执行监事）或成员直接审核，在成员（代表）大会召开的十五日前置于办公地点供成员查阅，并接受成员质询。监事会（或执行监事）负责对本社财务进行内部审计，审计结果报成员（代表）大会，或由成员（代表）大会委托审计机构对本社财务进行审计。自觉接受农村经营管理部门对合作社财务会计工作的指导和监督。

（二）经营规模大

10. 所涉及的主要产业是县级或县级以上行政区域优势主导产业或特色产业。经营规模高于本省同行业农民专业合作社平均水平。

11. 农机专业合作社拥有农机具装备20台（套）以上，年提供作业服务面积达到1.5万亩以上。

（三）服务能力强

12. 入社成员数量高于本省同行业农民专业合作社成员平均水平，其中，种养业专业合作社成员数量达到150人以上。农民占成员总数80%以上，企业、事业单位和社会团体成员不超过成员总数的5%。

13. 成员主要生产资料（初入社自带固定资产除外）统一购买率、主要产品（服务）统一销售（提供）率超过 80%，标准化生产率达到 100%。

14. 主要为成员服务，与非成员交易的比例低于合作社交易总量的 50%。

15. 生产鲜活农产品的农民专业合作社参与“农超对接”、“农校对接”，或在城镇建立连锁店、直销点、专柜、代销点，实现销售渠道稳定畅通。

（四）产品质量优

16. 生产食用农产品的农民专业合作社所有成员能够按照《农产品质量安全法》和《食品安全法》的规定，建立生产记录制度，完整记录生产全过程，实现产品质量可追溯。

17. 生产食用农产品的农民专业合作社产品获得无公害产品、绿色食品、有机农产品或有机食品认证。生产食用农产品的农民专业合作社主要产品有注册商标。

（五）社会反响好

18. 享有良好社会声誉，无生产（质量）安全事故、行业通报批评、媒体曝光等不良记录。

19. 成员收入高于本县域内同行业非成员农户收入 30% 以上，成为农民增收的重要渠道。

附 2：河南省农民专业合作社示范社考核的主要内容和标准

（一）农民专业合作社所从事的产业应当符合当地优势农产品的区域布局规划和特色农产品区域布局规划，已经带动形成了当地主导产业，在当地具有一定的知名度。

（二）农民专业合作社成立运行，并在当地县级以上工商行政主管部门登记注册 1 年以上，取得《农民专业合作社法人营业执照》，有固定的办公场所，组织机构健全，章程制度完善。

（三）合作社成员人数 50 人以上，其中农民成员达到 80% 以上，成员年纯收入比当地非成员农民年纯收入高出 20% 以上。

（四）农民专业合作社产权明晰，有独立的银行账户和会计账簿，建立了成员账户，合作社可分配盈余按交易量（额）比例返还给成员的比例达到 60% 以上。

（五）组织运行符合《农民专业合作社法》的有关规定，重大决策程序合法，有完整的会议记录。

（六）合作社有比较健全的专业服务网络，与成员在市场信息、业务培训、技术指导和品牌营销等方面有稳定的服务关系，实现了统一投入品的采购和技术培训，统一品牌、包装和销售，统一产品和基地认证认定等“四统一”服务。

（七）合作社产品已注册商标，并获得无公害农产品、绿色产品、有机食品的认证或地理标志认证。

（八）档案管理完整，能够将合作社成员情况、章程文本、会议记录、财务收支、生产经营服务活动等相关资料分门别类整理，妥善归档保管。

附 3：河南省农民专业合作社利益协调情况调查问卷

专业合作社的负责人和社员们：

你们好！

我们是安阳师范学院的在校大学生，我们正在进行一项学术研究的调查，希望得到您的支持和合作。这是一份有关农民专业合作社利益协调情况的调查问卷。调查的目的在于了解农民专业合作社的利益协调情况，以及为进一步完善利益协调制度提出建议。您宝贵的回答将对本研究分析有重要的贡献。感谢您在百忙之中为我们填答这份问卷，再次感谢您的合作！

一、农民专业合作社生产要素组合情况

1. 社员是以下列哪些形式加入专业合作社的（　　）。

A. 劳动力　　B. 技术　　C. 资金　　D. 土地　　E. 管理

F. 信息　　G. 其他________（请注明）

2. 以上哪种要素所占比例最大（　　）。

A. 劳动力　　B. 技术　　C. 资金　　D. 土地　　E. 管理

F. 信息　　G. 其他________（请注明）

3. 该种要素参与利润分配中所占的比例（　　）。

A. 0～10%　　B. 11%～20%　　C. 21%～30%　　D. 41%～50%　　E. 51%～60%

F. 61%～70%　　G. 71%～80%　　H. 81%～90%　　I. 91%～100%

4. 您认为合作社的财产属于（　　）所有。

A. 国家所有　　B. 合作社所有　　C. 社员每个人都有一份

二、农民专业合作社利益分配情况

5. 专业合作社盈余分配方式为（　　）。

A. 按交易额分配　　B. 按股分红　　C. 平均分配给每个社员

D. 按交易额分配和按股分配相结合

E. 按交易额分配和按股分配相结合以按交易额分配为主

F. 按交易额分配和按股分配相结合以按股分红为主

G. 其他________（请注明）

6. 专业合作社管理层所得收益加总占合作社可分配利润的比例（　　）。

A. 0～10%　　B. 11%～20%　　C. 21%～30%　　D. 41%～50%　　E. 51%～60%

F. 61%～70%　　G. 71%～80%　　H. 81%～90%　　I. 91%～100%

7. 专业合作社提取公共积累基金的比例（　　）。

A. 5%以下　　B. 5%～10%　　C. 10%～20%　　D. 20%以上

8. 专业合作社利润分配方案由谁决定（　　）。

A. 管理层（理事会、监事会）　　B. 核心大户　　C. 社员大会

9. 持有合作社的股份的社员与一般社员的收入差异程度（　　）。

A. 非常低　　B．比较低　　C. 一般　　D. 比较高　　E. 非常高

三、农民专业合作社利益分配情况满意度调查

10. 您加入合作社以后收入（　　）。

A. 增加了　　B．减少了　　C．不变

D. 增加或减少的具体数额为________（请注明）

11. 除基本的盈余分配之外，您加入专业合作社能得到（　　）收益。

A. 技术指导与培训　B. 贷款　C. 销售渠道　D. 市场信息　E. 政府补贴
F. 其他________（请注明）
12. 您对现行的合作社利益分配情况是否了解（　　）。
A. 了解　B. 不了解
如果了解，请问是否满意（　　）。
A. 不太满意　B. 满意　C. 不满意
如果您选择不满意，请您简述一下您的建议和想法____
____
____

附4：河南省农民专业合作社基本情况登记表

1. 组织名称：________________　法人：________________
2. 联系地址：________________　创办时间：________________
3. 会员数量：________________　经营内容：________________
4. 固定资产金额：________________　农户出资总额：________________
5. 近几年经营效益情况：

年　度	2004	2005	2006	2007	2008
销售收入（万元）					
向会员返利金额（元）					
带动农户数（户）					
人均增收金额（元）					

6. 组织服务类型（　　）。
A. 综合服务型　B. 生产销售型　C. 生产合作型　D. 科技服务型　E. 销售合作型
F. 生产加工销售型 G. 资金互助型　I. 其他________
7. 产业形态（　　）。
A. 种植业　B. 农机　C. 畜牧业　D. 渔业　E. 林业
F. 养殖业　G. 农产品加工　H. 运输服务　I. 仓储业　J. 技术信息服务
K. 旅游业　L. 其他________
8. 组织创办形式（　　）。
A. 农民合作创办　B. 大户能人带领创办　C. 农技部门领办
D. 龙头企业带动　E. 供销社　F. 村委会
G. 科技特派员领办　H. 农业科技专家大院带动　I. 其他
9. 运行形式（　　）。
A. 企业　B. 社团　C. 中介组织　D. 其他
10. 目前的运作模式（　　）。

A. “基地+农户”　　B. “公司+农户”
C. “公司+基地+农户”　　D. “合作组织+基地+农户”
E. “公司+合作组织+基地+农户”　　F. 股份合作制企业
G. 专业协会、合作社、“公司+基地+农户+科技”　　H. 其他

附调研记录：

调研人：________________　调研时间：________________
调研地点：________________　调研对象：________________

第三章

农村土地流转的现状、趋势及对策研究*

【本章摘要】农村土地流转是指农民承包的土地经营权在农户之间、农户和企业之间进行的，以获取更高的效益为目的的一定期限的转让行为。土地流转是现代农村经济发展的一种客观要求和必然选择，是农村由传统经济形式向现代农业发展的一种必经之路。然而，在目前中国的制度环境下，农村土地流转又必须以保持家庭承包经营制为基础，以农村反贫困为前提条件，即充分保障农民对土地的承包经营权。在此基础上，一方面，伴随着工业化的发展和城市化的推进，为农民提供更多的非农就业岗位，从而使农民要么兼业经营，要么完全离开土地，从供给的角度推动土地流转；另一方面，工业资本的不断注入，现代生物技术普及推广，将会带动农村生产方式的转变，或者形成“龙头企业 + 农户”模式，或者形成适度规模的家庭农业，进而推动现代农业的发展。目前，河南省土地流转的主要方式，是农户之间的代耕或转包。这种形式仅仅能够解决土地撂荒的问题和农民工外出的后顾之忧，还不能有效地引导现代农业的发展，急需向以租赁、反租倒包、土地股份合作等更为高级的流转方式的转变，做到在土地流转过程中，要将资本、技术、先进的生产方式、市场化的经营理念和管理方式引入农村经济，并迫使传统的小农经济向现代农业经济转变。本章以这一理念为指导，在对安阳市部分土地流转试点和村庄调查的基础上，就土地流转过程中存在的主要问题、制度建设（供给）和政府作为进行了分析，提出了一些粗浅的看法。

* 本章主要内容来自河南省哲学社会科学规划项目“河南农村土地承包经营权流转问题研究”（2009BJJ001），项目负责人张良悦教授，研究成员：杨群、程芳、李克锋；第五节为河南省高等学校人文社科项目“河南省特色产业集群构建及区域经济协调发展研究”（2012 - QN - 009）的部分成果，项目负责人刘君副教授。

第一节　引　言

我国的土地流转从家庭承包经营制度开始实施起就一直在进行着。1984 年中央一号文件明确提出鼓励耕地向种田能手集中，1993 年中央十一号文件又提出依法自愿流转的原则，2003 年《中华人民共和国农村土地承包法》（以下简称《农村土地承包法》）以法律形式加以确认。2008 年党的十七届三中全会《决定》指出："加强土地承包经营权流转管理和服务，建立健全土地承包经营流转市场，按照依法自愿有偿原则，允许农民以转包、出租、互换、转让、股份合作等形式流转土地承包经营权，发展多种形式的适度规模经营。"且强调"土地承包经营权流转，不得改变土地集体所有性质，不得改变土地用途，不得损害农民土地承包权益。"2009 年中央一号文件又重申了这一规定。由此可见，随着我国工业化和城市化进程的加速，并由此带来的经济结构调整和农村劳动力转移，使农村土地流转成为近几年备受关注的一个重要社会现象和经济问题。

就一般意义而言，土地流转的基本内容是：（1）促成一种低成本、灵活地调整土地耕地面积的市场制度；（2）促成一种把少量资本用于土地交易，把大量资本用于生产投资，而不是把大量资本用于土地买卖的投资导向；（3）促使土地从使用效率低的所有者手中向使用效率高的经营者手中转让，提高土地使用效率，并为丧失耕种能力的所有者提供收益；（4）为无地或少地的经营者提供经营条件和就业出路，有利于农村的反贫困（克劳斯·丹宁格，2007）。在我国农村土地家庭承包责任制的制度框架下，农村土地流转就是指拥有农地承包经营权的农户将土地经营权（使用权）转让给其他农户、农业生产大户、农村经济组织或龙头企业，从而获得土地使用权转让收益的一种特定经济行为。家庭承包责任制的本质是一种"均田制"，对于农村的反贫困具有明显的激励作用。然而，土地均分制度只是适用于传统的农业生产方式和封闭的小农经济状态，一旦超出这一制度背景，其制度缺陷也即显现，如人口流动、土地均分与资源闲置的矛盾，均田制实施的结果不可避免地导致土地的细碎化，而土地的细碎化将严重地影响和制约现代农业的发展。土地流转制度的提出，正是缘于现有的基本制度与经济现实之间的偏差所导致的不适应性。由此可见，土地流转不仅仅是一种土地要素的流转，更是一种社会的转型和经济发展方式的转变。

第二节　农村土地流转的背景、目的和方式

一、土地流转的基本背景

“三农”问题的解决必须坚持城乡统筹发展，加快城市化进程，减少农业人口。土地流转也必须纳入这一基本的发展战略。基于此，对土地流转的认识、研究和实施不能囿于土地流转本身，而是要跳出问题本身，了解土地流转的社会背景，在土地流转的前提条件上下功夫，才能真正把握土地流转的内在本质和要求。综合来看，研究土地流转必须包括农村劳动力转移，家庭农户经营、现代农业发展以及地方政府在土地流转过程中的作为等多方面的内容。研究劳动力转移是从土地流转供给的角度（转出土地）分析土地市场流转的基础；家庭农户经营是从土地流转需求的角度分析土地流转市场的动力，现代农业发展及其农业技术、水利设施等基础条件是土地适度经营的前提条件；地方政府在土地流转中的作为则主要分析制度的需求与供给，如产业集聚与城市化的健康发展、户籍制度的淡出与劳动力的有效转移、农村小型水利的兴建与维护、农业技术的低成本推广以及现代农民的培训与人力资本的提高等（见图 3 –1）。

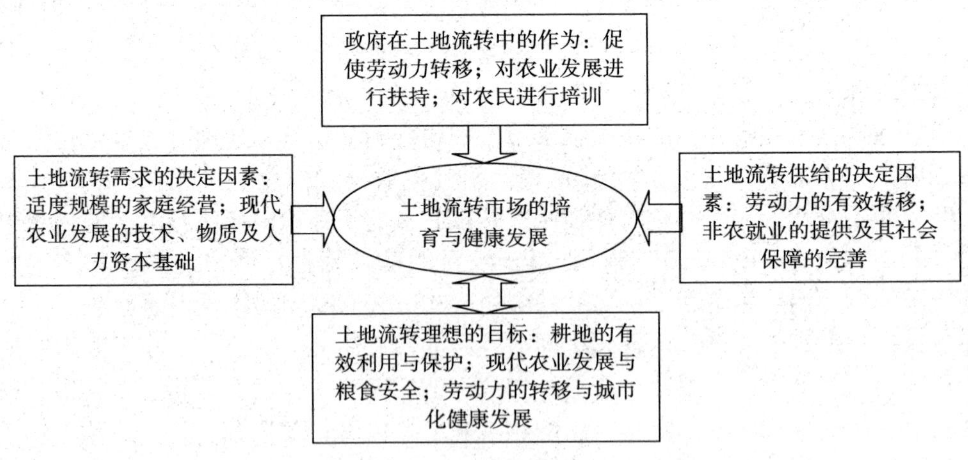

图 3 –1　土地流转的理想模式与要求

（一）现代农业发展的要求

2006 年中央农村工作会议指出：推进新农村建设，首要任务是建设现代农

业。目前，中国已经进入“以工哺农，以城带乡”的发展阶段，建立以有多功能形态和以高新技术发展做支撑的高产、高效、标准、生态和安全的现代农业已经成为农村经济发展的主要任务。

中国传统的农业长期处于小户耕作、家庭养殖、手工操作、等天靠地、粗放经营的小农方式，农村经济以农业为主，农业以种植业为主，种植业以粮食为主的封闭循环状态。一方面，内部产业链条短，结构发育落后，各个产业之间互动力弱，循环性差，关联度低；另一方面，对外部吸纳资金、技术、人力能力低，开放水平低，难以适应现代经济的发展。舒尔茨（1964）认为，传统农业社会是一个农业生产完全以长期存在的传统生产要素为基础的均衡状态，因此，改造传统农业最重要的事情是引入新的要素，一是物质资本投入；二是人力资本；三是高产作物。因此，传统农业的改造应该是传统的小农经济转变成由高技能、受过教育的人管理的农业经济。具体地说，应使传统农业的发展从资源依赖型向科技推动型转变，充分运用科技在集约经营、增产高效、优质安全和转化增值上的作用；通过工商资本的引入，调整农业结构，以产业带发展和产业化经营为特征，形成农业结构的区域布局和产业发展。

随着我国改革开放的进一步深入和社会主义市场经济的逐步完善，农村经济中的现代农业结构框架已经萌芽：一是农业各产业的龙头企业增多增强；二是园区和产业带发展形式使农业布局进一步优化；三是以一批绿色食品为代表的绿色生态有机农业快速发展；四是以农民专业合作社为代表的农村经济合作组织加快发展。然而，这毕竟只是萌芽形式，还未得到充分发展，使得现代农业产业还十分幼稚，亟待大力扶持和推动。

第一，着力改善农业生产基本条件，为构筑现代农业结构提供发展平台。整体上全国农业生产条件还比较落后，抵御自然灾害能力低，如病险水库亟待修复，水利灌溉设施老化陈旧；水土流失严重，生态脆弱加剧，农业机械化程度虽有提高，但田园化水平还过低，农业耕作还很原始。

第二，着力加快农业科技创新，为构筑现代农业结构提供强有力的科技支撑。例如，生物技术、信息技术和新能源技术。当前农业科技资源贫乏、农业科技创新能力过弱。要在农作物和畜禽良种繁育、动植物疾病控防、农作物栽培和畜禽养殖、节约农业资源、绿色生态和农业环境保护等方面提供更多的科技成果。

第三，着力发展以农民专业合作社为主的农村合作经济组织，为构筑现代农业结构而加快农业组织创新，克服小农经济状态下农业产业竞争弱势的缺陷。

第四，着力建设一支现代农民队伍，为构筑现代农业结构不断开发农村人力资源。令人担忧的是，目前农村青壮劳动力外出，种田能手奇缺，粗放耕作普遍，科学种田水平极低。所以，要从开发农村人力资源的角度推动现代农业：一是全面实施“阳光工程”，加快推进农村劳动力的职业技术培训，既为农村劳动力转移创造条件，又为现代农业发展培养科技农民。二是鼓励更多的民营工商企业投资农业，以“龙头企业＋合作社”、“合作社＋农民”的生产组织形式发展规模农业和合作农业。

第五，着力改变落后的农村流动方式，加快建设与现代农业结构相适应的现代农村流通体系。

而所有这些都需要一个基本的物质基础，或者说，门槛要求，这就是要有一定的土地集中和适度的规模经营，才能够进行资本投资和技术转化。因为，家庭承包责任制的实施更多地考虑到公平的因素，其实施过程中的一个不利因素和客观结果是造成了土地的细碎化。要脱离小农状态的束缚，发展现代农业，就必须克服细碎化的弊端，所以，现代农业经济发展本身提出了土地流转的要求，在土地流转的基础上引入资本、转换技术、提高人力资本。这应该说是农业生产方式转变的要求。

当然，我们必须清楚，现代农业的发展不仅是规模经营，而且也是以科技投入为主的家庭经营。现代农业是相对于只在一产中做文章的传统农业提出的概念，现代农业是包括农村的第一、第二、第三产业和上、中、下游产业链之间相互联动而形成的完整产业体系。如果仅仅是注重农业生产的规模化还相当片面。当前，我国农村非农产业比重较低，当务之急是要大力发展农村第二、第三产业，培育农产品加工业和农村服务业，加快构建现代农业产业体系。现代农业需要规模化，但不一定非得追求土地规模化，服务规模化才是符合中国实际的现代农业之路。实证研究表明农业生产中规模经济较少，所以，土地流转的主要目的不是追求规模经济。中国人多地少，人地关系高度紧张，在发展现代农业过程中应采用提高土地生产率的农业现代化方向和技术（“绿色农业革命”），这就要求家庭经营要向采用先进科技和生产手段的方向转变，增加技术、资本等生产要素的投入，着力提高集约化水平，提高农民收入。当部分农村劳动力从事农业与从事非农业获得相同的收益，甚至超过非农就业收益时，家户农业生产就会大规模发展起来，土地流转的需求就会强劲，土地市场就会活跃。当然，农业龙头企业、农业专业化合作组织的发展也是土地流转需求的重要主体，但它们的发展也应与农业发展、农民就业、农民增收相联系。所以我们认为，土地流转可以是规模的相对集中，也可以是产业的相对升级。规模化经营需要土地的集中，需要成片的土地流转；而家庭经营则不需要大规模的土地集中，更多的是需要农业技术的投入。

（二）城市化进程的要求

土地是农民的生存保障，土地为农民提供了农民自己和国家都无力承担的社会保障功能，农民一般不会轻易放弃与土地的关系。但另外，农村土地保障功能的消亡又有赖于工业化、城市化的发展，因此，大力发展工业，加速推进城市化建设是土地流转的一个前提条件。要把土地流转真正做好，必须把这一工作放在我国城市化健康发展的背景下进行。

土地是农民的生存保障，土地流转是让这一“保障”功能进行资产运作，因此，土地流转过程中必须解决好农民的利益。土地流转过程不是要把“农民”推出去，而是要靠城市化、工业化拉动，把农民吸过去，保证农民“流转”后的收益不低于原来占有或经营时的收益。如果能够做到脱离传统生产要素和传统社会安全网络的农民，与现代生产要素和制度性社会保障安全网结合起来，将便于农村劳动力转移和土地流转。

目前，我国城市化水平相对较低，导致人口和产业聚集程度低，进而阻碍了第三产业的发展，增加了就业难度，减缓了农业劳动力向非农产业转移的进程，反过来又制约了农村经济的发展。即使如此，在劳动力的转移方面也有严重的瑕疵，比如说，有的农村劳动力已经完全转移到城市中去，但却仍然在农村中占有承包的土地和农村住宅。如果说，城市化和土地流转是相互促进的话，在促使劳动力转移方面，国家完全可以实施土地回购的土地流转方式，鼓励部分农民退出土地。这就是说，对于部分非农就业能力高的劳动者，国家可以将其“土地保障权”（包括土地经营权和农村宅基地使用权）进行购买置换，减少其城市化移民的成本，鼓励其退出土地。从这一层意识上看，土地流转是一个社会方式的转变。

（三）农村反贫困的要求

这包括两个方面：一是解决因土地承包经营权长期保持不变而产生的政策漏洞；二是防止由于政策执行的偏误而对农民土地造成的“剥夺”。

第一，通过土地流转可以解决农村无地农民的生活保障问题，这可以说是对土地 30 年长期不变的一个补偿机制。1984 年“中央一号”文件提出了土地承包期 15 年不变，1993 年，中央又发出文件指出，15 年到期之后，再延长 30 年不变，之后，《农村土地承包法》规定，土地承包 30 年不变。2008 年十七届三中全会提出，现有的土地承包关系保持稳定，并长久不变。这表明，我国的土地承包责任制是一个长期不变的物权关系，它也意味着“增人不增地，减人不减地”的土地继承关系。在这种制度安排下，随着村集体人口流动的变动，土地的均分关系就会发生变化，如有些家庭不再耕作，或不具备耕作能力的人（老年人），却拥有土地，而有些急需土地保障生存和就业的家庭却缺少土地。通过土地流转，就可以解决承包制长久不变的制度漏洞。

第二，防止政策偏误可能造成的对农民土地的剥夺。既然随着我国经济工业化和城市化进程的加速，农村土地承包经营制已经出现了制度缺陷，为什么还要坚持农村土地承包经营制长久不变？这是因为，在我国人口资源压力高度紧张的情况下，土地在农村反贫困的过程中还起着不可替代的作用。所以，在土地流转实施的过程中，必须坚持的一个原则就是农村的反贫困的原则，不能因为土地流转，使农村贫困反弹，或者将农村贫困转移到城市，形成城市贫困化。之所以这样说，是因为在实际流转过程中可能会出现剥夺农民土地的情况。首先，农村土地流转可能会受到外在因素的挤压：一是资本效益挤压，进入农村土地的资本，会以占有最大化的利润为根本出发点，很可能忽略、伤害农民的眼前、长远利益；二是使用不当公权力的挤压，一些地方急功近利，可能因政绩而盲动。二者结合，就会使“根据农民意愿”这一前提大打折扣。其次，可能受到内在因素的挤压。面对资本、权力、自然灾害、人生困境，个体农民很脆弱，容易在眼前难题的逼迫下失去根本而长远的利益。如重大自然灾害、疾病等天灾人祸使农民“卖地”，甚至可能为孩子上大学筹集经费而被迫“卖地”，等等。内外挤压下的土地流转都会造成有去无回的“单行道”，农民失去土地，再想拿回来，难上加难。

二、土地流转的基本形式

根据目前国内文献，农村耕地流转的主要方式大致有代耕、转包、互换、转让、出租、反租倒包、股份合作等几种形式。其中代耕、转包、转让、互换是发生在农户之间、自发性的承包经营权流转方式，流转者之间一般依靠口头协议和约定俗成的社区规则，属于低水平、初级的流转方式；租赁、反租倒包和股份合作是发生在土地承包者和龙头企业、种粮大户或者村集体之间的土地流转，具有正式的契约合同，属于高级形式的土地流转。

总体上讲，目前我国农村土地流转还属于初级，流转形式多样，但以转包为主；流转范围狭窄，流转规模较小；流转途径单一，大多尚处于自发阶段；流转程序简便，流转行为欠缺规范；流转的数量和规模与当地经济发展水平及所处的地理位置等密切相关。

在经济相对落后的地区，土地流转绝大部分是农户之间的自发流转，多采用委托耕种、转包、互换等流转形式，一般由转出方主动寻找接收方，其目的是防止土地抛荒和解决基本生活用粮。而经济相对发达的地区，转让、反租倒包、土地股份制等便于大规模操作的流转方式为主要形式，流转的目的也有减负转为增收为目的。影响土地流转行为的因素主要有农户收入、非农就业和生存保障。非农收入越高则越倾向于转出土地；农户越少参与非农活动，则越可能转入土地；土地的保障功能、就业功能制约农户土地流转行为；土地流转直接收益越高，农户进行土地流转的积极性越高，土地流转量也就越大。

第三节　安阳市土地流转的基本状况及趋势

一、安阳市土地流转的简要概况

安阳市农村土地流转尽管起步较早，但目前仍然处于规范化、制度化土地流转的探索过程中。从总体上看，安阳市的土地流转大多仍然是以不使土地撂荒和弃耕为目的，属于农户之间以转包、代耕为主要形式的初级流转形式，而以出租、反租倒包和入股为主的高级流转形式还不普遍，且还不能全面地带动现代农业的发展和农业产业链的延伸。就已有的比较成功的土地高级流转情况来看，高效农业的发展做得较为成功，而农业的规模化经营还很不足。尽管 2007 年，安阳市政府出台了《关于农村土地承包经营权流转工作的试行意见》，对农村土地流转加以积极的引导和管理，但从实际情况来看，安阳市的土地流转工作仍然处于尝试过程阶段，例如，到 2008 年年底，全市土地流转面积仅有 20 万亩。

安阳市既是豫北的一个工业重镇，同时也是河南的一个粮食主产区，其下辖的林州市又是一个典型的劳务输出大县。农村 30 年的土地承包经营，解决了农民的贫困问题，并通过劳动力的流出，使一部分人依靠非农收入达到小康水平。然而，在这样的社会经济发展状况下，农村家庭承包经营的土地仍然局限于解决农民温饱问题的小农经济耕作状态，不能适应农民进一步提高收入的需要。因此，如何通过土地流转来更好地配置农村劳动力资源，更加有效地利用土地，多渠道地增加农民收入，已经成为安阳市农村经济发展中的一个主要问题。

二、土地初级流转阶段的特征及政府在土地流转中的作为

（一）安阳市土地流转的主要方式

从调查的情况来看，安阳市的土地流转多以土地转包、互换、代耕等方式为主。这样的土地流转一般是农民在私下通过口头协议进行转让，转让的目的有二，一是不让土地闲置浪费；二是弥补土地闲置的亏损成本。在实行农业税免除

和粮食种植直接补贴以前，土地流转的价格主要是农业税、地方提留和部分口粮，农业税免除和粮食种植直接补贴之后，土地转让主要是提供转让者一定的口粮。

尽管这些流转方式是自发的初级形式，但通过土地流转还是优化了资源配置，提高了土地利用效率。首先，使农民自愿地将无力经营或不愿经营的土地及时转让出去，另外使部分经营有力、有能力扩大经营规模的农民能及时获得相应的土地，解决了“有人无地种，有地无人种”、“多种不能，少种不行”的人地矛盾。其次，可以将一部分农民从土地上解放出来，摆脱土地的羁绊，促进他们与土地更彻底地分离。再次，在一定程度上，强化了农民内部的社会分工，有利于农村第二、第三产业的发展。最后，为土地高级形式的流转，培育和催生各类农业龙头企业奠定了一定的市场基础。

然而，土地转包或代耕毕竟是农户之间自发的经济行为，且转出土地的数量有限，并没有形成一个完善的土地承包市场，更缺乏相应的中介组织支持。因此，流转过程中还存在着不少的问题，需要加以规范和指导。

（二）土地初级流转过程中可能出现的问题

初级形式的土地流转方式存在的主要问题有两个。

其一，在这样的情况下，农民将土地流转出去的一个主要目的是保证其对土地的承包权，并不是为了农业发展和农民增收，因为，有了承包权也就有了社会保障。这样的流转虽然可以克服土地的闲置浪费，但是，从发展的角度来看，不利于对小农经济的改造，不利于较快的应用现代农业技术发展现代农业，不利于加长农业生产链条，不利于提高农业的附加值，不利于提供更多的就业岗位。因而，从根本上也是无法解决“三农”问题的。

其二，没有书面协议，很容易发生纠纷。从实际情况看，目前，农村土地流转方面的纠纷日益增多。主要原因有，（1）变化的政策因素可能引起的纠纷。原来的土地闲置是一种负担，而目前种植土地不仅可以免除农业税，还可以得到直补。土地流转过程中有了利益，就出现了土地索回及其纠纷。（2）经济发展形势和非农就业的机会可能造成的土地流转纠纷。当经济形势向好，非农就业机会较多时，农村劳动力流出较多，而当经济形势不好，非农就业机会少的时候，外出劳动力减少。因为农民对此没有理性的预期，他们的土地流转没有明确的契约，结果就很容易出现土地索取过程中的纠纷问题。例如，承租方在承租土地之后，为了获取更好的收益，对土地进行了长期投资。当这一投资刚刚有收益，且还未能弥补其投资成本时，转包方前来索取土地，如何解决土地投资问题，就很容易发生争执和纠纷。

（三）地方政府在初级土地流转中的作为

1. 通过土地调整，对土地进行整理，进而提高农业产出和农民收入，也是土地流转的一个重要内容。

首先是一个观念的问题，不要以为只有将土地转包给企业、种田大户才是土地流转，政府才有作为，而要明确如何通过土地的互换和转包来对土地加以整理，推广农业技术和发展高效农业，从而有助于打破小农经济的耕作模式，促进现代农业的发展。

小农经济的一个典型就是自给自足，小农经济的一个思想表现就是小富即安，但这种经济方式只能解决贫困问题，不可能解决发展问题。所以，当有一部分农民他们生活状况有了改善之后，就会产生一种不思进取，或者不知道怎么发展的困境。这也是长期以来困扰农村经济发展的一个主要问题。家庭联产承包责任制，既要保证每户都能分到同等数量、肥力的土地，又要分别满足一家一户对土地的远近、水利条件等诸多因素的平等要求，以避免土地级差造成的不平等。由于人多地少，分地又都是好坏、远近搭配，结果只能是零散分割，插花种植。这种均分制使土地资源，尤其使耕地资源分散化。应该明白，好的农村土地制度应该有两个核心功能，一是可以提高农业生产率；二是保障农民获得合理的土地增值收益。因此，好的土地制度不能不动，但又不能乱动。如果土地制度不变，就会把农业中最稀缺的要素排斥在市场之外，就无法从根本上走出小农经济的局限，带来劳动生产率的提高。但如果乱动，就会造成农民土地增值利益的流失，导致农民无序失地，农民就当不好农民。以前的土地制度更多地强调“稳”，现在不仅要强调“稳”，同时也要强调“活”。

在明白了这一层意识之后，乡村两级政府组织可以发挥村集体对土地经营“统”的功能，以便于新的农业技术的推广和应用，或者高效农业的发展。这里面需要解决的问题，一是为愿意种植经济作物和生态有机植物的农民提供条件，在村委会的协调下进行土地调配，统一建设农业基础设施，统一调节农户间的土地利益关系；二是对于某些“钉子户”可以进行强行调配互换。

江苏省沛县探索的“村统建统调，户分包”的土地流转办法可资借鉴。这一办法大大提高了农民收入和农民的组织化程度，从真正意义上实现了村集体对土地经营“统”的功能，是对“以家庭承包经营为基础、统分结合的双层经营体制”的进一步完善。

“村统建统调，户分包”的基本含义是：“村”，即村集体，应理解为服务、协调性组织，可以是村两委班子，也可以是协会或合作社等农民集体组织；“统”，是农户自愿要求村集体进行一致行动，重在强化村集体服务于农户经营活动的功能；“建”，应理解为对农业基础设施进行建设；“调”，是在村两委统一指挥下，农户之间处于自愿进行的利益调节；“户”可以理解为愿意进行土地流转并且有经营能力的大户，一些劳动力少或外出务工经商等情况的家户，虽不种地，但也可以从土地中获益，各得其所。

案例1：社区走访

在龙安区马投铜乡和殷都区小司空村进行调研时发现了这样的问题。马投铜乡的问题是，乡政府农技站准备在一个村培育和推广良种，需要方圆几十亩土地进行隔离，但由于其中一二户承包户主不愿配合，也不愿调换土地，结果这一计划落空。另外，他们还反映了这样一种情况，土地流转的一个主要目的本来是解决少地、无地农民的就业问题，然而在实际流转过程中却出现与此相反的情况，即急需土地的农民反而得不到土地，且他们外出打工又找不到工作。这样的情况一旦积累的比较多之后，就会出现严重的社会问题，因为，部分农民的贫困问题无法得到解决。

在小司空村的走访，村民反映有的农户不进行粮食种植，也不进行土地流转，而是直接在自己承包的土地上种植树木，结果，导致大家也不得不种植树木。

2. 加强宣传，提供咨询中介服务，加强管理和监督，减少土地流转纠纷，是乡村两级政府在土地初级流转中的另一个重要内容。

土地承包经营权流转的一个主要目的是保证农业生产和粮食安全，因此，农村土地流转一定是在农业范围内的流转，而不能将土地流转用于非农建设。这就需要地方政府在土地流转过程中对流转的土地使用权加以监督和管理，如果条件允许的话，应该对农民的承包经营权进行确权登记造册，对土地流转也要进行确权登记。在土地使用权的变更登记中，要在转包合同中明确转让方和承受方都有对耕地保护的责任，而且，转让方负有主动检查、督促受让方对耕地保护的落实情况。

此外，乡村政府对土地流转过程中出现的纠纷，应协助仲裁机构进行仲裁，通过一系列措施来保证和促进土地流转。

三、安阳市土地流转升级的要求

通过土地流转，形成适度规模经营，促进现代农业发展和产业结构升级，是目前农村经济发展的一个基本要求和趋势，也是解决“三农”问题的一个途径。安阳市目前的土地流转尽管在高效农业开发上有所起色，但是，在粮食生产的精细化耕作与适度规模经营、农产品生产的深度开发和加工、现代农业生产的生态化以及休闲观光产业的发展等方面还很不足，因而尚有很大的发展空间。因此，如何促进以租赁、反租倒包和股份合作制为主要形式的土地流转，进而带动现代农业的发展，就成为安阳市土地流转方面的一个重要内容。

当然，土地流转的根本动因是经济发展的客观要求，土地流转行为主要是农民之间，以及农民与工商企业之间的经济关系。然而，如果政府能够在土地流转过程中，及时地发现问题并加以规范，弥补制度空缺的缺陷，甚至在一定程度上，通过诱致性的制度供给加以正确的引导，将会促进土地流转和现代农业的发展。为此，分析和总结现有的土地流转的案例，对我们加深土地流转的认识和提供可操作的思路将有所裨益。

第四节　安阳市土地流转面临的制度问题及政府作为

一、农民的基本保障与收益分享

目前，虽然农民的非农就业机会增多，但外出打工的农民并没有制度化地融入城市生活，基本社会保障体制的缺失使得他们不可能彻底脱离与土地的关系。所以，他们倾向于以代耕和转包为主的短期流转模式。一般情况下，双方以口头的方式达成协议，大都限于一个村庄范围内，在国家土地政策不发生明显变化的前提下，以熟人社会的一套行为规则保证土地协议的被执行。在他们看来，小农式的农业生产不能产生太多的利润，但却能够为农户提供底线的保证。而当土地流转出去之后，农户必须直接面对市场的不确定性，生存的风险系数加大。即使有可能获得土地流转所产生的利润，他们也必须为自己的将来和退路考虑。

案例 2：田间调查

调研人员于 2009 年 3 月初在安阳市殷都区小司空村和侯庄等村庄进行了田间调查。在随机的调查中，从村民的角度发现这样几个问题：

1. 不了解土地承包经营权流转情况，也不同意把自己的土地转包出去

例如，询问一位老人，她认为自己现在年龄已高，不能像年轻人一样外出务工，所以，只能守着这些地来维持生活。询问一对中年夫妇，他们称知道这回事，但是很不理解，反而向我们询问，为什么又要把土地收回去。他们反对的理由是，第一，土地承包费用过低，不能养家糊口。因为他们的村庄临近市区，他们平时主要靠种植蔬菜和粮食来获取收入，如果把土地转包出去，他们是外出打

工还是仅仅靠一些菜地来维持就业。第二，外出打工机会很少，没有人雇用，不让自己种地也不知道该怎么办。第三，他们出于对土地的天然感情认为，如果土地得不到充分的利用，感到十分可惜。因为，他们听说村委会准备以每亩800元的价格转让出去，而转让出去之后不用于粮食生产，也不用于蔬菜和其他经济作物生产，而是准备种植杨树，对地力耗费很大，着实可惜。

2. 虽然了解土地承包经营权流转，但是不主张长期流转出去

首先，外出打工没有固定的年限，时间不确定，所以，不愿意将土地长期流转出去。因为，如果签约的时间过长，如果自己出去没有打工的机会，到时候无法将自己的土地收回；而如果时间过短，就没有必要去签约。所以，即使进行土地流转，也主张选择邻里亲戚之间代种的方式。总之，不进行土地的长期流转能够为自己留下一个退路。其次，他们不太理解土地三十年政策不变的承包政策。有一部分村民反映，许多家庭人口增多，由于不能调整土地，导致人多地少，没有土地可以耕种；而有的农户人口减少，却仍拥有土地。同样的情况也出现在农民住宅方面，不少的住户已经完全迁移到城市，但出于各种原因，他们在村中还占有很大的住宅。这种现象在目前政策的范围内无法进行调整和解决，因而，客观上造成了村民对土地占有的不平等，在极端的情况下，例如，家中增添人口较多，而外出就业机会又极少的情况下，会造成一部分农民的极端贫困。

3. 土地可以进行长期流转，但是必须保证农民的生活得到相应的保障

我们通过对一位村委会管理员的询问，他认为土地可以长期转包给他人，但前提条件是，必须保证农民的生活得到相应的保障。他认为，如果土地承包费用合适的话，土地流转的工作就相应地容易一些。

主要原因：第一，缺少可行性报告、方案或项目。应该设计出让农民看到利益，看到前景的方案或项目。收入至少高于农民目前的土地收入。农民才愿意让出土地。第二，缺少实力雄厚企业的前期投资。兑现农民的土地补偿费用，没有实力雄厚的企业做后盾，恐怕很难说服农民。只有让农民在前期就尝到甜头，才能取得农民中后期的信任，自愿让出土地。第三，缺少有影响力的农户的支持，未能使其影响周围的农户，以点带面的方式，去说服大多数农民让出土地。第四，保护重点文物的地方，限制了土地流转。

结论：农民将自己的土地长期流转的愿望不太强烈，他们担心的主要问题是，承包费用过低，不足以进行维生，没有稳定的就业机会和社会保障。如果土地流转出去他们能够随时收回的话，尚可以考虑土地的长期流转。在城乡一体的社会保障体系尚未建立的前提下，土地流转的盲目推进有可能摧毁外出农户返乡的基础。当城市和农村都无法为失地农户提供生活保障时，就有可能成为社会的

不稳定因素。

政府作为：首先应加强对土地承包经营权的宣传解释工作，土地流转的主要目的是在稳定承包经营权的基础上走出小农经济的困境，并不是他们理解的将土地承包经营权收回，而是将土地承包经营权作为一种资产进行运作。其次，在进行土地转包的过程中要慎重，一定要依据本地的情况，土地流转后的收益要有增加，使农民相信他们的土地流转收益能够得到保证，如果有可能的话，还要为农民创造其他的就业门路，帮助他们致富。

二、农业技术和公共产品的供给

通过土地流转发展现代农业，进行规模化生产，必须引入新的生产要素，才能使传统的小农生产方式解除，使土地流转的效益显现。这些新的生产要素包括农业技术、农业水利设施、现代化的物流信息体系等。

首先，广泛推广先进种植技术和农业新品种，切实提高流转土地产出率。土地流转后的规模和效益经营，离不开农业科技的支持。各类农科所应注重对土地流转大户的科技重点支持，将新种植技术和农业新产品送到田间地头，积极帮助他们发展高效农业。同时，政府要推出扶持性政策，对于采用新技术和试种新产品的农户给予适当奖励，从而推动土地流转后农业价值链的增值。当然，土地流转后的农业大户、各类专业合作组织也应该积极主动地聘请种植能手，提高土地产出。

其次，发展信息化、网络化，建立现代农业物流体系。如建立网络化的农产品物流的“绿色通道”，以农产品深加工、储运、销售为突破口，充分挖掘资源，降低物流成本和农产品耗损，提高服务水平，发展专业的农业物流服务组织，依托完善的物流信息网络带动农业产业化经营，是土地流转后的种田大户、各类农业经济组织享受到专业化的服务，并使农业产业链实现“用得好，产得出，卖得掉”，促进农村土地流转和经济腾飞。

最后，全面建立农业保险机制，为推进土地流转保驾护航。农业生长周期较长，受自然因素制约较大，这必然对现代农业所要求的高投入、高产出带来风险。当前，农民保险意识日益增强，对农业保险的需求日益迫切。但由于商业保险高风险、高保费的原则，又导致低收入的农户买不起农业保险。针对农户担心的土地流转导致的土地开发短期行为，可设立强制性的土地流转质量保证险，并设定相应土地受损认定细则，保证农民承包地的权益，规范流入户的土地开发行为。

案例3：安阳县吕村绿康高科技示范园区

安阳县吕村引入投资人，通过土地流转，成功地开发出大棚蔬菜生产基地。在土地流转过程中，主要是通过反租倒包的方式，以每亩900元的价格从农民手中租用500亩土地，租用期限是20年。如果农民不外出打工，还可以到生产园区就业。这一土地流转方式应该说是一个双赢或者说是多赢的结果。一方面，生产园区通过种植大棚蔬菜，获取较高的经济利润，为投资人提供了利润回报；另一方面，农民将土地流转出去之后，可以放心地到外地打工，不需要在农忙季节来回奔波，使他们的打工收入更为稳定和提高，而不外出打工的农民（主要是妇女）在家可以到生产园区做季节工和临时工，也能部分地增加收入。

我们认为这样的土地流转是一个比较成功的个案。之所以能够成功主要有这样几个因素：一是投资人前期投资，为高效农业的生产提供了资金基础；二是引入了先进的生产技术，种植园区高薪聘请山东寿光蔬菜种植技术人员进行田间指导；三是成功的营销渠道，园区生产的蔬菜通过营销渠道直接送达用户手中。

案例4：安阳县吕村农业生产大户

安阳县吕村乡种植大户通过土地流转，将该村原有的低产土地300亩连片生产经营。土地流转采用转包的方式，承租人通过每亩800元的价格从农民手中租入20年，每年进行一次结算。该种植大户的意图是想通过对土地的投资、整理进行适度规模化经营和生态化经营。该种植大户从农民手中转包的土地都是水利条件相对较差的耕地，通过流转成片集中起来之后，种植大户就可以进行规模化投资。目前，该种植大户在安阳县农业开发综合办公室的扶持下，已经对其所经营的300亩土地进行了水利设施的铺设，能够保证耕地的灌溉和排涝。对田间道路进行了平整，保证机械化作业。这是该种植大户的第一步方案，而其第二步方案，或者说重要的方案时进行农业的生态化生产。其基本思路是，利用农作物秸秆作为饲料集中进行现代化养殖，主要是肉牛肉羊的养殖，而将牲畜的粪便作为农家肥返回田间，增加肥力。这样将种植和养殖结合起来就可以形成联合经营，既取得范围经济效益，又走上循环经济之路。因为，单纯的种植或者养殖都不可能取得较好的经济效益，也不能保证土地流转之后的农民收益。另外，当养殖业发展起来之后，还可以为部分农民提供就业岗位。

可能出现的问题：该种粮大户虽然规划很好，但在实施方面还需要下功夫，否则，有可能使土地流转不太成功。首先，在粮食种植上要多与农业技术推广部门进行合作，让他们参与田间指导，提供新品种，进行科学种植。这样可能会达到适度规模的经营效果。其次，要聘请养殖专业技术人员进行现代化的科技养殖，因为，进行相对规模化的养殖有很大的风险，需要利用现代养殖技术进行风险控制。最后，种粮大户还应该增加风险意识，主动了解政策，参加农业保险，因为，农业生产有许多不可控的自然因素，一旦发生，就会使种粮大户发生较大亏损。如果出现更为特殊的情况，造成连续的亏损，就会影响土地流转的稳定性。

结论：加速土地流转必须让农民得到实惠，通过经济诱因才能取得成功。同时，只有农业规模化经营、产业结构升级才能提高农业产业增加值。怎样把这一层关系打通，应是政府在推动土地流转过程中关注的问题。还应该强调的是，政府在流转过程中，必须走诱致性变迁的路子，在流转初期，通过政策或者财政、金融加以扶持。

政府作为：第一，完善土地流转的中介机构，也就是所谓的土地承包经营权流转市场。这样会在一定程度上避免“想买买不到，想卖卖不掉”的尴尬局面。但是中介机构不仅仅是一个中介，还是一个协调服务机构，让百姓明白、信服。第二，实行诱致性变迁，对流转大户提供相应的扶持政策。例如，现在的农业技术推广实际上是脱节的。乡一级的农业技术推广人员一方面由于乡政府财政紧张，并没有专门从事农业技术推广；而另一方面，他们在对农业生产进行技术辅导时也经常会遇到农民的“不合作”的尴尬局面。如果针对种粮大户进行技术推广将会取得双方满意的效果。第三，避免在土地流转中采取强迫政策，以免适得其反。

三、延长农业产业链条与吸纳农民就业问题

农村土地流转要和劳动力的流动结合起来。如果劳动力不流动，坦率地说，延长承包期、促进土地流转等措施就会大打折扣。这些年政府一直在鼓励创建和培育土地流转市场，但由于大量农民进城后，被迫在城乡之间迁徙，在城市得不到身份和权利的保障，因而在农村不肯放弃土地，所以土地也就不能真正地流转起来。如果在土地流转过程中能够引入工业资本和龙头企业，在土地流转之后能够拉长农业生产链条，为农民提供就业岗位，并增加农民收入，那么土地流转就能够顺利地实施。所以，土地流转的关键不在于土地的集中，而在于农业生产方式的转变。

案例5：安阳市联兴矿业农庄集团——现代生态农业示范园

安阳市联兴矿业农庄位于龙泉九堰村一带，占地5 000余亩。该农庄融核桃生产、柴鸡散养、餐饮休闲等功能为一体，按照“合资、合作、培训”的理念，采用示范带动模式，围绕增收、保障、富民三大功能建设，以“果—草—禽”

产业为主题，带动当地农业产业结构调整，改善当地生态环境。该庄园在土地流转模式上采用的是反租倒包的方式，以每亩800斤小麦的价格从农民手中租入，同时，再与村集体进行协商，以合理的价格将村集体的其他农用地租入。他们在经营模式上采用“公司+农户”的模式，在对农户进行培训之后，让农户在田间和家园按照公司的统一标准对柴鸡进行饲养，公司负责统一的收购和销售。

该生态园区能够运作的基础在于工商资本的引入。龙泉九堰村一带地下有丰富的煤炭矿藏，资本投入方安阳市超越集团在园区建设之前已经获得煤炭开采权，尽管他们目前还未进行大规模的开采，但他们在投资中发现，如果按照传统的方式进行开采，开采之后将会严重影响这一带的生态环境。于是，他们经过专家论证，采用了工业和农业相结合的生态循环经济模式。首先以工业为基础，为当地农民提供非农就业岗位，将当地的农村劳动力从农业生产中转移出去。其次，当农民转移出去之后，很可能会减少对农业生产的劳动投入，甚至可能使农业荒芜。为了避免这一后果，投资方考虑可以将农民的土地集中起来进行统一的开发，同时，又考虑到这一带山区和丘陵地带的地貌，种植经济作物更为合理，这便产生了现代农业生态园的开发模式。最后，生态园区的建设初期需要大量的资本投入，而投资方有雄厚的财力作为基础，这应是土地流转和农业产业结构调整升级的基础。例如，在刚开始反租倒包的时候，不少农民有抵触情绪和反对意见，当他们看到土地租金当年兑现，土地整理投入到位，养殖、种植步步启动，一系列的投资确实能够带动他们走向富裕的时候，原来有些反对的“钉子户”这时却主动找上门来，要求将土地流转出去。这充分说明，只要有农业产业有发展空间，能够保障农民的生活和就业，能够让农民的利益得到实惠，就能够让土地集中起来得到更加合理和有效的使用。这也正是土地流转的内在要求和目的。

成功的经验：(1) 有实力雄厚的企业投资。河南超越企业集团的雄厚资金为矿业农庄提供了前期投资，解决了本地农民就业问题，给当地的农民确实带来了实惠，同时也让农民看到了希望，这也为村委做工作起到积极作用。(2) 有丰富的矿产资源。本地的矿业才是促进本农庄项目成功的关键，有了矿业带来的收益为后期的投资提供保障。(3) 有完整可行的规划。示范园项目经过专家论证，具有较好的发展前景，农民有具体视觉，感官效应，让其看到了增收的希望。(4) 有循环经济模式。响应国家政策，设计循环模式，走资源节约型道路。(5) 取得市领导的信任和支持。

可能出现的问题：(1) 外来资本以追求利润为目的，并不承担对农户的道义和责任；另外，土地产生的利润归外来公司所有，广大的农户无法享受到土地的增值收益，土地流转也不能成为农户致富的一条路径。(2) 对土地进行掠夺性经营，并导致生态环境的恶化。(3) 投资方破产，土地使用的不可逆性，导致农民生产资料的丧失，进而出现生活贫困。

政府作为：(1) 引入有资本实力的企业于农村，促进农业产业结构升级，并将先进的经营理念和管理经验带入农村。(2) 监督并约束企业的短期行为，保护处于相对劣势的农民的利益，保证土地流转的长期性。(3) 保护企业的正当合法经营行为和正当利益，或者在利益共赢的基础上协调双方的利益。这就是说，如何在发展的基础上解决土地流转的利益纠纷。例如，在土地流转之前，一片薄地或丘陵，没有多少经济利益，当土地流转之后，经过科学的开发和经营，土地的利益陡增。如果在此之前没有签订利益共享契约，那么，企业一方的丰厚利润可能会引起农民的不满，就要协调。当然，如果农民动辄以获取利润偏低为要挟，阻碍企业正常经营，也不利于双方利益。这些都是政府在土地流转发展过程中需要加以关注的问题。

四、在土地承包经营权转让上应进行奖惩并用的措施

研究人员在调研中发现一个普遍的问题是，农村宅基地的流转问题，或者说农村空心村问题。尽管这一问题严格说来不是农村土地承包经营权流转问题，但是，这一问题对土地流转问题有重要的影响。

按照《农村土地承包法》第二十六条规定：“承包期内，承包方全家迁入小城镇落户的，应当按照承包方的意愿，保留其土地承包经营权或者允许其依法进行土地承包经营权流转。承包期内，承包方全家迁入设区的市，转为非农业户口的，应当将承包的耕地和草地交回发包方。承包方不交回的，发包方可以收回承包的耕地和草地。”这一条款应该说是对农村转移出去的劳动力放弃土地承包经营权的规定，但由于在制定这一条款时，未能公平地考虑劳动力转移的补偿问题，所以，在实际操作中是十分困难的，或者说是规范失效的。已经完全迁入城市的农村劳动力如果不放弃其承包的土地会产生如下问题：

(1) 对资源的双重占有，有悖公平和农村反贫困政策的实施。

(2) 不能从土地上做到与劳动力转移同步退出，不利于解决农村人地紧张的矛盾。

(3) 由于对土地的占有没有持有成本，可能会造成土地资源的严重浪费，同时，由于土地收益的价格与城市经济收益相比相对较低，可能会成为土地流转的障碍。例如，我们在一个村庄调研发现，他们将土地不交回，也不流转，而是在土地上种植树木，结果严重影响其他农户的农业生产。

(4) 可能会形成一种负面的影响。既然全家迁入到城市社区中去还要保留对土地的占有，那么，其他村民就会产生这样的想法，无论如何必须保证对土地

的占有，不能将土地流转出去。

政府作为：在这一问题上可以采取政府购买的方式进行土地流转，鼓励迁入城市的农民放弃对农村土地的承包权和农村住宅的拥有权；另外，如果他们拒不赎卖或放弃，则必须对他们所拥有的土地承包权和农村住宅权进行征税，增加他们的持有成本，以示其对土地闲置或不能有效利用的惩罚。

第五节　土地流转与农民专业合作社

土地流转是指农村土地所有权归属和农业用地性质不变的情况下，将土地经营权从承包经营权中分离出来，转移给其他农户或经营者，其实质就是农村土地使用权的流转（秦立公等，2010）。而土地流转农民专业合作社是在家庭承包经营的基础上，农民自愿将分散的承包土地集中起来，本着依法、自愿、有偿的原则，将承包土地经营权流转给合作社（李燕，2010）。合作社将土地承租给有经济实力、有经营能力的企业或农户或合作社自身从事农业生产和经营。这种形式的合作社不仅优化了土地资源配置，而且提高了土地利用效率、实现了土地适度规模经营，调节农业产业结构，促进现代农业发展。但是此类合作社发展中出现很多问题，如何规范经营土地流转农民专业合作社是当前现代农业发展亟待解决的问题之一。

一、土地流转方式的对比分析

根据《农村土地承包法》第 32 条和第 34 条，通过家庭承包取得的土地承包经营权可以依法采取转包、出租、转让或者其他方式流转，且承包方有权依法自主决定土地承包经营权是否流转和流转的方式。自此当前我国土地流转方式主要有以下几种：互换、代耕代种、转包、出租、反租倒包和股份合作性方式。

（一）概念界定

根据农业部《农村土地承包经营权流转管理办法》（以下《简称流转管理办法》）第 35 条以及综合各学者的观点，对土地流转各种方式进行概念界定。互换是指各农户之间为耕种的方便，对属于同一集体经济组织的承包地进行交换，同时交换相应的土地承包经营权；代耕代种是承包方将部分或全部土地承包经营权流转给代耕人从事农业生产经营；转包指承包方将部分或全部土地承包经营权以一定期限转给同一集体经济组织的其他农户从事农业生产经营；出租是承包方将部分或全部土地承包经营权以一定期限租赁给他人从事农业生产经营，承租方按出租时约定的条件对承包方负责；反租倒包是指集体经济组织首先以集体的名义租赁承包者承包的土地，然后再将这些土地租赁给具有农业生产能力的其他农户或企业；股份合作性土地流转（主要指土地入股农民专业合作社）是指将农户承包土地的经营权量化为股权，农民凭土地使用权入股，组建土地股份合作社，合作社对土地实行自行经营或对外租赁，农民按股分红。总之，无论以上哪种土地流转方式，都在一定程度上实现了土地规模经营。

（二）不同土地流转方式特点对比

土地流转的实践证明，农民专业合作社是土地流转最为有效、稳健的方式。其既能促进土地规模经营，又能保障农民土地权益，维护社会稳定，持续增加农民收益。通过对比不同的流转方式，表 3－1 可以发现土地流转农民专业合作社存在的合理性与发展的必然性。

表 3－1　不同土地流转方式对比分析表

特点 土地流转方式	主体形式	原有土地承包关系	相关收益	土地规模经营效益	目　的
互换	“农户＋农户”	流转双方互换	稍微增加或保持不变	规模经营范围很小	承包地连边集中经营
代耕代种	“农户＋农户”	不变	口头约定收益	很难实现	避免撂荒等
转包	“农户＋农户”	不变	转包金	很难实现	避免撂荒、复耕困难等
出租	“农户＋农户”	不变	租金	很难实现	不愿自行经营土地、获得租金
反租倒包	“农户＋集体经济组织＋企业”	不变	租金	可能实现	方便外出务工、增加收入
股份合作性	“农户＋合作社”	不变	保底收益盈利分红	可以实现	保地增值

二、土地流转入股合作社的必然要求

土地流转的目的是克服分散、小规模经营，培育规模经营，促进农业产业化，发展现代农业。而合作社的产生是农民提升自我组织化程度进入市场的必然，农业的适度规模经营需要这种农业生产组织形式的配合。

（一）合作社能满足土地流转政策法规的要求

农民专业合作社是在农村家庭承包经营基础上，对统分结合、双层经营的农村经营体制的进一步丰富和完善，合作社作为土地流转的载体符合党的方针政策，是农业规模经营的主要方向，受到国家的鼓励和大力扶持。《流转管理办法》第19条规定：“承包方之间可通过自愿联合的合作模式，将自己手中的农村土地承包经营权入股到农业专业合作社，当合作社社员之间合作关系终止时，入股的土地应返还原土地承包经营权所有者。”《土地承包法》42条指出：“承包方之间为发展农业经济，可以自愿联合将土地承包经营权入股，从事农业合作生产”。

（二）合作社能实现农户对流转土地的收入期望

不同的土地流转方式在实践中都得到了应用与发展，但在我国土地流转不畅的问题仍然存在，其根本原因是农民没有从中得到收益。理想的土地流转应该有助于农户获得以下三方面的收入：土地的产品收益；土地的财产性收入；非农就业的工资性收入（程传兴等，2012）。而对于以上不同的流转经营主体，只有农民专业合作社能形成一种合力满足农户流转土地的收入要求。

（三）合作社能满足农户进行土地流转的信任需求

农地对于农民而言具有多重效用，包括生活保障、提供就业机会、直接收益、子女继承、被征用后可得到补偿费等（王克强，1998），这使得农地承负着较重的社会保障功能（张继道，2012），对于土地流转，必须谨慎，需要积极探索一种灵活、稳健的，让农民信服的流转方式，既能代表农民、尊重农民意愿，又能保障农民的合法权益。农民专业合作社就是这样一种方式，它以服务农民社员为宗旨，以“民办、民有、民管、民受益”为原则，谋求全体成员的共同利益，成员地位平等，实行民主管理。与农业公司相比，农民更加熟悉合作社，流转的交易成本更低、更易获得农民信任。而且在未完全实现农地资源配置市场化的情形下，由某个农业公司来实现土地规模经营也是不现实的；与种植大户相比，由众多社员组成的合作社更具有经济实力，可流转的土地更多，并且具有独立法人地位的合作社更有利于协调土地流转过程中的各种矛盾（梁红卫，2010），由合作社作为载体进行土地流转更加有序、透明、规范、稳定及实施便利。

（四）合作社能通过土地流转解决资金困境

农民专业合作社发展至今，最大的难题就是资金问题，即使有国家政策扶持，但仍然是杯水车薪。如果没有资金注入，将无法保持持续的发展能力，增加社员利益，所以融资难成为制约合作社发展的瓶颈。当合理的土地流转成为现实，把土地资源变成资本，扩大生产规模，与此同时也吸引了技术、资金等其他生产要素的投入时，实际上在某种程度上也就解决了合作社发展的部分资金匮乏问题。

如《江苏省农民专业合作社条例》规定“农民可以以承包地的经营权作为主要出资方式，设立相应的农民专业合作社，增加土地承包经营权收益，分享农业适度规模经营效益”；《浙江省农村土地承包经营权作价出资农民专业合作社登记暂行办法》中提到“允许农村土地承包经营权向农民专业合作社出资，可以通过农民专业合作社整合土地资源，开展集约化经营，提高劳动生产率，增加农产品科技附加值，促进农业转型升级”；《湖北省农村土地承包经营权作价出资农民专业合作社登记管理暂行办法》中指出“以家庭承包或通过招标、拍卖、公开协商等其他方式承包农村土地，经依法登记取得农村土地承包经营权证的，其农村土地承包经营权均可以依法向农民专业合作社作价出资”。

三、土地流转入股合作社个案剖析

裕丰果业合作社创建于2003年，位于河南省淇县北阳镇青羊口村，现有社员117人，农户把土地入股合作社，合作社统一规划建成生态农业示范园（达1 000亩），然后返包给农户，实行“六统一分”（统一规划、统一建设、统一供应、统一指导、统一加工、统一销售、分户经营）产业化管理手段，并建立了农民零风险、最低保护价、利润分成等利益保障机制，走出了一条“双赢”的农业产业化发展之路，形成了独具特色的“裕丰”模式，为农村经济发展提供了成功经验。该模式可以借鉴的做法如下：

（一）土地入股，实现生产规模化

合作社吸纳了北阳镇青羊口、卧羊湾、武庄三个行政村67户入股土地1 000亩，成立了淇县裕丰果业合作社。合作社对土地进行科学规划，优化重组，集中开发，种植了优质苹果、桃、杏、葡萄、无核枣等林果6类16个品种，开发果品生产区50个，建成了千亩现代农业示范基地，提高了农业整体利用效益，有效地推进了高效农业的发展。

（二）科学发展，实现园区生态化

合作社按照“猪、沼、果”一体化生态农业小区标准，把1 000亩果园，划分为50个生态小区。一个生态小区15～30亩果园，建一个年出栏400头猪舍，建一口30立方米沼气池。然后租给农户集中经营，实行一个园、一圈猪、一口沼气池、一片果、一个农户经营、一万元收入的“六个一”经营模式。

（三）搞好服务，实现经营规范化

为了加强股份合作组织管理，合作社成立了理事会、监事会、社员代表大会，制定了章程，建立了财务管理制度、会计制度、组织工作责任制度、生产经营制度等。为了解决承包经营户社员产、供、销困难，确保产品优质、高产、安全，合作社成立了技术服务部、财务部、生产资源供应部、社员发展部、产品销售部，对生态小区生产实行统一管理，统一供应水电，生产资料按出厂价提供，产品按市场保护价回收，与社员签订合同，各负其责，确保社员技术有人管，物料有人供，产品有人销，创造了“六统一分”的管理模式。

（四）“农社‘双赢’”，实现利益最大化

为畅通产品销售渠道，提高产品市场竞争力，合作社对各承包户生产的果品及出栏的畜禽进行统一回收和加工处理，并统一使用“裕丰”品牌向外推介销售。合作社吸收入股土地1 000亩，平均每亩折为4股，合计4 000股。经测算，原来每亩收入扣除所有费用（含人工费用、税费）净收入150元，但通过土地入股合作社经营，无需任何费用，净收入1 600元以上，每亩增收1 400多元。

裕丰合作社流转的土地具有比较贫瘠、效益较低的浅山薄地特点，并且该区属于景区、城镇郊区，能充分发挥地缘优势，发展生态农业、观光农业和高效农业，获得农户与合作社“双赢”的效果，其他地区可依据自身特点，借鉴学习。

第六节　土地流转实施的政策建议

一、需要注意的问题

我国土地承包经营权流转及其市场建设相对于市场经济国家的土地流转来说具有特殊性，主要表现为：

（1）特殊的农地所有权性质。中国农村的土地大部分属于集体所有，农地流转市场要在这种土地性质的基础上形成。

（2）特殊的农村地权分割形式。国家既要保证农村土地的集体性质，又要调动农民的积极性，在所有权与使用权之间设定了一个新的权能——承包经营权。因此，我国农村的土地流转并不是所有权的流转，而是承包经营权的流转。

（3）特殊的农地社会性质。农地是农民的最后保障线，也是农民的生命线，农地发挥着社会保障作用。农民还没有纳入社会养老保障体系，在社会保障建设滞后的情况下，推进土地承包经营权流转及其市场建设，也是我国农地流转市场建设的特色所在。

（4）特殊的政府行为偏好。在转轨经济中，政府及其官员带有浓厚的行政偏好，热衷使用行政手段，不习惯于使用经济、法律的手段。市场经济运行机制尚不健全、农民弱势、产权弱化等。

二、土地流转实现资源最佳配置必须解决的问题

（1）最重要的是农民的社会保障问题。这就是说，转包土地所有的费用必须满足农民的日常生活，必须大于或者不低于农民耕种所获得的收入；同时，在土地转包出去之后，能够找到非农就业工作，或者从转出的土地中得到部分“红利”收入，才能促使农民愿意将土地流转出去。

（2）承包商或种粮大户只有获得一定的收益或租金，才愿意规模化经营。这就要求承包方拥有足够的技术和能力进行规模化和产业化经营。所以，在对承包商或种粮大户进行土地流转时，还必须加以一定的制约和监督。首先，土地是否被用于粮食生产，如果流转的土地都不用于粮食生产，将会威胁国家的粮食安全战略，这与国家所倡导的土地流转的初衷是相悖的。其次，流转的土地是否得到了更为有效地利用，所从事的经济活动是否造成了外部不经济，如环境污染，土地的利用情况是否和当地的生产环境、生活环境相适宜。流转的土地最好有一个长远的土地利用规划。

（3）土地流转协议应尽可能完整和有前瞻性。一个清晰的土地流转协议对农民和承包商来说都非常重要，既可以充分保障农民的利益，又可以对承包商的生产、经营行为进行约束，使双方达到满意。这就要求乡村两级政府在土地流转过程中，必须发挥好其中介功能，尤其是保护好弱势一方农民的利益。

（4）如果土地流转能够取得理想的经济社会效益，不仅能够提高农民的生活水平，解决养老问题，而且还能够为农民提供就业岗位，帮助农民脱贫致富，土地流转将会进入良性循环。如果土地流转仅仅使得承包商获得收益，使政府增加了税收，而农民的收入状况没有明显的改变，则即使土地流转能够启动，也不能进入良性的循环状态，达到发展现代农业和城市化健康发展的目的。

三、典型流转是否具有普遍性

从已有的成功的土地流转案例来看，土地的“反租倒包”是一种较为普遍的做法，但这种做法是否具有普遍性，当所有的乡村都简单化地推行“反租倒

包”后，是否还会产生预期的土地流转效果？

从效率的角度考虑，“反租倒包”的承包权流转模式有着转包无法比拟的优势。首先，由于行政力量的介入使得农业经营大户或公司能够较为容易地租赁到成片的农地，且可以得到稳定的产权，从而有利于农业资源的集约利用和优化配置。其次，有利于交易成本的节约。在谈判过程中，村集体或乡政府实际上扮演了一个土地中介组织的角色。反租倒包能够促进土地连片集中，有利于农业产业结构的升级和调整。同时，土地的规模经营也有利于激励农地经营者采取先进的农业生产技术，节约劳动投入，提高劳动生产率，提高农业生产利润。

从公平的角度考虑，反租倒包过程实质上是农户、农业企业和地方政府三方利益集团博弈的过程，利益的分配取决于三方的势力。由于弃耕农户人数众多且相当分散，在“反租倒包”的过程中明显处于讨价还价的劣势地位，而租赁公司或大农户具有较强的市场势力，具有更强的与村集体、乡政府讨价还价的能力和动力。因此，在现实中，粮食的价格低廉，反租的价格就往往以粮食作物作为参照。例如，在实地调研中，土地流转的价格大多都是以农地的农业收入的机会成本作为转让价格，即一般是400千克小麦。

农户、乡村集体组织以及农业企业三方利益保障是建立在农业企业在农业生产中能够获得长期而稳定的农业利润的前提下的。然而，任何企业（产业）都有自己的生命周期，农业企业也是如此，更何况还存在着变化莫测的市场风险。当承包土地的企业出于经营困境时，在三方利益博弈中地位最弱的一方农民总是最先受到损害。因此，实施反租倒包模式应注意的问题：

1. 不具有普遍适用性

其实施是有一定前提的：首先，农业领域内必须存在较为稳定的利润空间，以确保“反租倒包”各方的利益分配。其次，农户必须有稳定的非农收入，农业收入已经不再是农户的主要收入。一旦损失了土地“反租”的租金，也不会给农户家庭生活带来太大的影响。对于以农业为主要收入来源的农户，若通过强制性的“反租”剥夺农民土地的使用权，实际上是剥夺了土地对于农民生存的保障功能，对于“反租”农民的打击将是毁灭性的，损害了社会公平，不利于社会稳定。农户和村委会作为土地发包人，需监督农业企业土地的使用去向，避免出现因土地非农使用后而造成难以恢复耕地的现象。

2. “反租倒包”的经营模式也不宜简单地模仿照搬

在市场经济中，成功的经验是不能进行简单的模仿的。对于某个个体是最优的，但对于其他个体，特别是对于整体则未必是最优的。或者说从微观上看是最优的，但从宏观上看则未必是最优的。例如，当一个地区集中种植高效农业，如大棚蔬菜，或者瓜果，能够增加农业附加值。但如果在一个区域内所有的地区都种植大棚蔬菜，则不仅不会提高整个地区的经济效益，反而会降低整个地区的经济效益。这在经济学上，称为“合成谬误”。

简而易之，对于高效农业的学习，应该是他们怎么引入工业资本进行产业开发，如何进行产业化经营，怎样延长产业加工链条等方面的经验，而不是拘泥于某一产品或某一产业的照搬，否则的话，就会造成过度竞争，反而适得其反，弄巧成拙。

参考文献

[1] 曹泽华．中国传统农业转型与现代农业建设 [J]．求实，2007，(6)：90－92.

[2] 曹泽华．从农业产业化的探索与发展看中国农村改革开放 [J]．农村经济与科技，2009，(2)．

[3] 程传兴，张良悦，赵翠萍．价值链驱动、土地流转与现代农业发展 [J]．中州学刊，2012，(5)：51－56.

[4] 冯兴振．村统建统调—户分包——江苏省沛县土地流转新尝试 [J]．中国土地2009，(1)：48－49.

[5] 郭亮．土地流转的三个考察维度 [J]．调研世界，2009，(4)：32－34.

[6] 胡俊峰．长三角农地流转进程研究 [J]．中国土地2009，(2)：46－49.

[7] 克劳斯·丹宁格．促进增长与减缓贫困的土地政策（第11版）[M]．北京：中国人民大学出版社，2007.

[8] 李孟然，陈川南．适度“规模”，慎行“集中” [J]．中国土地，2008，(10)：17－19.

[9] 李燕，赵吟．土地承包经营权入股公司的法律分析 [J]．农村经济，2010，(9)：41－45.

[10] 梁红卫．基于农民专业合作社的农地规模经营模式探讨 [J]．经济纵横，2010，(4)：83－86.

[11] 罗必良，吴晨．交易效率：农地承包经营权流转的新视角 [J]．农业技术经济，2008，(2)：12－18.

[12] 秦立公，周熙登，张丽婷．土地流转政策下农业产业化经营组织新模式探讨 [J]．江苏农业科学，2010，(2)：417－419.

[13] 舒尔茨．改造传统农业（第21版）[M]．北京：商务印书馆出版社，2006.

[14] 王克强，刘红梅．地产对农民多重效用理论的实证分析 [J]．农业技术经济，1998，(4)：40－42.

[15] 吴春宝．国外监管农地流转市场的模式与启示 [J]．中国土地，2009，(2)：50－53.

[16] 夏锋，张娟．农民期盼：长期而有保障的土地使用权 [J]．中国土地，2008，(10)．

[17] 许庆，章元．土地调整、地权稳定性与农民长期投资激励［J］．经济研究，2005，(10)：59－69.

[18] 张继道，卢新海．农村集体土地存贷合作社的制度经济学分析：彭墩村的案例研究［J］．中国土地科学，2012，(3)：79－85.

[19] 张良悦，刘东．农村劳动力转移与土地保障权转让及土地的有效利用［J］．中国人口科学，2008，(2)：72－79.

[20] 张良悦．农村公共品应瞄准小型水利和农业技术推广［J］．经济体制改革，2007，(6)：91－94.

[21] 张正河，承包权流转不会一蹴而就［J］．中国土地，2009，(2)：23－26.

第二篇

城乡一体化及新型农村社区建设

党的十八大报告指出：城乡发展一体化是解决“三农”问题的根本途径；要加大统筹城乡发展力度，增强农村发展活力，逐步缩小城乡差距，促进城乡共同繁荣。所谓城乡一体化是指城乡之间生产和生活方式逐渐趋于一致的过程，是通过城乡统筹，优化资源配置，促进城乡经济社会全面协调可持续发展的过程，其本质是城市化发展的一个新阶段，是将工业与农业、城市与乡村、城镇居民与农村居民作为一个整体统筹谋划、协调发展的过程。城乡统筹发展和城乡一体化，是新时期我国解决城乡“二元”结构的探索。统筹城乡发展的出发点和落脚点都在农村，但是其实施办法和路径不能止于农村，而是要在城市与乡村之间、工业与农业之间建立良性互动机制。本篇包括两章内容，第四章从新型农村社区的建设的视角探讨了粮食主产区城乡一体化发展的具体路径，结合区域具体案例，就新型农村社区的发展内容、存在的问题、解决的措施进行了剖析。第五章从新型工业化、新型城镇化和新型农业现代化“三化”协调发展的视角，对粮食主产区城乡统筹发展的内在机制进行了理论和现实分析。

第四章

城乡一体化及新型农村社区的建设*

【本章摘要】 城乡一体化是解决“三农”问题的根本出路，新型农村社区建设是河南省推进城乡一体化的平台和切入点。新型农村社区是河南省在中原经济区区域建设中提出的一种城镇化模式，从发展方向上说是正确的，但在发展方式上却出现了问题。其中，最根本的问题是，在新型农村社区建设中，未能很好地培育社区产业，未对现代农业的发展给予足够的重视，未能充分发挥新型农村社区的乡村元素，表现出一种城市建设的简单复制或移植。为此，本章主要从城乡一体化的角度对新型农村社区进行了理论分析，对农民落户新型农村社区的意愿进行了问卷调查。特别是，在对安阳市龙安区、安阳县、滑县、汤阴县等地八个新型农村社区进行实地入户调研之后，对安阳市新型农村社区建设中的突出问题进行了剖析，同时也对新型农村社区中的现代农业和生态农业发展的空间进行了简单的分析，就安阳市目前新型农村社区发展的问题提出了相应的政策建议。

第一节 引 言

党的十八大报告指出：城乡一体化是解决三农问题的根本出路。新型农村社区建设是统筹城乡发展的结合点、推进城乡一体化的切入点、促进农村发展的增长点。2010 年 9 月，河南省新型农村社区建设启动会议在安阳市召开，标志着安阳市新型农村社区建设工作正式启动。在近三年的建设中，安阳既取得了成功的经验，例如，建成了全省乃至全国闻名的滑县锦和新城社区、安阳县洪岩社区等

* 本章主要内容为 2013 年度安阳市社会科学市委市政府领导命题，由民盟安阳市委承担，城乡一体化及新型农村社区建设项目的研究以安阳市为例。由张良悦教授主持。文中的农村新型社区调研由张良悦、郭素玲、杨群、曹昭、安鑫丽、曾赏、高晓峰等人共同完成。

先进典型；但同时也遇到了未曾预料到的困难，比如不少社区在后续建设中资金缺位、已建成的社区搬迁困难，等等。其实，这些问题的出现，反映了安阳市中心城区、县城、中心镇、新型农村社区不协调的现实情况。

首先，目前我国的城镇化建设主要表现为基础设施的建设和空间的扩张，在产业集聚和人口迁移方面明显滞后，这里面除了制度原因之外，最根本的是经济发展的内在决定因素。城市空间扩张、人口积聚与城市经济发展是一个同步过程，三者之间共同决定了城市的边界和规模效应。2010 年安阳市新型农村社区启动以来，特别是 2012 年 153 个社区同时开工，无疑是在全市区域内城镇化的扩张，在一定程度上可以说，是将城镇化的集聚效应在全市区内的“摊薄”。另外，在一个区域经济体内，在经济总量给定的情况下，居民储蓄也是给定的，所以，投资总量也是给定的，当然，在一定的条件下，可以通过对内、对外负债进行投资，但这只是调剂，不可持续。因此，如果投资总量给定，那么，中心城区的投资增加，必定会减少其他区域的投资，基础设施的增加，必定会减少企业再发展的投资；同样，如果新型农村社区大规模投资，一定会减少中心城区的投资，新型农村社区的大规模基础设施投资，一定会减少企业的发展投资。这种情况可称之为“挤出效应”。

其次，在大规模推进新型农村社区建设过程中，我们忽略了对产业培育和挖掘的过程，没有对现代农业发展给予应有的重视，仍然是工业化主导的城镇化，所以，新型农村社区在一定程度上表现为中心城区建设的“复制”，是工业化在低水平上的重复建设。社区建设表现出严重的产业同构现象，没有形成中心城区对周边区域正常的产业转移和应有的区域优势分工，例如，可能是某个社区建设很好，某个县城产业很好，但可能是靠低土地成本吸引和环境管制放松的结果，这极有可能导致中心城市区域的衰落，形成中心城市的产业空心化。所以，应该怎样将资金用于中心城市的产业创新，发展以服务业和精加工为主的产业，而不是简单地向新型农村社区低水平的移植。这是需要特别关注的问题。

最后，目前全球经济仍然处于艰难的复兴过程中，我国经济又处于经济发展方式转变的关键时期，特别是中央政府对地方债务的清理，使得地方政府在近年来依靠“土地财政”模式主导的经济发展已经不合时宜，将会逐步淡出。那么，在这种情况下，再去依靠原有的模式进行大规模的新型农村社区建设已不可能。

可以认为，安阳市中心城区、县城、中心镇、新型农村社区协调发展的关键是怎样正确对待和处理新型农村社区的发展。三年来的社区建设实践，不仅使安阳获得了宝贵的经验，也促使我们认真思考，不仅从经验教训中思考，也从理论源头进行思考。诸如，如何理解城乡一体化？什么是新型农村社区？城乡一体化仅仅是解决“三农”问题的途径，还是城镇化发展的一种形式？新型农村社区建设最根本的决定因素是经济发展，还是政府规划？新型农村社区重在基础设施建设，还是产业培育？等等。这些问题需要从理论和发展思路上搞清楚，需要明白是发展方向上出了问题，还是发展方式上出现了错误。本章将就这些问题进行研究。研究人员在较短的时间内，对安阳市部分县、区进行了实地调研，对相关部门进行了咨询，同时，也对外地的建设情况和经验进行了借鉴。

第二节　城乡一体化的基本内涵及其政策含义

一、乡村城镇化和城乡一体化

（一）“三农”问题与城乡一体化

“三农”问题、农民工问题、城市发展问题、工业化问题看似相互独立，各不相同，但实质上它们作为中国现代化过程的多个方面，相互之间存在着极强的内在因果关系，需要通过“三化”协调发展加以解决。事实上，新农村建设、统筹城乡发展和城乡一体化，是解决农村经济发展不断完善的政策体系和阶段性目标。新农村建设强调对农村公共产品的供给和投资，构建“生产发展、生活宽裕、乡风文明、村容整洁、管理民主”的新型形态。统筹城乡发展是针对传统的城市化以城市为核心、以增长为导向的发展模式的弊病，坚持以人为本、将乡村的发展纳入区域发展框架下的统筹安排，建立城市与乡村之间开放融通的发展机制，联动解决城市化过程中的城市问题与乡村问题，其基本的路径是“以城带乡，以工促农”，其核心内容是新型城镇化。统筹城乡发展的出发点和落脚点都在农村，但是其实施办法和路径不是止于农村，而是要在城市与乡村之间、工业与农业之间建立良性互动机制，城乡一体化是其最终目标。

所谓城乡一体化是指城乡之间生产和生活方式逐渐趋于一致的过程，是通过城乡统筹，优化资源配置，促进城乡经济社会全面协调可持续发展的过程。其主要内容包括统筹土地利用和城乡规划、统筹城乡产业发展、统筹城乡基础设施和公共服务、统筹城乡劳动就业、统筹城乡社会管理，促进公共资源在城乡之间均衡配置，生产要素在城乡之间自由流动。城乡一体化是城市化发展的一个新阶段，是随着生产力的发展而促进城乡居民生产方式、生活方式和居住方式的变化，是将工业与农业、城市与乡村、城镇居民与农村居民作为一个整体统筹谋划、协调发展的过程。

（二）中国城镇化发展中的主要问题

中国城镇化的不健康发展，可以概括为中国城市经济和农村经济割裂的、不健康的发展状态，即城市经济和农村经济都在按照其计划经济的惯性在膨胀，一方面是城市的空间扩大和非集聚效应；另一方面则是农村的“蔓延和凋敝”。

传统的城镇化是以城市为核心、以增长为导向，未能很好地解决二元问题。在政府发展治理中，认为城市是重要的，农村不重要，导致严重的城乡差距；认为增长是重要的，发展不重要；经济增长是重要的，社会发展和生态保护相对不重要，导致了生态环境问题，例如，农村的面源污染，生态退化等问题。传统的城市化最核心的问题是“劳动力的非农化”，即进入城市的农村移民并没有完全融入城市生活，仅仅是其职业发生了改变（叶裕民，2013）。

目前中国城镇化的主要问题：一是城市建设用地过度扩张，人口积聚相对不足，土地城镇化快于人口城镇化；二是人口与产业集聚不协调，产业城镇化快于人口城镇化；三是城乡发展不协调，城乡居民收入差距呈扩大趋势；四是中国的城镇化是一种典型的不完全城镇化：一方面，农民工“被城市化”，“迁而不转”；另一方面则是“转而不迁”，大量农民工虽然到城市就业，但其身份、社保、住房等生活方式没有发生根本性变化，不能享受城市提供的基本公共产品；五是城市化偏重城市发展的数量和规模，忽略资源和环境的代价，粗放不可持续。实际上，地方政府在城镇化过程中存在着认识上的两个误区：一是把城镇化等同于现代化；二是把城镇化理解为城市发展和城市建设。

所有这些问题可以概括为“城市病”和“农村病”。“城市病”是指城市经济系统的脆弱性、社会脆弱性以及安全性等问题，例如，城市“摊大饼”式蔓延、交通堵塞和环境问题、过度依赖外部经济、内需不足、经济转型乏力等。“农村病”主要是指农村的衰落和活力丧失，诸如，空心村、空心住宅、“空巢”老人、留守儿童，以及农村面临污染等问题。“城市病”和“农村病”主要是由二元发展思路和城镇化的负面效应造成的：城镇化的高成本影响了农民生活质量的提高；城镇化进程中的人口流动影响农村劳动力素质的提高；城镇化导致农村中大量生产要素的流失；农业的相对弱化和城乡差别的扩大；城市化扩张对耕地资源的侵占；城市化导致农村环境的污染，引起农村秩序混乱，农民被边缘化；等等。

（三）城乡统筹与乡村城镇化

城乡统筹就是要打破城乡之间人为分割的二元状况，形成有利于城乡之间各要素的优化配置，促进城乡之间的融合发展，在保持城市和农村各自特点的情况下，使城乡得到均衡的发展。其具体的发展路径表现为新型城镇化，其终极目标是城乡一体化。

所谓新型城镇化，是指以人为本，以城乡一体化为目标，形成经济与社会共同发展、城市与乡村共同繁荣、人与自然相和谐、历史文化与现代文明交相辉映的新型城乡形态，以及与之相适应的一整套城乡一体化的体制机制。新型城镇化以市场机制为主导，逐步形成大中小城市规模适度、布局合理、结构协调、网络体系完善的城镇化体系；新型城镇化与新型工业化、信息化和农业现代化互为驱动，逐步构建产业支撑力强、就业机会充分、生态环境优美、城乡一体化的社会发展形态。

城镇化是人口和资源在城乡空间上重新布局的一个永恒的过程。城镇化可以是工业革命以来人口向城市核心区集聚的经典形式，也可以是后工业化以来人口向乡村居民点集聚的后现代形式。城镇化必然引起城乡经济、社会和环境方面的各式各样的变化，以及城乡之间关系的变化，所以，只要人口和资源在城乡空间上重新得到调整，城镇化仍将继续。新型城镇化的路径主要是乡村城镇化。进入后工业化时期的发达工业化国家，其城镇化已经从把人口和资源集中到若干中心城市的模式转变为把人口和资源分散到小城镇和村庄的模式。例如，欧洲城市和乡村的界限已经为乡村城镇化所替代，那些传统上与城市和乡村相关的环境已经丧失其特征，城市和乡村的界限已经被工业化弄得模糊（叶齐茂，2009）。

城镇化可以理解为人口变化，也可以理解为经济结构变化，还可以理解为人的观念和行为的变化。就人口变化而言，城镇化涉及一定区域内城市与乡村规模对比的增长和衰落；就产业结构变化而言，城镇化与人们在不同的产业之间进行转移，特别是在乡村农业和城市服务业之间的转移相关，城镇化不仅是满足社会功能和经济发展要求的一个方式，也是经济活动本身，是不同的产业在城乡之间的分布。思想观念和行为方式是指城市化的生活方式对乡村生活方式的影响、渗透和逐渐替代。当然，乡村的重建也具有重要意义，人们发现越来越多的因城乡互动而产生的新的需求，如高品质食物、生态空间、住宅空间、环境保护区域等。这为乡村区域的商品化提供了各种各样的开发机会，当然也包括由此而引起的压力。

二、新型农村社区是中原经济区城乡一体化的建设平台

从区域经济发展的角度看，城乡一体化是区域经济一体化建设最基础、最有效率和最易操控的平台，那么，河南省作为一个人口大省和国家重要的粮食生产基地，应该如何实施这一发展战略？2011 年 9 月，《国务院关于支持河南省加快建设中原经济区的指导意见》提出，“积极探索不以牺牲农业和粮食、生态和环

境为代价的‘三化’协调发展的路子，是中原经济区建设的核心任务”，同年10月，河南省九次党代会提出了在“三化”协调发展中城镇化引领的发展思路，这实际上为河南加快城乡一体化的发展提供了新的视角。从后危机时代和我国“十二五”规划着重转变经济发展方式的战略决策来看，中原经济区的崛起面临着许多严峻的挑战。从区域内部寻找发展动力、市场和资金，解决好“钱从哪里来，人往哪里去”，已经成为河南经济发展不可回避的现实问题。基于这一背景，河南省政府提出的新型农村社区的城乡一体化发展策略，立足于农村腹地推进城乡一体化，应该说是一个符合本省实际的区域化发展的创新之举。

新型农村社区建设，是河南省政府在中原经济区“两不三新”区域发展战略的约束下对城乡一体化发展的现实选择。要求河南省城乡一体化发展必须解决好这样几个问题：第一，如何做好“三化”协调发展的示范区；第二，如何进一步做好国家粮食生产基地和现代农业发展；第三，如何实现农村劳动力转移，缩小城乡之间的差距，做到就地城市化。

城乡一体化发展，就其内容来讲主要包括：城乡规划一体化，城乡产业发展一体化，城乡基础设施一体化，城乡公共服务一体化，城乡就业社保一体化以及城乡社会管理一体化。但就其发展本质来讲是处理好“新型工业化、新型城镇化和农业现代化”三者之间的协调发展。而在“三化”协调发展中，城镇化引领无疑是发展方向，但其关键环节却是现代农业的发展。因为，目前农业发展基础薄弱，农业现代化滞后已经成为我国现代化建设的瓶颈，不仅会削弱国民经济持续发展的基础和支撑，甚至会造成工业化、城镇化与农业现代化都难以为继。所以，在城乡一体化建设中必须从现代农业发展着手，做好“三化”协调发展。

现代农业的本质是农业产业化，通过农业产业化和农业产业园区建设，形成农业产业集群，为农村劳动力提供足够多的非农就业机会，从而为新型农村社区建设做好产业支撑。

大力发展现代农业能够有力地促进城乡一体化。现代农业是一种规模化、产业化和标准化的农业，是用现代工业技术和产业经营理念对传统农业的改造，涉及第一、第二、第三产业的产业链延伸。现代农业的发展是对传统农业生产方式的转变，是农业微观主体的再造。尽管在中国耕地资源和人口约束下，未来中国的农业经营主体不会形成发达国家的大型农场，但是，一定会发展成基于适度规模经营的家庭农业。这样，就会促进农村居民的大规模分化，产生需要非农就业的劳动力，需要从农业中转移出去。另外，现代农业的发展必然形成农业产业集聚和产业集群，形成大量的非农就业岗位，从而吸纳更多的农业劳动力的转移。在这一过程中，如果大中城市不能充分地吸收转移出去的农村劳动力，就需要通过就地转移的方式加以解决，所以，农业产业化本身从客观上产生了就地城镇化的需要。

新型农村社区建设在目前的经济发展水平和现有的制度约束下，为城乡一体化均衡发展提供了一个很好的发展平台。新型农村社区是按照城乡一体化规划构建的新型农村居住区域，打破了原有自然村庄的限制，形成一定的人口集聚，从根本上克服了公共产品供给的“门槛规模”，从而使公共产品的供给具有可行性和更加充分。在此基础上，使农民的土地资产资本化，增加农民的资产性收入，便于农民从传统农业生产中退出。城镇化是经济增长的主要动力，但由于受到土地资源的瓶颈制约和土地制度与城市户籍制度的约束，农村劳动力无法实现根本性的城市化移民，结果导致农地经营的“细碎化”、农民工迁移的“候鸟化”、农村居住的“空宅化”和农村老人的“空巢化”。这种传统的“低端均衡”严重影响了土地的高效利用和农村土地资产价值、现代农业的发展以及农村居民福利水平的提高。从全国范围内通过制度变迁来打破这种“低端均衡”存在许多困难，但是，从区域经济发展的角度，逐步化解制度的约束具有可行性。这应该是新型农村社区建设的主要初衷和根本所在。

现代农业发展和新型农村社区建设互为驱动。一方面，现代农业发展为新型农村社区建设提供了产业基础。一般来说，产业是城镇的支撑。如果没有产业的良好发展，就不可能有很好的人口集聚，就不会有城镇的健康发展。如一些资源型城市，原来主要是靠资源开发来支撑城市，当资源开发完之后，如果不及时转型，城市发展就会衰落。再如，现在农村区域“空心村”现象十分严重，许多乡村由于年轻人外出务工仅靠老人和儿童来支撑，显得非常没有“活力”，其症结就在于没有产业基础。这给我们的启示是：新型社区在短期内完全可以建设起来，但要持续地发展下去，还必须有一定的产业基础。有了产业基础，就有了就业岗位，就能够集聚人口，就能够有财政收入；有了人口集聚就会有财富积累，就可以有财产税收。而这些都是社区公共产品供给的资金来源。另一方面，新型农村社区为现代农业产业的发展提供了产业工人、人力资本和市场空间。现代农业的发展需要一定的劳动投入和大量的农业产业工人。很显然，新型农村社区产业工人要比城镇产业工人从事农业生产更具有优势。同时，新型农村社区为农业产业的发展提供了部分市场空间。如现在大家收入水平提高了，食品结构也发生了变化，粮食的直接消费在减少，肉食、水果、蔬菜在增加，即使粮食消费，成品、半成品、加工过的产品等需求一直在增加。这些被加工过的食品（或者称为工业化食品）需要分送，这就需要大量的生产性服务，包括食品加工、冷链物流、农超对接、餐饮服务等。除了城镇居民外，在农村腹地，只有在新型农村社区才有更大的市场。

简而言之，现代农业发展和新型农村社区建设的融合，形成了中原经济区城乡一体化的建设模式。这一模式的基本特点是：

第一，粮食生产和现代农业是新型农村社区发展的产业基础，新型农村社区不是盲目的产业园区和类同的产业结构布局，一定是基于农业产业化基础上的人口集聚和劳动力转移。

第二，新型农村社区是城乡一体化发展的一种可行方式，城乡差别的主要标志是公共产品的供给和需求，但是，公共产品的供给又是以一定的需求量为基础，新型社区的建设能够提供满足公共产品供给的最低需求。

第三，新型农村社区能够激活农村土地资产价值，土地资产不仅是土地资源价值的体现，更是社会经济发展的结果和社会制度设计的产物，由于公共产品的提供，农村社区居民的房产价值将被激活并显现，增加农民的土地资产。

三、城乡一体化与“三化”协调发展

新型工业化和新型城市化必然同步推进农业现代化。城镇化是发展的主要引擎和目标，城镇化的发展应以农村劳动力转移、产业集聚和就业岗位的提供为主要内容；新型工业化应向“加工组装类重化工业”和现代服务业（第三产业）方向转变，提升产业竞争力，推进价值链攀升，为城镇化和现代农业发展提供技术、装备和就业支撑；农业现代化应在稳定粮食生产的基础上，大力发展高价值农业和食品加工与物流产业，满足城市化和居民饮食结构的变化。如果没有城镇化的大力发展，基础类重化工业难以向装备制造业高端演进，第三产业和价值链的攀升会受到市场狭小的阻压，无法承接农村“剩余”劳动力的转移，延滞农村经济的发展；没有新型工业化的大力发展，就不会形成有效的城市产业集聚效应，就不会有更多的就业岗位和接纳更多的城市化移民，无法支持和促动现代农业发展；而没有现代农业就不能保证粮食安全，不能保障城镇化和工业化的基本物质基础，也不能通过对土地的集约化利用而为城镇化提供更多的土地空间需求。所以，新型工业化、新型城镇化和农业现代化必须协调发展，不可偏废（见图4－1）。

四、城乡一体化的政策含义

城乡一体化的基本政策含义是：不能再用二元的观点来解决农村发展问题，必须以城乡一体化的理念去重构乡村建设；城乡一体化的本质是新型城镇化，是一种一元化的发展模式，是通过城乡一体化来解决农村问题和城市问题；统筹城乡发展的出发点和落脚点都在农村，但是其实施办法和路径不能止于农村，而是要在城市与乡村之间、工业与农业之间建立良性互动机制，不能以“土地增减挂钩”作为城乡发展的主要目标，而应该注重城乡产业发展和农村劳动力转移；新型农村社区建设是城乡一体化建设的平台，新型农村社区建设的核心在于产业的培育与农村居民的就地城镇化，而不仅限于基础设施的建设；城乡一体化不仅要注重经济发展和公共产品的均等化，还要彰显城乡之间的功能优势，更加注重现代农业和生态文明建设。

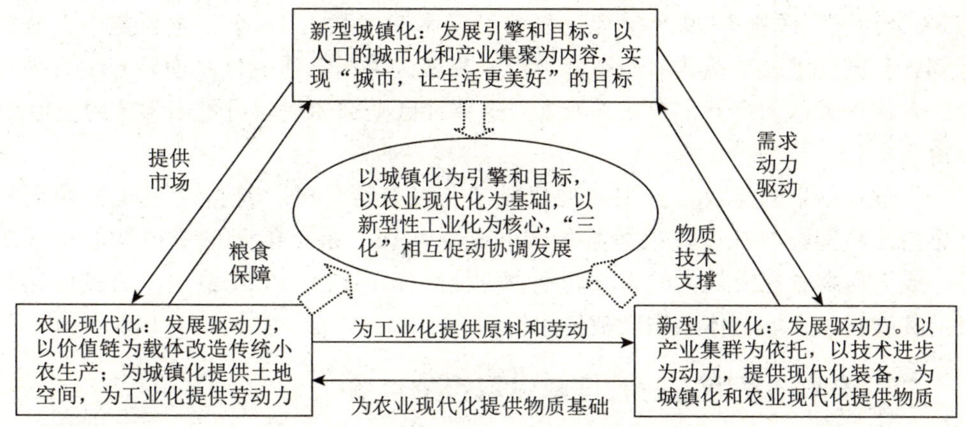

图 4－1　现代农业与“三化”协调发展

第三节　安阳市新型农村社区建设的经验

为深入全面掌握安阳市新型农村社区建设情况，了解新型农村社区建设中基层群众和干部的真实想法和要求，研究人员采取深入社区搞调研和深入群众搞调查相结合的方式，开展调查研究，即对安阳市已建和在建的一些新型农村社区进行调研，同时以发放问卷的方式对基层农村干部和农民群众开展调查。在对调研和调查结果汇总，进行了认真深入的分析研究之后，研究人员认为，安阳的新型农村社区已经走过了轰轰烈烈的涉及范围窄、建设速度快的初期建设阶段，目前正在进入涉及范围广、建设进程缓的全面建设阶段。从调研情况来看，安阳的新型农村社区建设成效显著，全面推进的进程任重而道远。

一、安阳市新型农村社区建设历史进程及现状

安阳市总人口 573.8 万人，其中农村人口 330.5 万人；全市有 3 267 个行政村，平均到每个村约合 1 000 人。该市的新型农村社区建设从 2010 年 9 月正式启动，按照建设总体规划，共规划新型农村社区 520 个，即平均每 6.3 个行政村合为一个社区，平均每个社区近 6 000 人。显然，这是一项浩大的、卓越的工程。

安阳的新型农村社区在建设初期阶段，并没有全面铺开一齐上，从2010～2013年，有选择地、有针对性地点状展开，全市设立了18个省级示范村，25个市级示范村。通过示范村建设，探索出了一条科学有效的新型农村社区的建设道路。

目前安阳市共确定4个整体推进县（市、区），1个三化协调发展示范县，14个整体推进乡镇。已启动了新型农村社区153个，其中面积1万平方米以上的有88个。已完成投资99.8亿元，目前已基本建成的有16个，主要集中在城市近郊、县城近郊、乡镇政府所在地和产业集聚区内，已建成社区面积692万平方米，入住户数达1.8万余户6.3万人。这些社区全部建成后可腾出和节约土地21万亩。

经过几年来的建设，安阳成功建成了一批有特色的、符合“三化”协调发展思路的新型农村社区。如滑县的锦和新城社区，是该市建设最成功的社区之一，成为河南省规模最大的省级新型农村社区建设试点。安阳县的洪岩社区以其接纳贫困村盘金垴整体入住而被传为佳话。

二、安阳市新型农村社区建设取得的经验

（一）政策性主导推进社区建设最有效

从调研情况来看，受政策性影响、有政府项目参与的社区，建设过程中困难少，进展快，如文峰区的南苑社区，是由于安阳高速路口改造项目而建设的；林州市陵阳镇的新型农村社区是在林州市林陵一体化政策的推动下建设的。这些社区在建设中从手续办理、资金到位到解决建设用地都很顺利。

（二）未雨绸缪以做到事半功倍

最典型的要数龙安区的南田社区，该社区是依赖豫北金铅建设起来的。早在20世纪90年代末，该村就严格宅基地的审批，居民不允许随意自建房。20余年来，村里的大部分房屋老旧，农民换新居的意愿强烈。另外，由于一直没花钱自建房，多年的资金积累，农民有换新居的经济基础。

（三）依靠产业但不依赖产业

这里的产业含义比较狭义，主要指工商业。人们普遍认为：建设新型农村社区必须需要产业支撑，有工业的地区，才有钱建社区，如龙安区南田社区，依靠豫北金铅的支持，九堰社区依靠的超越集团的支持。事实上，只要谋划的好，不靠工业商业，一样可以成功，锦和新城就是最典型的例子，该社区依靠周围的产业集聚区开始建设，但不依赖于集聚区，而是通过土地流转，将社区建设得有声

有色，成功走出了一条自力更生的可持续发展的建设道路，这不失为广大农区的乡村建设新型农村社区非常有价值的一个参考模式。

三、安阳市全面推进新型农村社区建设因素分析

（一）安阳市全面推进新型农村社区建设的有利因素

1. 经过 3 年的建设，积累了大量经验和教训

新型农村社区建设从最初的规划，到试点，到现在越来越大范围的推进，一路走来积累了许多有价值的经验，也总结了许多的教训。

例如，研究人员在调研中了解到，一些地区虽然在政府主导下建设手续、资金都落实很快，但是群众不搬迁却成了一件令人头疼的难事，文峰的南苑社区就曾面临这样的困境，村两委反复研究，最后制定了一项规定，即对村民的租房补贴，根据搬迁时间确定，搬的越早，补贴越多，越晚越少，最后搬的没补贴，这个规定一颁布，效果非常好，搬迁非常迅速。几年间的建设经历，可以说总结了很多像这样的有效经验，必将为今后的建设产生积极的促进作用。

2. 国家加快城镇化进程将为新型农村社区建设全面开展产生有力的助推作用

十八大明确提出了走新型城镇化道路，2012 年我国城镇化率是 52.57%，河南省是 42.2%，安阳市是 42.43%。河南是农业人口大省，城镇化水平还很低，要达到全国城镇化平均水平，必须加快进程，而新型农村社区建设是实现城镇化的一个有效途径。

3. 大多数农民支持建设新型农村社区建设

农民的支持，是建设新型农村社区的基础，也是建设新型农村社区的目的。为了解农民意愿，研究人员专门开展了一次问卷调查，共收回有效问卷 252 份。调查结果显示，74.6% 的农民对建设新型农村社区表示“非常支持”或“支持”；50% 的农民认为入住新农村社区，生活质量会比现在有所改善。从调查结果可以看出，广大农民对建设新型农村社区还是很支持的。这为全面推进新型农村社区建设的顺利开展做好了思想上准备。

（二）安阳市全面推进新型农村社区建设的不利因素

1. 政策缺失仍然是制约社区建设全面推进的瓶颈

从大环境来看，全国、全省就新型农村社区建设还没有形成一套完善的、有效的、详细的政策体系，使得建设过程中遇到的诸如土地、人口等国策性问题无所依从，影响全面推进。

2. 群众担心的诸多问题无法落实，影响农民的信心

通过问卷调查发现，农民对建成后的新社区有诸多担心（本题为多选题），有64.3%的受访者选择了“担心入住新型农村社区生活成本增加”，40.5%的受访者“担心基础设施会成为形象工程，流于形式”，22.2%的受访者“担心楼居生活让他们和邻居的联系减少”。部分调查对象还另外填写了一些担心的问题：“新农村社区建设有始无终，群众对新社区的美好愿望成为泡影”，“担心自家的生意无法继续经营”，“担心自己会失去土地”等。这些让大部分农民担心的问题可能会成为新型农村社区全面推进的阻力。

3. 基层干部思想有后顾之忧，影响推进力度

对乡镇、村两委基层干部的问卷调查结果显示，作为基层组织的群众领头人，他们对全面推进新型农村社区建设不甚积极，原因主要五个方面（多选题）：48%的受访者选择“担心出现豆腐渣工程”，43.3%的受访者“担心自筹资金比例过高”，37.8%的受访者“担心农民生活无法真正得到改善”，26%的受访者“担心有人在建设过程中以权谋私”，24.4%的受访者“担心成为政绩或形象工程，流于形式”。这些体现了基层干部对全面推进新型农村社区的思想不坚定，易动摇。他们作为政策的基层执行者，这种思想势必对全面推进社区建设的力度、进度、执行度等方面产生不利影响。

第四节　农民落户新型农村社区的意愿调查[①]

党的十八大提出了将加快城镇化步伐。城镇化是农村人口向城镇转移和集聚的一个过程，人口尤其是农村人口是城镇的核心，随着市场经济的不断深化，越来越多的农民融入了城镇生活中。新型城镇化的宗旨是为了造福百姓，让农民过上更幸福的生活，让城市居民、农民共享改革发展的成果。但是这毕竟是关系一个人口大国60%近8亿人的事情，关于城镇化，他们是怎么想的？他们愿意离开熟悉的生活环境、离开土地，落户城镇吗？为了了解安阳农民落户城镇（新型农村社区）意愿，安阳市地调队根据当地实际情况，深入农村，就此开展了问卷，掌握了第一手材料，并根据调查结果对安阳市农民落户城镇（新型农村社区）意愿进行了分析研究。

① 本节内容由安阳市统计局农调队实地调研完成。

一、调查设计和组织

（一）调查问卷的设计

本次调查从两个角度设计了三类问卷，调查了四类对象。一个角度是农民落户城镇（新型农村社区）意愿问卷，该问卷的调查对象分两类，一类是在家生活的农民，另一类是外出打工的农民。另一个角度是安阳市新型农村社区建设调查问卷，研究人员认为，农民城镇化，不可能大量农民涌入城镇，最有效的途径是目前正在开展的新型农村社区建设，为此，还同时进行了新型农村社区建设问卷调查，该问卷的调查对象分两类，一类是针对农民对新型农村社区建设的看法和意见的问卷，访问对象是农民；另一类调查对象是基层两委干部，他们对新型农村社区建设的看法和意见的问卷。

（二）调查问卷的组织实施

本次调查的四类调查对象采取两种组织方式：对新型农村社区建设调查问卷的所有受访者都采取发卷调查，共收回有效问卷 252 份，其中农民 127 份，基层两委干部 125 份。农民落户城镇（新型农村社区）意愿问卷的两类调查对象，成功访问调查问卷 236 份，其中对在家生活的农民采取发卷调查，共收回有效问卷 120 份；对在外务工农民利用安阳地调队社情民意调查中心的电话调查系统，进行了电话调查，共成功访问了 116 位调查对象，抽取的调查对象，基本涉及了安阳的所有乡镇，他们的务工地点遍布全国各地，大江南北，也包括安阳市区和城镇，调查结果基本能够真实反映安阳市农民的意愿和心声。

二、安阳市情简介及城镇化现状

（一）安阳市地理和交通

安阳市地处河南省最北部，地处晋、冀、豫三省交界处，南距郑州 180 千米，北距北京 500 千米，地理位置优越。

安阳市的交通非常便利，京广铁路、石武高铁纵贯全市，京珠、大广高速、107 国道贯穿南北。东西有山西至山东聊城的高速目前山西至南乐段已通车。

特殊地理位置和便利的交通条件，为安阳人尤其是农民提供了良好的外出务工环境。

（二）安阳市城镇化现状

安阳市下辖一个县级市、四县、四区、一个高新区。2012 年安阳市共有总人口573.77万人，常住人口508.3万人，也就是说，2012年安阳有65.47万人净流出。在总人口中，其中农村人口293万人，城镇人口215万人，城镇化率42.43%，与全省持平，比全国城镇化水平52.57%低10.14个百分点。

2005年安阳市城镇化率32.5%，至2012年7年间提高了9.93个百分点，年均提高1.4个百分点。

安阳市总面积7413平方千米，城区建成面积100余平方千米，市区人口108万人。目前安阳市启动建设153个新型农村社区，涉及810个行政村37.5万户133万农民，完成投资99.8亿元，建成社区692万平方米，入住1.8万余户6.3万人。其中滑县锦和新城、安阳县洪岩社区等一批先进典型受到省、市政府和农民群众的一致好评。

（三）未来城镇化规划

计划到2015年，安阳市建成区面积到120平方千米，将具备条件的500余个村庄整合为200个新型农村社区。2015年安阳市的城镇化率计划达到48%，年均提高1.86个百分点，这就要求每年有更多的农民进入城镇生活。

三、农民落户城镇（新型农村社区）意愿问卷调查结果分析

（一）调查样本结构分析

农民愿意落户城镇（新型农村社区）意愿调查问卷共收回236份问卷，其中在家生活农民120位，占50.8%，在外务工农民116位，占49.2%。年龄20～30岁的占9.8%，30～50岁的最多，占62.7%，50岁以上的占23.3%。93.6%是已婚，6.4%是未婚或离异。76.7%为男性，23.3%为女性。

新型农村社区调查对象全部为在家生活的农民，共收回有效问卷252份，其中农民127人，占50.4%；基层干部125人，占49.6%。

（二）农民愿意落户城镇（新型农村社区）的影响因素

调查结果显示，有64.4%的农民愿意落户城镇（新型农村社区）。在选择原因时（可以多项选择），选择率最高的因素是“希望子女有更好的受教育机会”，有78.3%的农民选择了此项，这说明新时代的农民越来越重视教育了。其次的因素是“城镇比农村有更加优越的生活条件”选择率是74.3%，另外选择“城镇比农村就医条件好”、“城镇比农村有更加优越的工作环境”、“城镇就业机会多”的人依次为61.8%、59.2%、57.2%，选择教育和医疗因素的人比较多，说明农民不但希望提高生活水平，更追求生活质量了。此外，还有28.3%的人选择的

影响因素是“在农村已经没有土地，需要到城镇谋生”，这类农民在近郊比较普遍。

从不同的调查对象来看，在农村生活的120个调查对象，选择“愿意”的比重略低，有68%的受访者表示愿意到城镇生活，其原因主要是由于他们一直在农村生活，没在城镇生活过，对落户城镇有畏惧心理。而在对116个外出务工人员访问时，有70%的受访者表示愿意到城镇生活，主要是农民工作为半城镇化群体，城镇生活的经历使他们切实感受到了城镇生活的优越，不想再返回农村生活，更“愿意”落户城镇。

（三）农民不愿意落户城镇（新型农村社区）的影响因素

本次调查中，有30.1%选择了“不愿意”落户城镇（新型农村社区）。从他们选择的因素来看（可以多项选择），选择率超过50%的有五项，其中选择“城镇生活成本比农村高”的人最多，有74.6%的人选择了此项，其次是“习惯了农村生活”，有69%的人选择了该项，余下三项分别是“农村比城镇空气好，而且朋友多”，占66.2%，“城镇房价比农村高”占63.4%。“在老家有地，而且种粮有补贴”，占56.3%。除以上五项外，选择“有可能变为非农户口而失去原有的土地、宅基地等，预期风险大”的占49.3%，“城镇工作不稳定”的占43.7%，“农村的惠农政策多”的占42.3%，有33.8%的人选择了“子女在城镇入学比农村困难”，31%的人选择了“在城镇社会福利保险等没保障”，29.6%的人选择了“城镇人际关系复杂”，26.8%的选择“未来农业收入可能会越来越高”，还有14.1%的人是因为“城镇有就业歧视”，9.9%的人是因为“农村可以享受比城镇宽松的计划生育权”。

有相当一部分在外务工调查对象“不愿意”落户城镇（新型农村社区）的因素比较一致，他们表示，在外务工多年，积累了一定的资金后，在老家盖起了宽敞舒适的房子，比在城镇住高楼方便，而且这些年，农村的生活环境和条件有了很大改善，完全能够满足他们并不算高的生活需要；另外，农村的生活压力比城镇小，生活的舒心。

（四）农民不确定是否愿意落户城镇（新型农村社区）的影响因素

这部分人一致认为，经过这些年的发展，农村与城镇的生活环境和生活条件的差异越来越小，城市有城市的优越，但也有弊端，农村虽舒心，但也有不便，他们不追求一定要生活在农村或城镇，如果大家都迁到城镇，他们也愿意一并随同，如果没有条件和机会，在农村生活也无不可。

（五）各县间存在差异

从五个县（市）的调查结果来看，趋势基本上比较一致，“愿意”落户城镇（新型农村社区）的人占绝大多数，但也存在差异，各县（市）“愿意”落户城镇（新型农村社区）的比重依次为安阳县 76.2%，林州市 70.7%，滑县 65%，内黄县 62.3%，汤阴县 53.3%，安阳县和林州市都在 70% 以上，汤阴县最低，刚刚超过 50%，比安阳县低 22.9 个百分点。分析其原因主要是由于：安阳县的农村分散在安阳市四周，不连片不集中，地理位置比较尴尬，或在西部山区，或临河北省界处，安阳县没有功能齐全的县城，各类服务机构分散在市区各地，农民诸如购物、上学、就医等诸多方面都很不方便，所以他们希望能集中到城镇生活；林州由于大部分乡镇都在山区，生活条件恶劣，交通不便，影响生活质量，因此农民更愿意落户城镇；而汤阴县恰恰相反，近几年汤阴县的城镇建设发展比较快，而且离安阳市区只有 22 千米，非常近，再加上近年来安阳实行“安汤一体化”政策，汤阴县基本快成了安阳的一个区，农民对当前的生活状态比较满意，对未来的发展前景比较乐观，因此他们对落户城镇（新型农村社区）的愿望相较其他县，最不强烈。

四、调查中显示出农民落户城镇（新型农村社区）存在的问题

第一，宣传力度不够。调查显示，作为城镇化的主体，还有不少的农民对城镇以及新型农村社区还不甚了解，有的甚至“不知道”。新型农村社区问卷调查显示：农民受访者中仅 31% 的群众回答“比较了解”，69% 的受访者表示“对相关政策听说过、不太了解或不了解”。在深入一些社区进行了农村社区建设调研后，发现目前的宣传对象更多地集中在干部层面，甚至在很多地方，只有主管干部才了解具体情况，其他干部只是知道这件事而已，农民的了解程度就更差了。

第二，作为城镇化的主要途径，新型农村社区建设全面推进的进程令人堪忧。安阳市总人口 573.8 万人，其中农村人口 330.5 万人；全市有 3 267 个行政村，平均到每个村约合 1 000 人。安阳市的新型农村社区建设从 2010 年 9 月正式启动，按照建设总体规划，共规划新型农村社区 520 个，即平均每 6.3 个行政村合为一个社区，平均每个社区近 6 000 人。显然，这是一项浩大的工程。

目前，安阳市启动建设的 153 个新型农村社区，要么是位于城郊，地理位置好，易开发，要么是有产业支撑，经济实力比较强。建设条件好建设能力强，因此，这些社区建设的也快，但是，还有 2/3 的规划的社区，有的地理位置偏远，

有的经济落后，这些地方新型农村社区建设进程令人堪忧。

第三，房价高、传统生活观念可能会成为影响农民落户城镇（新型农村社区）的最大阻力。几千年来中国农民形成的牢固的生活观念是“安居乐业”，首先要“安居”，要落户城镇，要解决居住问题。在问卷调查中，选择“不愿意”的原因中，“城镇房价比农村高”的占63.4%，在14个因素中排第四位，选择“城镇生活成本比农村生活成本高”的比重最高，占74.6%。另外还有59%的人选择了“在老家有地”，农民几千年来的观念以“农”为主业，放弃自己的“事业”，对一些人尤其是老人，难以接受。这些为大多数农民所顾及的因素，可能会成为未来农民落户城镇的阻力。

五、农民落户城镇（新型农村社区）的建议

农民落户城镇（新型农村社区）不仅是城乡二元结构的深刻变革，更是对几千年历史传统的挑战，需要从各个层面和环节深化改革，为其创造好的体制、政策环境。

（一）加快户籍制度改革

降低农村居民进入城镇的门槛，剥离依附在户籍上的购房、社会保险、子女入托、入学、医疗等方面的限制。另外，推动城镇农民工市民化。逐步取消农业户口；允许在城镇具有固定住所、稳定职业或生活来源的农业人口迁入城镇。

（二）让农民享受与城镇居民同等的社会待遇

农民落户城镇（新型农村社区），不应仅仅是户籍和居住环境改变，更重要的是要让农民享受与城镇居民同等的社会待遇，如教育、医疗、社会保障等，让农民减少后顾之忧。此次调查中，受访者在选择“愿意”的原因时，选择比重最高的是“子女有更好的受教育机会”，占78.5%，“城镇比农村就医条件好”占61.8%；选择“不愿意”落户城镇（新型农村社区）的影响因素时，有31%的受访者选择了“在城镇社会福利保险等没保障”。目前农民在城镇入学、就医的确阻力重重，入学条件苛刻，医保报销受限，在同样的医院，农民比城镇的报销比例低得多。这些都是影响农民生活质量的基本要素，应该逐步实现城乡同一化。

（三）进一步深化土地制度改革

农民落户城镇，既是生活方式的巨大改变，更是对农民几千年的生产方式的挑战，需要解开农民的深入骨髓的土地情结。建议积极稳妥地探索和适当推进土

地流转，土地流转是生产组织形式创新的制度性基石，是农民逐步离开土地和扩大农业剩余时间的基础，将成为农村未来发展比较普遍的生产方式。通过出售、租赁、转包等多种流转方式加速土地适当集中，之后跟进或同步研究解决劳力转移、开辟新的生产领域等问题。同时，根据各地实情，培育和壮大一批以农副产品生产加工为主的产业基地和龙头企业。以市场手段和经济纽带发挥龙头企业带动和拉动产业基地的作用，是比较实际和可以推广的生产组织形式。另外可以引导农村各类协会的发展，完善农村经济的产供销链条，提高农民和农产品走向市场的组织化程度。从而逐步让农民走出土地，走出传统的生产方式，最终实现城镇化。

（四）新型农村社区建设要尊重农民意愿

在调查中，当问及新型农村社区建设最需要政府投资在哪时（多选题），按选择比重由高到低分别为：75.9%的受访者选择了“农村基础设施”，排在第一位；选择比重排第二位的是“医疗卫生”，有55.9%的受访者选了此项；其后依次是“农业科技和教育”、“农村文化娱乐”，选择比重分别为51.2%、40.9%。因此，各地在建设过程中，应着重考虑群众的这些意愿和想法，要有以人为本的思想，建设新型农村社区，既要符合经济社会发展规律，又要满足经济发展需要，最根本的是要尽量让农民满意。

以后的新型农村社区建设工作，要积极稳妥地加以推进，对已经启动的153个社区，必须集中精力抓下去，绝不能半途而废；对准备启动的社区，必须成熟一个发展一个，手续不齐全、条件不成熟不能开工。对2 300多个位于传统农区、暂不具备建设新型农村社区条件的村庄，建议一方面要积极培育产业、发展经济，为社区建设奠定经济基础。另一方面，先改善必要的设施条件和环境卫生，尤其水、电、路、气、垃圾处理等方面要保证到位。

第五节　关于新型城镇化问卷调查的调研报告[①]

以新型城镇化引领“三化”协调发展，解决“三农”问题，加快“中原经济区”建设，已成为当前河南省经济社会发展的共识。为此，研究人员根据省委宣传部《关于开展新型城镇化问卷调查》的通知要求，在市委宣传部、县委宣传部和安阳师范学院中原文化研究中心的统一协调支持下，对安阳市推进新型城

① 本节内容受河南省委宣传部委托，由安阳师范学院中原文化研究中心组织，张良悦、郭素玲等带队进行入户问卷调查的成果。

镇化建设情况进行了入户问卷调查，重点调查地点包括滑县锦和新城社区、汤阴县白营镇杨村社区、杨庄社区和任固镇夹河社区和候庄社区、安阳市龙安区田村社区、安阳县水冶镇锦华小区和东兴花园小区。这次调查，按照河南省委宣传部关于了解基层群众对推进新型城镇化的所思所想所盼，服务省委、省政府科学决策的要求，对基层群众在推进新型城镇化建设中的认识、感受和意愿、城乡一体化中的新型农村社区建设以及就业、生活质量、教育、医疗卫生环境等方面进行了重点调研。

一、调研概况

（一）调研前的准备工作

在接受了关于开展新型城镇化问卷调查的任务之后，研究小组成立了专门调研小队，积极与安阳市市委宣传部沟通协调，做好入户调研的准备工作。在实地入户调研过程中，调研组由张良悦老师组织指导，郭素玲、杨群、曹昭、安鑫丽、曾赏 5 位老师带队，41 位学生组成 5 个调研小分队，从 5 月 20 开始至 6 月 10 日结束。要求以“男 + 女”或“女 + 女”2 人为一组，在当地村委会指定人员带领下入户调查。本次调研共印刷 3 300 份问卷，有效回收 3 000 份。大大小小问题涉及 49 个，电子录入横向问题涉及 255 个。全程 6 位老师带队，41 位学生组成调研员，分成 5 个调研小组，历时 20 多天，制订方案，联络地点，组织培训，包车前往，入户调研，问卷整理，计算机录入，问卷分析，撰写报告。

（二）调研方式及地点

这次调查采取选点入户调研方式进行。主要调研地点有：安阳市滑县锦和新城社区及周边社区，汤阴县白营镇杨村社区、杨庄社区和任固镇夹河社区和候庄社区，安阳市龙安区田村社区的南田村和北田村，水冶镇锦华小区和东兴花园小区及水冶镇周边社区。

二、调研问卷数据的基本分析

（一）家庭基本情况

从这次调研的情况看，调研对象既有已入住新型农村社区的居民，也有未入住居民，可以全面反映不同居住区域人员对新型城镇化的认识和感受。已入住居民能体会新型城镇化对他们生活的积极影响和便利，而未入住居民也表现出对入住新型农村社区的向往和对新型城镇化建设的支持。这次被调研农户覆盖了各个年龄阶段和不同工作生活状态的人群，有一定的代表性。调研对象大多居住在省道或国道附件，居住地地形为平原或丘陵，交通便利，自然条件较好。新型农村社区大多集中在产业集聚区附近，有一定的企业入驻园区，为劳动力就业转移和新型农村社区的建设提供了一定的产业支撑，也为大多数居民能在本地（本县）务工提供了便利条件。随着新型城镇化的推进，居民购买的家庭生活用品的商品率不断提高，如大多数居民不再在家中饲养家禽和家畜，享受整洁干净的家庭环境，大多数被调查农户没有耕地或有较少的耕地，也不用在家中堆放农机具。

1. 调查对象地域分布

本次被调研的3 000户调研对象，居住在新型农村社区的占43.7%，未入住的占56.3%，基本相当。这样的样本数据能较全面地反映出不同居住状况居民对新型城镇化的感受和意愿，见表4－1和图4－2。

表4－1 **家庭“住宅类型”** 单位:%

		频率	百分比	有效百分比	累积百分比
有效	普通农村住宅	1 690	56.3	56.3	56.3
	新型农村社区	1 310	43.7	43.7	100.0
	合 计	3 000	100.0	100.0	

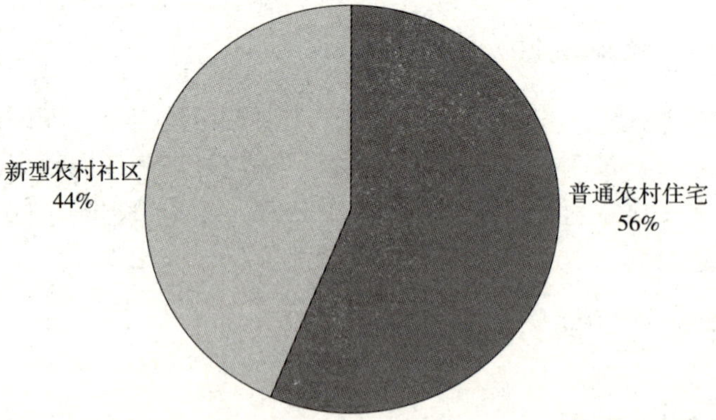

新型农村社区
44%

普通农村住宅
56%

图4－2 家庭“住宅类型”

2. 地域类型

在所有被调查人员中，产业集聚区周围居住的最多，占总数的53.2%，其次为普通村，占总数的43.1%，最少的是城区边，仅占2.1%。产业聚集区为新型城镇化提供了较好的支撑，见表4－2和图4－3。

表4－2　村（社区）的“地域类型”　单位:%

		频率	百分比	有效百分比	累积百分比
有效	城区边	63	2.1	2.1	2.1
	产业集聚区周围	1 595	53.2	54.0	56.2
	普通村	1 293	43.1	43.8	100.0
	合计	2 951	98.4	100.0	
缺失	系统	49	1.6		
合计		3 000	100.0		

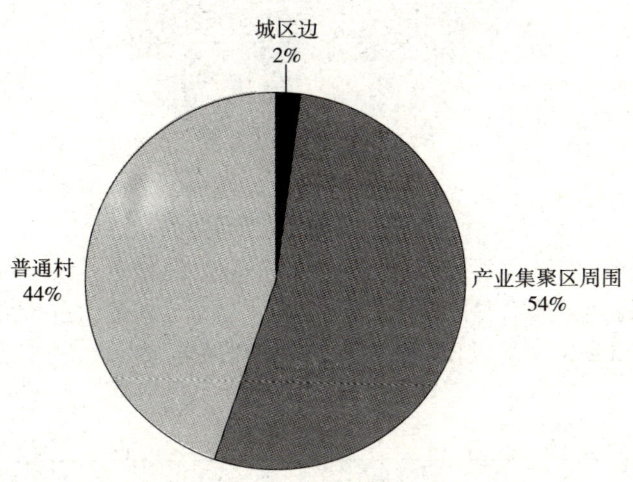

图4－3　村（社区）“地域类型”

3. 地形情况

此次调查主要调查人群为丘陵地区和平原地区，自然条件较好，见表4－3和图4－4。

表 4－3　　居住地的“地形情况”　　单位：%

		频率	百分比	有效百分比	累积百分比
有效	平原	1 266	42.2	42.2	42.2
	丘陵	1 732	57.7	57.8	100.0
	山地	1	0.0	0.0	100.0
	合计	2 999	100.0	100.0	
缺失	系统	1	0.0		
合计		3 000	100.0		

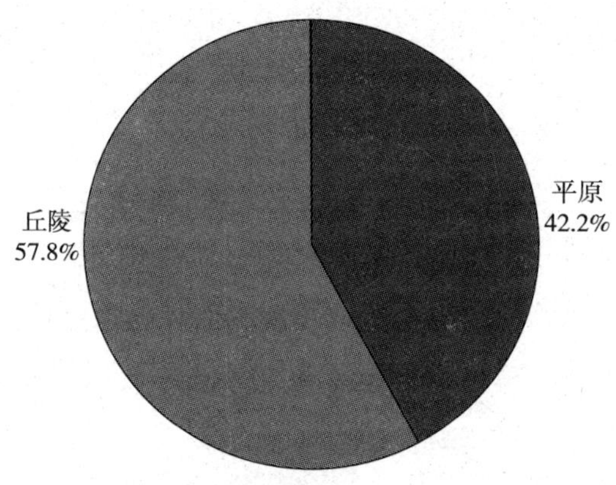

图 4－4　居住地的“地形情况”

4. 交通情况

从居住地的交通情况看，位于省道县道附近的比较多，占 62.9%，其次是国道附近，占 36.3%，交通较便利，见表 4－4 和图 4－5。

表 4－4　　居住地的“交通情况”　　单位：%

		频率	百分比	有效百分比	累积百分比
有效	国道附近	1 088	36.3	36.3	36.3
	省道县道附近	1 886	62.9	62.9	99.1
	附近有乡村公路	12	0.4	0.4	99.5
	附近没有硬化路面	12	0.4	0.4	99.9
	5	1	0.0	0.0	100.0
	42	1	0.0	0.0	100.0
	合计	3 000	100.0	100.0	

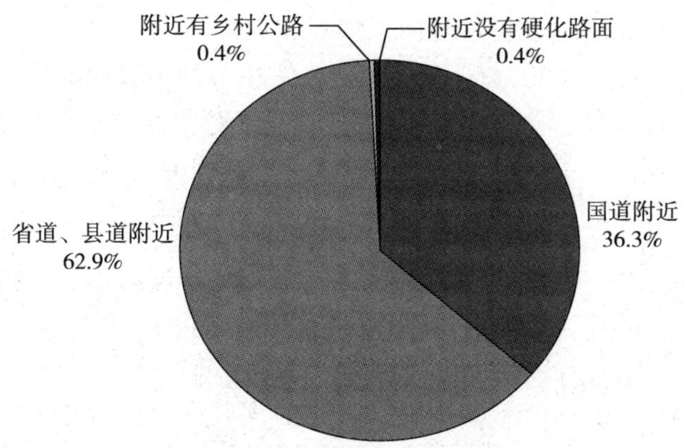

图 4－5　居住地的“交通情况”

5. 对新型城镇化支持度分析

从调查的情况看，入住新型农村社区的被调查者已在享受新型城镇化的成果，入住新型农村社区并获得较好的生活工作条件。未入住新型社区的居民也表现了较大的入住愿望。从所有调查的 1 690 户普通农村住宅的农户中，非常支持和支持的占 63%，不支持和不太支持的占 16%，无所谓的占 21%。说明大部分农民对新型城镇化建设还是支持的，见图 4－6。

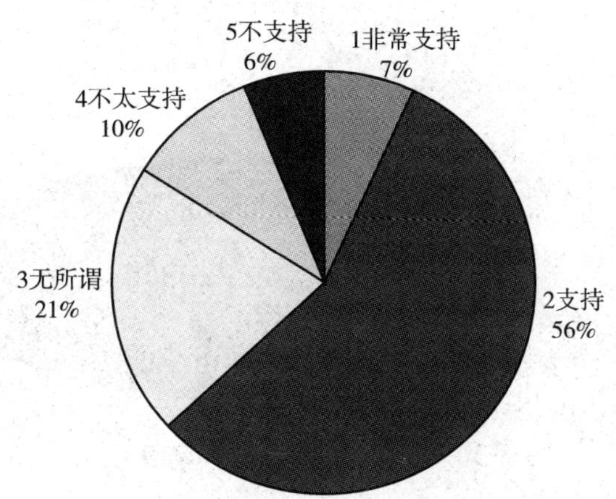

图 4－6　对新型城镇化建设的支持度

（二）土地及居住情况

1. 居住情况

被访者大多拥有一处宅基地，基本能满足当前的住房需求。对于未来的住房条件，他们表现出较大的期待。

当被问及如果有机会进城镇，更喜欢居住在哪种房屋里时，68.6%的被调查对象回答喜欢居住在独户平房，17.2%的被调查对象喜欢居住在普通多层楼房，11%的人喜欢居住在电梯高层楼房，见表4－5和图4－7。

表4－5　进城后居住房屋意向　单位:%

		频率	百分比	有效百分比	累积百分比
有效	独户平房	2 057	68.6	70.5	70.5
	普通多层楼房	515	17.2	17.7	88.2
	电梯高层楼房	329	11.0	11.3	99.5
	其他	14	0.5	0.5	99.9
	5	1	0.0	0.0	100.0
	14	1	0.0	0.0	100.0
	合计	2 917	97.2	100.0	
缺失	系统	83	2.8		
合计		3 000	100.0		

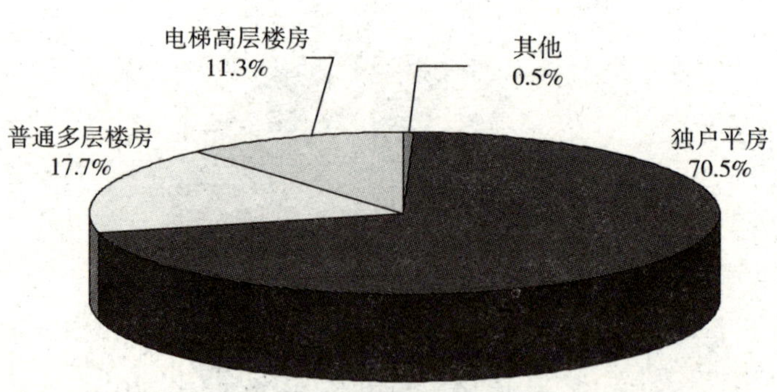

图4－7　未来居住房屋意向

在所有被调查对象中，32.0%的人喜欢原地安置，22.2%的人喜欢居住在县城，16.6%的人喜欢居住在地级市市区，而12.0%的人喜欢保持目前状态。

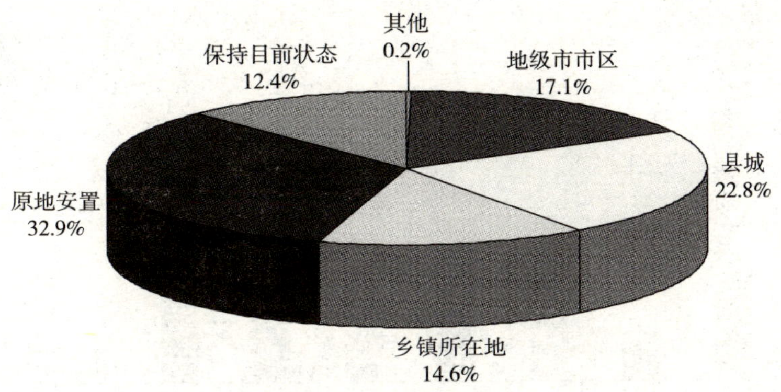

图4-8 未来居住地意向

表4-6 进城安置方式 单位:%

		频率	百分比	有效百分比	累积百分比
有效	地级市市区	499	16.6	17.1	17.1
	县城	665	22.2	22.8	39.9
	乡镇所在地	426	14.2	14.6	54.5
	原地安置	959	32.0	32.9	87.4
	保持目前状态	360	12.0	12.4	99.8
	其他	6	0.2	0.2	100.0
	合计	2 915	97.2	100.0	
缺失	系统	85	2.8		
合计		3 000	100.0		

2. 土地及耕种状况

(1) 耕地概况。

根据对3 000户农户的调查，发现没有耕地的农户占31%，拥有1~3亩的农户占30%，拥有3~5亩的农户占23%，拥有5~10亩的农户占16%，拥有10亩以上的农户占1%。人均耕地拥有量是0.71亩，户均拥有耕地2.99亩。可以看出安阳市的耕地很稀缺。

(2) 耕地耕种情况。

在所有被调查对象中，43.0%的人是全部自己耕种、经营自己家的耕地，25.8%的人将自己的耕地全部转租给其他个人或机构。这种情况在不同地域有不同倾向。居住地离城市或县城越近的地区居民或土地数量较少的居民越是不愿意转让土地，越倾向于自己耕种，他们也更担心流转土地后的生活难以保障问题。

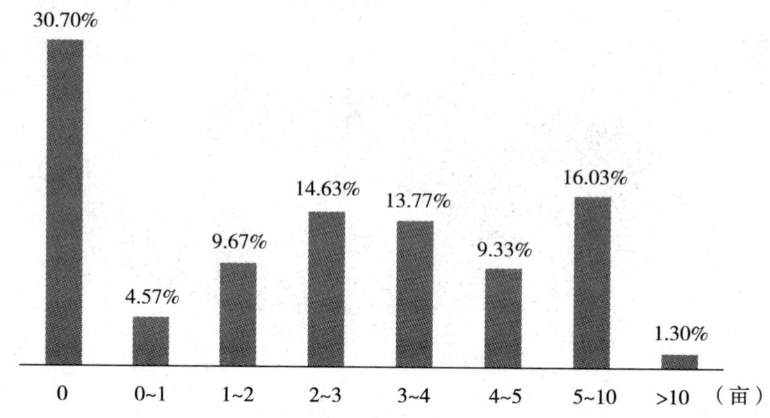

图 4 –9　农户拥有耕地情况

表 4 –7　耕地经营状况　单位:%

		频率	百分比	有效百分比	累积百分比
有效	全部自己耕种、经营	1 289	43. 0	60. 0	60. 0
	部分自己耕种、经营	85	2. 8	4. 0	64. 0
	全部转租给其他个人或机构	773	25. 8	36. 0	100. 0
	合计	2 147	71. 6	100. 0	
缺失	系统	853	28. 4		
合计		3 000	100. 0		

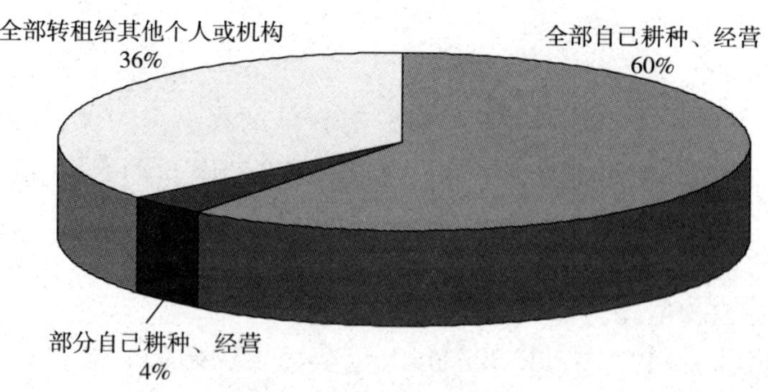

图 4 –10　耕地耕种情况

（3）土地流转意向及担忧。

在被调查对象中，多数人表示愿意接受土地流转，占到 46.8%，只有 28.4% 的人明确表示不愿接受土地流转。土地流转有利于规模化经营，为新型城镇化创造较好的空间条件。

表 4－8　　土地流转意向　　单位:%

		频率	百分比	有效百分比	累积百分比
有效	0	1	0.0	0.0	0.0
	愿意	1 403	46.8	62.3	62.2
	不愿意	851	28.4	37.7	99.9
	3	1	0.0	0.0	99.9
	4	1	0.0	0.0	100.0
	11	1	0.0	0.0	100.0
	合计	2 258	75.3	100.0	
缺失	系统	742	24.7		
合计		3 000	100.0		

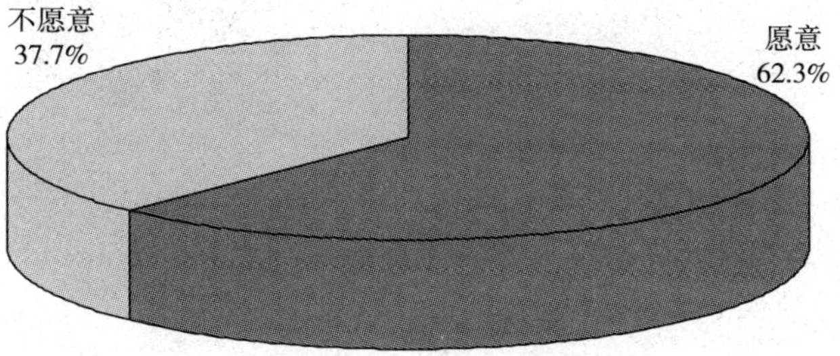

不愿意 37.7%
愿意 62.3%

图 4－11　土地流转意向

当被问及对土地流转承包最大的担忧是什么时，42.7% 的被访者表示担心会低于自己耕种的收益，35.8% 的人担心失去土地后生活无保障，15.0% 的人表示担心土地政策今后会发生变化，所有权性质将有所改变，4.3% 的人担心土地将被挪作他用。

表4－9　　对土地流转承包的担忧

		频率	百分比	有效百分比	累积百分比
有效	0	1	0.0	0.0	0.0
	担心低于自己耕种的收益	959	32.0	42.8	42.7
	担心失去土地后生活无保障	805	26.8	35.8	78.6
	担心土地政策今后发生变化，所有权性质有所改变	336	11.2	15.0	93.5
	担心土地被挪作他用	130	4.3	5.8	99.3
	其他	14	0.5	0.6	100.0
	12	1	0.0	0.0	100.0
	合计	2 246	74.9	100.0	
缺失	系统	754	25.1		
合计		3 000	100.0		

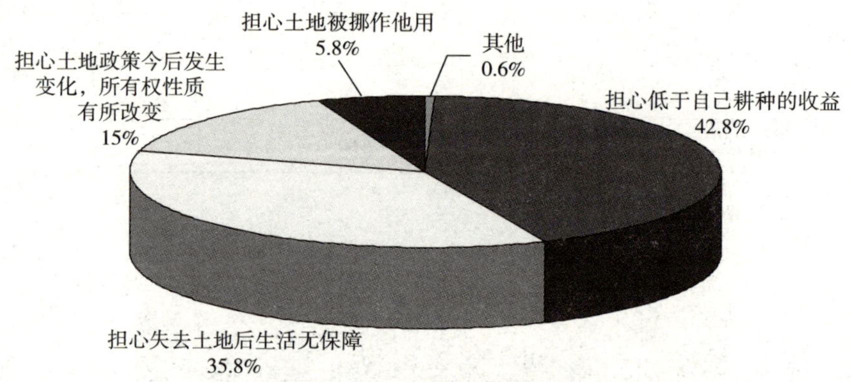

图4－12　对土地流转的担忧

3. 城镇吸引力分析

被调研对象表示出对新型城镇化的较大的支持，也有进城的意愿，城市对农村居民有一定的吸引力。通过本次调查发现，干净的街区和生活环境、便捷的交通出行和方便的购物、就医和就学分别占被调查农户的17.98%、17.80%和16.50%，这三个原因是吸引农民进城居住的最主要因素，见图4－13。

但目前农民进城仍面临一定的困难。从调查情况看，农民进入城镇居住，农民最担忧的是社会保障难解决问题，占27.49%，其次是户籍难解决，占22.75%。担心就业，子女上学和住房问题分别占16.27%、10.63%和14.48%，属于农民的正常忧虑。然而进城以后农民对没有稳定收入并不太担

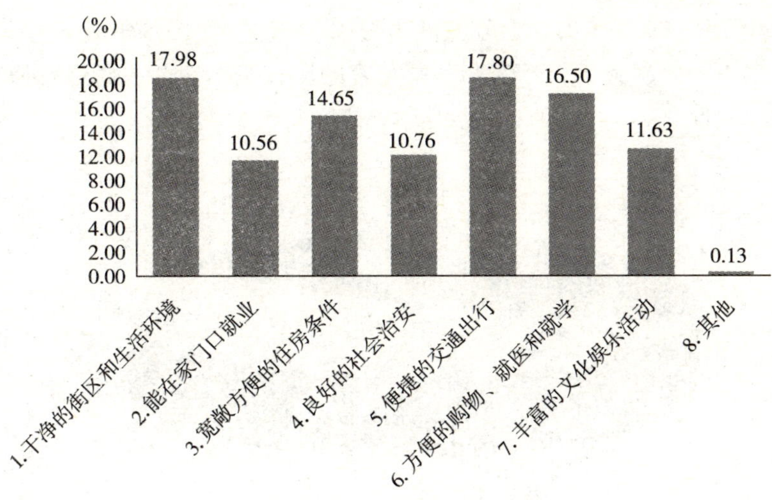

图 4－13　城镇吸引因素分析

心，只占 8.38%。因此，解决农民进城的社会保障和户籍问题应该放在首位，见图 4－14。

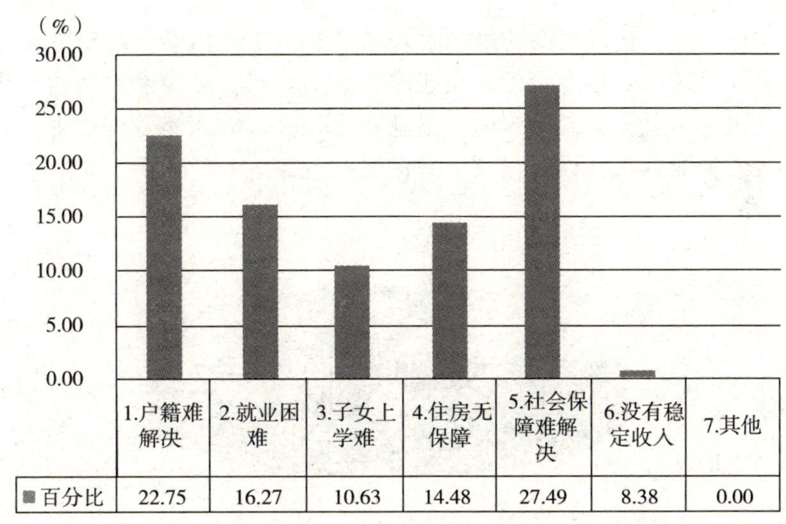

	1.户籍难解决	2.就业困难	3.子女上学难	4.住房无保障	5.社会保障难解决	6.没有稳定收入	7.其他
百分比	22.75	16.27	10.63	14.48	27.49	8.38	0.00

图 4－14　进城困难分析

（三）劳动力转移及收入情况

1. 家庭收入情况

在受访家庭中，家庭年收入状况不太乐观，一般家庭年收入在 2 万～5 万元，如图 4－15 所示，其中 5 万元以上的只占 8%，3 万～5 万元的占 21%，2

万～3 万元的占 28%，1 万～2 万元的占 27%，还有约 16% 年收入在万元以下。主要收入来源为外出务工，务农和养殖花卉的比重基本持衡，而经商所占比重具有明显的地域性。

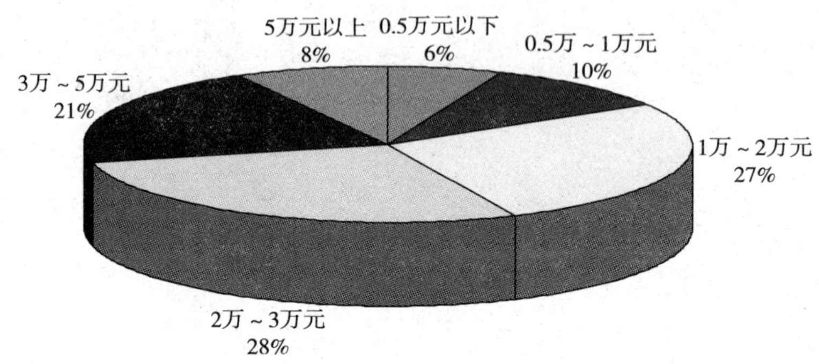

图 4－15　受访者家庭年收入情况

2. 务工情况

务工人员更希望在本地就业，在所居住的县市范围之内，或者直接出省务工（见图 4－16），为了获得较高的经济收入和更多的工作机会。尽管有超过半数的在外务工人员希望回乡就业，但是由于家乡的工作机会较少和经济收入原因，他们还是会外出务工。受访者中家庭人员就业率较高。82% 不存在失业人口，18% 有不同程度的失业人员，而且呈现一定的分化现象，4 个和 5 个失业人员的比重占了 60%。

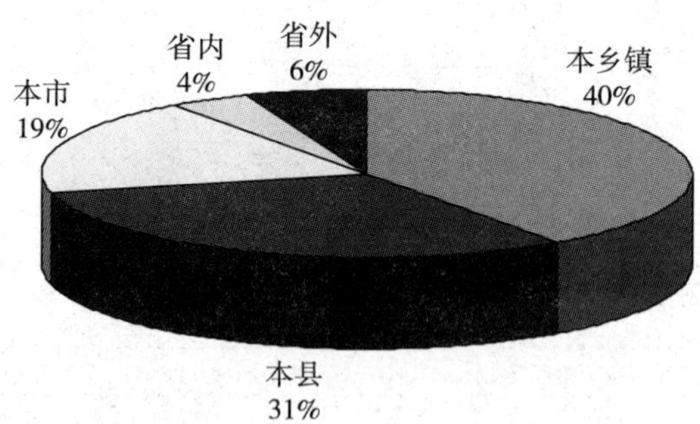

图 4－16　务工人员期望工作地点情况

（四）公共服务需求情况

1. 教育

受访者家中有 1 位正在上学占近一半 48%，2 个的占 44%，37% 上小学，初中、高中、大学、学前比重相差不大。学校的位置和其受的教育阶段有关系，受教育程度越高，距离越远。受访者中，小初中的义务教育大部分选择了本乡镇其他村，而大学和高中的教育则选择了县城和本省或外省。

针对家中子女教育，大部分受访者期望孩子上学离家近，不用太远，同时也期望提高教学质量。

2. 医疗

就医看病是新型城镇化中的主要问题，总体来讲，受访者对就医现状比较满意，占73%，认为距离远和检查设备落后是不满意的主要因素，如果能提高检查设备质量，缩短就医距离，效果更好（见图4－17、图4－18）。

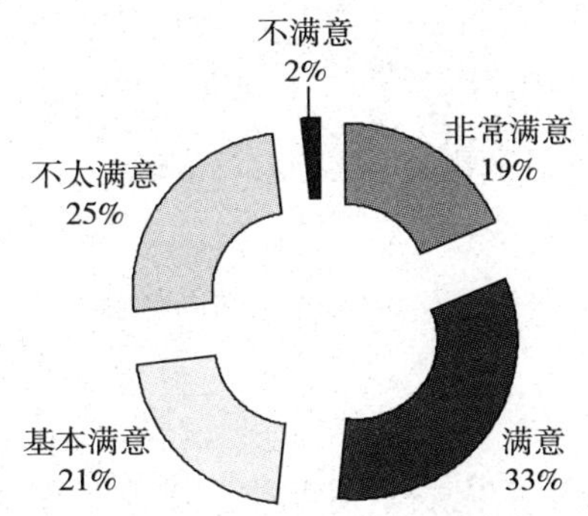

图4－17 受访者就医满意度

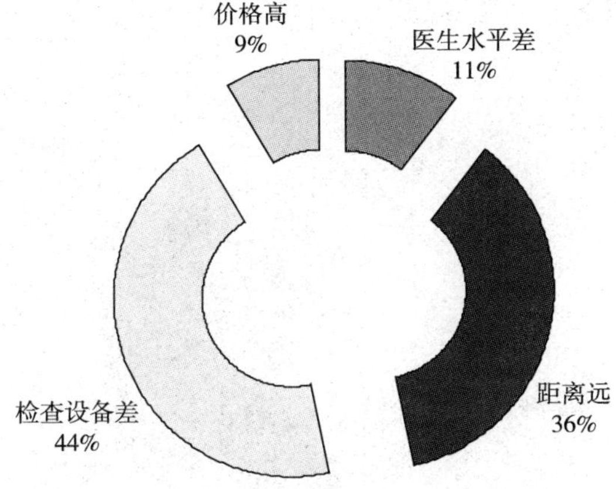

图4－18 就医期望改进之处

3. 卫生环境

对于目前居住村子（社区）周边环境卫生情况，23%非常满意，24%满意，29%基本满意，24%有不满意之处。垃圾集中处理是最亟待改进的地方，其次是旱厕改造和饮水质量（见图4－19）。

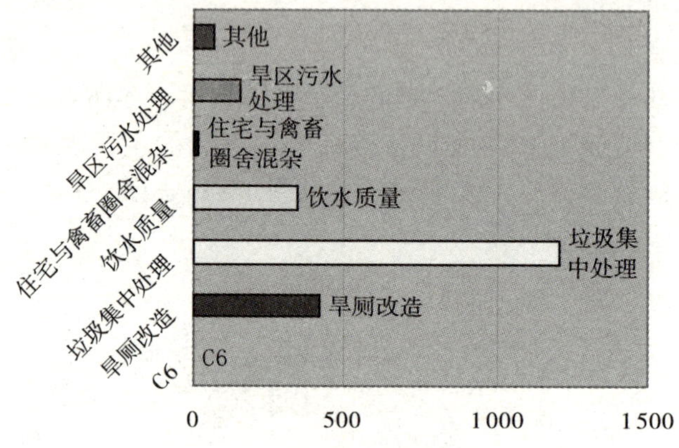

图4－19　周边卫生期望改进之处

4. 文化娱乐

绝大部分受访者对日常文化娱乐活动感到满意。新型城镇化中居民的日常文化娱乐活动类型较多，但是传统娱乐方式——看电视所占比重仍然很大，占94%。跳舞、打扑克、打麻将、下棋、看书报、运动健身、看电影、上网等娱乐方式还没有占据主导地位（见图4－20、图4－21）。

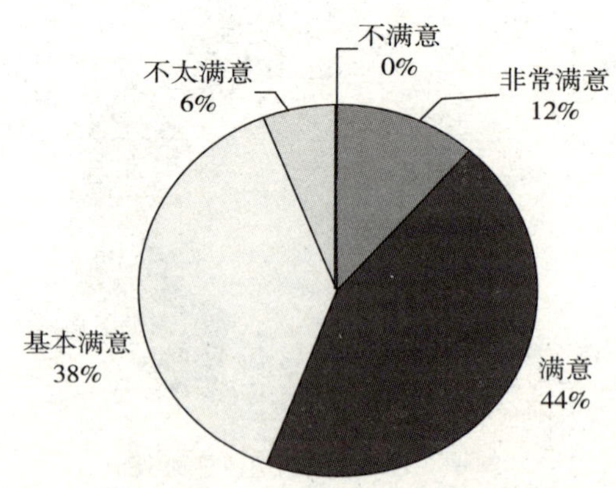

图4－20　受访者文化娱乐满意度

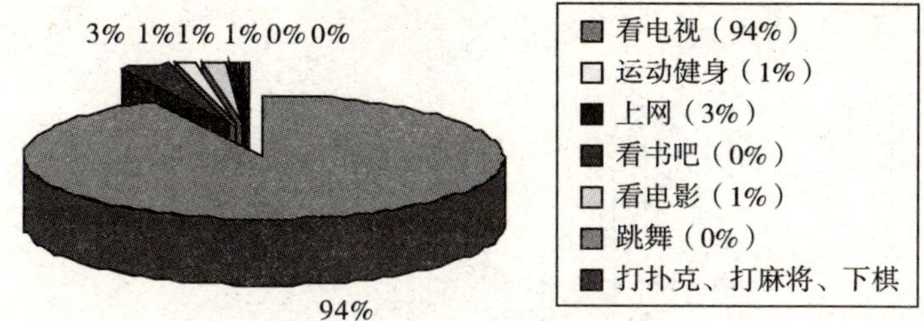

图4－21　受访者主要娱乐方式

健身广场（有健身器材）伴随着社会福利和新型城镇化的建设已经走进了社区，并普及开来，还有图书室、棋牌室，而电影（多媒体）放映室、体育场馆（有体育运动器材）、公园文化娱乐活动场所部分社区缺乏，值得注意的是，社区人员对文化广场也有需求（见图4－22）。

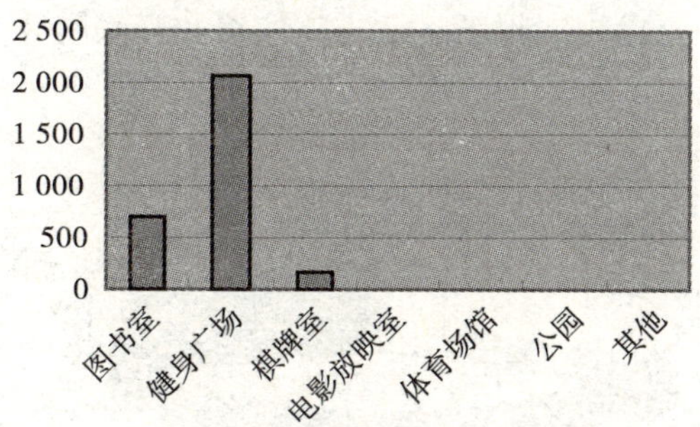

图4－22　新型社区娱乐设施配备情况

目前受访者主要通过家里的宽带和营业网吧上网，通过手机上网的很少。上网以看新闻为主，其次是看电影、聊天，利用网络了解农业相关信息和购物的很少（见图4－23、图4－24）。

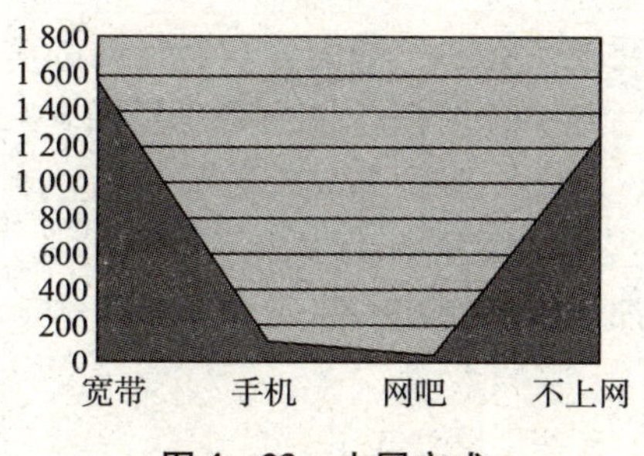

图4－23　上网方式

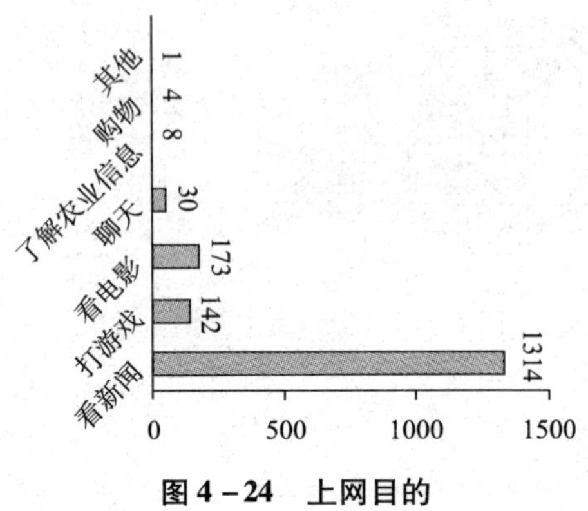

图 4－24　上网目的

同时 70% 认为互联网对于提高收入和生活水平没有多大帮助。接触的还是以传统媒体为主，包括电视、报纸、杂志、广播、互联网等，电视是主要的娱乐载体（见图 4－25）。

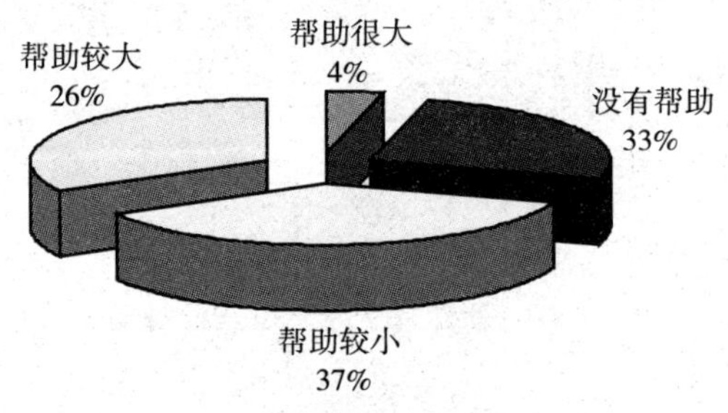

图 4－25　互联网的影响

（五）已入住新型农村社区人群评价

已经入住新型农村社区家庭中，绝大多数对目前的居住现状满意，认为配套设施比较齐全，生活水平有了较大幅度的提高（见图 4－26 至图 4－30）。

不过在居住、就医、就学、照顾老人等方面，认识有不同。相对于传统院落的居住方式，新型农村社区对居住面积提出了更高的要求，同时对于看病就医、文化娱乐和就学资源上都提出了挑战。

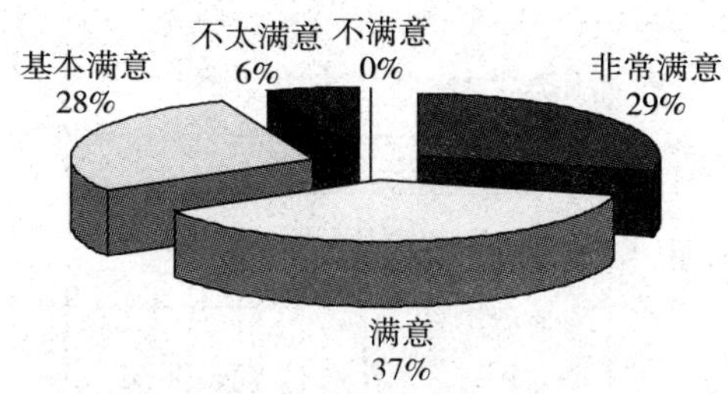

图 4-26　已经入住新型农村社区人员的总体满意度

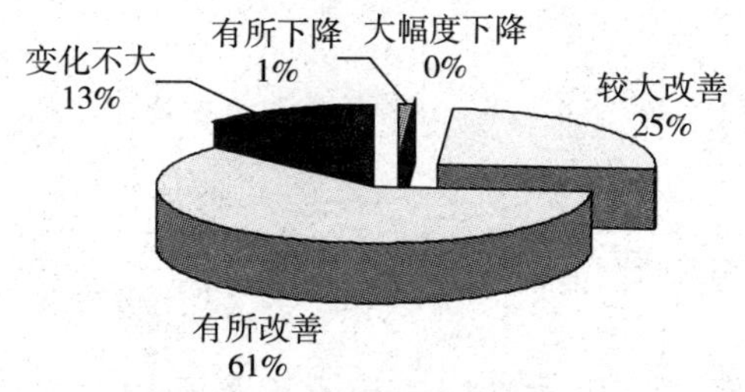

图 4-27　生活质量变化情况

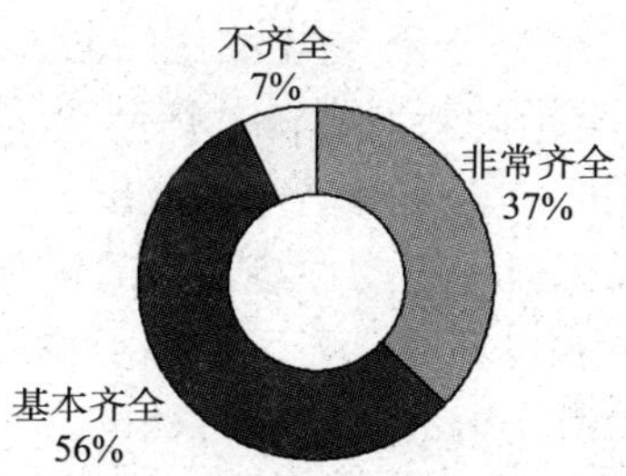

图 4-28　配套设施配备情况

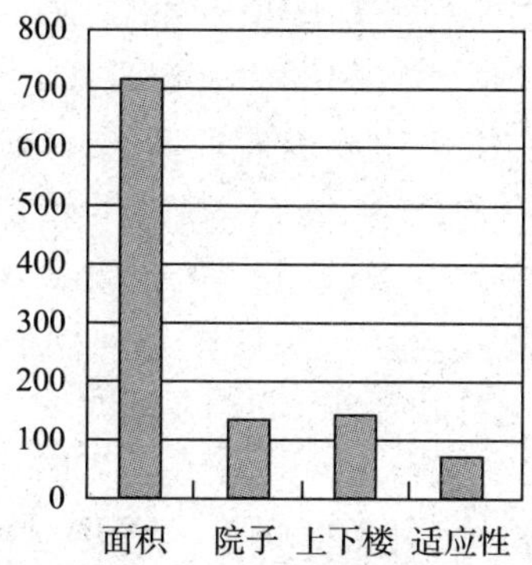

图 4-29　总体改进之处

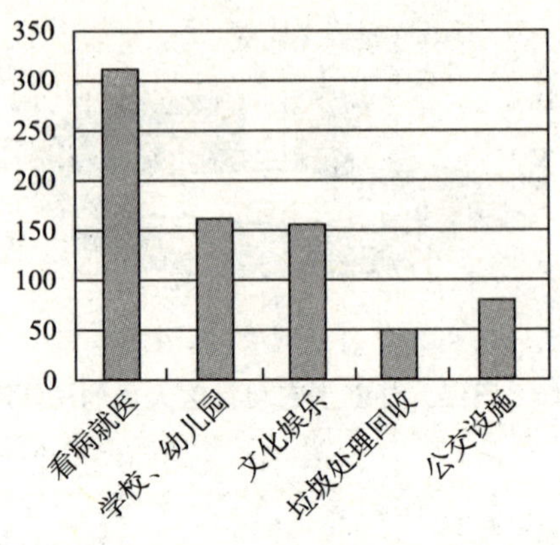

图4－30　配套设施改进之处

三、调查反映的主要问题及趋势

（一）基层对新型城镇化建设的认识水平不断提高

1. 村委、社区干部积极推动

村委和社区领导能较好地领会新型城镇化的内涵和精神，按照中原经济区“三化”协调发展的要求，把推动新型农村社区建设作为推动新型城镇化建设的重要抓手，结合村镇发展实际，科学规划，积极推进新型农村社区建设。有的村镇稳妥开展新型城镇化建设工作，有力促进土地集约利用、人口集中居住、产业集聚发展、农民就近就业、农村环境改善，取得了显著成效。如滑县锦和新城社区经过几年的建设，已成为有影响的新型农村社区，入住居民普遍享受到了城乡一体化的发展成果。

2. 基层群众的认识和觉悟水平不断提高

在这次入户调查中，许多村民都认识到走新型城镇化道路、建设新型农村社区集中居住是大势所趋。从调查问卷中可以反映出这一趋势。入住新型农村社区的居民都普遍反映生活质量比以前有所改善或有较大改善（问卷D5大多选择1－有较大改善和2－有所改善，选择其他的较少），对目前的居住现状也比较满意（问卷D1大多选择2－满意和3－比较满意）。而未入住新型社区的居民也对新型城镇化（新型社区）较支持，当问到他们是否听说过新型城镇化建设时，很少有人回答否，对新型城镇化的态度大多比较支持（S9大多选择2－支持）。

在调查中发现，大多数村民对新型城镇化建设的意义有了更好的认识，很多人都认为进行新型城镇化建设、建设新型农村社区集中居住，能节约大量的土地，能为在本地建企业解决用地需求。而企业的发展又能为村民提供工作就业的机会，为本地经济的发展提供资金、文化等支持，是很好的方面。

（二）不同地域有不同需求

在调查中发现，社区所处的地域不同，居民对新型城镇化、新型农村社区建设的需求也会有差别。距离市区或县城较近的社区，居民对新型城镇化的意愿较强，对入住新型农村社区的要求也较高。他们普遍希望享受较高的工作待遇、较优的工作环境，即使本地有企业，部分村民也会因为待遇和工作环境问题而选择工作环境和工资待遇较好的城市务工，而在外省务工特别是大城市务工的人员表示出不愿意回乡的意愿，而不愿回乡的原因大多是因为本地企业工资待遇低、工作不稳定、工作环境差等原因。在入住新型农村社区意愿方面，他们更愿意到城市或县城购买住房，子女也更倾向于到市区或县城接受较好的教育。

（三）产业集聚区更有利于推进新型农村社区建设

工业化、产业化是带动新型农村社区建设的重要支撑。在调查中发现，大凡周边有更多企业、能够解决居民就业问题的地方，在推行新型城镇化、新型农村社区建设方面也更容易。这主要是产业集聚区能发挥其集聚效应，促使工业企业或农业产业化企业向园区集中，加强配套设施建设，通过其辐射作用带动加工业、商业、物流等服务业发展，为周边居民提供更多的就业机会，解决居民收入增长问题，提高居民的生活质量和水平，实现城乡一体化发展。另外，入住园区的企业占用村民土地会给予一定的经济补偿，也在某种程度上解决了新型农村社区建设中的一部分资金问题。在调查中许多居民都希望周边能建更多的企业。

（四）资金问题是推进新型城镇化和新型农村社区建设的关键问题

在调查中多数居民都支持新型农村社区建设，也有入住新型农村社区的渴望，他们普遍表示有钱的话都愿意入住新型农村社区，但目前最大的障碍就是缺资金。这表明新型农村社区建设的最大现实问题在于资金，如果没有合理的资金来源，新型农村社区将不宜全面铺开，应该循序渐进。

（五）基础设施和公共服务水平不断提高

目前，农村社区交通设施条件不断改善，实现了公路村村通。免费义务教育、医疗保障和养老基础实现全覆盖。农村环境卫生条件不断改善，村民对环境状况普遍较满意，特别是建设较好的新型农村社区环境条件有较大改善，居民也享受到城市的环境卫生条件。

目前医疗卫生条件进一步改善，但仍需改进。大多数社区村民对参加的居民医疗保险或新农合都非常支持，真正享受了社会给予的医疗保障。调查中，他们普遍对目前的看病就医现状满意或基本满意（C3 大多选择 2 - 满意和 3 - 基本满意），大家都认为医疗是国家和政府为大家做的大好事。人们期望能享受到更好的医疗服务。在实施过程中个别地方在规范管理方面仍有一些地方需要改进：

一是扩大社区医疗设施规模、改善医疗条件、提高医生的诊疗水平。

二是解决部分社区存在的不规范诊疗行为。调查中发现有些村在推行这一政策时有不规范行为，如看病时出现医生擅自离岗、村民需要的在报销目录上的药品短缺、价格高，甚至出现每年的医疗补助必须当年在村医疗所强制购买药品的做法。虽然这只是个别的现象，但足以影响国家医疗政策的推行。

三是给予更多的医疗诊所社保待遇。在调查中发现，一般在一个社区，除了享有社保报销资格的诊疗所之外，还有一些其他的诊所，他们也在一定程度上解决社区居民的诊疗问题，有些诊疗水平还不错，但由于他们享受不到社保报销的待遇资格，经营利润、优惠政策都受到一定的影响。

四、新型农村社区建设推进中的政策需求

新型农村社区建设是目前推进新型城镇化的可行的路径，不仅解决了农民就地城镇化的问题，而且能在某种程度上避免大城市发展的“城市病”问题，有一定的价值。但新型农村社区是一个系统工程，需要多方面的支持。

（一）新型农村社区建设需要得到政府的大力支持

在新型农村社区建设时需考虑村民的实际需求，特别是解决他们的收入和就业问题。新型农村社区的建设需要大量的资金投入，仅仅靠村委会或村民的投入很难解决。政府从资金、项目到政策的倾斜对于新型农村社区的推进意义重大。

（二）新型农村社区建设要搞好项目规划

一是要注意在新型农村社区建设中减少差距。在社区建设中注意尽量不要出现住房条件的较大差距。在同一社区，根据村民经济条件建设不同的住房，例如在同一社区有别墅式独院和高层楼房，使经济条件较弱的村民也能尽快入住社区，加快建设进度，这方面作用明显。但也容易产生不满情绪，引发不必要的矛盾，从和谐社区建设角度做好这方面的工作很重要。

二是不能搞“一刀切”。要做好村民的宣传引导和疏通工作，考虑村民的实际需求。在这次调查中发现，有些村庄为了搞新型农村社区，不允许村民在原宅

基地上翻建房屋，有些急需翻盖的老宅已不能满足村民的用房需求，特别是家中有孩子已经到了谈婚论嫁年龄的家庭，又没有能力购买新型农村社区的新建住房，影响到家庭未来发展，容易激发他们的不满，进而对新型农村社区建设产生抵触情绪。

三是新型农村社区建设政府要给予资金贷款的特殊政策倾斜。在新型农村社区建设中，一般要求购房户一次性交纳购房款，若社区土地被企业占有得到了较多的补偿款基本能解决这一问题。但有些居住地企业较少，土地出让不多的村庄购买新型社区住房就出现较大的困难。村民普遍反映：城市居民购房还能分期付款并享受贷款，村民若也能享受这样的待遇，可能会有更多的人积极支持新型农村社区的建设。这就需要政府在这方面能够制定相应的政策，给予政策倾斜。

（三）进一步明确新型城镇化的定位问题，体现新型农村特色

在新型城镇化建设中进一步明确功能定位很重要。新型城镇化需要产业支撑，但很多地方在推进城镇化过程中以实现城乡建设用地增减平衡作为考核指标，各地盲目引进工业企业，产业同构现象明显，进驻产业集群园区的产业出现高度雷同，不能体现乡村文明和地域特色。在未来新型城镇化建设中要注意保留乡村元素和生态环境，阻止污染企业入驻。对农业进行产业结构调整，并不断通过产业结构调整来实现乡村更新（新型农村社区建设也可以看成是乡村城镇化，或乡村更新）。

（四）进一步改善社区环境

有些社区在推进工业化、城镇化过程中引进了一些项目，但入驻的企业，有些是大城市转移过来的有较大污染的企业。入驻之后，这些企业又不注意环境治理，对当地的环境造成了较大污染，有的地方甚至出现地下水污染严重，村民吃水成为较大问题。为此，政府要注意对入驻企业加强审批监督，保证在促进新型城镇化建设中搞好农村生态文明，使村民能享受到较高质量的城镇化文明。

（五）进一步加强新型农村社区服务水平

有些社区居民反映，出现高层住房水压不够高层住户无法正常用水问题，还出现过有人被困电梯的情况。部分社区住房质量存在一定的问题，不能及时得到维修。在推进新型农村社区建设时要不断提高服务水平、提高服务质量，政府在这一过程中要进一步加强监管。

第六节 新型农村社区建设中存在的主要问题

一、新型农村社区建设认识上的偏差

首先，如何正确认识新型农村社区是健康地发展新型农村社区的关键。新型农村社区是河南省城乡一体化发展的平台或切入点，那么，在新型农村社区建设中就应该从城乡一体化的角度去把握，从城乡一体化的角度去解决“三农”问题。城乡一体化通俗说，就是城乡资源流动、配置的均衡，在发展中要做到城乡资源的一体化配置，包括产业、就业与福利水平。产业发展要充分体现城乡之间的比较优势，就业一体化是城乡劳动力的流动，这里更多的是强调农村劳动力的就地转移，福利水平的均等则是指要从公共产品供给的角度消除城乡差别。无论以什么方式构建新型农村社区，这些发展内容必须充分考虑。然而，通过调研发现，不少地区，规划部门将目标放在了“土地”节约上，将城乡建设用地“增减挂钩”作为主要的规划内容和考核目标，如大都会这样描述“建成之后将节约多少土地”。而具体到建设执行方面，则主要将房屋建设作为考核目标，将重点内容放在土地资产的置换和运作上，从而不可避免地会出现忽视农民意愿或强迫农民搬迁的现象。

其次，对公共产品的理解存在着偏差。城乡差别主要是公共产品，所以，解决公共产品的差别是一个重要任务。但地方政府对公共产品往往存在着简单化的理解。公共产品包括公共设施和公共服务，其中，公共设施主要是指道路、供水、供电、污水处理等有形的产品；公共服务是指教育、医疗、社会保障、文化娱乐等无形的服务产品。在我国长期以来实施工业化发展战略，强调基础设施的投资，所以，在城市化推进过程中至今仍将城市公共产品的供给放在基础设施的建设上，而忽视教育、医疗、社会保障等公共服务内容。这样的发展模式同样表现在新型农村社区的建设上。一般社区建设都会列出道路、供水、供气、供暖、社区文化办公室、居民健身设施等公共设施，以及对老年人和儿童补助的社会救济。但真正涉及完整的教育、医疗保障、社会养老体系等服务性内容却乏善可陈。这就是说，社区建设仅仅提供了一个可以入住的基础设施，并没有一个运行良好的公共服务提供的运行和保障机制。而这些恰恰是农民真正需要的。例如，在对滑县、汤阴、宝莲寺、水冶镇等地的调研中发现，农民最担心的是社会保障和户籍问题，而户籍问题实际上就是指城市户籍所隐含的公共服务的福利问题能否得到。调查显示，农民进入城镇居住，农民最担忧的是社会保障难以解决，占

27.49%，其次是户籍难解决，占22.75%，担心就业，子女上学和住房问题分别占16.27%、10.63%和14.48%。这些问题都是反映的公共服务，而不是公共基础设施（见图4-14）。

一般来说，公共产品由于其具有很强的外部性，其供给应该由政府部门提供，但目前，随着经济的发展，人们也倾向于公共产品的私人供给。特别是对于一些准公共产品，私人提供似乎更为有效。在社区建设中，考虑到社区建设初期投资缺口较大，而资金来源又较少的基本情况，完全可以在一些公共产品和服务上实施民营化，例如，环境卫生、污水处理、物业管理等社区基础设施的运营。而且，对于那些处于农村腹地的社区，更应该发挥其乡村生态环境的优势，在社会保障，如养老院、康复医疗中心方面实施私人产业化经营。这些不仅能够解决社区建设的资金问题，同时还能解决部分就业问题。显然，地方政府基于推进社区建设，对这一问题还不曾考虑。

最后，对产业支撑的理解还不到位。地方政府也提到产业支撑就是“制造业—招商引资—产业园区”的思维模式。在这样的模式支配下，社区建设必然是以“土地节约”为最大化，以城乡建设用地“增减挂钩”为最主要的政策工具，以开发园区建设为最理想的建设结果。有了这样的建设理念，那么，社区建设就可以完全由地方政府从村庄合并的角度进行规划，不必考虑区域的经济布局和产业优势。因为，产业支撑完全可以由产业园区去填补，建成之后再“招商引资”。在这样的理念和规划下，就很容易产生建设的冲动和冒进，很容易形成产业的同构和园区的空置现象。如有的社区虽然已经建成，但入住率不高，甚至出现了返还现象。因为，农民最担心的是他们的就业问题，如果没有就业，农民就不可能支付其相对于原有农村生活的较高生活成本，所以，也就不可能在社区生活下去。

从调研的情况来看，务工人员更希望在本地就业，在所居住的县市范围之内，或者直接出省务工（见图4-16），为了获得较高的经济收入和更多的工作机会。尽管有超过半数的在外务工人员希望回乡就业，但是由于家乡的工作机会较少和经济收入原因，他们还是会外出务工。

第四，对新型农村社区建设路径的理解简单化。例如，安阳市在新型农村社区建设中，采取了在城市近郊、县城近郊、乡镇政府所在地、产业集聚区内的村率先启动发展策略，并总结出“产城融合、扶贫搬迁、企业援建、分期启动、中心镇吸纳”五种建设模式。其实，这些模式都可以归结为“工业城镇化”路径，没有对“乡村更新”和现代农业发展的路径给予应有的重视。

新型农村社区的建设主要包括两个路径，一个是城市周边区域的农村社区建设，其发展动力来自于城市的辐射力；一个是农村腹地的社区建设，其发展动力主要是区域集聚力。城市辐射式带动型的新型农村社区比较容易建设，条件相对成熟，但是容易形成城市蔓延。所以，郊区城镇化怎么控制城市边界是一个主要问题，产业支撑要注重发挥都市农业的作用。乡村城镇化最大的问题是乡村更新和产业调整。乡村更新主要是对乡村进行整理、解决农村衰退和农村建设用地蔓延问题，例如，空心村和空巢老人问题。土地整理的目的在于提高土地的利用效率，其中一个主要内容是土地的资产运作，包括宅基地的评估与置换，农村劳动力转移及其土地退出，土地承包经营权的流转等。产业支撑主要解决产业结构调整问题。农业结构调整是乡村城镇化的主调，主要目的在于，在保障粮食安全的前提下，增加农民收入，发展多功能农业维持生态环境。

所以，对新型农村社区产业支撑的寻找必须注重充分发挥城市和乡村的区域和产业优势，注重产业的关联性，注重就业岗位的提供。

二、新型农村社区建设融资方面的主要问题

（一）建设投资规模过大，建设资金难以维继

从新型社区建设的具体情况来看，安阳市在建设过程中显然存在着大规模快速推进的“急躁”现象：建设规模过大，且全面铺开整体推进，投资缺口过大，超过了经济发展的承载能力；难以找到合适的产业支撑，无法获得园区内稳定的财税来源；不能较好地解决移民安置问题，入住率较低；部分社区后续资金不到位，形成了烂尾楼等，村庄复垦困难，形成了新的土地资源浪费。

从目前该市社区建设资金的来源来看，主要包括这几个方面：财政资金、支农资金、银行贷款、对口扶持、农民自筹资金。全市已经开工的153个社区，预算总投资620多亿元，目前已完成投资99.8亿元，后续投资规模还非常大。但从资金的筹措方面来看，并不乐观。由于受到各方面的政策及经济环境的影响，绝大多数社区建设的后续投资都存在着严峻的困难。据有关部门初步估计：16个已经基本建成的社区因设施不配套群众不能入住；137个正在建设的社区因资金链断裂将成为半拉子工程。

这一方面反映了安阳在社区建设上摊子铺得过大，推进力度过猛，没有很好地考虑经济发展的承受能力，出现了与经济发展水平不协调的问题；另一方面也反映出在社区建设上，只注重“输血”，不注重造血功能的“大拆大建”模式的不可持续性。在新型社区的规划认识中，一般认为只要将社区建设起来，能够入住，就万事大吉。根本没有考虑到，所有的社区建设都是基础设施建设，是短期内需要政府公共财政支出的投资，而政府的公共财政对城市的基础设施投资尚存在缺口，怎么能够在短期内覆盖新型社区的建设。从已建成城市社区的运行来

看，必须有足够的财税来源，才能够维持社区的正常运行，而财税来源又必须依靠有竞争力的产业发展。所以，一个社区，如果没有产业支撑，没有正常的税源保证，即使能够建成，也会在运行上出现困难。国外美国汽车城的破产和美国加州地方政府的几次破产申请足以说明这一问题。实际上，从安阳市建设比较成功的锦和新城社区的情况也可以看出这一困境。

滑县锦和新城一期规划 18 个村，二期规划 15 个村，总投资 33.04 亿元。目前已有的投资来源：县区财政资金 6.9 亿元；整合省市级土地、建设、交通、林业等项目资金 1.6 亿元；银行项目贷款 4.07 亿元；统筹使用电力、通信、广电、天然气等国有企业资金 1.5 亿元；吸纳社会投资 2.57 亿元，农民自筹资金 4.26 亿元；其他渠道筹集资金 5.85 亿元。

实际上，其他渠道的资金仍然来自于银行贷款，这就是说，银行贷款是建设资金的主要来源。且不说建设成本的高低问题，如果再建设这么大的社区，银行是否能够再拿出这么多资金？还有，国有企业整合资金，实际上是通过准行政命令的方式，让相关企事业单位拿出的对口帮扶资金。这些帮扶资金建一个社区还可以，但是如果再多建几个，这些企事业单位是否还能拿得出来？再者，这里面一个最为普通和基本的问题是，这些企事业单位和银行资金投到社区之后，就无法再投到其他的企业，特别是民营企业。而这种“挤出效应”对经济的伤害是非常明显的。这样的融资渠道显然是不可复制和无法持续的，也就是说，社区的建设经验没有办法推广。

这种问题不仅仅是发生在安阳，就河南全省范围来看，也存着同样的问题。例如，在社区建设方面比较成功的舞钢市，通过单位帮扶、企业援建筹资 8.95 亿元，通过城投公司（地方融资平台，目前国家正在清理）融资 1.5 亿元。这么大的融资规模对经济发展一定会产生强大的“挤出效应”，影响企业的正常发展。

（二）“土地资产”运作的恶性竞争

各地区在新型农村社区建设中，都寄托于“土地资产”的运作，这不仅在安阳市范围内，实际上是河南全省范围内。其基本模式是“村庄合并—新区开发—原有村庄复垦—土地节约—建设用地”。但这一模式的运作依赖于两个重要的环节，第一个是节约的土地能否作为建设用地高价出让，第二是村庄能否顺利合并节约出合理的土地。从实际运行情况来看，这两个环节做的都不到位，一是未腾出预期的土地；二是即使部分社区腾出了土地，也没有达到工业土地出让的增值效益。出让土地资产效应不高，无法满足新型农村社区公共基础设施和公共服务供给的需要。这种情况的出现，可以认为是同样多的社区“资产运作”模式导致的，是全省范围内“土地资产”运作恶性竞争的结果。

造成这种状况的根本原因主要在于经济发展水平的制约。城镇发展的内在机制在于其集聚效应和扩散效应：集聚效应使城市的资源效率得到最佳的利用，土地的级差收益就是一种明显的表现；扩散效应是城市发展对周边地区的辐射和带动。同样，新型农村社区的发展也必须有集聚效应和扩散效应，如果资源聚集到一起不能产生集聚效应，则就不可能形成城镇或社区，在这种情况下，土地就没有开发价值，或者开发价值极低。从这一角度说，土地的开发增值收益是经济社会发展的结果，而不是人为炒作的结果。现在的问题是，如果城乡一体化或者新型农村社区在全省全面铺开，全部寻找产业支撑、全部搞产业开发、全部进行招商引资，则必然造成在全省地域内的“恶性竞争”，进一步降低土地资产的开发收益。所以，这里的关键必须给予产业一个足够的“培育”时期。

（三）拆迁成本的严重低估

安阳在社区建设规划上，没有充分地考虑搬迁成本，存在严重的低估现象，造成了社区搬迁的诸多困难。据对相关部门调研发现，新型农村社区建设存在的主要问题是建了新社区，老房子拆不了。全市计划拆迁16.4万户，目前拆迁1.5万户，仅完成9%。拆迁难的主要原因是没有针对新型农村社区的拆迁补偿标准，群众或认为补偿少，不愿意拆迁。老房子拆不了，就腾不出土地，就还不了先期占地，整个链条就有断裂的风险。

为什么会出现这种情况，实地调研发现，不少居民房屋的建设成本要远远大于拆迁成本，而社区在拆迁补偿的标准上又不能有较大的变动幅度，无法解决。特别是，越是临近城市周边的村庄，居民原有的建筑造价越高，越是难以拆迁。相反，不发达地区，建筑成本较低地区的拆迁成本相对较低，拆迁难度较小。

从实际情况来看，不少居民房屋建设很完整，也很美观，有的甚至刚建好不久。这些房产花费了他们不少积蓄，但是，如果搬迁就必须拆迁。一方面，从感情上说有些不忍；另一方面，搬迁的补偿成本不足以弥补其建设成本。这就造成了很大的困难。如果从居住的角度考虑，农民可以不拆除其原有房屋，也减少补偿支出费用。但是，如果从规划的角度来看，新的社区已经建成，大家都不搬迁，原有的村庄就无法进行土地复耕。这样也是造成更大的浪费。所以，必须在事前进行科学的规划，准确估算搬迁的人口，最好不要征用土地和新区规划，要依托原有的村庄进行更新改造，实行填充式发展。

在搬迁过程中还要注意一种“过度投资”和“敲竹杠”的现象。过度投资是指原有土地使用者在预期到土地被征用时，对其土地进行过度的开发，例如说加大建设力度，以此为资本作为对土地征用方的要挟筹码。“敲竹杠”现象是指，由于提前获取信息，临时进行简陋的土地开发，以此来争取补偿的费用。如果这两种现象不能进行正确的处理，将会对搬迁居民造成不公平的影响，特别是那些投机者，并没有投入多少建房投资，却也获得了丰厚的补偿回报，很容易伤害群众的感情。

此外，通过调研还发现其他一些问题，如透明公正，已经搬进新区的居民对建筑等级的差异表示不满和不公，有的居住面积大，有的居住面积小。有的社区对住宅建筑质量表示不满，还有的社区对住宅环境有意见，例如，有的社区出现了饮水困难的问题。这些细节问题也是社区建设中应该注意的问题。

三、新型农村社区土地资产置换方面的主要问题

（一）资产置换理解上的差异

政府和农民在对资产置换上的理解有所差异。在政府看来，农民的资产权利主要包括承包经营权、宅基地和房屋权。农民放弃的是宅基地及其房屋产权，保留了其承包经营权。但是由于居民的居住权利及其房屋资产被置换到新的社区，远离了土地经营，从而使其就业也受到了影响。即使退一步说，农民在外打工，但如果打工不成仍旧可以回到原来的土地上。所以，这里面，农民把土地当成了其社会保障功能，即具有了保障权。所以，为了弥补这一产权功能，必须在产业发展和就业支持上下功夫，使农民不仅能够走进社区，还能够完全脱离土地。

另外，怎样弥补无形的损失。农民在自己的村庄有熟悉的生活环境和邻里关系。入住新型农村社区之后，生活环境和邻里关系发生了改变，感觉不到生活水平的提高，反而觉得生活质量有所下降。如果要弥补这一点，就必须在公共服务和社会保障上加以补偿。

（二）劳动力分层与逐步迁移

农民的搬迁有一个逐步适应和分化的过程，按照一般的规律，如果农民对土地依赖较低，则很容易搬迁，如果对土地依赖较高，则很难搬迁。农民对土地的依赖主要表现在两个方面：一是职业的依赖；二是生活的依赖。职业依赖已经大大降低，专业化、甚至兼业化的农民一直在减少，但有一个关键的问题是，农民在城市的工作多是非正式就业，具有不稳定性，这也影响了他们生活方式的转变。生活依赖则没有发生根本变化，绝大多数农民仍然是农村的生活方式，无法融入城市生活，这里面最根本的因素是无法支付城市的安置成本，其次是个体素质不能适应城市生活的要求，有一个逐渐地转变过程。

（三）社区物业和公共服务设施缺少合理的运营机制

在物业的运营管理方面，不少社区缺少有效合理的管理机制。据调研所知，

有的物业管理主要由原有的村集体支付，有的干脆仍由政府直接支付。这样，无形中就增加了政府的管理成本。

在城市公共设施的运营中，居民应该支付合理的费用。这样做的目的有两个方面的原因：一是增加居民对公共服务的合理使用，避免对公共设施的过度消费造成的资源浪费；二是公共基础设施投资是由政府先期投入的，可以通过居民付费来加以回收，即使不对公共基础设施加以回收，基础设施也有一个维护费用，这些也需要一定的资金。所以，居民对公共服务的付费，实际上是政府投资的基础设施的折旧费用，是为了以后对公共服务提供更好的供给所必须筹措的资金。但是，我们在这一方面缺少市场化运营的理念和对居民进行公共服务产品消费必要的教育。

然而，这里面也有一个农民在社区安置的成本问题。如果采取市场化的公共产品的运作方式，将会增加居民的生活成本，而原有村民如果不能在城市找到稳定的就业岗位，将很难支付在社区较高的生活成本，这反过来又进一步降低了社区的入住率。因此，在以后的社区规划中，要充分考虑农民的分层问题，不要对农民做整体的搬迁。

四、新型农村社区政府服务方面的主要问题

（一）政府的着力点与农民的关注点不协调

从前面的调研情况来看，各级各地的新型农村社区建设着力点，主要集中在如何盖好住宅楼。而在调查中，高达 74.6% 的受访者选择“基础设施建设是新型农村社区建设中亟待解决的问题”，其次 60.3% 的受访者关注的是“子女上学和就医”。

（二）宣传力度不够

对农民的问卷调查显示：仅 31% 的群众“对新型农村社区建设相关政策比较了解”，69% 的群众“对新型农村社区建设相关政策听说过、不太了解或不了解”。对社区建设的调研也显示了这样的问题，宣传对象更多地集中在干部层面，甚至在很多地方，只有主管干部才了解具体情况，其他干部只是知道这件事而已，农民的了解程度就更差了。

（三）建设手续复杂

据调研，一个社区，从准备建设到最后办好房产证，共需 10 多个部门的审批手续，顺利的话需要 2 个人在 10 余个部门间奔波近一年能办下来，当然，如

果不顺利，就遥遥无期了。如果大量的农村全面推进社区建设的话，这诸多的手续耗时可能比盖房的时间都要长，耗费大量的精力。

(四) 收费项目多，收费标准不合理

社区建房过程中，要向多个部门缴纳诸多费用，这些费用算下来，平均每平方米要摊200元，占到房价的1/6~1/4。许多部门将社区建房按商品化住宅对待，大部分费用都是按商品房建设标准收取，明显不合理。如有群众反映，农民自建房只需要花200元钱装个电表就行了，现在住社区要按照每平方米106元的标准交钱（市发改委2011年413号文件），一套100平方米的房子光装电费就得一万元。如新区东北务社区，房子已经盖好，其中电力配套要1 000万元，群众交不起，不能入住社区。

第七节 从现代农业和生态文明方面挖掘发展机会

一、现代农业在新型农村社区建设中的意义

据统计，全市位于传统农区的村2395个，占72.8%，以第一产业为主的村2667个，占81%（见表4-10）。如何发展现代农业就成为安阳市新型农村社区建设的重要任务。另外，据调研，安阳市在已经启动的153个社区中，以第二、第三产业为主的83个，占54%，多数位于郊区、县城周边和乡镇政府所在地。即使如此，仍有46%的社区要依靠农业发展。这说明，现代农业发展是安阳市新型农村社区发展不可忽视的重大问题。但据调研所知，各地政府并没有对现代农业产业寄予厚望，并给予应有的重视。

表4-10　　安阳市村庄位置分布

全市村数	传统农区	城中村	城市近郊	县城周边	产业集聚区内	乡镇政府所在地	工业园区内	深山区	移民搬迁
3 288	2 395	71	105	55	119	242	76	212	13

资料来源：安阳市农村工作办公室，2013年。

二、现代农业发展与新型农村社区建设

(一) 农业产业化与新型农村社区的发展

城乡统筹发展和城乡一体化的主要任务在农村，而要解决农村问题，必须从

农村内部着手，提高其发展活力。所以，城乡一体化必须重视现代农业的发展。

在发展经济学中，不同的经济学家，根据农业发展的技术特征和农业在国民经济中的地位，各自做出了相应的划分，从而为各个阶段农业发展的主要任务指明了方向。例如，舒尔茨根据农业生产的技术特征，将农业发展区分为传统农业和现代农业。梅勒则进一步划分为三个阶段：传统农业阶段、低资本技术农业阶段、高资本技术农业阶段。速水佑次郎根据农业在国民经济中的地位，也把农业发展分为三个阶段：以增加生产和市场粮食供给为特征的发展阶段、以着重解决农村贫困为特征的发展阶段、以调整和优化农业结构为特征的发展阶段。

显然，我国目前正处于从传统农业向现代农业转换的阶段，该阶段的主要任务，一是优化农作物品种结构，提高单产和品质。以市场需求为导向，着力开发高附加值农产品，并积极发展无公害农产品、绿色食品、有机农产品。二是加速农业产业升级，通过发展精深加工、完善鲜农产品配送体系、推进订单农业和农超对接等措施，有效提升农产品供应链的竞争力。

近年来，我国的农业产业化呈现如下趋势：首先，基础农业由生产极度分散向集中化、规模化趋势发展；其次，农产品生产加工在规模和集约的基础上开始进行产业链衍生和整合；最后，农业生产和服务的知识和技术含量有了一定提升。这就是说，农业产业化深化发展需要实现从量到质的企业培训、从点到面的产业链整合和从分散到整体的技术创新三个方面的转变。这些发展内容客观上所要求的要素集聚提出了规模化的经营和新型农村社区的规划，反过来，新型农村社区的设置和构建也必将促使农业产业化的高级化发展。

（二）农业产业集群与产业价值链

产业集群和产品价值链是现代农业产业化的一个重要载体。现代经济的竞争，已经不是单个企业、单一商品之间的竞争，而是以产品价值链为主导的产业之间的竞争、区域之间的竞争。产业价值链在龙头企业的驱动下，从产品的研发、设计、制造、营销、服务等各个环节呈现给市场和消费者，每个环节都能够成为价值增值的空间，更加发挥专业化分工的优势和产品的综合产业优势。农业产业化同样也存在着产品价值链，而且，更加体现出地域特征。所以，农业现代化为未来经济的发展提供了一个极佳的机会和空间。如图 4 - 31 所示，农产品从种子的培育、到种植和加工、再到食品的分发和物流，构成一个包括第一、第二、第三产业在内的产品价值链。现代农业产品价值链的拓宽为劳动力转移提供了就业岗位，从而可以就地实现劳动力的非农化，进一步，劳动力从农业中的转移又促动了土地流转和规模经营，这反过来又进一步促进了现代农业的发展。

农业产业化的路径是指，在市场竞争的基础上，围绕食品链去扩大社会分

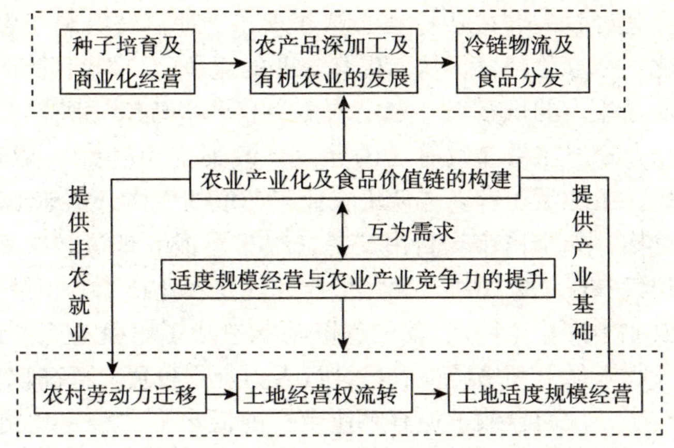

图 4-31　劳动力迁移与农业产业化

工，提供精深加工，增加就业岗位，发现增值空间，促进技术进步，提高产业竞争力，将传统的弱势农业改造成包含有研发投入、产品加工、物流服务、餐饮配送等在内的现代农业。农业现代化主要是围绕食品提供所构造的具有产业化特征（规模经济和范围经济）的产业链条和产业集群，所以，在农产品的产前、产中、产后各个环节及各环节之间都可以构建产业价值链和产业集群。现代农业非常重视技术在农业生产中的贡献，在农业产业化的生产中必须加大研发投入，加大技术应用和推广力度，这就为种子产业、农机产业、农业资料、水利设施等产业提供了发展的空间。在农业生产和农业加工方面应通过制度创新进行适度规模经营，大力发展设施农业，优化种植和养殖业的比例结构，积极关注有机农业，实现农业的可持续发展；在产后的市场开拓方面，应紧紧围绕居民食品结构转化的需求，开发满足不同层次需求的食物产品，做大包括冷链物流、餐饮配送、城乡超市在内的第三产业，为农村劳动力提供最大规模的就业岗位。

（三）现代农业的规模经营与土地流转

在目前家庭经营模式下，粮食生产提高有很大的阻力，只有通过适度规模经营才能够提高粮食产出水平，这就要求实行土地流转。从现实情况来看，要实施顺畅的土地流转，必须对农村劳动力进行分层，发挥各自优势，只有这样才能使专业化农民保障对农业生产的劳动投入，而非农就业者在土地流转之后可以在外安心打工，所以，在土地流转价格合适的情况下他们也非常愿意将土地流转出去。

农地流转的根本动力在于提高土地的产出效益。因为，规模化生产有利于农业技术的应用与推广，从而能够进一步提高土地的产出水平；另一方面，土地流转也是农业产业化经营的前提条件和必然要求，土地流转有利于农业的规模化、专业化、标准化、精准化经营，从而提高农业的竞争力。但目前农地流转的主要困难在于现有农业生产的低水平“稳定均衡”：（1）现有农地流转缺少资本投入和农业生产的企业家，主要靠政府（诱导性）政策推动；（2）农地流转市场是一种稀薄的市场，土地承租者支付低于农业年产值的价格，土地出租者索要高于农业年产值的价格，如果由市场自由交易，很难形成农地流转市场；（3）缺少专业化生产的现代农民：农民对规模化生产和现代农业技术知识缺乏，没有能力进行现代化的农业生产；（4）农地的保障功能造成了农民不愿土地流转，农地的细碎化经营及收入低下又妨碍了农民进行人力资本投资，提高现代农业生产技术的生产方式转变，从而导致了现有农业生产的低水平“稳定均衡”。要克服这一困境，最主要的措施是通过农业产业化的发展，最大限度地转移农村劳动力，并使农民从根本上摆脱传统的依靠土地使用权而形成的社会保障。所以，土地流转和农业产业化是相互促进，相辅相成的（张良悦，2010）。

（四）劳动力转移、农地流转与新型农村社区建设

现代农业的发展必须适度规模经营，规模经营的前提是土地经营权流转，土地流转的要求是非农就业岗位的提供和劳动力的转移，客观上提出了对工业化和城镇化发展的要求。然而，在目前城镇化制度约束和中原经济区建设资源环境约束的条件下，必须突破传统的二元经济发展的模式，突破传统的城镇化发展途径，走新型农村社区就地城市化的模式。

新型农村社区是一种农业产业化型城镇化路径。农业产业化是农产品生产、加工、销售的有机结合，是一种能够同时兼顾城镇化与农业发展的经营形式。工业对积聚的需求决定了农产品加工业一般布局在城镇，客观上促进了城镇的发展。因此，发展农产品加工业既能够带动传统农业的生产，又能够推动涉农企业的发展，并由此推进农村城镇化。目前，我国相当部分的欠发达地区尚处于城镇化发展的初级阶段，这些地区大多数属于区位优势不明显、产业发展还相对滞后的传统农业区域。在缺乏大城市辐射带动的情况下，依托自身的农产品资源实行农业产业化，推动农村工业发展而促进城镇化，成为这些地区的理性选择。一方面，农业产业化的主要基础在于当地的优势农产品资源，对于资本供给不足、区位优势不明显的欠发达地区而言，依托农业产业化推动城镇化具有较好的实现条件和较低的进入壁垒。另一方面，由农业产业化所引致和推动的乡镇工业多数属于劳动密集型产业，有利于带动农村劳动力就业，推进剩余劳动力转移，促进就地城镇化（杨昌鹏，2012）。

在这个过程中，劳动力转移、农地流转与新型农村社区建设三者相互影响。

如果新型农村社区建设很好，农民十分满意，那么，土地流转就比较顺畅，土地流转顺畅农业产业化发展就会较好，非农劳动力就业机会就会增加，从而形成良性循环（见图4-32）。所以，在农村新型社区建设中，必须做好农地流转和劳动力转移工作。这就要求：（1）从根本上重视农业产业的发展，农业的发展要围绕食物的生产、加工与配送，形成涉及第一、第二、第三产业的大的产业行业和集群，要通过现代农业的发展推进城镇化的健康发展，形成食品加工产业集群，增加农民的非农就业岗位。（2）土地流转必须转向多功能农业生产，包括粮食生产、养殖、经济作物、有机农业和生态旅游，通过产业化的运作，增加农业产业的竞争力。（3）劳动力转移是解决农地流转的一个重要内容，应通过农村新型社区建设逐步化解户籍制度、土地资产化对劳动力转移的退出障碍，从根本上解决劳动力的完全性转移。（4）新型农村社区建设必须有相应的农业产业的依托，吸纳现代农业发展所“挤压”的农村劳动力（张良悦等，2013）。

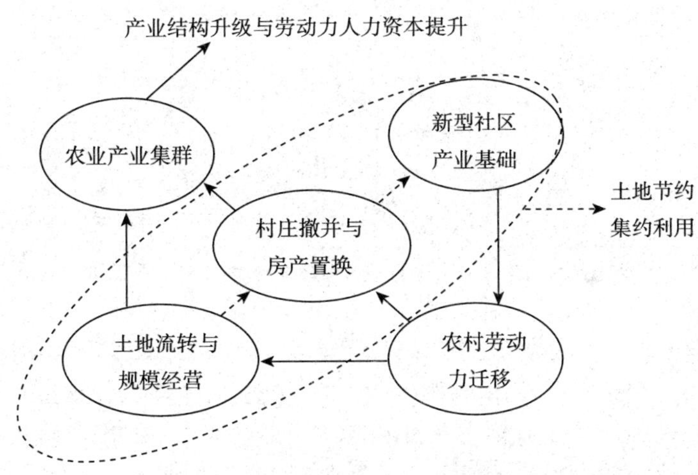

图4-32　土地流转、劳动力转移与新型社区健康发展

三、新型农村社区的生态环境与多功能农业

（一）多功能农业与城乡一体化

在快速的城市化地区，农业发展目的应该由传统的粮食生产转向环境安全和提供休闲服务。农业地域既是生产的空间，也是生态环境的空间，同时又是生活的空间，是一个完整的“生存空间”（高宁等，2012）。

农业是多功能性的，农业不仅仅生产食品和纤维，也形成了农业地区环境，农业产品包括商品和非商品的公共物品（见表4-11）。多功能农业是经济发展之后，消费者消费倾向的改变，新的消费倾向的出现，土地利用中自然、传统、休闲、文化和历史背景结合的产物。农业现代化模式不可避免地带来农业生产的规模化、集中化、专业化和工业化，这使得就业机会减少，农业人口涌入城市，农地荒芜，农产品质量下降，对化肥、农药、人工合成饲料的大量利用导致了一系列环境问题。伴随而来的还有社会问题，传统的农民变成了农业工人，乡村地区活力下降，并导致村庄的衰落。所以，多功能农业提出的从农业现代化时代进入乡村地区全面发展的时代，与城乡一体化的建设非常契合。

表4-11　　多功能农业的主要产品

产出分类	商品产出	非商品生产			
功能分类	经济功能	环境景观功能		社会文化功能	
		环境	景观	社会	文化
	农产品、旅游产品	水土保持、净化空气（固碳）、生物多样性	农业景观存续、开放空间（娱乐、休闲）	粮食安全、食品安全、就业、生活方式、地区活力、社会融合、社会保障（养老、健康关怀）	文化艺术传承、科研开发、教育培训

资料来源：高宁，华晨，Georges. Allaert. 多功能农业与乡村地区发展［J］. 小城镇建设，2012（4）.

多功能农业理论认为，提供农副产品、出口创汇等是农业最基本的经济功能，除此之外，农业还有固碳、保持水土、保持生物多样性和维持农业景观等方面的功能。同时农业在社会文化方面也具有重要意义：农业生产直接关系到国家粮食安全和食品安全；有助于稳定地区劳动力和保持地区活力；农业是农民的最后防线，也可以成为城市居民休闲疗养的方式；乡村的文化艺术、风俗人情与农业关系密切；农业科技进步、现代农业从业者的教育培训更是农业的直接产物。农业与乡村各类活动的结合使农业渗透到乡村地区的经济、环境、社会的方方面面，对乡村地区的影响可为广泛和深远。重视农业的多种功能，并以此来指导乡村地区建设，是城乡统筹背景下的必然选择。

（二）多功能农业战略与生态旅游区的发展

在城市郊区新型农村社区建设中，应以建设多功能农业或都市农业为产业方向，拓展产业空间和维持生态环境。目前，由于城市化和郊区化的双重影响，这些乡村地区与以粮食生产为主要功能的一般乡村地区有很大的不同，承担了除粮食生产外的新的发展期望和发展压力。

一方面，这些乡村地区面临来自内部的压力，由于更高的收入，更好的教育条件，更多的娱乐设施及其他原因的吸引，大量的农业人口尤其是年轻人涌入城市中。同时，由于农业部门的生产规模扩大化、专业化，集中化和工业化的强烈趋势，使得实际从事农业的人口下降，乡村就业机会减少，这都是农业现代化模式不可避免的后果。这些变化导致乡村地区人口结构失衡，地区活力丧失。另一方面，外部压力也不能被忽视，由于与周边大城市便利的交通联系，物流、人流和信息流持续不断地涌入这些乡村地区并在逐渐改变当地的传统和生活方式。乡村地区农业与社会之间的传统联系正在被改变，城市仅仅希望周边乡村提供廉价食品的时代已经结束。除了食品供应，这些乡村地区也应该担负娱乐、教育、度假、休闲、疗养等功能。大都市区的乡村地区，应该避免简单粗暴的现代化模式，以生态农业为导向，包括服务业和工业在内的复合发展模式，应是这些地区的发展蓝图。

树立地区品牌是发展多功能农业的重要举措。地区品牌是将一个地区与其他地区区分开的地区特征的概括。它是一个地区历史、人文等各类资源以及人们对地区认知的总结，是地区的发展方向。只有在清晰的地区品牌的指引下，空间规划及物质建设才能有的放矢，顺利展开，打造鲜明的地区形象。目前我国乡村地区品牌有同质化的倾向，且品牌设计理念主要为吸引游客和投资者，忽视本地居民的精神需求，导致本地居民的品牌意识较弱。在我国乡村地区品牌建设中，存在或以农业发展替代地区发展，或以旅游发展替代地区发展，或以乡村物质建设替代地区发展的以偏概全的观念。地区品牌的树立既要考虑地区外居民的可识别性，也要考虑本地居民的认同度。我国乡村地区品牌建设中应更重视品牌的明晰度和独特性，利用品牌增强地区内部的凝聚力，提高本地居民参与积极性，利用地区合作平台推行品牌形象（高宁等，2012）。

在地区品牌的建设过程中，必须树立紧紧依托农业发展的理念。在我国乡村建设中，存在将农业发展指标化、抽象化的趋势，乡村地区物质建设得到了空前的关注，而乡村地区农业发展则远远落后于物质建设，农业发展已经成为乡村地区发展的短板。必须注意到，无论乡村地区如何发展和变化，其核心价值始终存在于农业，农业是乡村地区持续发展的动力源泉，也是乡村地区最为基本的身份和特征，是农业而非物质建设主导乡村地区的可持续发展。因此，新的发展模式依然应该基于农业，将农业发展作为实现地区发展的首要途径。

四、安阳市现代农业发展的一个构想

首先，应该高度重视现代农业，大力发展现代养殖业和现代种植业。大力发展现代养殖和现代种植对增加农民收入和带动农民就业发挥了很好的作用。例如，汤阴和林州的养殖业，滑县和内黄的设施农业。但是，在地域品牌上还需要努力，汤阴的肉制品已经形成饲料、养殖、加工、物流产业链条，但没有自己的品牌，众品和永达为外地企业的品牌。内黄县的蔬菜种植具有非常好的地域优势，但是还未形成区域品牌，不能实现高附加增值。

其次，要充分挖掘生态资源，打造生态旅游产业。安阳市西部山区和丘陵地带要充分发挥生态旅游产业，要把产业发展与生态保护结合起来才有意义，单纯的生态保护不仅成本大，而且效果不太明显，只有从内部培育其“内生”的能力，才能更好地保护生态环境，同样，传统农区也可以发展生态旅游，将“历史人文”资源与现代农业资源结合起来。

最后，在生态旅游业的发展中，要充分挖掘内部消费市场，要充分发挥市场机制的作用。在发展中不仅要注意区域外的游客市场，更要注意区域内的游客市场，要先从本区域的游客做起，培养他们的区域品牌意识，由本地游客逐步向外扩散。政府在初期规划中发挥着重要的作用，一旦规划做好，在市场的开发方面，就应该充分发挥市场的作用，特别是文化产业和旅游公司的作用。

第八节　总结及政策建议

一、简要总结

新型农村社区是河南省在中原经济区建设中推进城乡一体化的平台，是推进新型城镇化的可行路径，不仅解决了农民就地城镇化的问题，而且能在某种程度上避免城镇化带来的“城市病”问题。

作为解决“三农”问题的根本路径和城镇化的一种方式，新型农村社区必须在生产方式和生活方式上发生本质的变化。就生产方式来看，新型农村社区必须有产业支撑，能够提供就业岗位，增加乡村社区发展的活力；就生活方式来看，能够为社区居民提供完整的公共产品，使社区居民在乡村区域能够过上城镇的生活。当然，之所以称为新型农村社区，主要在于在形式上强调其乡村元素，不能将城镇化的“工业化”模式照搬过去，即“加工制造业规划——企业园区圈定——招商引资大建——粗放产业同构”。在园区的建设上必须防止这一模式的移植，尤其是对于城镇发展限制的污染性企业。园区的建设必须注重发挥其乡村的产业优势，如现代农业、都市农业、生态环境等。

新型农村社区是就地城镇化的一种方式，就地城镇化表明随着经济的发展，在乡村内部形成了一种自然积聚现象，或者说形成了一种自然的经济中心，这样，当地居民无需进行跨区域的劳动力迁移就能够实现城镇化转移。这一概念表明，新型农村社区是经济发展的结果，产业集聚是其经济基础，是劳动力就业的根本，只有有了产业支撑，才能够保证社区公共设施和公共服务的正常运行。所以，新型农村社区建设必须顺应这一要求，不能违背这一规律。安阳市在新型农村社区建设中提出的“四个率先”基本吻合了这一要求，但在建设中又出现了同时启动153个社区建设的“贪大”行为，出现了新型农村社区建设难以为继的困难局面。

二、推动新型农村社区建设的思路

（一）新型农村社区建设靠农民、政府、集体齐努力

新型农村社区建设主要依靠什么，针对基层干部的问卷调查汇总结果显示（多选题），54.3%的受访者选择“靠政府项目资金支持”，33.9%的受访者选择了“发展农村集体经济”，30.7%的受访者认为“农民、政府、集体努力”，28.3%的受访者选择“广大农民的支持和配合”，还有9.4%的受访者选择“农村自身努力”。五个选项都有被选中，说明基层农村干部对新型农村社区建设并没有单一依靠政府，有很多人能清醒地认识到，全面推进新型农村社区建设，要靠广大农民的支持配合、靠政府项目资金的支持和靠发展农村集体经济，缺一不可。

（二）规划和建设要尊重农民的选择和意愿

各地在建设新型农村社区的过程中，要着重考虑群众的意愿和想法，要有以人为本的思想，在考虑在何处投资，投资建设哪些项目等这样问题时，应该尊重农民的选择和意愿。建设新型农村社区，既要符合经济社会发展规律，又要满足经济发展需要，最根本的是要尽量让农民满意。

（三）想方设法提高农民素质

农民的思想认识程度和配合程度，是影响安阳市新型农村社区建设全面推进的重要环节。对基层干部的问卷调查显示，影响新型农村社区建设的主要因素在哪（多选题），选择比重最高的是“农民素质的提高”，有54.3%的人选了此项，其后的选项由高到低分别是“优化居住环境、加强基础设施”（39.4%），“增加资金投入”（36.2%），“培育新型产业，发展农村经济”（39.4%）。有超过一半的干部认为：坚持从实际出发，尊重农民意愿，培养出千千万万个“有文

化、懂技术、会经营”的高素质的新型农民，依靠新型农民来管理农村、发展农村经济，才能进一步推进新型农村社区的全面建设。因此，各级建设者不能只顾专心低头搞经济建设，还要兼顾农民的素质建设，两个建设一起抓，才能把新农村社区建设得更好。

（四）加强宣传的广度和深度

问卷调查显示：仅31%的群众对新型农村社区建设相关政策比较了解，69%的群众选择了“对新型农村社区建设相关政策听说过、不太了解或不了解”。这说明相关的宣传还很不到位。各级各部门注重加强对全面推进新型农村社区建设的宣传力度，宣传覆盖要达到100%，既要使群众知晓明白新型农村社区建设对自身利益的促进带动提高，又要使广大基层干部理解和领会新型农村社区建设对带动一方经济和民生发展的重大意义，避免因政策宣传的不到位而造成信息的不沟通，干群的不沟通。通过多种形式的思想宣传使干群在思想上合拍，行动上合力，激发广大干部，尤其是农民群众参与建设新型农村社区的积极性、主动性和创造性，形成全社会支持配合新型农村社区建设的浓厚氛围，从而推动新型农村社区全面建设的顺利进展。

（五）分类指导，有序推进

以后的新型农村社区建设工作，要按照省委书记郭庚茂的要求，积极稳妥地加以推进，做到两个必须：对已经启动的153个社区，必须集中精力抓下去，直到这些社区全部建成、群众入住、腾出土地为止，绝不能半途而废；对准备启动的社区，必须成熟一个发展一个，手续不齐全、条件不成熟不能开工。对2 300多个位于传统农区、暂不具备建设新型农村社区条件的村庄，建议一方面要积极培育产业、发展经济，为社区建设奠定经济基础。另一方面先改善必要的设施条件和环境卫生，尤其水、电、路、气、垃圾处理等方面要保证到位。

（六）落实政策，一抓到底

目前影响新型农村社区建设全面推进开展的主要因素是政策方面的问题。新型农村社区建设要全面推进，必须先解决政策瓶颈。一是住建部门要制定旧村旧宅拆迁补偿指导意见，解决拆迁难问题；二是国土部门尽快建立土地交易平台，解决土地价格低的问题；三是发改部门制定符合新型农村社区建设实际、区别于房地产项目的审批政策；四是财政部门制定涉农资金整合办法，解决财政支持不够问题；五是金融部门制定社区产权政策，允许新型农村社区房屋产权在安阳市辖区内可以出租、转让、抵押。

三、相应的政策建议

（一）应循序渐进推进新型农村社区建设

在推进新型农村社区建设过程中，应该按照经济发展水平、产业结构调整的要求、生态环境的承载能力去逐步推进。首先，产业发展有一个发现、培育和生长过程。经济发展本身是一个过程，从经济体大的产业结构调整，到区域结构调整都有一个逐步回应的过程。在这个调整过程中，有的新兴产业一开始发展非常迅猛，但经过一段时间之后可能没有发展前景，或者在核心竞争力上不再具有向前发展的动力；相反，有的产业在刚开始时发展前景并不乐观，但是，由于具有内在核心竞争力，能够顺应市场，最后反而能够发展壮大。在一个区域内，如果还没有形成一定的产业集群，仅仅是有了一个企业，甚至仅仅是有了一个设想，就去建设新型农村社区，是非常不合时宜的。社区建设起来了，产业没有了，这是一个非常尴尬的情形。其次，资金建设有一个总量限制。在经济发展起飞的时期，投资缺口非常大，资本相对稀缺。城镇化尽管是我国未来经济增长的引擎，但是，在城镇化建设中也不能人为地去推动，毕竟资本的增量（储蓄）是有限的。国家审计局披露，我国各级地方城市政府，尤其是县级地方政府，在城镇化开发中通过地方政府融资平台积累了严重的隐性债务。这一事实表明，未来一段时间内为了消化掉已有的债务，资金（投资）趋紧是一个必然的趋势。在这种大的环境下，不宜再大规模地展开新型社区的建设。最后，土地开发有一个时序化过程。土地的开发在于其价值增值和经济效益，但是，我们必须明白，土地本身并没有价值，土地只有在经济发展提出对其强烈的需求时，才具备开发的价值，才能实现相应的经济收益。如果不顾经济发展对土地需求的意愿，一味地增加土地的供给和开发，最终必将会导致土地资产的大幅贬值，直至土地泡沫的破灭。所以，必须遵从经济发展规律，对土地进行时序化开发。

（二）产业支撑是新型农村社区建设的根本

目前，在新型农村社区建设中，有一种简单化的理解，即将住宅建设和人口集聚看成是城镇化的本质。这实际上是将新型农村社区看成了一个“睡城”，没有从根本上考虑，农民搬进去，但能否留得住？为什么一定要强调产业支撑？这是保持一个区域发展的动力所在，没有产业，就没有发展的活力，其他问题也就无从谈起。农村区域之所以出现衰落，之所以有严重的空心村，就是由于没有产业支撑。没有产业，就没有就业岗位，就没有人口集聚；没有产业，就没有财政收入，就不可能有很好的公共产品的供给。目前社区建设出现的困难，特别是搬迁难，就在于所有的公共基础设施和公共产品供给，都依赖上级政府的财政供给，而这种方式是“外生”的，不是“内生”的，是不可持续的。这一点，不仅政府明白，社区居民更明白。所以，在社区建设中，一定要注意支撑社区的产业基础。有了产业基础，有了丰厚的收入，社区也就自然而然地建设起来了。

（三）公共产品的提供是新型农村社区建设的主要标志

新型农村社区是城乡一体化的平台，不同于以往的新农村建设，其根本区别就在于公共产品的有效提供。为什么非要通过社区形式来提供公共产品呢？这与公共产品的性质有关。公共产品，包括基础设施和公共服务，具有自然垄断的特征，固定成本投入非常大，运行成本相对较少，因此，必须有足够大的市场规模才能够分摊其昂贵的固定投入，这就使公共产品的供给有一个“门槛效应”。如果达不到一定的市场规模，公共产品的提供就是无效的：或者是其利用十分低下，或者是其供给的财政负担非常大。例如，新农村建设过程中就出现了这样的困惑：不少村庄修建了完善的基础设施，但其利用很低，多数成为形象工程；农村居民急需的养老、教育、医疗等公共事业和设施，由于村庄的分散和市场的零碎而无法较好地提供和满足。在公共产品的供给上，不仅要注重基础设施建设，更要注意公共服务的提供；不仅要做好初始公共产品的供给，更要做好公共产品的正常运行。在公共产品的供给上，既可以采用政府提供的方式，也可以采用民营化的方式。

（四）土地资产运作是新型农村社区建设的关键

这里面包括土地资产的确权、土地资产的开发、土地资产的置换以及土地资产的收购与储备。土地资产的确权最主要的是农民宅基地产权的确权，这是土地资产运作的基础。如果缺少确权的内容，在资产置换中就缺少运作的标准和权利基础。土地资产的开发既包括工业方面的开发、商业方面的开发，也包括现代农业方面的开发，如生态旅游、规模化经营等。土地资产的置换是将农民迁入社区的一个基本条件，在置换过程中，要以能够满足安置为标准，不能人为拔高，也不能人为降低。因为，土地开发的增值收益并不仅仅是所有者的土地，还在于社区的发展，所以，对于社区居民的补偿必须首先考虑社区的发展，以社区的良性发展为前提。土地资产的收购主要是指对已经迁往他地的农村居民财产的收购，将其资产进行购买，一方面有助于其迁移和安置；另一方面也有助于对村庄土地合理规划与开发。例如，在国外，法国和荷兰都是由政府出资，通过土地储备来购买已经不再经营农业的原有村民的土地，并将这些土地逐步积累起来转让给留下的农民经营。总之，土地资产运作是新型农村社区建设的一个难点问题，需要慎重对待和处理。

（五）消化社区建设存量是目前社区建设的焦点

目前，由于在社区建设上摊子铺得过大，力度推进过猛，出现了后续资金、搬迁入住、土地复垦等方面的困难。但是，这些社区已经形成了建设存量，所以，今后的社区建设应主要集中精力消化这些存量，不要再增加增量的建设。在存量的建设中，可以考虑打破原有村庄社区规划的限制，让整个县（区）域范围内的居民进行搬迁。在具体方式上可采用乡村更新的方案实施。首先，对全县域内的村庄进行类型划分，分出发展型、保留型和衰落型。对于发展型和保留型村庄要按照一定的产业规划进行发展，例如，农业区域、生态区域、文化区域，根据不同的类型设置开发的限度，特别是在村庄的规模上要严格设定发展的边界，不能再形成村庄蔓延。对于衰落的地区，要严格限制发展，要实施“劝导”迁移或者“强制”迁移。这些村庄可能是不宜居住的区域，也可能是生态建设重要的区域。其次，对于在发展型和保留型村庄内的村民，如果已经不在村庄居住，已经在城镇安置落户，政府要对其土地资产（承包经营权和宅基地权）进行“购买”，实施土地储备，在适当时候转移给留在村庄的居民。最后，对于发展型和保留型村庄的住宅开发实施在原有村庄基础上“填充式”开发，解决已近形成的“空心村”问题。

参考文献

[1] 邓立丽．江苏城乡经济一体化研究［J］．上海经济研究，2012（2）：105－113.

[2] 国务院公报．国务院关于支持河南省加快建设中原经济区的指导意见［J］．2011.

[3] 高宁，华晨，Georges . Allaert．多功能农业与乡村地区发展［J］．小城镇建设，2012（8）：84－88.

[4] 黄莉新．大力推进“三化同步”加快江苏省“三农”发展步伐［J］．农业经济问题，2012（1）：7－10.

[5] 熊小林．统筹城乡发展：调整城乡利益格局的交点、难点及城镇化路径［J］．中国农村经济，2010（11）：91－96.

[6] 世界银行．年世界发展报告：以农业促发展［M］．北京：清华大学出版社，2008.

[7] 速水佑次郎和神门善久．发展经济学——从贫困到富裕［M］．北京：社会科学文献出版社，2009.

[8] 施晟等．中国现代农业发展的阶段定位及区域聚类分析［J］．经济学家，2012（4）：63－69.

[9] 杨昌鹏．基于“三化同步”的欠发达地区城镇化研究［J］．江海学刊，2012（2）：93－98.

[10] 叶齐茂. 发达国家乡村建设考察与政策研究 [J]. 中国建筑工业出版社, 2008.

[11] 叶裕民. 中国统筹城乡发展的系统架构与实施路径 [J]. 城市规划学刊, 2013 (1): 1-9.

[12] 尹成杰. 加快推进中国特色城乡一体化发展 [J]. 农业经济问题, 2010 (10): 4-8.

[13] 张良悦. 户籍对价、劳动力迁移与土地流转 [J]. 财经科学, 2011 (1): 117-124.

[14] 张良悦, 赵翠萍, 程传兴. 粮食主产区城乡一体化的发展内容及政策扶持, 河南农业大学工作论文, 2013.

第五章

工业化、农业现代化与城镇化协调发展*

【本章摘要】 中原经济区建设已上升为国家区域发展战略，建设中原经济区的核心等“三化”协调发展，因此，如何以“三化”协调加快中原经济区建设问题日益受到人们的关注。本章首先分析了工业化、城镇化和农业现代化单独解决中西部城乡发展的不足，之后从农村剩余劳动力转移的视角提出了基于工业化、农业现代化、城镇化“三化”互动的政策内涵及其发展策略。在对河南省“三化”协调发展存在问题分析的基础上，结合国内典型的城乡统筹发展经验，对区域内“三化”协调的实践创新进行了分析。在此基础上，结合中原经济区发现的现实，从可持续发展的视角对“三化”协调发展进行了理论思考及发展路径的可行性分析。最后，基于研究的内容提出了中原经济区“三化”协调发展的基本思路和政策保障。

第一节 引 言

中国二元经济体制改革是继国有企业体制改革之后另一项带有根本性质的经济体制改革。土地制度改革是破解城乡统筹发展的治本之策。国家批准成都和重庆作为统筹城乡综合配套改革试验区，在探索城乡统筹取得了一些成绩，但也存在一些问题，如城镇化实施中存在只有有形的城市基础设施建设，而无工业化体系的现象，造成了失地农民既找不到就业门路，又处于种地无田的困境。

河南省作为全国的粮食主产区，必须保证国家粮食安全的重任；否则不仅中

* 本章研究对象主要以河南省为例，内容来源于2012年河南省软科学研究计划招标项目及2011年度河南省教育厅人文社会科学研究项目的结项报告，主持人程芳和郭素玲副教授，参与人员：张焕敬、刘伟、彭傲天、刘晓静、李克锋、张妍、赵振峰。

原经济区的工业化、城镇化就会失去基础和支撑，现代化进程就要走弯路，而且会影响国家粮食安全战略，甚至可能影响国家长治久安。河南省人多地少，再加上科技进步和机械化程度的提高，农村剩余劳动力较多。加之河南省经济发展相对落后，财务支付能力有限，工业化基础相对落后，人口转移压力大。因此，工业化、农业现代化与城镇化协调发展就成为城乡统筹的重要内容。

一、问题提出

刘易斯认为发展中国家一般都存在二元经济结构。20 世纪 50 年代后“刘易斯—拉尼斯—费景汉”模型认为经济增长和现代化需要“城市—工业”加速的增长和向以城市社会为基础的社会转化，需要将剩余劳动力从农村农业部门转移到城市工业部门。20 世纪 70 年代后，利普顿对城乡发展关系理论进行批判，认为城乡统筹需要城镇化与乡村建设的互动发展，核心区域通过规模经济和聚集经济效益推动城镇化，加快要素资源的合理整合，实现经济的非均衡快速增长，并且实现以工促农、以城带乡。20 世纪 80 年代后，城乡统筹发展思想出现了根本性的分化，各种理论流派纷纷涌出。施特尔和泰勒提出了“选择性空间封闭”发展理论；20 世纪 90 年代以来道格拉斯从城乡相互依赖角度提出了区域网络发展模型，认为网络概念是基于许多聚落的簇群，每一个都有它自己的特征和地方化的内部关联，而不是努力为一个巨大的地区选定单个的大城市作为综合性中心；进入 21 世纪，与过去城乡分割的发展理论不同，新的发展理论更加关注“网络”和“流”，关于城乡间的“联系”和“流”的城乡相互作用理论探讨也因此发展起来。

厉以宁（2008）认为中国二元经济体制改革是继国有企业体制改革之后另一项带有根本性质的经济体制改革。改革开放特别是十六大针对城乡二元结构提出了“统筹城乡经济社会发展”的方针。2007 年，党的十七大提出要“建立以工促农、以城带乡长效机制，形成城乡经济社会发展一体化新格局”。同年，国家批准成都和重庆作为统筹城乡综合配套改革试验区。各地在探索城乡统筹取得了一些成绩，但也存在一些问题，如城镇化实施中存在只有有形的城市基础设施建设，而无工业化体系的现象，造成了失地农民既找不到就业门路，又处于种地无田的困境（刘文勇、李咏涛，2004）。印度、墨西哥、巴西等国的过度城市化教训告诉我们，进城农民就不了业，只不过是由农村的贫困人口变为城市的贫困人口，反而制造了大量的城市贫民窟，招惹了一大堆城市病（徐育才，2010）。目前我国的农业耕地仍旧是土地承包，小块耕作，规模不经济现象极其严重（阳立高等，2010）。现有的传统农业模式需要大量的劳动力资源从事于农业生产，民工荒的不断出现表明中国农村剩余劳动力转移发生了阶段性转变，农村剩余劳动力由无限供给转变成了稀缺性供给（蔡昉，2010），工业化所需的劳动力资源无法得到满足。农村承担着保证国家粮食安全的重任，粮食安全的最基本保障是农村耕地，《全国土地利用总体规划纲要》提出，要坚守18亿亩耕地红线，工业化发展所需的土地无法从耕地上得到解决，因此，工业化、农业现代化和城镇化中单一发展或双向互动都无法真正实现城乡统筹发展。

我国“十二五”规划中提出新型工业化、新型城镇化、农业现代化“三化”联动推进的战略部署。中西部地区承担国家粮食核心区重任，而农业劳动力老龄化、低素质化倾向；工业化和城镇化受土地等制约严峻。实现“三化”协调发展，是中西部经济区建设的核心问题，也是中西部地区抢抓产业转移战略机遇，破解土地和劳动力等生产要素制约的根本出路。

二、基于农村剩余劳动力转移的“三化”互动

农民问题是中国的根本问题，农村剩余劳动力的顺畅转移是解决农民问题的关键之所在。农村剩余劳动力转移关系到农业发展，农村经济和农民富裕的重大问题，也是实现全面建设小康社会的关键问题。农村劳动力转移本身是一个复杂的系统，受到学者的广泛关注。农村剩余劳动力从农村转移到城市，推进了城市建设、工业经济繁荣、城市生活福利增强和农民收入增长。但同时也带来了诸如城市承载能力加大城市病、新生代农民工后续发展问题等社会问题（傅伯仁等，2009）。随着农村剩余劳动力的转移，城乡发展差距在更深更广的层面继续扩大。留守农村劳动力低素质化倾向（郭熙保、赵光南，2010），制约了农业现代化和农村城镇化进程，对国家的粮食安全带来危机。农村剩余劳动力到底该如何转移，已成为制约农村经济乃至于整体宏观经济的重要问题。

（一）中西部农村剩余劳动力转移负面影响

我国的农村剩余劳动力从农村转移到城市，对城市建设、工业经济繁荣、城市生活福利增强、农民收入增长等方面做出贡献的同时，也带来了一些负面影响。具体包括：加大了城市承载负荷，制约农业现代化和农村城镇化进程，农村剩余劳动力转移带来自身后续发展困境。

1. 农村剩余劳动力转移加大了城市承载负荷

随着我国经济体制改革的深入，特别是原有国有企业的改制，伴随着劳动生产率的不断提高，我国城市自身的就业压力也越来越大。我国城市企业中富余人员估计超过1 000万，如果这部分人逐步进入社会，连同待业人员与新增劳动人口，城市的失业率将在10%以上。农村剩余劳动力的大量涌入势必会形成与城市劳动力，特别是城市下岗、失业者争岗位的局面，进一步加剧城市就业压力，

使本来就比较脆弱的城市社会保障体系面临更加严峻的考验。大量农村剩余劳动力进入城市，由于民工潮呈单向流动，而且时间多集中在春节前后，至少客运市场因需求远大于供给而引发出一系列危机。另外高素质的青壮年劳动力的大量流出，加大了农村人力资本的流失，导致广大中西部农村的发展出现了人力资本流失，城乡之间的发展差距和收入差距将进一步拉大，这种恶性循环势必加速农村劳动力向城市转移，进而加剧城镇就业竞争和其他相关的“城市病”泛滥。

2. 农村剩余劳动力转移制约农业现代化和农村城镇化进程

大量农村剩余劳动力进城务工，必然会影响农村经济的发展，进而影响社会主义新农村建设的步伐。由于进城务工的劳动力一般都是农村中受教育水平相对较高、能力较强、思想较开放的精英分子，且以青壮年劳动力为主。而且西部地区劳动力转移以青壮年为主的特点比全国整体水平更显著，其农村劳动力转移对农业生产发展的影响将更明显。很多农村由于青壮年劳动力外出务工，农田水利基本建设和家庭农业生产经营劳力不足，如劳动力转移家庭多数由老龄父母从事农业生产，不到30%年轻的转移劳动力会在农忙时节回家从事农业生产。只有不到5%的转移家庭将少量土地转租出去（漆世兰等，2009）。大量能力水平较高的青壮年农村劳动力转移。而留守劳动力多数文化水平低会导致农业产业结构调整难以整体推进，影响农村经济的整体发展水平的提高；另外又会导致由于劳动力无法全部转移而影响农业现代化的进程。

3. 农村剩余劳动力转移带来自身后续发展困境

由于户口、社会保障等因素的影响，使得大量的进城务工人员获取了城市的就业机会，但是面临很多问题：一是在劳动力市场中，农村剩余劳动力处于低端职业的领域，这类行业的劳动力需求已趋于饱和，并缺乏发展空间；另外由于进城务工人员众多，就业竞争加剧，作为买方的企业不愿意进行人力资源投资，因此进城务工人员自身后续发展空间有限。二是相对于高额的城市房价和物价，进城务工人员工资相对较低，在城市里子女上学、赡养父母、自身养老等问题都得不到解决；另外随着农村剩余劳动力进入城市，农村留守儿童随之增多，长期没有父母的管教，势必会影响其成长，造成更大的社会问题。

（二）基于农村剩余劳动力转移的“三化”互动思路

从各国经济发展的经验来看，城镇化与工业化本身就是两位相连的一个整体。产业化是城镇化的产业依托，城镇化是工业化的发展结果。根据刘易斯的二元经济理论，工业化的推进是以农村劳力的剩余以及向工业部门的转移为基础的。而城镇化缺乏工业化的产业支撑和农村剩余劳力向城镇的转移，根本就无法实现城镇的集聚。城镇化与工业化的推进，是以农业现代化作为一条主线而贯穿始终。农业现代化的实施，能充分解决工业化和城镇化的劳动力资源问题。城镇化与工业化缺乏农村劳动力资源的有力支援，将成为无本之木、无源之水。农业现代化在解决一部分农村劳动力的就业问题，减少从事农业生产的人口，将更多剩余的劳动力转移到工业部门。然而，中国目前尚未找到真正有效的城镇化、农业现代化、工业化道路，如城市房价过快上涨、沿海工业企业闹民工荒等都值得反思。并且，已转移的农村剩余劳动力即使没有户籍等制度障碍，能够在城市买起房成为市民的比例仍很低，城镇化的进程步伐将受到制约。留守劳动力低素质化倾向和土地分散经营，使农业现代化步伐步履维艰。虽然农村剩余劳动力转移增加了农民收入，但仍无法补偿城市房价上涨带来的城市生活福利。

1. “三化”互动的内涵

“三化”互动的内涵包括四点。一是通过土地流转，解放农村劳动力，实施规模农业和高效农业，推进农业现代化、工业化和城镇化进程；二是通过村庄合并节约土地，推进工业化和城镇化进程；三是吸引外出农民工返乡创业，推进工业化、城镇化和农业现代化进程；四是农村剩余劳动力转移与释放并重，劳动力转移的方向主要为就地转移，引资与引智并举。“三化”互动的三化相互促进、相互制约，需要整体有序推进。

2. “三化”互动实施的可行性

第一，土地流转解放农村劳动力，推进农业现代化、工业化和城镇化进程。农村剩余劳动力转移不足，成为“三农”问题有效突破的障碍之一。据国务院发展研究中心 2006 年的调查，只有 1/4 的村认为本村还有部分青壮年劳动力可转移，3/4 的村认为本村能够外出打工的青壮年劳动力都已经转移出去了。我国劳动力转移总体上主要以文化较高、男性、青壮年为主，留守劳动力以文化水平偏低、女性、年长者为主。这种单向转移模式，势必带来区域协调发展的失衡，农业现代化、工业化和城镇化进程必将受阻。社会主义新农村建设各地都在探索经验，效果不明显的根源在于没有改变农民的生产方式和生活方式。河南省滑县的 18 村庄合并的做法，合村先合地，通过推进规模农业和高效农业，使农民“失地不失利，失地不失农民身份”。土地流转解放了农村劳动力，提升了外出农民工返乡创业和产业转移吸引力，推进了农业现代化、工业化和城镇化进程。

第二，村庄合并节约土地，推进工业化和城镇化进程。很多研究表明，城镇化有助于我国实现共同富裕，拉动内需，促进经济健康协调发展。事实上，外出务工的农民能够真正通过打工转变为城市市民的比例极低。我国城镇化道路的推进并不顺利，同时交通阻塞等大城市病日益加剧。党中央“十二五”规划提出了小城镇战略，是符合中国国情的客观选择。全国各地的社会主义新农村建设，同样是障碍重重，原因在于农民没有改变原来的生产方式和生活方式。例如，河南省滑县18村庄合并，首先耕地统一流转使农民摆脱了土地束缚，村庄合并是按现代城市社区或说一座新城的标准建设的，可容纳近2万人。原村庄占地4 251亩，合并后占地1 676亩，节约建设用地2 575亩。通过政策引导，61%农民接近免费住楼房，39%的农民自己建独院，公共设施全部配套。村庄合并的实现，资金主要靠经营节省的2 575亩建设用地来完成。农村集体建设用地，按目前的土地管理法规定，用于农民的宅基地；农村公共建设用地；农村兴办的村企业或联营企业用地。节约的建设用地，为工业化提供了廉价的土地资源，加速了工业化进程。农村城镇化的推进，概括起来要做宅基地和农村公共建设用地的文章，同时增强了外出务工农民工返乡创业吸引力。

第三，外出农民工返乡创业，推进工业化、城镇化和农业现代化进程。我国农民工预计达2.8亿人。据专家估计，每100个外出农民工就有4人走上了回乡创业的道路，他们带回了资金、技术、市场经营观念和现代管理方式，带动了农村各行各业的繁荣和发展。吸引外出农民工返乡创业，或说工业化，是推动农业现代化和城镇化的前提和基础。产业梯队转移的规律，也促使外出务工农民工加速返乡创业的步伐。毫无疑问，中国农村剩余劳动力转移已走完了第一阶段，第二阶段将是外出转移和逆向转移或回流并重，这种劳动力转移规律将强力推进区域经济协调发展，沿海发达地区民工荒和外出农民工返乡创业就是佐证。

（三）“三化”互动实施的意义

现阶段农村剩余劳动力转移存在的问题是，工业化、农业现代化和城镇化都不能独立解决农村剩余劳动力转移的问题。通过“三化”互动实现劳动力有序就地转移，一方面可以实现农业现代化，提高农业效率，增加农民收入，保证国家粮食安全。另一方面基于本地的“三化”互动，农民可以在家门口找到就业岗位，解决了农村劳动力发展的后续问题，尤其是解决了异地转移带来的社会问题。农村剩余劳动力转移到城市的主要原因是相对收入差距，而实现“三化”互动后，由于农业现代化、工业化带来的农民收入增加，将缩短城乡之间的收入差距，进而延缓农村剩余劳动力向城市转移，从而减轻城市的承载压力。本质上，“三化”互动落实了中央“工业反哺农业，城市带动乡村”战略的实施，有利于促进区域经济的协调发展。

当然，“三化”互动的实施需要一定的条件。“三化”互动最核心的是要解决农民增收问题，换句话就是就业问题。因此，“三化”互动实施的区域要选择有一定工业基础的城乡结合部或乡镇政府所在地，这也符合中央的小城镇战略，滑县18村庄合并就在城乡结合部。具体实施策略：首先，建示范工程，摸索积累经验，引导提升农民思想认识；其次，超前科学规划城镇，增强吸引力；最后，做节约建设用地的文章，解决城镇化资金投入问题。

三、“三化”互动与中原经济区建设

（一）发展中原经济区是国家的宏观经济战略

第一，中原经济区成为国家区域战略的一部分，不可或缺。国际国内经济发展的历史经验表明，经济区是推动经济发展的重要引擎和参与竞争的核心力量。中原经济区以河南省为主体，延及周边，支撑中部，东承长三角，西连大关中，北依京津冀，南临长江中游经济带，是优势明显、经济相连、使命相近、客观存在的经济区域。建设中原经济区已纳入我国国民经济和社会发展“十二五”规划，正式上升为国家区域发展战略。这一举措意味着该区域将迎来难得的发展机遇，并能以经济区为依托实现经济跨越式发展。当前，我国从战略布局层面已形成了“东部地区率先发展”、“中部地区崛起”、“西部大开发”、“东北老工业基地振兴”四大经济板块，区域经济梯次隆起，撬动中国经济发展。在此背景下实施的中原经济区战略，是中原崛起、河南振兴的载体和平台，将成为河南省经济快速发展的引擎和战略机遇。为弥补河南省已错失的改革第一波的发展机遇，选择中原经济区战略不啻为河南省发展的新契机。构建中原经济区，要凸显区域资源禀赋特点和优势，发展定位要以保障国家粮食安全和促进生态环境改善为中心加快现代农业发展，进而推动河南省融入全国整体发展格局。

第二，中原经济区建设是实现区域协调发展的必然选择。到 2010 年，区域规划不断细化，国家层面的“区域经济网络”越织越密，目的是要实现越来越多的区域隆起并协调发展。中原地区处于我国经济发展的中枢区，如果这一地区发展了，就会承东启西，使各区域间形成协同互动，促进我国经济持续发展和区域间协同发展。城乡统筹问题是一个全国性难题，其在中原经济发展中最具典型性，“三农”问题最突出。可以说，河南省是中国经济的缩影，中原兴则中国兴，中原强则中国强。河南省作为农业大省、人口大省，工业化和城市化起步较晚、竞争力较弱但发展潜力巨大，区域经济发展、产业梯度转移，以河南省为主体的中原经济区不可或缺。以河南省为主体构建中原经济区，顺应了区域经济发展趋势和规律，在促进该区域繁荣发展的同时，也将通过其中原腹地效应，迎合国家梯度开发的总体战略。

第三，中原经济区建设是河南省实现跨越发展的桥梁。就区位来说，河南省的战略地位突出，是全国第一人口大省和全国重要的粮食生产基地。多年来，河南省经济总量处于全国的第五位，在中西部各省区立足首位，其不仅在中部地区而且可以说在全国都占有重要地位。河南省的发展得到党中央、国务院的高度重视，胡锦涛总书记曾做出明确指示，要求河南省要“贯彻科学发展观，抓住机遇、实现跨越式发展，在促进中部地区崛起中发挥更大作用、走在中部地区前列”。温家宝总理也提出河南发展要“把握省情，发挥优势，实现更大规模、更高水平的发展”[①]。2011 年《国务院关于支持河南加快建设中原经济区的意见》，提出了河南省加快中原经济区建设的一系列政策支持。中原经济区战略的实施，充分体现了国家区域发展战略规划，有利于河南省在全国发展大局中明晰发展定位、发挥后发优势，加快经济发展方式转变，推动河南省实现跨越式发展。

总之，中原经济区发展战略已上升为国家不可或缺的区域发展战略，成为中部崛起的重要支撑，也将成为带动河南省经济快速发展的引擎。《关于支持河南加快建设中原经济区的意见》进一步提出支持中原经济区加快发展的一系列措施，中原经济区建设将承载“三化”协调发展先行试验的任务，步入经济发展的快车道。

（二）中原经济区的发展以“三化”统筹为核心

在河南省九次党代会报告中，河南省委书记卢展工指出，建设中原经济区，核心是“三化”协调。因为，“三化”协调发展是破解河南省当前发展中若干重大问题的关键环节。

（1）“三化”统筹是中国现代化的必由之路。逐步实现工业化、城镇化和农业现代化，可以说是一个国家经济发展不可缺少的三个方面。但我国“三化”发展的具体道路与西方有所不同。世界现代化的历史显示，绝大多数国家都是先有工业化、城镇化，而后带动农业现代化，而我国当前必须统筹“三化”，同时推进，以实现三者的协调发展。

工业化、城镇化是农业现代化的依存条件，对于农业现代化起着重要的推进作用。但从目前来看，中国现代化最薄弱的还是农业现代化问题，最艰难的也是农业现代化问题。如果农业现代化不能和工业化、城镇化进程相匹配，工业化、城镇化就会失去根基，就不可能有持续的发展，所以必须加快现代农业的发展进程，以农业现代化夯实城乡经济发展的基础。我们要走的必须是一条工业化、城镇化和农业现代化协调发展、同步推进的道路。如若就工业搞工业、就城镇论城镇、就农业搞农业，那么它就成了无源之水，无本之木。只有统筹推进“三化”，才能实现农村的现代化直至整个国家的全面现代化。

---

① 喻新安．略论建设中原经济区的全局意义［J］．黄河科技大学学报，2011，（1）．

（2）中原经济区建设要以“三化”统筹为核心。以河南省为主体的中原经济区，是国家重要的粮食生产基地，区域人口众多。中原经济区既要彰显这些资源禀赋特点和区位优势，又要区别于其他区域发展战略，其发展有典型意义。而其典型意义很大程度上在于要探索走出一条保证农业发展持续、粮食生产能力不断提高基础上实现新型工业化、新型城镇化和农业现代化“三化”协调发展，既保障农业和国家粮食安全又实现区域较快发展的路子。因此，探索一条不以牺牲农业和粮食生产为代价的“三化”协调发展之路应该是中原经济区的核心内容。

为此，我们需要在推进工业化、城镇化的同时以农业现代化夯实农村经济发展基础。在推进工业化、城镇化的同时深化农村改革，加快农业生产方式转变，提高农业生产效率，促使农民向非农产业转移，增加农民收入，逐步实现农村现代化以致全国的现代化。

四、河南省“三化”协调发展的现状及问题

近年来，随着我国经济的快速发展，河南省工业化、城镇化和农业现代化也得以快速提升。以工业化带动城镇化，从而实现农业现代化的问题，已得到河南省委省政府的高度重视。2006 年河南省第八次党代会上，省委、省政府就提出，在推进中原崛起进程中，必须更好地统筹“三化”进程，抓住工业化这个“牛鼻子”，为城镇化提供动力，为农业现代化提供助力；抓好城镇化这个载体，为工业化提供平台，为农业现代化创造条件；抓牢农业现代化这个基础，为工业化、城镇化夯实根基。在《河南省国民经济和社会发展第十一个五年规划纲要》中又明确指出了河南省工业化、城镇化与农业现代化协调发展的战略任务：进一步加快工业化、城镇化进程，推进农业现代化，实现经济社会又快又好发展。以工业化为核心，加快城镇化进程，推进农业现代化，继续保持较快的增长速度和较高的增长质量，力争在中部崛起中走在前列。国家“十二五”规划将中原经济区上升为国家区域战略之后，省委省政府抢抓机遇，更好地促进了“三化”协调发展。

（一）河南省工业化、城镇化与农业现代化发展状况

1. 河南省工业化发展状况

工业化是一个国家现代化的基础。一定意义上说，工业化水平代表着一个国家现代化的进程。国际上，一般用人均国民生产总值、工业化率（即工业增加值占全部生产总值的比重）、三次产业结构和就业结构、城市化率（即城镇常住人口占总人口的比重）等几个指标衡量工业化水平。从人均 GDP 判断，人均达到1 000美元

处于工业化初期，人均达到3 000美元为中期，人均达5000美元为后期；从工业化率看，工业化率20% ~40%为工业化初期，40% ~60%为中期，60%以上为工业化较高阶段；从产业结构和就业结构看，三次产业结构12.7∶37.8∶49.5和就业结构为15.9∶36.8∶47.3一般为工业化初期；从城市化率看，工业化初期为37%以上，进入工业化时期则要达到65%以上。

近年来，河南省工业化取得了长足发展，工业化水平逐步提高。2011年，河南省全年生产总值27 232.04亿元，比上年增长11.6%，总量排名全国第五。其中，第一产业增加值3 512.06亿元，增长3.7%；第二产业增加值15 887.39亿元，增长15.1%；第三产业增加值7 832.59亿元，增长8.4%。[①] 2011年度人均GDP达4 446美元，数量有所增长，但排名却从2010年的第21位降到2011年的第22位。

从工业化率看，“十一五”以来，河南省工业增加值占国民生产总值的比重逐步提高（见图5－1）。2011年全部工业增加值15 887.39亿元，增长15.1%，增速较快，规模以上工业增加值增长19.6%，工业增加值占全省生产总值的比重达58.34%。从图5－2可明显看出，近年来河南第二产业增加值的增速有所放缓，但仍快于第一、第三产业的增长速度。

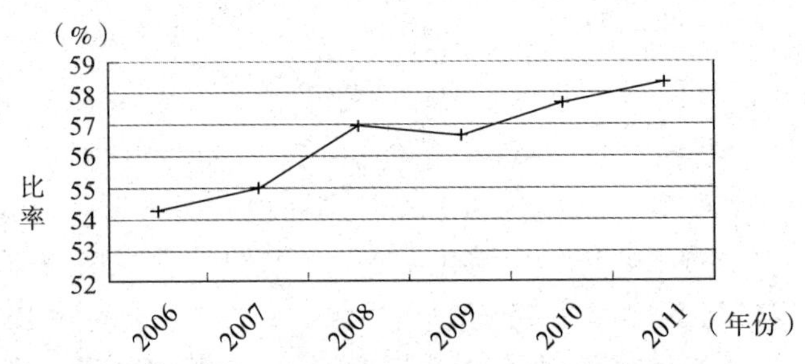

图5－1 “十一五”以来河南省工业化率

资料来源：根据2006 ~2011年河南省国民经济与社会发展公报数据整理。

从产业结构和就业结构看，2011年河南省三次产业比重是12.9∶58.3∶28.8（见表5－1），第二、第三产业比重超过87%；第一产业比重逐年降低。但与全国相比，一产比重仍高于全国平均水平。据河南统计年鉴数据，河南省2010年三次产业从业人员分别为2 711.12万、1 753.31万、1 576.47万，三次产业就业结构为44.9∶29.0∶26.1，[②] 第一产业就业比重仍较高。由此判断，河南省仍处

① 河南省统计局.2011年河南省国民经济与社会发展统计公报，http：//www.ha.stats.gov.cn。

② 河南省统计局.《2011年河南省统计年鉴》，http：//www.ha.stats.gov.cn。

于工业化的中期阶段。

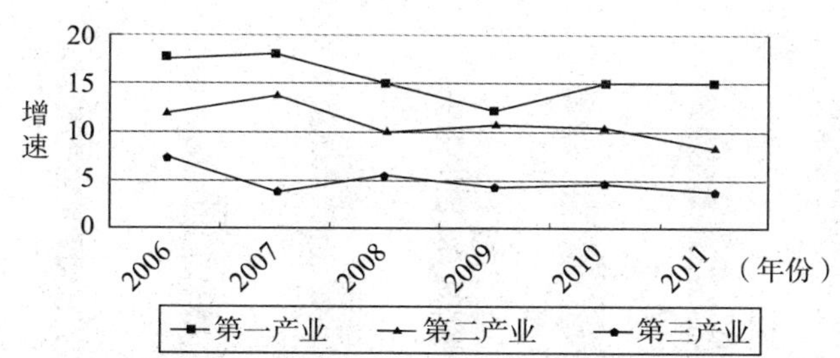

图 5－2　河南省三次产业增加值增速

资料来源：根据 2006～2011 年河南省国民经济与社会发展公报数据整理。

表 5－1　河南省与全国三次产业结构

年份	2006	2007	2008	2009	2010	2011
河南	16. 4∶54. 3∶29. 3	15. 7∶55. 0∶29. 3	14. 5∶56. 9∶28. 6	14. 3∶56. 6∶29. 1	14. 2∶57. 7∶28. 1	12. 9∶58. 3∶28. 8
全国	11. 7∶48. 9∶39. 4	11. 7∶49. 2∶39. 1	11. 3∶48. 6∶40. 1	10. 6∶46. 8∶42. 6	10. 2∶46. 8∶43. 0	10. 1∶46. 8∶43. 1

资料来源：根据 2006～2011 年中华人民共和国国民经济和社会发展统计公报，河南省国民经济与社会发展公报数据整理。

2. 河南省城镇化发展状况

城镇化是经济社会发展的客观要求和必然趋势，也是河南省实现跨越式发展的基本途径和必由之路。近年来，河南省委、省政府对全省城镇化工作高度关注，立足省情，在 2005 年就制定了《中共河南省委河南省政府关于加快城镇化进程的决定》和《河南省关于进一步促进全省城镇化快速发展的若干意见》（豫发〔2005〕25 号），提出了加快城镇化进程的政策措施，明确了加快城镇化建设的指导思想、主要目标和发展重点，全省城镇化发展速度明显加快。

在工业化的拉动下，农村劳动力不断向工业等非农产业转移，人口也逐步向城镇聚集，河南省城镇化进程不断加快（见图 5－3）。目前，河南省已进入城镇化加速发展的新阶段。从图 5－3 可以看出，河南省城镇化水平逐年提高。2005 年至 2011 年，全省城镇化率从 30. 65% 增长到 40. 57%，年均增长 1. 75 个百分点，成为城镇化增长最快的时期之一。

河南省城镇化发展虽然取得了初步成效，但仍存在不足，城镇化水平还较低。从目前国际公认的标准看，初步现代化的国家或地区，其城镇化人口比例不低于 50%～60%，相应的人均 GDP 达 4 000 美元；实现现代化的国家和地区城镇化人口比例不低于 60%～70%，人均 GDP 达到 8 000～10 000 美元。显然河南省目前城镇化水平远远低于国际化标准。与全国相比，河南省城镇化发展水平仍然

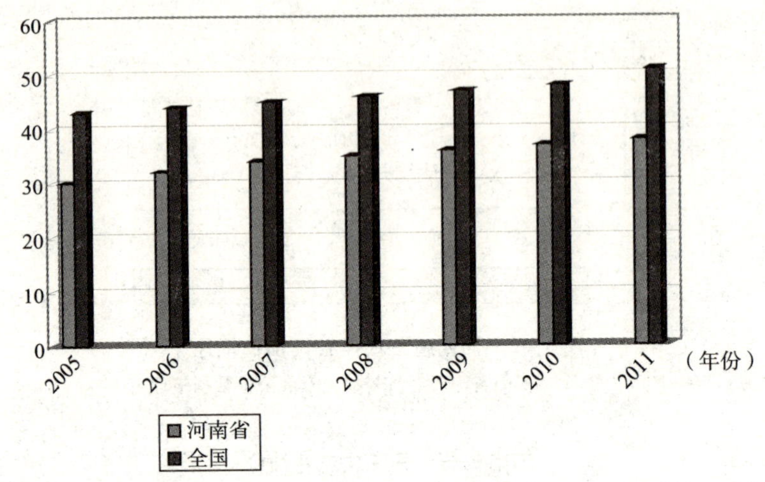

图 5-3 2005~2011 年河南省与全国城镇化率

资料来源：根据 2005~2011 年国民经济与社会发展统计公报整理。

较低，较全国平均水平低 8.9 个百分点（见图 5-3）。为此，河南省定下了今后 3 年城镇化进程的目标：全省城镇化率年均提高 1.7 个百分点以上，未来 10 年河南省的城市化率要提高 15 个百分点，力争达到更高水平。

3. 河南省农业现代化现状

河南省作为农业大省，正在努力实现资源优势和产品优势向经济优势的转变，向农业强省迈进，推动现代农业发展。近年来，河南省注重用发展工业的理念发展农业，促进农业现代化进程。特别是用新型工业化的理念谋划农业发展，不断提高农业的科技含量，推广农业机械化耕作。

农业机械化是农业现代化的重要内容和主要标志之一，也是建立现代农业必不可少的硬件支撑，能极大地提高农业劳动生产率，有效地推动农业增效、农民增收。近年来河南农业机械化水平逐步提高，农业机械装备总量持续增长，农业作业水平显著提高。2004 年以来，河南省政府制定《农业机械安全管理规定》、出台《关于加快农业机械化发展意见》、实施《农业机械化促进条例》，创造了农机发展的法律政策环境。

截至 2011 年，全省农业机械总动力为 10 515.79 万千瓦，当年实际机耕面积 8 066 万亩，占耕地面积的 80%。完成机播作业面积 11 571 万亩，其中小麦机播面积 7 553 万亩，机播率达 95% 以上①。完成机收面积 8 988.5 万亩，其中小麦

① 河南省农业机械化水平稳定提高“耕地靠牛”已渐成历史。http：//news. QQ. com2009-04-05。

机收面积7 541万亩，机收率95%以上。由于农业机械化和现代农业装备在农业中的普及应用，农业劳动生产率逐步提高，农业产出增加。粮食总产稳定增长，2011年粮食产量实现了“八连增”，全年粮食生产总产量554.25亿千克，首次迈上550亿千克的新台阶，连续6年超500亿千克。河南省粮食产量占到全国的1/10，小麦产量占全国总产量的1/4，为保障国家的粮食安全做出了重大贡献（见表5-2）。

表5-2　2005~2011年河南省农业生产条件

年份＼项目	农业机械总动力（单位：万千瓦）	农用拖拉机（单位：万台）	农用运输车（单位：万辆）	农村用电量（单位：亿千瓦小时）
2005	7 934.23	309.53	202.26	172.15
2006	8 309.13	322.35	208.96	188.82
2007	8 718.71	338.91	213.61	223.43
2008	9 429.30	383.93	215.51	237.36
2009	9 817.90	390.22	215.73	262.95
2010	10 195.88	386.05	219.55	269.41
2011	10 515.79	386.83	219.62	281.82

资料来源：根据2005~2011年国民经济与社会发展统计公报整理。

同时，农业产业化是在家庭承包经营基础上实现农业现代化的有效途径（曾宪初等，2005）。随着市场化的推进和农村经济的发展，河南省农业产业化迅速发展，农业产业化经营强力推动了河南省大粮仓大厨房的又好又快发展，也为河南省由农业大省向农业强省跨越、农业大省向经济强省跨越做出了重要贡献。2011年，河南省各类农业产业化组织达13 000多个，龙头企业6 000多家①。打造了一批农产品优势品牌，提升了河南省农产品的市场竞争力。目前，全省呈现出双汇、莲花、三全、华英、思念等多家农产品加工业品牌。在龙头企业的带动下，河南省的农业科技水平不断提高，农业标准化建设逐步推进，农业产业结构不断优化升级。

目前，河南省农业现代化总体水平仍较低，尚处于农业现代化起步阶段。河南省农业现代化与发达省区还有较大的差距，农业基础设施投入不足，农业生产条件不强，农业市场化服务体系建设滞后，制约农业现代化进程。农村剩余劳动

① 参见河南日报［N］，2011-12-14.

力转移压力巨大，农业劳动生产率提高缓慢。农民文化素质不高，影响农业现代化进程。

（二）“三化”协调发展中存在的主要问题

1. 城镇化不能紧随工业化发展

近年来，随着河南发展战略的转变，工业化、城镇化均获得长足发展，但由于受原有体制机制的影响，工业化与城镇化发展仍不合拍，城镇化滞后于工业化。

目前，河南省工业化水平基本处于中期阶段，有些地区已进入工业化较高阶段，工业增加值占国民生产总值的比重已接近 60%，第二产业比重持续增长，但城镇化并没有随着工业化而快速跟进。截至 2011 年，河南省的城市化率才达到 40.57%，工业化水平较高而城镇化滞后。工业化对城镇化的聚集带动作用未能发挥，会产生诸如农村剩余劳动力转移渠道不畅、城乡差距扩大等一系列矛盾和问题，阻碍河南省经济和社会的长足发展。当前，河南省就业结构与产值结构不对称，第一产业就业人口比重大，导致人口结构和资源占用结构失衡，限制了第三产业发展，在一定程度上阻滞了自身的经济发展进程。城镇基础设施建设资金投入不足，对工业化的制约明显。

2. 工业化无法带动农业现代化发展

工业化层次低，城镇集聚作用远未发挥，阻止农业现代化进程（郭素玲，2011）。当前，河南省工业技术水平不高，集聚效应不强，效益不高，缺乏竞争优势，很难拉动农业在高层次上起步并取得较快发展。同时由于产品结构不合理，初级产品多，精深加工产品少，低档次产品多，高科技产品少，农业资源的比较优势没能发挥出来，现代农业要求的高效益很难呈现。再加上城镇化水平不高，服务能力较弱，无法带动农业现代化科技的应用普及，也难以带动人口向城镇聚集，农业规模化经营难以实施，农业经济低效益，最终困扰农村经济发展。

3. 城镇化难以保障农业现代化发展

目前，河南省城镇化水平仍不高，很难加快农业现代化进程。由于河南省城镇化滞后于工业化，农业富余劳动力不能随工业经济的增长而转入城镇企业从事非农就业，滞留农村人口过多使农业人均资源占有率偏低，人多地少的矛盾更加突出，农业规模化经营受限，致使农业生产效益长期徘徊不前。农业生产的低效益，在很大程度上影响了农民增收，难以通过自我积累支付向非农产业和城镇转移的教育成本和转化成本，进而延缓城镇化进程。

第二节 “三化”协调发展的经验借鉴与实践探索

一、我国城乡统筹发展的典型经验

（一）重庆城乡统筹发展模式

作为国家城乡统筹发展的试验区，重庆实施一系列农村土地利用制度创新举措，以寻求一条科学、合理的路径，解决城乡二元经济社会结构下的农村资源利用低效与城镇发展资源约束的难题。在制度创新形式上，重庆不断实施农村利用制度创新。无论是地票交易、土地流转还是土地退出，都着眼于将农村利用形式和土地经营从粗放、分散转变为节约、集约，并通过市域范围内的资源权益置换，实现城乡统筹发展用地的最优规模和科学配置，以更好推进农村改革发展和城镇化进程。

在运行机制上，重庆市的城乡户籍制度改革、农村建设土地流转的平台、土地产权的确权登记、创新土地流转及指标交易的内容等系列举措是统一、渐序推进的。重庆的土地利用制度创新机制包含运行机制创新、激励机制创新和保障机制创新三个部分。第一，运行机制创新是指为实现城乡土地资源的集约利用、统筹节约，设计的相关具有重庆特色的具体制度，包括地票交易制度、农村土地交易所等。第二，激励机制创新是指为推动农村剩余劳动力转移、实现农村土地使用权有序退出等目的，政府制定的一系列相关激励政策及措施，包括转户农民城镇安置、农村土地退出补偿政策等。第三，保障机制创新是指在实施民生导向的改革前提下，实施的一系列针对转户农民社会保障的“民生工程”，包括公租房建设以及涵盖教育、医疗、就业等社会保障体系领域的建设。

重庆在实施农村土地利用及管理制度和运行机制上取得一定成绩，但是存在行政分摊成本过高，驱动力机制不完善等不足，还有待于形成“行政 + 市场”的双重机制，促进土地“资源”向“资产”转化，实现农民土地“实物”退出和土地“权益”集中流转（梅哲与陈宵，2011）。

（二）成都城乡统筹发展模式

作为全国统筹城乡综合配套改革试验区另一城市成都市，自 2003 年以来，以城乡统筹发展为突破口对城乡二元体制进行了系列改革。成都通过“土地换社保”的社会保障措施，创新土地制度，在城乡统筹中努力实现着三个集中的发展模式（张晓雯、陈伯君，2010）。

第一，工业向集中发展区集中。按照“集约发展、效益优先”的原则，成都市非常坚决地走工业集聚发展道路，主要工业布局在成都经济技术开发区、成都高新区这两个国家级工业集中发展区和各区（市）县工业集中发展区；以两级工业发展区为载体，重点打造六大工业基地，如电子信息、医药、机械（含汽车）、食品（含烟草）、石油化工、冶金建材，以期逐渐形成高新技术产业、区域特色产业和现代制造业三大工业经济区域。通过这种产业布局，有力地调整了结构，整合了工业资源，各个工业集中发展区的产业形成各具特色、错位竞争、优势互补的局面，提高了工业产值，以工业化作为城乡协调发展的基本推动力量，推动城镇化进程，带动第二、第三产业发展。

第二，农民向城镇和新型社区集中。成都按照“因地制宜、农民自愿、依法有偿、稳步推进”的原则，规划了由环绕中心城市的1个特大城市、14个中等城市、30个小城市、156个小城镇和2 000多个农村新型社区构成的城镇体系，完善相应的配套基础设施，有组织、分层次地梯度引导农民集中居住。同时，成都在户籍、就业和社会保障等方面进行了创新，解决农民集中居住之后的生计问题。如取消了“农业户口”和“非农业户口”的划分，统一为一元化“居民户口”；给城乡居民创造和提供平等的就业机会；给集中居住的农民全面提供子女教育、医疗卫生等方面的保障等。

第三，土地向适度规模经营集中。成都推进“土地向适度规模经营集中”过程中，把握了三个要点：一是以促进土地集中规模经营为目的，通过采取转包、入股、租赁等形式，将土地流转到农民专业合作经济组织或种植大户、农村集体经济组织、经营种植能力强的龙头企业中，由他们集中发展特色优势农业，并提高土地利用率；二是规模经营是适度的，各个地方根据农业生产特性，结合农民专业合作社或种植大户、集体经济组织和龙头企业的种植能力，决定流转规模与经营面积；三是以农村家庭承包经营为基础，坚持“依法、自愿、有偿”的原则，尊重农民的家庭承包经营权，由农民自己做主决定是否流转、流转多少、流转方式、流转费用等问题。

第四，城镇建设突出特色。根据城市总体规划，全市被划分为三个圈层，各圈层根据各自的区位实际，分别制定规划：中心城区加快城市化进程，并有效地发挥大城市对大郊区的辐射、吸纳、带动作用；近郊区主动接受中心城辐射，发挥出区位优势；远郊区强化产业支撑，大力发展农业产业化。各地城镇依据自身经济社会自然资源的情况，科学选择发展方向和主导产业，宜工则工、宜旅则旅、宜商则商，改变过去那种产业方向同质化，缺少自身特色产业的现象。对此，成都市政府选择历史文化名镇洛带镇、安仁镇，风景旅游城镇青城山镇、黄龙溪镇，工业型城镇犀浦镇、新繁镇，综合居住型城镇华阳镇等，侧重加以发展。通过以产业联动带动农民就业，出台相关配套政策，消除城乡二元体制政策障碍，建立新型城乡管理体制，解决农民后顾之忧。

（三）山东寿光城乡统筹模式

通过推进农业产业链条延伸，大力发展以农产品加工业为重点的农村第二产业，培育以农村物流业、休闲观光农业为重点的农村第三产业，为推进城乡一体化奠定产业基础，以加快城乡一体化的发展进程。以农业为主导的城乡统筹在寿光的实践，推动了工业向园区集中、耕地向大户集中、人口向城镇集中和居住向社区集中，目前寿光市已进入城乡文明相互渗透、公共服务趋向均等、城乡要素加速流动、城乡发展协调推进的新阶段，农村工业化、城镇化水平不断提高，城乡互动、一体发展的成效越来越明显。其具体措施：

第一，促进了土地规模经营。寿光按照“农业农场化、农民职工化、生产基地化、产品标准化、贸易国际化”的现代农业发展思路，积极探索土地流转的新办法，鼓励农户在不改变土地承包权的前提下，将零碎、分散的小片地块集中在一起，村集体与农户签订承包合同反租倒包，之后再转包给大公司或集团经营，由他们进行合理开发，提高土地产出效益，既增加了集体积累和农民收入，又使土地资源得到充分利用，更能带动现代农业发展，实现了农民、集体和企业的互利共赢。上口镇2007 年流转耕地9 000 亩，吸引了国内隆凯、赛威、大江等一批大型农业龙头企业前来洽谈合作，其中隆凯集团整合该镇南邵等四个村流转的土地1 000 亩，投资6 000 万元建成了有机蔬菜生产基地，亩增效益5 000 元，务工农民年人均收入过万元。

第二，实现了土地集约利用。寿光在城郊“四大组团”撤村并点中主要采取了三种模式，一是城镇社区集中型，文家街道文家村原有宅基地638 亩，与天津君利集团合作开发建设了占地350 亩的梅香苑小区，腾出的288 亩土地用于城建建设开发，扩大了城区规模；二是拆迁安置型，洛城街道六股路村在市体育中心项目建设中，一次性完成了占地112 亩的旧村拆迁，建设了占地45 亩的10 栋多层公寓楼和2 栋高层公寓楼，节约的67 亩土地实行政府储备开发，实现了土地资源利用的最大化；三是开展城镇建设用地增加与农村建设用地减少相挂钩试点型，古城街道沙埠屯、代家两个挂钩试点村，原村庄占地359 亩，在北洛中心社区内规划建设公寓楼20 栋，安置区占地118 亩，节约出的241 亩土地将统一组织整理复耕还田，实现占补平衡，大大提高了土地的集约利用水平。

第三，提高了农民生活水平。实行撤村并点，集中建设新型社区，通过配套完善排水、污水处理、垃圾处理和绿化、美化以及生活服务等基础设施，不仅解决了农村脏乱差问题，改善了农民生存环境，而且也提高了公共管理服务水平；农民不仅享受到了城市生活，并且还能实现家庭财产的增值。文家街道将18个城中村合并为四大社区，村民基本不用花钱就可拥有两套新房，农民的家庭财产大幅增加，同时，在4个社区分别规划了绿地游园以及社区服务中心、文化活动中心、喜庆服务中心等服务设施，建成了环境优美、服务完善、管理有序、文明祥和的新型社区，实现了农村到城市、村庄到社区、农民到市民的转变，有效破解城乡二元结构的差别。

第四，促进了农民转移就业。实施土地流转和农村撤村并居以来，产生了大量的农村剩余劳动力。为顺应这种形势，寿光市实施城乡统一的就业政策，完善劳动力市场和就业服务管理体系，大力开展就业培训，优先安排失地农民向非农产业转移，积极吸引农村剩余劳动力到小城镇务工、经商、居住，加快了农民变工人、变市民、变镇民步伐。

第五，寿光市强力推动镇、村基础设施和公共服务设施建设。2009年投资12亿元，新修改造道路331公里，新增供排水管道1 300公里，安装路灯8 100盏，明显改善了镇、村基础设施条件。同时，建立完善农村养老保险、失地农民基本养老保险、最低生活保障和农村“五保”集中供养等社会保障体系；先后投资2亿多元对农村中小学进行改扩建，促进城乡教育均衡发展；全面推行新型农村合作医疗，省级标准化卫生所发展到217处，农民参合率达100%；加强农村文化设施建设，各镇（街道）建设综合性文化活动中心，85%以上的村庄建设文化娱乐场所，初步建立起市、镇、村三级文化服务网络。

二、中原经济区“三化”协调发展的实践创新

（一）汤阴县以畜牧产业推动“三化”协调发展

1. 汤阴县“三化”协调的整体概况

加快中原经济区建设，要建立若干“三化”协调发展的试验区和示范区。近年来，汤阴县以农产品生产加工为基础，坚持把推进农业产业化经营作为加快现代农业发展的重要举措，建立8个农业产业化链条，以产业集聚区发展实现工业化、城镇化和农业现代化的协调发展，取得了较好的成绩，对其他地区“三化”协调发展有一定的借鉴价值。

近年来，汤阴县充分发挥农业资源大县优势，围绕主导产业，形成了小麦、玉米、鸡肉、食用菌、生猪、蔬菜、中药材、肉（奶）牛8条农产品加工链条，初步形成4个产业集群，实现了延链增值，推动了农业产业化的发展，实现了“三化”协调发展。在农产品加工园区这个平台的有力带动下，汤阴县的农业龙

头企业有了较快发展，龙头企业近40家，国家级龙头企业1家、省级重点龙头企业6家，市级重点龙头企业11家，下面以畜牧业产业集群为重点对“三化”协调进行分析。

2. 汤阴县畜牧养殖产业链带动“三化”协调发展

（1）基本概况。

汤阴县产业化经营水平快速提升，产业链条不断延伸。汤阴县生猪、肉鸡、蛋鸡等各种农民专业合作社、行业协会已发展到41家，其中新注册农民专业合作社8家，累计达37家，有效地提高了农民的组织化程度。各级财政共投入生猪、家禽规模场标准化建设项目等支牧惠牧资金843万，带动社会畜牧业投入达3.6亿元。汤阴县新建成9个畜禽养殖密集区，累计建成各类畜禽养殖密集区达97个。现有肉品加工企业15家，年综合加工能力24万吨；饲料加工企业15家，年生产能力45万吨。已形成了五大畜牧产业链条：一是以六和益农为龙头的小麦玉米种植到饲料加工产业链；二是以永达全达为龙头的肉鸡生产加工连锁销售产业链；三是以众品为龙头的生猪生产加工连锁销售产业链；四是以中升诺金为龙头的肉奶牛生产加工销售产业链；五是以德源、中翔、鹑都为龙头的九安联盟绿色有机畜产品养殖加工直销产业链。

（2）主要做法。

一抓标准化生产，加强示范带动。以万头猪场、千头牛场、30万只肉鸡场和养殖密集区为依托，加快生猪、肉鸡标准化生产示范场（区）、示范基地建设。积极帮助规模场和养殖密集区推行无公害、绿色、有机畜产品生产，形成了一批具有较强竞争力的畜牧企业和拳头产品。通过示范带动，创新工作机制，切实实现汤阴县畜牧业生产方式“由院到园”、养殖方式“退村入区”、经营方式“由散到圈”的转变。

二抓科技创新，提升畜牧业整体水平。充分发挥畜牧兽医技术推广机构主体作用，积极培育多元化的技术推广服务组织，组织和支持科研单位、大专院校、龙头企业以多种形式广泛开展农民科技培训1.3万人次，培育科技示范户1393个，聘请专家、教授12名，帮助解决畜牧业生产中的技术难题。先后引进畜禽良种15个，推广畜牧技术10余项，全面提升汤阴县畜牧业科技水平。

三抓龙头带动，延长产业链。汤阴县现有龙头企业12家，其中国家级重点龙头企业2家（永达、众品）；省级重点龙头企业4家（诺金、益农、中原、德源）；市级重点龙头企业6家。充分发挥“众品”、“永达”、“诺金”等畜牧龙头企业，在建设基地、培育品牌、开拓市场、辐射带动等方面的作用，不断提升规模养殖的档次和水平。通过资金、土地、劳动力等要素的组合，积极探索完善龙头企业与生产基地的利益联结机制，不断提高畜牧业生产组织化程度，为规模养殖的发展提供强有力的保障。

四抓模式探索，实现联动发展。大力发展畜牧业农村经济合作组织，鼓励农民群众积极创办各种畜牧专业经济合作组织和协会，引导他们外联龙头企业、内联基地农户，形成了稳定的畜产品销售渠道。

(3) 典型模式。

“农户+合作社+公司+市场”的福旺模式：养殖户通过自愿加盟的形式组成汤阴县亨盛畜牧专业合作社进行养殖生产，合作社按照合同价收购生猪，合作社投入资金建立河南省中翔食品有限公司对生猪进行屠宰、分割及精深加工，公司通过建立直销门店将产品投入市场。

“合作社+农户”的金桥模式：社员进基地养殖不交任何费用，合作社为社员提供技术服务、产品加工销售，合作社对生产资料及出栏鸡实行团购团销“六个”统一（即统一供苗、饲料、兽药、技术服务、防疫、销售），降低了养殖成本，提高品质和效益。

“公司+农户”的鹑都模式：以龙头企业带密集区、密集区带农户、周边散养户为补充的养殖模式集聚发展。

“合作社+公司+市场”的九安模式：由中翔、德源、全达、鹑都等30余家龙头企业组成“九安”直销联盟，统一管理，统一品牌，统一销售，创新销售模式，拓宽销售渠道，搭建互联网平台，设立连锁直销门店，真正实现生产与市场地有效对接。

用工业化的理念组织汤阴县畜牧业生产，建立生产与市场的有效对接，杜绝卖亏卖难问题，实现畜产品货畅其流、优质优价，促进畜牧业链条延长、质量提升、效益增加，努力实现打造全国优质畜产品生产加工示范基地的目标。

3. *基本经验：以河南永达清真食品有限公司为例*

实现“三化”协调的首要任务是发展农业产业化，发展农业产业化的核心在于龙头企业如何处理好与农民的利益关系。作为“农业产业化国家重点龙头企业”的河南省永达清真食品有限公司是汤阴县畜产品加工集聚区的一家龙头企业。永达公司秉承“心中有农路自宽”的宗旨，不断探索龙头企业与农户连接的经营机制和利益机制，始终把利益机制放在产业化的核心地位，形成了具有永达特色的“公司+基地+农户+标准化”的肉鸡产业模式，带领农民养鸡脱贫致富奔小康[①]。

一是“公司+规模+标准化”的社会合同养鸡模式和“公司+基地+标准化”的规模化肉鸡饲养模式，带动农户发展。公司发展社会合同养鸡，养鸡农户

---

① 河南省永达食品集团．中国禽业发展大会暨中国畜牧业协会禽业分会第二届会员代表大会论文集．2007（6）．

逐步成长为公司的一分子，成为公司的一个小型原料生产车间，成为公司产业链及价值链上非常重要的一环。在豫北地区20个县连接3 500多家养殖户，年出栏肉鸡3 000多万只，年创社会利益6 000万元，户均增收1.7万元。农民通过养鸡逐步走上了致富路。由村集体或农户入股投资联建大型现代化商品鸡场102座，年可出栏毛鸡3 000万只。每年对村集体或农户建场投资回报1 734万元，此项带动农户5 000多户，户均年增收入3 500元。

二是大力发展养殖小区建设，提升产品效益。公司创新思路，大胆探索，提出了“6+1”肉鸡综合发展模式，即通过政府支持推动、龙头企业带动、金融资金配套、养殖基地专业化服务、建立养殖风险控制及损失补偿体系，推动整个畜牧业产业升级，引导广大养殖户退出散养，远离村镇，进驻小区，进行规模化养殖、标准化饲养，大力提高养殖水平，大力改善养殖环境。

三是带动作用。永达公司直接安排劳动就业人数近6 000余人，其中农民工5 000余人，人均年收入1.2万元。永达公司肉鸡产业化经营同时带动了饲料业（玉米每年耗用10万多吨）、包装业（年耗1 800万元包装费）、运输业（年耗1 200万元）、建筑业等相关行业的发展。

（二）滑县产业集聚区村庄合并的建设实践探索

滑县产业集聚区18村庄合并建设的“锦和苑”新城理论上河南走农村土地综合整治完全可以破解工业化和城镇化的土地难题，实践上主要做经营农村宅基地节约集约利用的文章。村庄合并是一项系统工程，需要深入研究和总结，推进河南农村土地综合整治。

滑县地处豫北平原，区域面积1 814平方公里，耕地195万亩，辖12乡10镇和1个产业集聚区，1 019个行政村，总人口133万，是一个农业大县、人口大县，被确定为省直管县体制改革试点县和国家扶贫开发工作重点县。2011年全县粮食总产达133万吨，连续20年位居全省县级第一，蝉联全国唯一粮食生产先进“九连冠”，素有“豫北粮仓”之称。近年来，滑县立足建设区域影响力的中等城市，全力打造“安濮鹤”中心地带新的经济增长极、区域隆起带，积极探索“三化”协调发展之路，努力建设“富裕文明、和谐美丽”新滑县，受到了国务院总理温家宝、省委书记卢展工、省长郭庚茂等莅滑视察领导的充分肯定。

省委书记卢展工命名的新型农村社区——锦和新城，共整合33个行政村12 747户，总投资33.04亿元，规划建筑面积209.7万平方米，可容纳5.4万人居住。流转土地2.5万亩，建设了现代农业示范园区。社区内教育、医疗、商贸、餐饮等配套设施齐备，农民实现了离地不失利、离地不失权、离地不失业，探索解决了“钱从哪里来、人往哪里去、粮食怎么保、民生怎么办”等问题，是目前全省建设规模最恢宏、配套设施最齐全、农民就业最充分、“三农”转变最彻底、“三化”发展最协调的新型农村社区，被授予“河南省新农村建设十大幸福乡镇”。

根据中央关于新农村建设“二十字”方针，结合集聚区发展实际，对33个行政村采取合并村庄、整合土地的“双整合”办法。通过村庄合并，统一规划，集中建设新型农村社区，实现城乡资源共享，改善了农民的居住环境；通过整合土地，实行土地流转，建设现代农业科技示范园区，促进土地集约利用，实现农业规模经营，还为城市发展和产业集聚提供广阔空间。滑县村庄合并成果有：

其一，集约了土地资源。村庄整合建成新型农村社区，由原来的占地9 500亩减少到3 925亩，节约土地5 575亩，既为产业集聚区发展提供了空间，又有效控制了农村宅基地的无序扩张，实现了用地集约、居住集聚、效益集显。

其二，增加了农民收入。土地整合后，通过土地流转，实行市场化运作、公司化经营、企业化管理，提高了土地经营的规模效益，使农民从传统的农业生产方式彻底解放出来，由过去的单一种地收入转变为从事多行业、多渠道的增收，区内农民人均纯收入由整合前2009年的4 910元提高到2011年的11 000元。

其三，农民集中入住新型农村社区，推动了农民由农村向城镇转移，加快推进了新型城镇化进程；土地的集约、劳动力的解放，为企业的发展和产业集聚奠定了基础、提供了条件，加快推进了新型工业化进程；土地的有序流转、规模经营，促进了农业产业化的集群发展，加快推进了新型农业现代化进程。

在新型农村社区建设中，建立了“政府主导、市场运作、多方投入、上下联动”的运作机制，多渠道筹集整合建设资金，为新型农村社区建设提供资金保障。第一，县委、县政府出台了《关于进一步加快产业集聚区发展的决定》，赋予产业集聚区独立行使县级管理权限，财政独立，封闭运行，对区内形成的税收、土地出让金等财政收入全部用于集聚区建设。同时，县财政还努力调整支出结构，全力筹集资金支持锦和新城建设。截至2012年，县、区财政共直接投入资金6亿多元。第二，通过大力实施土地、建设、交通、林业等项目资金整合，共筹措各类项目资金1.6亿元。第三，主动与银信部门沟通协调，积极申报项目贷款，到位银行贷款4.07亿元。第四，统筹使用电力、通信、广电、天然气等国有企业资金1.5亿元。第五，通过吸纳社会投资、农民自筹住宅建设资金等各种渠道共13亿元。在新农村建设中所需资金数额较多，其每年财务费用支出对于政府而言是个巨大的负担，如果工业化、农业现代化和城镇化收益资金不足以弥补这些缺口，毫无疑问，“三化”互动无法持续。

三、中原经济区实现“三化”协调发展的保障措施

（一）推进土地流转，解放农村剩余劳动力

推进农村土地流转，是党中央和国务院的战略部署。农村目前的家庭联产承包责任制在某种程度上制约了农业现代化进程，也阻碍了农民增收致富道路。科学实施土地流转，与中央的惠农政策并不矛盾。土地流转本质上是农民经营权与收益权分离。河南省滑县土地流转的实施确保，“农民失地不失利，失地不失农民身份”，中央的惠农政策土地流转后仍归农民享受。为推进土地流转，县政府成立土地流转公司，农民相当于土地入股方式获得分配权，统一流转的土地科学划分地块规模，公开招标拍卖，拍卖的收益全部返给农民，而且收益权以粮食作为支付标的，确保了粮价上涨后农民的收益权不受影响。土地流转后，土地实现了规模农业、高效农业，大大推进了农业现代化进程；一部分农民以产业工人的身份从事农业生产，其余劳动力为工业发展提供支撑，从而实现了农民增收致富。因此，各级党委和政府要科学有序推进农村土地流转，解放农村剩余劳动力，推进县域经济发展。

（二）加强对农村的教育投入和职业技能培训，构造劳动力转移的能力支撑体系

随着经济社会的发展，农村素质低下的文化素质严重制约了其从农业向工业，从农村向城镇的顺畅地转移。工业化、农业现代化和城镇化建设各项工作的不断展开，必然会创造大量的工作岗位，产生大量的用工需求。但农村基层干部队伍中，知识结构普遍偏低，据不完全统计，绝大部分乡镇干部队伍中，大专学历以上的不到20%，村干部具备大专以上学历的不到2%（罗展鸿等，2008），缺乏岗位所需的法律、科技、经济等基本理论知识；驾驭市场经济的能力不强，缺乏市场经济、金融、法律、现代管理等方面的知识，难以适应工业化、城镇化和农业现代化发展的需要。联合国粮农组织提出：世界种植业的农技人员与农民的合理比例是1:35～100。现在发达国家的比例是1:100，我国在经济发达的地区这个比例是1:500，而边远地区则达到1:1000以上。与世界先进水平相比，差距甚大。目前在职的农业技术人员中，大部分只具备高中以下文化水平。当前，我国农村初中以下文化水平的劳动力比重高达80%，文盲半文盲占15.68%，高中以上文化程度的仅占6.64%。在农业劳动力中，受过职业技术教育和培训的仅占农业劳动力总数的5%。劳动者素质低下已经成为阻碍我国农村经济发展的“瓶颈”。这样素质的人员只能从事较低级的劳动，因而难以进入较高层次的产

业。低素质的剩余劳动力一方面难以离开土地在城镇找到工作；另一方面，随着现代农业的发展，低素质农村剩余劳动力会严重制约农业现代化。因此要保障“三化”互动，首先需要提升农村剩余劳动力的素质，可以在义务教育的基础上发展相应的职业教育和乡村成人教育，为工业化和农业现代化提供充足的劳动力准备。

（三）构建政策环境平台，支持返乡创业

如果考虑到家庭成员的整体福利效应，农村劳动力转移距离对农村劳动力的收入效应已经有所变化，即家庭的整体福利影响到农民对转移距离的选择。近年来外出农民工返乡者增多，他们带着外出打工所获得的新的理念、技能、经验、资金等回到家乡，或就近务工或返乡创业，生活成本等开支的大大降低，从而提高了农民的相对收入，而且也能就近照顾小孩和老人，带来家庭整体福利的上升。返乡创业企业不仅促进了农村经济的增长，而且对吸收农村剩余劳动力、促进农民增收、减少农村经济社会矛盾、促进区域经济协调发展有很大作用。因此，政府要打造优良的投资环境，加强组织领导，制定优惠政策，因地制宜地为返乡创业企业的发展提供诸如财政补助和贴息、贷款担保、税费优惠等相结合的扶持政策，鼓励外出农民工中的成功人士返乡创业，推进本地工业化、城镇化和农业现代进程。

（四）合理布局产业，发展地区特色农村经济

农村产业布局上应充分发挥农村的比较优势，重点发展现代农业及其相关的劳动密集型产业。农村最大的优势是农业劳动力资源丰富。对于现代化农业发展可以结合地方的特色选择具有竞争实力的农业产品，并且着力于开发与之相关的附加值高的农业加工产品，延长农业产业链，提高农民收入。一些受耕地资源的制约较弱的地方，可以通过开发庭院经济，发展生态农业、立体农业、精细农业，如塑料大棚、工厂化种植和养殖、新型模式化栽培等方式，在一定程度上可以解决农业产业自身比较利益低的问题，可使有限的土地容纳更多的劳动力就业。除了现代化农业发展之外，还可以根据本地情况选择重点发展劳动密集型企业。如农产品深加工企业、服装制造业等劳动力密集型产业，以吸纳更多的农村剩余劳动力。合理布局产业，由于具有农村廉价的劳动力资源和土地资源，着力于引进资本运营商，实现企业的扩张和逐步壮大，不仅可以解决本地劳动力就业问题，还可以吸引其他地区劳动力资源，突出培育企业的核心竞争力。

第三节 河南“三化”互动协调发展的路径：可持续发展视角

中国二元经济体制改革是继国有企业体制改革之后另一项带有根本性质的经济体制改革。河南省是全国第一人口大省，2010 年人口超过 1 亿人，占全国的 7.7%。处于劳动年龄阶段的人口超过 7 000 万人，占全省人口总量 72%，位居全国第 1 位。河南省作为全国的粮食主产区，必须保证国家粮食安全的重任；否则不仅中原经济区的工业化、城镇化就会失去基础和支撑，现代化进程就要走弯路，而且会影响国家粮食安全战略，甚至可能影响国家长治久安。《全国土地利用总体规划纲要》提出，要坚守 18 亿亩耕地红线，只有工业化、农业现代化和城镇化三化互动才能真正实现城乡统筹发展。河南省人多地少，2009 年人均耕地面积 0.08 公顷，不少地方在 0.04 公顷以下，再加上科技进步和机械化程度的提高，农村剩余劳动力较多。近几年由于受金融危机的影响，农民外出就业人数较大幅度减少，加之河南省经济发展较落后，其财力支付能力有限，工业化基础相对落后，人口转移压力大，如何从土地上做文章，如何从财务评价角度破解三化互动的困境，使“三化”良性互动，保持持续发展是值得思考的问题。

一、基于土地的河南省“三化”互动持续性分析

土地制度改革是破解城乡统筹发展的治本之策，也是统筹城乡试验区改革的最重要一环。就重庆而言，统筹城乡发展的主要矛盾是如何促进农民工在工业化进程中有序转移的问题。促进、影响和制约农民工市民化“转移”的核心，就在于农村土地问题和由土地的所有制关系产生的制度安排及机制设置问题（戚攻，2008）。就成都方面看，统筹城乡采取“六个一体化”策略，其中最为基础的是推进城乡市场体制的一体化，而土地作为城市和乡村都极为重要的生产要素，如何实现自由流动，实现市场化配置是重点要解决的问题（周其仁，2010）。作为统筹城乡的重点领域和关键环节的土地制度创新从理论转向操作层面，这就为农村土地改革开创了新的局面。但另一方面，目前的改革采取了依靠政府的较高利益激励方式，此种方式需要较高的财政投入和组织力量投入，能否继续维持试验的推广则存在疑问？

各地城乡统筹进程中首先从村庄合并开始，节约土地，进而为农业现代化与工业化提供土地，并且认为工业化是城乡统筹的核心，工业化的关键在于土地。河南省各地都积极招商引资，各地政府如希望获得招商项目，通常将工业用地仅

以成本价、甚至是所谓的“零地价”出让给投资者。河南省地方政府需要事先付出土地征收成本、基础设施配套成本，地方政府以“零地价”出让工业用地过程中在财政上实际上是净损失的。加之目前河南省有些地区工业化和农业现代化缺乏相应的支撑和延续其发展的产业基础，如果不惜血本建造公共设施，通水、通路、通电，日后这些村庄只能靠消耗外部“物质”和“能量”来维持，会成为当地政府严重的财政负担（张凤荣、许坚，2009）。

地方政府在巨大的负债压力下，形成负债的“倒逼”机制。之所以不惜成本进行大规模招商引资的目的，地方政府其实不仅仅是希望获得制造业所产生的增值税和企业所得税，同时本地制造业发展对服务业部门增长的推动并带来的相关营业税和商、商住用地土地出让金等收入。地方政府通过“招、拍、挂”方式高价出让土地给房地产开发商，并将这种高地价转嫁给本地服务业的消费者，从而产生了为推动制造业发展而进行的大规模低价圈地所带来的数以千万计的城郊失地农民（陶然、汪晖，2010）。同时在地方政府可强制征地、单方面制定土地补偿标准，并垄断城市建设用地土地出让一级市场的体制下，绝大部分失地农民很难分享因城市化、工业化带来的土地增值收益，往往陷入失地又失业的情况。

土地城镇化最终导致城镇中只有有形的城市基础设施建设，造成了失地农民既找不到就业门路，又处于种地无田的困境。农村村庄合并节约土地是有限的，仅靠卖地可以短期缓解资金的压力，地方可以获得短期财政收入的高速增长。一旦土地政策发生变化或者可卖土地减少，政府将面临更大的积聚负债风险；另外失地农民的生计最终可能还是需要政府来解决，这样会加剧政府的负债风险（袁定明，2008）。由土地而产生的“伪城镇化”无法真正推进“三化”互动持续发展，既不利于农民生活水平的长期提高，也会阻碍城乡统筹发展战略的推进。

二、河南省“三化”互动可持续发展财务评价模型

要解决“三化”互动过程中的政府负债，以及由此产生的圈地运动，进而导致农民失地又失业的局面，可以转变土地城镇化为人口城镇化，由人口城镇化带动“三化”互动持续发展。土地城镇化对城市政府而言，更具财政内驱力；而人口城镇化，在农民保留土地承包权的基础上的城镇化，则对农民工更为有利（张翼，2011）。河南省“三化”互动可持续发展模型是在充分考虑城市居民收入状况确定地价和保障农民合理权益的前提下，通过平衡工业化用地和城镇化中商住地的比例，平衡地方政府财政赤字。在“三化”互动可持续发展模型中，要提高城市对农民工的社会保护水平，要使农民工将自己认同为“城市新市民”，在不对进城农民工的承包地和林地权属变更的前提下，就必须使其与城市

户籍居民均等共享保障与公共服务，以社会保障和城市公共服务促进城镇化（蔡昉，2010）。最后以人口城镇化为引领，带动工业化和农业现代化良性互动。具体而言，村庄合并的投入主要包括建房补贴、拆房补贴、社会保障投入、社区公共服务与管理费用等。节约土地产出受到用于城市建设的比例，用于工业发展的比例，土地交易价格，土地投入强度和产出强度，工业发展土地投资回报等因素影响，需要建立科学财务评价模型，进行计算机模拟。当 $O=I$ 时，可以测算出工业用地和商业用地的比例，另外不论是村庄合并投入还是节约用地的使用一般都持续一段时间，需考虑货币的时间价值，即为：

$$I = \sum_{n=1}^{d} \frac{a_{n1} + a_{n2} + a_{n3} + a_{n4} + \varepsilon_n}{(1+i)^n}$$

$$O = \sum_{n=1}^{d} \frac{x_n b_n}{(1+i)^n} + \sum_{n=1}^{m} \frac{y_n p_n}{(1+i)^n}$$

$$C = \sum_{n=1}^{d} x_n + \sum_{n=1}^{m} y_n$$

$$p_n = f(\text{城镇居民收入})$$

其中 I 为村庄合并总投入；a_{n1}，a_{n2}，a_{n3}，a_{n4}，为第 n 年的建房补贴、拆房补贴、社会保障投入、社区公共服务与管理费用和其他费用、t 为村庄合并投入年限、i 为年利率。O 表示节约土地地价收入，其中 x 为工业用地的数量，b 为工业用地的单位价格，y 为商住地的数量，p 为商业用地的单位价格（其应该考虑城镇居民收入的情况），d 为工业用地投入的年限，m 为商业用地投入的年限；C 表示村庄合并节约的土地总额。

由于村庄合并过程中政府投入与节约土地的收益正好相等，政府不存在巨额负债，也不会驱动“倒逼”机制。根据合理房价，带动“三化”良性循环会带来更多的工业、“三产”和农业税收回报，其远超过“土地财政”带来的收益，同时拉动消费，带动经济增长，并且能有效解决本地就业，解决一系列异地就业的社会问题。

三、基于可持续发展财务评价模型的河南省“三化”互动

（一）以城镇化为引领，实现“三化”良性互动

基于可持续发展财务评价模型强调依据居民收入确定房价，建设城镇化，然后以城镇化引领，带动工业化和农业现代化，从而实现三化良性互动。从理论上来说，工业化导致要素的空间聚集和大规模的人口迁徙，促进了现代城市的形成和发展。实际上，由于河南省人口多，为保证全国人民吃饭问题，国家确保十八亿亩土地红线不能突破，相对于其他地区，河南省农业现代化和工业化的发展受

到了更为严重的空间制约。解开制约“三化”发展的死结的突破口就是农民进城,[①] 三化互动中只有城镇化能为农业现代化和工业化拓宽空间，因为农民大规模向城镇迁徙和集中，人均居住和生活用地空间肯定会减少，从而就可以腾出工业项目落地的空间。同样的道理，农民进城也腾出了农业用地空间，可以使留下来的农户扩大种植面积，实现规模经营和农业的现代化。可见，城镇化是制约工业化和农业现代化发展的“结”，也是解开这个“结”的钥匙。因此，用城镇化来带动工业化和农业现代化，促进“三化”协调发展。

（二）城镇化控制成本，带动工业化发展

“三化”互动可持续发展财务评价模型中商业用地价格充分考虑了居民收入，主要是通过地价控制达到控制房价，使房价合理，人们能够承受。合理的房价可以保证工业化所需要的人才；另外合理的房价为工业化提供了合理的成本开支。按照基于社会生态环境动态匹配择业模型（程芳，2011），人们选择职业时考虑的是嵌套职业岗位的组织和地区环境的社会生态对个人价值回报影响，即由于不同地区的消费水平不同，收入的实际购买能力不同，仅考虑社会生态对个人价值回报总额应该考虑支出后的净回报；除了受到职业、组织和地区因素的影响，同时也受国家政策环境的影响，这些政策从长期来看影响着地区、组织和个人职业的回报价值，择业是基于发展前景的理性判断的净回报，即动态净回报。改革开放特别是十六大针对城乡二元结构提出了“统筹城乡经济社会发展”的方针。2007 年，党的十七大提出要“建立以工促农、以城带乡长效机制，形成城乡经济社会发展一体化新格局”。同年，国家批准成都和重庆作为统筹城乡综合配套改革试验区。这都会促进中部崛起的战略和西部大开发战略实施，加上 2008 年国际金融危机的影响，东部发达地区产业结构调整，集中优势发展高端制造业和高新技术产业，将资源和劳动密集型产业转移到中西部地区，长期发展前景是较好的。人才在选择就业地区时目前非常看中的是房价与收入比，合理的房价有利于吸引人才。在合理房价下，企业为留住人才员工，不需要提高员工工资比重，因此企业获利明显增加，企业能较容易扩大规模和增招人手，这对企业的长远发展以及扩大社会就业显然是非常有利的。

（三）城镇化反哺农业，促进农业现代化进程

“三化”互动期望通过城镇化和工业化促进农业现代化进程。按照“三化”互动可持续发展财务评价模型确定的合理房价可以降低城市创业，尤其是第三次

---

① 耿明斋，关于“三化”关系的若干思考，http：//gengmz. blog. sohu. com/，2010 - 05 - 10。

产业的创业门槛。在资本总量一定的前提下，使企业不用过多投入经营性房屋，那么用于购买劳务的可变资本就可随之增加，即可以通过增加从业者的工薪收入，或者增加从业者人数，或两者兼而有之，这些对扩大就业都是有利的。创造大量工作岗位吸引农村富余劳动力到城镇就业，把大量生产农产品的农民转化成消费农产品的市民，就会导致农产品消费需求总量的不断增加，从而提高农业产业化的效益。城镇化建设，有利于提高信息化水平。农业产业化要想获得长足发展，就必须运用信息化工具，把产供销、农工贸、经科教等诸多生产环节紧密结合起来。只有把信息技术贯穿于农业产业化全过程，才能有效推进农业产业化发展。

（四）持续性“三化”互动，有利拉动内需

根据估算，城镇化率每提高1个百分点，直接消费可拉动GDP增长1.5个百分点；每增加一个城镇人口，可带动10万元人民币的建设投资（长子中，2011）。中国社科院城市发展与环境研究所发布的《2011年中国城市发展报告》指出中国大陆目前失地农民达到4 000万~5 000万人，并且以每年大约300万人的速度递增。估计到2030年，中国失地农民的人数将增加到1.1亿人。中国最大的内需在城镇化，促进发展最大的潜力也在城镇化。对于河南省也是同样的道理，按照《建设纲要》规划的发展目标，到2015年河南省城镇化率要达到43%，接近中部平均水平；到2020年城镇化水平要达到53%，接近全国平均水平，预计2020年，河南省城市化率再提高15个百分点，将新增城镇人口1 500万。河南省进入城镇化加快发展时期，将有利于改变城镇化滞后于工业化的局面，有利于加速农民工市民化，有利于顺利推进城乡一体化，进而有利于解决好“三农”问题（孔煜，2010）。很多研究表明，城镇化有助于实现共同富裕，拉动内需，促进经济健康协调发展。“三化”互动可持续发展财务评价模型中，“失地”农民一方面取得了原有土地的收益，并且由于城镇化和工业化吸引就业，加上分享因城市化、工业化带来的土地增值收益，“失地”农业变成有消费能力的农民，其消费提升将带动“三产”的发展，从而为地方财政带来可持续的收益，从而形成良性循环。同时有产的农民自愿离开土地，从而为农业现代化提供土地和劳动力资源，真正实现工业反哺农业。

第四节　政策建议

加快中原经济区建设，要以“三化”协调为中心。在河南省经济发展中，

工业化、城镇化与农业现代化发展不协调，已成为经济快速发展的障碍。为此，在未来的经济发展中，首先要转变观念，不能割裂工业化、城镇化与农业现代化的内在关系，一定要将“三化”协调统一起来，进行通盘考虑，以新型工业化提升工业化发展水平、新型城镇化实现城乡融合发展，以农业现代化带动农村经济全面发展。

一、河南省“三化”协调发展的基本思路

（一）树立“三化”统筹协调发展的新理念

“三化”协调发展是中原经济区加快建设的核心和关键。当前，河南省工业化加速发展，城镇化水平快速提升，但农业还比较薄弱，工业化、城镇化与农业现代化没能更好地协调发展，出现了一些问题，表明我们对三者的相互关系认识不够。必须做到“三化”兼顾，统筹发展，在“三化”协调发展过程中促进农民增收、加快农民就业转移。为此，首先应从心底树立“三化”统筹发展的新观念。

一方面要深刻领会工业化、城镇化与农业现代化存在的内在的互动关系，深刻领会中原经济区建设的核心战略，时时处处以“三化”协调示范为重，并贯彻落实到实处；另一方面要以先行先试为指导，积极开展试点推广工作，建立“三化”协调发展示范区，并适时将实验示范经验向其他地区推广。

（二）建立“三化”统筹协调发展的新机制

“三化”统筹是加快中原经济区建设的必然选择。统筹发展，机制先行。如何建立“三化”统筹协调发展的新机制，对当前河南省以至全国的可持续发展至关重要。

“三化”统筹加快中原经济区建设是一项全局性、战略性和根本性的工作任务，必须根据区域的资源禀赋特点和优势，走出特色发展道路。河南省是全国重要的粮食生产基地，农业人口比重较大，农业弱质性仍较明显，要协调推进“三化”，就应该将立足点放在如何夯实现代农业的发展基础上，牢牢把握新型工业化、新型城镇化与农业现代化协调推进这个战略着眼点，以国家大力促进城乡融合发展为契机，抓住机遇，用足用好政策，把工作做到实处。

如何协调“三化”发展？一要打破城乡二元结构，形成以工补农、以城带乡的机制。二要以市场为中心，建立符合“三化”协调发展的市场机制。三要以县域特色产业为主导，发挥乡镇企业和龙头企业的带动作用，延长产业链，让农民分享发展利益，从农民收入增长和非农就业转移出发实现整体利益的最大化。

（三）创新“三化”统筹协调发展的新模式

近年来，我们对河南省部分地区新型工业化、城镇化和农业现代化问题进行了实地调研，结果发现产业集聚区（以农业产业链为中心）对河南省经济发展的意义重大，能有效地发挥农业现代化、工业化和城镇化的协同作用。在加快中原经济区建设中，发挥产业集聚区的集聚能力、实施农业产业化可作为河南“三化”统筹协调的主要途径。为此，中原经济区建设以产业集聚区为载体推动集聚发展，是高起点、高水平推进中原经济区“三化”协调、科学发展的重要内容。产业集聚区通过其规模效应、集聚效应、关联效应和扩散效应的有效发挥，实现区域经济效益的快速提升。加快产业集聚区建设，促进产业结构的优化升级，已成为地方政府加速经济发展的共识。

进行产业集聚区建设是以经济发展来支撑，需要培育主导产业和特色经济。对于河南省这样一个农产品资源相对丰富的农业大省来说，县域工业发展要把农产品加工业作为重点，积极推进农业产业化经营。在加强产业集聚区建设，统筹工业化、城镇化与农业现代化协调发展时，可由政府制定实施优惠政策，吸取更多的有实力的龙头企业向园区集中。为加快产业集聚区的发展，建议省委省政府制定专门的产业集聚区发展规划，实施优惠政策，赋予产业集聚区基本的土地、立项、规划、审批等权限和行政管理职能，强化管理职能，加大执法力度，确保产业集聚区快速发展。

（四）创造“三化”统筹协调的新环境

以“三化”统筹为核心加快中原经济区建设，政府发挥着重要作用。其作用不仅表现在如何协调“三化”的关系，而且体现对中原经济区建设整体推进的管理和政策执行等方面。为此，河南省在实现“三化”统筹发展中要真正发挥政府的协调与管理职能，为加快中原经济区建设提供强有力的保证。

1. 制度创新优化环境

统筹发展的关键在制度创新，难点也在制度创新。要加快中原经济区建设，就要进行制度创新，创造“三化”统筹的良好制度环境。

（1）做好制度规划。制度创新不是盲目的，而是有目标、有规划的。要按照中原经济区建设整体发展要求，以科学发展观为指导，制定统筹推进“三化”的具体规划。在制定规划时，要从统筹的角度，协调工业化发展规划、城镇化发展规划和农业现代化发展规划的内容，不能出现冲突，特别是在制定工业化、城镇化规划时要注重对农业现代化的带动和引领。

（2）加快机制创新。一是剔除户籍障碍。户籍制度是制约“三化”协调发展的一大障碍。河南省急需加快户籍制度改革，为现代农业建设创造公平的发展环境。目前，我国发达省份开始放开户籍，实施城乡一体化的户籍管理制度。河南省是人口大省和农业大省，改革不可能一步到位。河南省可以采取先放开小城镇，再逐步放开大城市的户籍改革逐步推进战略，最终实现城乡户籍一体化。同时，积极推进城镇化进程，使大多数人能在城镇居住，大幅减少农业人口占比，增加农村人均资源占有量，实现土地规模化经营，提升农业规模效益，建设现代农业。二是加快土地流转，为现代农业规模经营奠定基础。要按照市场经济的要求，引导农户通过市场机制进行土地使用权的流转和集中，使土地向善经营、懂市场、有技术的能人集中，培养一大批种养大户、流通大户。在加快农村土地集中的基础上，促进农村劳动力向非农产业转移，加快工业化和城镇化进程。三是加大农村税费体制改革，为现代农业建设创造公正环境。要加大转移支付力度，引导农民走合作社和产业链合作发展的道路，加大对农产品加工业的扶持力度，降低产业集聚区产业链上下游的增值税率，促使农产品加工业市场竞争力不断提高。

2. 资金支持促发展

工业化、城镇化与农业现代化发展过程中，三大产业结构日趋合理、农业生产条件逐步完善、农业内部产业结构不断改进等方面的发展成果，为今后统筹发展奠定了良好基础；但区域经济发展差异巨大、城乡居民收入水平日渐扩大、农村发展投入比重不足等则制约着统筹发展。必须加大对农村工业化、城镇化与农业现代化的投入。为此，要继续保持农产品价格合理水平，加大财政资金的支农力度，完善农业补贴政策，引导农民调整和优化生产结构，使农民真正得到实惠。此外，要大力扶持县域特色经济发展，依据资源优势建立特色产业集聚区，广辟农民增收渠道，促进农村劳动力就地转移，千方百计增加农民收入。

二、河南省实现“三化”互动的政策创新

（一）保障实现河南“三化”互动的土地政策

其一，推进土地流转，保证农民失地不失利。推进农村土地流转，是党中央和国务院的战略部署。农村目前的家庭联产承包责任制在某种程度上制约了农业现代化进程，也阻碍了农民增收致富道路。科学实施土地流转，与中央的惠农政策并不矛盾。土地流转本质上是农民经营权与收益权分离。河南滑县土地流转的实施，确保“农民失地不失利，失地不失农民身份”，中央的惠农政策土地流转后仍归农民享受。为推进土地流转，县政府成立土地流转公司，农民相当于土地入股方式获得分配权，统一流转的土地科学划分地块规模，公开招标拍卖，拍卖

的收益全部返给农民，而且收益权以粮食作为支付标的，确保了粮价上涨后农民的收益权不受影响。土地流转后，土地实现了规模农业、高效农业，大大推进了农业现代化进程；一部分农民以产业工人的身份从事农业生产，其余劳动力为工业发展提供支撑，从而实现了农民增收致富。因此，河南省各级党委和政府要科学有序推进农村土地流转，解放农村剩余劳动力，推进河南各地区经济发展。

其二，合理确定地价，充分考虑居民收入水平。“三化”互动可持续发展财务评价模型中首先需要考虑商业用地的单位价格。按照成本法，房价的构成包括土地取得成本、管理费用、开发成本、销售税费、投资利息和开发利润。成本法中商业用地的单位价格是构成房价的重要部分。如果土地价格过高，势必会导致房价上涨过快。房价上涨过快在带动住房消费和家居类商品消费的同时，在一定程度上却抑制了其他消费（张占仓，2010）。合理总房价是普通家庭年收入的比处于合理区间，如世界银行认可 3 ~6 倍合理区间。只有房价收入比合理才能使中低收入家庭能够承受购买住房的经济能力，才能真正使“三化”有持续的发展动力。

（二）保障河南省实现“三化”互动的劳动就业政策

其一，加强对农村的教育投入和职业技能培训，构造劳动力转移的能力支撑体系。随着经济社会的发展，农村素质低下的文化素质严重制约了其从农业向工业，从农村向城镇的顺畅转移。工业化、农业现代化和城镇化建设各项工作的不断展开，必然会创造大量的工作岗位，产生大量的用工需求。低素质的农村剩余劳动力一方面难以离开土地在城镇找到工作；另一方面，随着现代农业的发展，低素质农村剩余劳动力会严重制约农业现代化。因此要保障“三化”互动，首先需要提升农村剩余劳动力的素质，可以在义务教育的基础上发展相应的职业教育和乡村成人教育，为工业化和农业现代化提供充足的劳动力准备。

其二，构建政策环境平台，支持返乡创业。如果考虑到家庭成员的整体福利效应，农村劳动力转移距离对农村劳动力的收入效应已经有所变化，即家庭的整体福利影响到农民对转移距离的选择。近年来外出农民工返乡者增多，他们带着外出打工所获得的新的理念、技能、经验、资金等回到家乡，或就近务工或返乡创业，生活成本等开支的大大降低，从而提高了农民的相对收入，而且也能就近照顾小孩和老人，带来家庭整体福利的上升。返乡创业企业不仅促进了农村经济的增长，而且对吸收农村剩余劳动力、促进农民增收、减少农村经济社会矛盾、促进区域经济协调发展有很大作用。因此，政府要打造优良的投资环境，加强组织领导，制定优惠政策，因地制宜地为返乡创业企业的发展提供诸如财政补助和贴息、贷款担保、税费优惠等相结合的扶持政策，鼓励外出农民工中的成功人士返乡创业，推进本地工业化、城镇化和农业现代进程。

（三）保障实现河南“三化”互动的社会保障政策

改革户籍身份制度，给农民以真正的市民待遇给农民以城市市民的同等地位，赋予城乡居民同等的权利，消除人与人的差别，获得同等的受教育、工作、择业、社会福利等权利。首先健全完善被征地农转非人员社会保险制度，将新征地农民采用各种方式纳入城镇基本养老、医疗保险，将农民工保险待遇扩大与城镇职工同等。其次健全完善新型农村合作医疗制度。在全市农村普遍推行新农合制度，率先在全国省会城市实现新农合全覆盖。最后先行先试新型农民养老保险。在国家没有农民养老保险制度安排的情况下，充分运用各种筹资方式，探索实行社会统筹与个人账户相结合的农民养老保险制度；并在选择部分条件好的地区进行了试点。通过社保制度安排及其实施，一定程度上解决了农民向城镇集中的后顾之忧，加快了农民向城镇集中的速度。

参考文献

[1] 厉以宁. 论城乡二元体制改革 [J]. 北京大学学报（哲学社会科学版），2008，(2)：5-11.

[2] 刘文勇，李咏涛. 中国剩余劳动力转移之城镇化战略分析与对策建议 [J]. 生产力研究，2004 (5)：37-38.

[3] 徐育才. 农村剩余劳动力转移的思考与对策 [J]. 开放导报，2010，(4)：15-19.

[4] 阳立高，廖进中，柒江艺. 城镇化拉动农业产业化发展研究——基于湖南省部分地区的实证分析 [J]. 湖南大学学报（社会科学版）. 2010，(2)：61-64.

[5] 蔡昉. “民工荒”现象：成因及政策涵义分析 [J]. 开放导报，2010，(2)：5-10.

[6] 程芳. 基于“三化”互动的农村剩余劳动力转移研究 [J]. 理论与改革，2011 (2)：77-78.

[7] 李剑阁，韩俊. 新农村建设亟待解决的问题——对全国2749个村庄的调查比较 [J]. 比较，2007，(31)：71-88.

[8] 钟德友. 多元主体合作创新推动农村剩余劳动力转移就业 [J]. 软科学，2010，(8)：70-73，78.

[9] 马颖，朱红艳. 地区收入差距、剩余劳动力流动与中西部城镇化战略 [J]. 福建论坛（人文社会科学版），2007 (3)：10-15.

[10] 罗展鸿，潘献奎. 社会主义新农村是大学生就业的新天地 [J]. 中国成人教育，2008，(4)：75-76.

[11] 傅伯仁，王瑶，李爱宗. 金融危机下我国农村劳动力转移问题研究 [J]. 农业现代化研究，2009，(6)：650-654.

[12] 郭熙保，赵光南. 我国农村留守劳动力结构劣化状况及对策思考 [J]. 中州学刊，

2010，(5)：112－117.

[13] 漆世兰，杨锦秀，石川．农村劳动力转移对农业生产的负面效应分析［J］．农村经济，2009，(10)：100－103.

[14] 国家发展和改革委员会国土开发与地区经济研究所课题组，肖金成．改革开放以来中国特色城镇化的发展路径［J］．改革，2008，(7)：5－15.

[15] 梅哲，陈霄．城乡统筹背景下农村土地制度创新——对重庆农村土地制度改革的调查研究［J］．华中师范大学学报（人文社会科学版），2011，(5)：18－26.

[16] 张晓雯，陈伯君．统筹城乡发展：国外经验借鉴及启示——以成都试验区建设为例［J］．财经科学，2010，(3)：118－124.

[17] 戚攻．我国工业化进程中的农村土地流转——以重庆统筹城乡发展中的农民工土地流转为例［J］．成都行政学院学报，2008，(4)：38－42.

[18] 北京大学国家发展研究院综合课题组，周其仁．还权赋能—成都土地制度改革探索的调查研究［J］．国际经济评论，2010，(2)：54－92.

[19] 张凤荣，许坚．节约集约用地及城乡统筹发展［J］．中国土地科学，2009，(10)：80.

[20] 陶然，汪晖．中国尚未完成之转型中的土地制度改革：挑战与出路［J］．国际经济评论，2010，(2)：93－124.

[21] 袁定明．基层政府负债风险的成因与对策研究［J］．农村经济，2008，(8)：66－69.

[22] 张翼．农民工“进城落户”意愿与中国近期城镇化道路的选择［J］．中国人口科学，2011，(2)：14－26.

[23] 蔡昉．中国发展的挑战与路径：大国经济的刘易斯转折［J］．广东商学院学报，2010，(1)：4－12.

[24] 耿明斋．关于“三化”关系的若干思考［EB/OL］．http：//gengmz.blog.sohu.com/150952731.html，2010－05－10.

[25] 程芳．基于人与社会生态环境动态匹配的大学生就业研究［J］．西北人口，2011，(2)：61－64.

[26] 长子中．推进农业现代化与工业化、城镇化协调发展［J］．中国经贸导刊，2011，(13)：43－45.

[27] 孔煜．地价与房价的关系研究述评［J］．重庆大学学报（社会科学版），2010，(2)：21－26.

[28] 张占仓．河南省新型城镇化战略研究［J］．经济地理，2010，(9)：1462－1467.

第三篇

循环农业及生态经济

党的十八大提出了社会主义生态文明建设的理念，把生态文明建设放在突出地位，融入经济建设、政治建设、文化建设、社会建设的各个方面和全过程。同时，还提出加快实施主体功能区战略，严格按照主体功能定位发展，构建科学合理的城市化格局、农业发展格局、生态安全格局。粮食主产区的生态文明自然落实在循环农业的发展方向上。该篇内容主要围绕循环农业与生态经济进行分析，包括三章内容。第六章从低碳经济的视角分析了现代农业的可持续发展，要在农业生产方式转型基础上，依靠技术创新和技术培训来推动低碳农业的发展。第七章从品牌建设的角度对农业产业的竞争力进行了分析，结合具体情况，利用实证分析的结果，提出了河南省农产品品牌建设的对策和建议。第八章则延续前两章，进一步从绿色经济的角度，对农业大省绿色食品产业链的发展进行分析。

第六章

农业生产的双重性、低碳发展取向及科技创新*

【本章摘要】 农业是国民经济的基础产业，农业生产面临着诸多双重性问题，在保证农业农村经济发展和粮食数量安全的同时，也影响着农业的可持续发展。实现农业低碳转型，是农业生产的发展取向，既能保证农业内在积极作用的发挥，又能有效抑制其消极影响。为此，我们要在农业生产方式转型基础上，扭转高碳农业生产加剧农业双重性矛盾的局面，以保障粮食安全、保证农业生产内在积极作用有效发挥为原则，充分发挥政府主导作用，以政策创造低碳农业发展的良好环境，调整耕种方式，加强农业废弃物资源化利用，完善农业生产技术体制，加快农业低碳转型步伐，促进农业的可持续发展。低碳农业是科技化农业，主要依靠技术创新来提升农业技术水平，依靠技术培训和推广来提高农业劳动者的技术素质和生产技能。目前，我国正处于由传统农业向现代农业转变的关键时期，我国现代农业发展的任务更加繁重，耕地和水资源紧缺、农业生产成本上升、青壮年劳动力减少、环境污染和生态退化等问题日益突出，农业发展正面临着资源与市场的双重约束、经济增长与生态保护的双重压力、农民增收与粮食安全的双重挑战。面对新形势新变化，我国现有农业科技难以适应现代农业发展的需要。在资源环境约束不断加剧的情况下，通过科技进步实现农业发展方式转变，把农业发展建立在创新驱动的基础上，是现代农业发展最重大、最关键、最根本的出路和措施。

随着全球环境变化和气候变暖的出现，世界开始进入低碳经济时代，农业发展、粮食安全问题也应适应全球经济发展的形势，转变农业发展方式，走“去石油化”的低碳农业发展道路。低碳农业是现代农业的必然选择，对我国粮食安

* 本部分为河南省科技厅软科学项目“河南农业低碳转型的实践与发展趋势研究”（122400410014）及2012年安阳市社会科学规划课题的部分成果，项目负责人郭素玲副教授。

全、农业可持续发展意义重大。加强对低碳农业的研究将成为未来研究的一个方向，而且在实践中也将得到进一步的重视。本章从农业可持续发展的视角对如下问题进行分析：（1）农业生产面临的双重性问题；（2）解决农业双重性问题的发展取向：农业低碳化转型；（3）探讨实现粮食安全与低碳农业双赢的路径；（4）加快农业科技创新以进一步促进低碳农业发展。

第一节　农业生产面临的双重性问题

农业生产过程主要是种植业和养殖业生产粮食和农副产品的过程。从农业生产过程可以发现，农业生产具有明显的双重性（见图6－1）。农业生产既是碳源又有碳汇功能；在增加粮食产量的同时也可能损害农产品品质；外源性技术在农业生产中的广泛应用导致环境污染和食品安全风险，而内源性技术能促进农业的可持续发展；农业副产品的利用方式不同可能带来截然不同的两种效果。

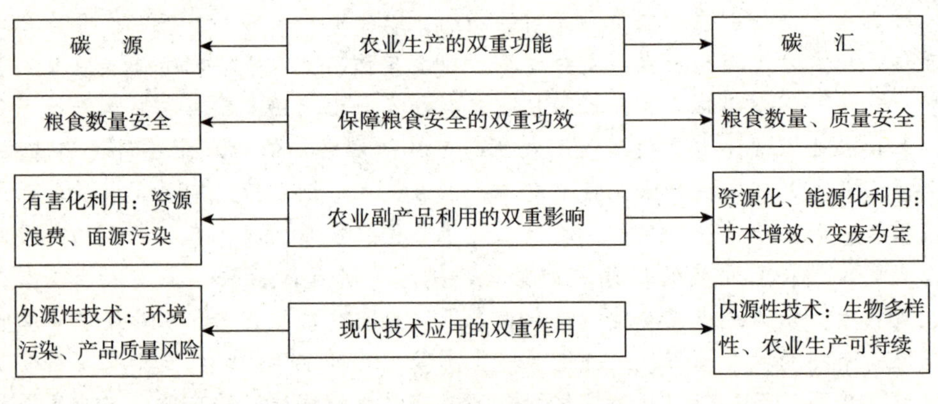

图6－1　农业生产的双重性

一、农业生产碳源与碳汇的双重功能

从农业生产的功能看，农业既是碳源也是碳库。与工业经济发展过程不同，农业生产特别是种植业的生产需要借助于土地，而土壤本身就是重要的碳库和碳源。耕地释放出大量的 CO_2、N_2O、CH_4 等温室气体，成为碳源。资料显示，全球农业用地释放出大量的温室气体，超过人为温室气体排放总量的30%，相当于150亿吨的 CO_2。农业畜禽养殖业粪便和反刍动物肠道发酵排放气体也增加了温室气体排放。同时，农业生态系统是全球碳库的重要组成部分，在碳汇上有独

特作用。土壤有机碳是陆地生态系统的主要碳库，其生态固碳能力很强。农业生产过程通过植物的光合作用，能吸收和固定大气中的CO_2，农林牧副渔大农业产业都具有碳汇功能。农业是具备碳源与碳汇双重功能的产业，而其最主要的、也是其他产业所没有的功能即碳汇功能。一方面，农业可以通过技术手段形成碳汇，缓和温室气体的排放；另一方面可以形成碳中和能源。气候变化和能源危机背景下，如何在农业生产中减少碳源、增加碳汇，对经济的持续发展关系重大。

二、保障粮食安全的双重功效

保障粮食安全是我国农业可持续发展和国家安全的需要。现代粮食安全不仅包括数量安全，而且包括质量安全、生态安全的内涵。不同的粮食增产方法会产生不同的粮食安全效果。随着人口增多、粮食需求量增大，为达到保障国家粮食安全的目的，首先要保证粮食的有效供给。研究发现，不同的因素对粮食安全的影响效应依次为化肥施用量 > 农用机械总动力 > 有效灌溉面积 > 粮食播种面积 > 耕地面积。近年来，随着工业化和城镇化进程的加快，耕地面积逐年减少，引致国家粮食安全出现风险。为保证粮食产量，人们往往通过大量施用化肥、农药实现单产的增加，贡献巨大。但过度依赖农药、化肥增加农产品产量的做法，既有可能带来农产品的残毒，又有可能带来农业面源污染和土壤肥力下降，影响农产品的品质，进而影响持续的粮食安全。而采取高效低碳循环农业生产模式，在节约成本、提高农产品产量的同时，也会改善生态环境，提高农产品品质。为保障我国持续的粮食安全，在未来的农业生产中，必须尽快实现由单纯追求粮食的数量安全转向数量安全、质量安全和生态安全并重的全面粮食安全。

三、农业副产品利用的双重影响

农业生产过程产生大量的秸秆、畜禽粪便等副产品。如我国每年种植粮食产生的作物秸秆约6亿吨，畜禽养殖产生的粪便达30亿吨。人们对这些副产品的利用方式会带来不同的影响。农作物秸秆直接燃烧或大量丢弃在田边、沟渠，会造成大量的烟尘、CO_2、CH_4等碳排放，污染空气、水源。畜禽养殖粪便和鸡毛等废弃物若不能及时做无害化处理，也会产生大量的碳排放。将这些副产品进行资源化、能源化利用，不仅会降低对环境的污染，还会产生明显的经济效益。如将秸秆覆盖还田，增加土壤有机质，有助于提高地力，增加农产品产量和品质；将作物秸秆充分利用，发展养殖业，以粮食副产品向肉食转化可拓展粮食的增产空间，同时产生大量有机肥，可大大减少化肥的使用量，减少农村面源污染，提高农产品品质；秸秆直燃发电或用于生物石油开发，既能减少环境污染，又能在一定程度上缓解能源危机。畜禽粪便用作沼气池原料，替代煤炭、天然气，开发清洁能源，减少环境污染，沼液、沼渣作为有机肥还田、防治病虫害，既减少了化肥、农药等化学品的投入，又提高了土壤的肥力，为农业的可持续发展提供了优良的土壤及环境条件。

四、现代技术应用的双重作用

现代农业的发展依赖于现代农业技术及装备水平，现代农业技术包括外源性技术和内源性技术。外源性技术主要依托农机化技术、化石能源技术和转基因技术，解决农业的产出效率，满足人们不断增加的对农产品的需求。随着农业机械化装备水平的提高，保证了近年来我国粮食产量的持续增长，但以消耗化石能源为主的农业机械装备也成为农业重要的碳排放源，而农机化质量和操作技术水平较低导致漏油污染土壤更是影响到粮食生产的后续发展。化肥农业的生产、应用，又形成大量的化石能源消耗，造成生态环境破坏，影响农产品的品质。转基因技术在大幅提高粮食抗风险能力和粮食产量的同时，也带来了不确定性风险。而内源性技术主要利用生物本身的特性，利用生物技术、可再生技术、生态多样性技术，增强种植业和养殖业的产出能力、增强生物生态功能、辅助生态恢复，也不会带来环境污染、生态破坏等负面影响。加强农业外源性技术向内源性技术的转化有利于农业的可持续发展。

第二节　农业生产的低碳发展取向

农业双重性问题的存在，要求我们能寻求一种新的发展方式，消解农业的双重性矛盾，既保证农业内在积极作用的发挥，又能有效抑制其消极影响。而实现农业的低碳化转型，发展低碳农业，不啻为明智的选择。农业的低碳化发展也就是农业的发展，要走去石油化的高碳汇、高效益、低消耗、低污染、低排放的农业发展方式。

一、高碳化生产加剧农业双重性矛盾

目前我国的农业生产，仍是建立在化石能源基础上的，以高投入、高能耗、高污染、高排放、低碳汇为特征的高碳农业。这种高碳化农业发展模式，是不可持续的发展模式，进一步加剧了农业的双重性矛盾，成为农业低碳化发展的障碍。

（一）增加碳源、减少碳汇

近年来，我国农业产值不断增加，但也助推农业碳排放的增加。据研究，20

世纪80年代初以来，中国农业经济的快速持续发展对CO_2排放的增长量贡献了高达95%以上的增量。这主要是由于农业产值的增加是农业机械和化学品大量投入的结果。农业机械化和化学产品是当前农业发展的真实写照。随着大量的农药、化肥、农膜在农业生产中的使用，农业对碳源的贡献不断增加，而碳汇能力却不断下降。一是为了增加耕地保证粮食生产，占用大量的高生物量的森林、草地，毁林开荒、弃牧毁草、围湖造田，造成生态价值损失，碳汇量减少。二是现代农业耕作方式增加碳排放，如水稻淹水耕种方式产生的大量CH_4排放，经常性耕作降低土壤的固碳能力，农业机械化消耗化石能源产生大量CO_2。三是不合理施用化肥、农药造成土壤N_2O的排放量增加，农田的固碳能力下降，生产化肥、农药更是消耗了大量的化石能源，增加碳排放。四是以秸秆为主的农副产品随意丢弃或露天焚烧产生大量的温室气体。五是畜禽养殖粪便产生大量的温室气体排放。碳源增加、碳汇减少，加剧了气候变化和能源危机，生态环境破坏和恶劣的天气严重制约了农业经济的发展。可以说，不改变依赖化石能源的高碳农业生产模式，我国的农业可持续发展能力将受到极大的威胁。

（二）注重农产品产量、忽略农产品品质

由于受人口、资源和环境的压力，现代高碳农业把追求农产品产量作为农业生产的唯一目标。为达到增产的目标，目前的做法是大量施用化肥、农药、除草剂，增加农膜使用量，兽药和饲料添加剂过量不合理使用，投入大量的农业机械。这种高碳化的粮食生产模式只注重粮食的数量安全却忽视粮食的质量安全和生态安全。可以说，高碳农业生产模式是农产品质量安全问题产生的根源。近年来，随着化肥、农药、除草剂、农膜使用量增加，农产品表面农药、化肥残留率严重超标，对居民的健康构成威胁，农产品质量安全问题频发。同时，大量的化学物质残留在土壤、水和大气中，通过农业生态系统的循环进入动植物体内。2013年5月全国政协人口资源环境委员会对土壤污染进行的专题调研表明，目前我国有约1.5亿耕地受污染，占总耕地面积8%以上。残留在土壤内的污染物形成的面源污染对食品安全已构成隐形威胁。动植物激素滥用也成为食品安全的内在风险。如果粮食的数量安全是以牺牲质量和生态为代价的，难道能称得上是粮食已经安全了吗？显然答案是否定的。

（三）看中外源性技术，轻视内源性技术开发

技术是人类文明特别是物质文明的基础，农业经济发展的动力也源于技术。我国当前农业的发展对外源性技术形成了严重依赖。外源性技术以机械技术、石油化学技术和转基因技术为主导，以效率原则至上，可以说是环境难以消解的或

消解后有严重负面影响的技术。当前，由于工业化倾斜的利益分配机制影响，促使大量的农村青壮年以非农就业作为收入的主要来源，导致农业兼业化、老龄化、女性化严重，这种状况进一步强化了农业对化肥、农药、农业机械等这些简单、快捷的高碳农业技术的依赖。外源性技术污染农业生态环境、改变动植物的生长规律，对粮食安全和人类构成严重威胁。内源性技术以生物自身特性为基础，无污染、可再生，利用自然生态系统增强农业的产出能力，实现生物的多样性，辅助生态恢复。但这种技术需要更多的研发投入、资金投入、高素质人力资源和大量的人力和时间投入，短期风险仍存在。再加上现行的农业生产技术体制的制约，对农村建设资金投入不足，农业内源性技术的开发、推广仍未得到足够的重视。

（四）农业副产品难以实现资源化、能源化利用

农业生产过程产生的作物秸秆、稻壳、动植物粪便等副产品，数量巨大。我国每年产生约 6 亿吨秸秆、30 亿吨粪便，随着养殖规模的扩大，畜禽废弃物会逐步增加。在当前粗放式农业生产经营过程中，这些副产品还无法全部实现资源化、能源化利用，而且造成了大量的碳排放。目前作物秸秆被大量地丢弃在田间地头，就地无序燃烧，烟气污染严重。农村许多地方仍以秸秆作为生活的主要燃料，能源利用率仅有 15% 左右，且排放大量的温室气体。畜禽粪便不能及时处理造成了严重的环境污染，增大了疾病传播风险。

二、低碳化转型：农业生产的未来取向

基于石化技术的高碳农业发展模式，是一种不可持续的发展模式，进一步加剧了农业的双重性矛盾。农业的可持续发展需要转变这种发展方式。低碳农业是去石化的高碳汇、高效益、低消耗、低污染、低排放的农业发展方式。

从高碳农业与低碳农业生产方式的比较看（见图 6－2），加快农业低碳化转型，既能保证农业碳汇功能作用的发挥，还能促进农业副产品的资源化利用，节本增效，又能实现持续的粮食安全，将成为农业生产的未来取向。实现农业的低碳转型，对加快农业产业结构的优化调整，提高农业效益，增加农民收入，减少环境污染，促进农业生产环境的改善，实现农业的可持续发展意义重大。

农业生态环境的改善，还有利于实现持续的粮食安全。加强农业副产品的资源化、能源化利用，提高农业净收益，应对环境危机；有助于提高低碳技术对农业的贡献；实现农业生产的低排放与低污染，保持农业生产的可持续性。

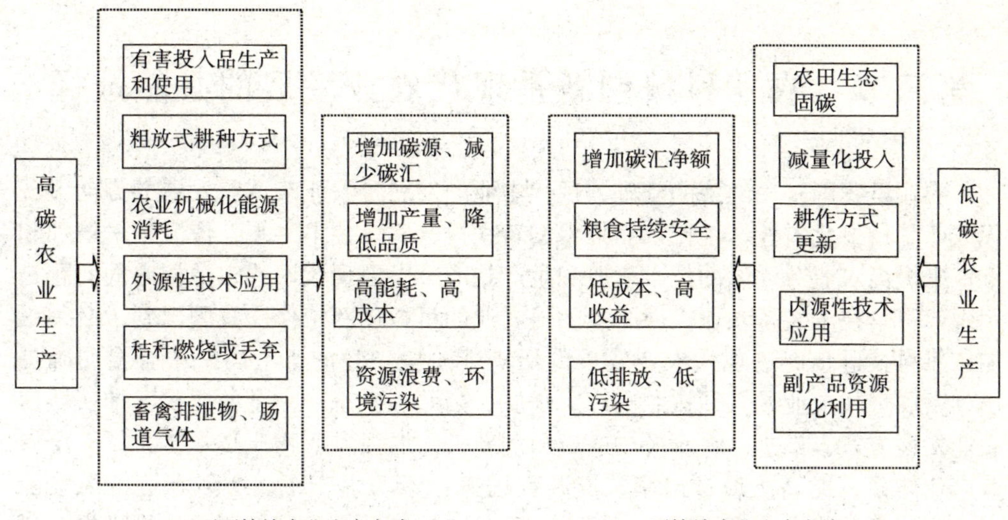

图6－2　高碳农业与低碳农业生产方式比较

三、农业低碳转型的原则

（一）实现粮食安全保障与低碳农业发展双赢

我国是世界上人口最多的国家，农业承载着保障国家安全的重任，粮食安全责任重大。如何在保障国家粮食安全的形势下促进农业的低碳化转型显得尤为重要。我们既不能为保障粮食产量而损害粮食的质量安全和生态安全，也不能为发展低碳农业而损失粮食生产的效率，必须在实现农业低碳转型中实现高效益、高碳汇、低污染，实现粮食安全和低碳农业的双赢。

（二）保证农业生产内在积极作用的有效发挥

农业是拥有碳源和碳汇双重功能的产业，碳汇功能是其产业优势。实现农业的低碳转型，一定要采取积极的措施，增强其碳汇功能。通过农业的低碳化转型，可在很大程度上降低农业生产过程和生活环节对化石能源的依赖，减少碳排放，增强土壤对碳的固定和吸收功能，有利于农业由碳源转化为碳汇，提高农业碳汇净额。

第三节　农业科技创新是现代农业发展的必然选择

农业是我国国民经济的基础，现代农业的发展是农业改革和发展的方向。现代农业是科技化农业，主要依靠技术创新来提升农业技术水平，依靠技术培训和推广来提高农业劳动者的技术素质和生产技能。发展现代农业，最核心的问题是用现代科学技术装备农业，就必须加强农业的科技创新工作。我国已到了必须更加依靠科技进步促进现代农业发展的历史新阶段。党的十七届三中全会明确提出，发展现代农业，必须按照高产、优质、高效、生态、安全的要求，加快转变农业发展方式，推进“农业科技进步和创新”，加强农业物质技术装备，健全农业产业体系，提高土地产出率、资源利用率、劳动生产率，增强农业抗风险能力、国际竞争能力、可持续发展能力。国务院的一号文件《关于加快推进农业科技创新持续增强农产品供给保障能力的若干意见》进一步指出，实现农业持续稳定发展、长期确保农产品有效供给，根本出路在科技。农业科技是确保国家粮食安全的基础支撑，是突破资源环境约束的必然选择，是加快现代农业建设的决定力量。必须紧紧抓住历史机遇，坚持科教兴农战略，把农业科技摆上更加突出的位置，大幅度增加农业科技投入，推动农业科技跨越发展，为农业增产、农民增收、农村繁荣注入强劲动力。

目前，我国正处于由传统农业向现代农业转变的关键时期，我国现代农业发展的任务更加繁重，耕地和水资源紧缺、农业生产成本上升、青壮年劳动力减少、环境污染和生态退化等问题日益突出，农业发展正面临着资源与市场的双重约束、经济增长与生态保护的双重压力、农民增收与粮食安全的双重挑战。面对新形势新变化，我国现有农业科技难以适应现代农业发展的需要。在资源环境约束不断加剧的情况下，通过科技进步实现农业发展方式转变，把农业发展建立在创新驱动的基础上，是现代农业发展最重大、最关键、最根本的出路和措施。

科学技术是第一生产力，农业科学技术水平决定农业生产力水平，农业科技进步程度决定农业现代化程度。改革开放以来，我国农业农村发展取得举世瞩目的成就，农业科技发挥了关键支撑作用。特别是近年来的粮食生产“九连增”、农民增收“九连快”，科学防灾减灾成效显著，科技增粮增收功不可没。2011 年粮食单产增加对总产提高的贡献率达到 85.8%，耕种收综合机械化水平达到 54.5%，科技对农业增长的贡献率达到 53.5%，农业科技已成为推动农业农村经济发展的主要力量。

第四节　安阳农业经济发展中的科技创新实践

一、安阳农业科技创新历程

纵观安阳市农业科技的发展历程可以看出，近年来，农业科技创新活动伴随安阳农业、农村经济的改革和发展的全过程，特别是改革开放以来，农业农村经济加快发展，农业科技创新工作也呈现加速的趋势。安阳科技创新工作大致经历了三个阶段。

第一阶段：起步阶段（1978～1994年）。十一届三中全会后，农业经济进入全面恢复阶段，安阳普遍实施家庭联产承包责任制，分田到户，极大地调动了农民生产的积极性，农业生产平稳发展。农业收入的增加和农民思想的解放，为自主实施农业科技创新创造了良好的条件。但这一时期的农业产量的增加还主要依靠农业生产关系的改善而不是科技的进步，农业科技发展仍处于自发阶段。

第二阶段：实施阶段（1995～2004年）。1995年，中共中央国务院出台了《关于加速科学技术进步的决定》，充分肯定科学技术是第一生产力，全面实施科教兴国战略，大力推进农业和农村科技进步。作为国家重要的粮食生产基地，安阳高度重视粮食安全问题，不断深化农村改革、采取了增加对农业投入特别是加强农村基础设施建设、提高农机化水平和市场改革等一系列政策措施，促进了农业科技创新的进程，使农业生产跨越性发展，农民收入逐步提高，农村各项事业扎实推进。

第三阶段：加速发展阶段（2004年以来）。2004年开始，国家连续出台了与农业农村经济发展相关的9个“一号文件”，国家实行“一免三补”政策，极大地调动了农民种粮积极性，“村村通”工程、有线电视工程、有线电话工程、新型合作医疗事业、最低生活保障工作在全市农村相继铺开，农村各项事业出现了前所未有的变化，社会经济空前发展。同时，安阳市各级各部门大力实施“农业立市”战略，加快“四大兴农计划、三大惠民工程、六大农业发展改革引领区”建设，狠抓各项措施的落实，取得了明显成效，确保了农业农村经济各项工作又好又快发展。为加快农业技术进步和推广，加速农业经济发展，安阳市政府认真贯彻落实《河南省人民政府关于印发河南省自主创新体系建设和发展规划（2009～2020年）的通知》，积极进行科技创新暨全国科技进步先进城市创建工作，先后出台《安阳市自主创新体系建设和发展规划》、《中共安阳市委安阳市人民政府关于增强自主创新能力建设创新型安阳的决定》和《中共安阳市委安阳市人民政府关于加快科技创新促进产业发展的意见》等政策文件，进一步加快安阳市的自主创新体系建设，全面提升自主创新能力，为农业科技创新工作提供政策支持和资金保障。随着安阳农业产业化的发展和高效农业的实施，农业科技创新和推广工作进入快速发展期，农业科技创新成果不断增加、农业科技贡献率增大、农业技术信息服务体系不断完善发展。

二、农业科技创新绩效评价

近年来，安阳不断提高实施农业科技创新工作的力度，促进科技成果转化，科技与经济的结合更加紧密，科技促进农业增效、农民增收及推动农村经济发展的作用得到进一步发挥。在培育特色产业、推动农业产业结构调整、增加农民收入等方面发挥了重要作用，已成为社会主义新农村建设的重要支撑。

（一）农业科技成果不断增加

目前安阳农业技术创新成果显著，生物技术、基因工程、温室农业的创立和发展，农产品储藏、保鲜、运输技术和手段不断创新，农业科研、教育和农业技术推广，为发展高质量、高附加值名优农产品，走出一条“人有我优、人优我新”的精品农业之路。作为安阳重要的农业科技创新部门，安阳市农业科学院近年来承担国家和省、市科研项目 30 多项，其中国家级项目 7 项，获省科技进步二等奖 3 项、三等奖 4 项，市科技进步奖和省农科系统科技成果 15 项。在 2004 年度全省农业综合开发科技进步奖评定工作中，滑县棉花产业化国家科技扶贫项目、安阳市优质强筋小麦品种研究与应用项目、安阳县农村沼气建设项目、林州市东姚镇核桃丰产林示范推广项目等 12 项成果获一等奖，生物工程蛋白片研制开发项目、优质无公害小杂粮栽培技术研究项目、滑县苦氟水治理改造项目等 16 项成果获二等奖。

在加快科技创新的同时，通过科技项目扶持，使一批农业科技成果得到了转化，一批新品种、新技术、新材料、新工艺、新产品在生产中得到应用。例如，河南省的农业大县滑县，近年来依靠科学技术培育出适合滑县地区土质和气候的优良小麦品种。2011 年，滑县战胜数十年不遇的长期干旱、玉米播期延迟等不利因素，适期适量播种、测土配方施肥、病虫害综合防治、小麦氮肥后移、玉米延迟收获等技术推广辐射带动全县粮食平均单产首次突破千斤大关，达到了 500. 3 公斤。数据显示，全县夏粮种植面积 169. 5 万亩，平均单产 489. 4 公斤，增长 0. 5%；总产突破 82. 95 万吨，增加 0. 75 万吨；玉米单产 523. 8 公斤，总产 47. 9 万吨；2011 年粮食总产突破 13 亿千克大关。

安阳市以实施良种补贴项目为依托，科学确定和示范推广了一批优质、高产、稳产、抗病性强的农作物新品种，使粮食作物品种得到最大优化，全市良种覆盖率达99%。同时，积极做好农作物病虫害监测与预报工作，重点依托农民种植业合作社，大力开展农作物病虫草鼠害统防统治。还通过深入开展“百名科技人员包百村”活动，加大对农民种粮的技术指导和培训力度，加快先进适用技术推广应用步伐。不断探索农业生产新模式，将土地集中到少数种田能手、种粮大户手中进行规模经营。通过推广统一供种、统一模式化栽培和管理、统一技术指导、统一测土配方施肥、统一病虫害防治的高产创建模式，发挥了高产示范区的引领示范作用，带动了粮食生产的增产丰收。

全市各级农业部门紧紧依靠科技手段狠抓粮食高产创建，通过在示范区内实行高产技术的集中应用和展示，增加粮食单产。在小麦生产中，首先，不断完善良种推广体系、农技推广体系、测土配方施肥体系和现代植保服务体系，实现小麦生产良种化、服务手段现代化、配方施肥精准化、综合防控机械化，在小麦返青期的“促弱转壮”、后期的“一喷三防”等关键时期做到了技术人员到位、技术指导到位、技术落实到位；其次，农业部门积极组织农技人员分包到村组并深入田间地头，科学指导农民加强麦田管理；最后，高起点规划了高标准粮田建设，大力实施万亩方、千亩方和百亩方工程，不断加快粮食生产集约化、规模化发展步伐。如安阳县2012年共计划安排粮食高产创建示范区面积34万亩，其中安排小麦高产创建万亩方5个、千亩方5个、百亩方10个、高产攻关田15个。经实测，示范区内小麦平均单产达619公斤，比一般大田增加75公斤，增长13%。

（二）农业技术贡献率不断提高

据中国农业科学院农业经济研究所的专门研究，在农业GDP增长的贡献中，每投入1元，教育、道路、通信、灌溉、电力的回报分别为3.71元、2.12元、1.91元、1.88元和0.54元，科技的回报则高达9.59元；在对粮食生产能力的贡献中，每投入1元，灌溉、教育、道路、通信、电力的回报分别为5.56元、2.02元、1.95元、1.84元和1.37元，而科技的回报高达4.41元，科学技术在农业发展中起到了名副其实的第一生产力作用。

近年来，安阳市把依靠科技进步、搞好科技开发作为提升农业综合开发质量、提高农业综合生产能力的突破口，狠抓农业综合开发科技项目的选项和实施，加速了先进适用农业技术的引进和示范推广，提高了农业综合开发技术水平和项目区农业生产的科技进步贡献率。到2011年年末，科技对农业贡献率达到52%。近年来，安阳市以粮食高产创建为抓手，以科技为支撑，不断探索农业生产新模式，促使全市粮食生产稳步健康发展。随着科学技术的不断发展，安阳市的农业生产效率有显著的提高，全市的主要农作物产量和单位面积产量都有大幅度的增加（见图6－3、图6－4）。

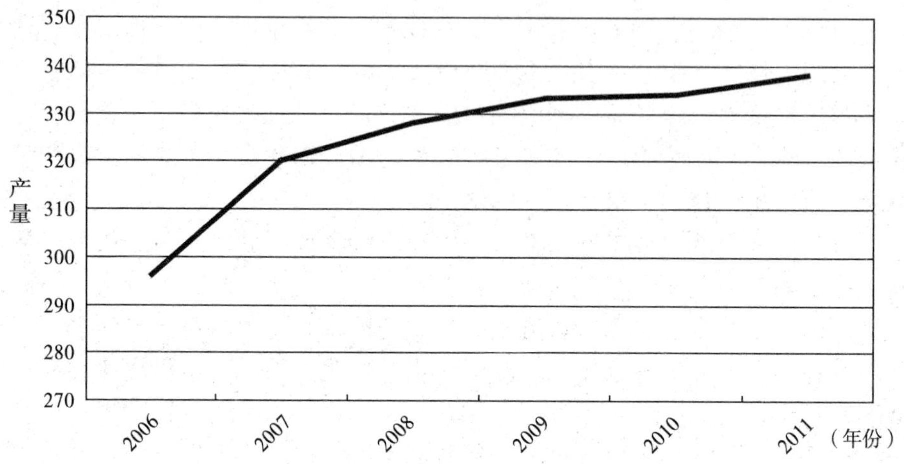

图6－3　安阳市2006～2011年粮食总产量

资料来源：根据2006～2011年安阳市国民经济和社会发展统计公报和统计年鉴整理。

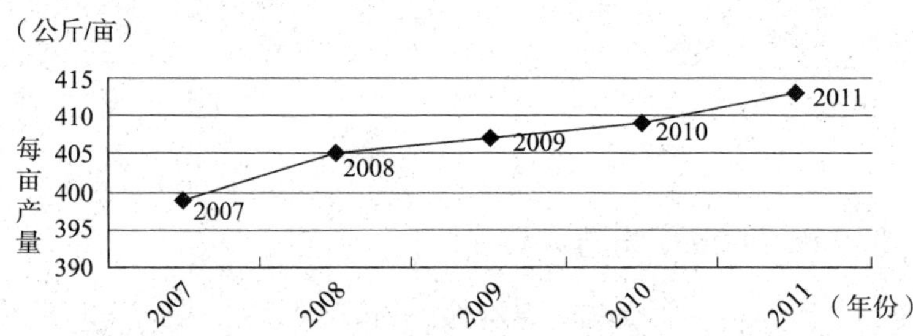

图6－4　安阳市2007～2011年粮食单产水平

资料来源：根据2007～2011年《安阳市统计年鉴》整理。

（三）农业机械化水平不断提高

近年来，农机技术不断提高，随着一批成熟的农机化技术得到普及应用，安阳市农业综合生产能力大幅提高，农业生产方式实现了从传统农业到现代农业的跨越。2011年，全市各级政府不断贯彻落实农机具购置补贴政策，通过引进示范推广各种新型农机具，积极引导农户加大农机投入，增强农户使用农机的热情和信心，全市农业机械拥有量持续增加，装备结构继续优化。截至2011年年底，全市农业机械总动力达到583.03万千瓦，比上年增加14.16万千瓦，增长

2.5%。机械播种面积达到614.5万亩，增长8.3%；机械收获面积达到650.16万亩，增长18.5%。农业机械化水平的不断提高，为全市发展现代农业提供了物质技术基础，加快了全市农业现代化进程。近年来安阳市共推广应用10多项农机化新技术，主要农作物农机化作业综合技术水平达69.3%，9项成熟农机化技术普及应用程度达81.4%。成熟农机化技术的普及应用，促进了其他农业生产技术的推广普及，有效改善了安阳土地耕作条件，提高了粮食综合生产能力，为安阳市夏粮连续九年增收提供了保障，农业生产方式实现了从传统农业到现代农业的转变。从表6－1可以看出，近年来，安阳市农机化技术在农业生产中得到了广泛的应用，极大地提高了安阳农业的综合生产能力。

表6－1　　安阳市2005～2010年农业生产条件

项目 年份	农业机械总动力 （万千瓦）	农用拖拉机 （万台）	农用运输车 （万辆）
2005	475.9	14.5	10.97
2006	489.51	14.03	13.73
2007	514.6	14.1	14.5
2008	529.82	14.1	14.5
2009	549.05	14.35	13.85
2010	568.88	14.17	14.09

资料来源：根据2006～2010年《河南省国民经济与社会发展统计公报》整理。

（四）农业技术创新基础条件不断改善

安阳市是个农业大市，是河南省重要的农产品生产基地，是国家规划的小麦、玉米、棉花、油料等农产品优势区域，是国家确定的全国优质小麦生产基地市。近年来，安阳认真贯彻落实中央一号文件精神，依靠科技进步，推动农业发展，以农业增效、农民增收为目标，促进了农业各项工作的长足发展，农民持续增收，农村全面进步，粮食生产连续8年持续增产，播种面积、单产和总产再创历史新高；土地流转和高效农业突飞猛进；农民专业合作社异军突起，延长农业产业链；农村沼气建设亮点纷呈；农业各项工作走在了全省的前列，开创了安阳农业农村经济发展史上最好发展时期。安阳全市优质小麦收获面积占全市小麦总面积的84%。滑县是河南省第一产粮大县，2003年至今连续十年被授予“全国粮食生产先进县标兵”荣誉称号；汤阴县先后被授予“全国食品工业强县”、“全国农产品加工业示范基地”、“国家食用菌生产标准化示范区”、“全国十大食用菌生产基地县”等称号，连续五年成为安阳市唯一的“农业产业化示范县”；

内黄县是全国生态示范县。内黄县花生、红枣，林州市大红袍花椒、山楂、核桃、板栗，汤阴县绿色无公害小杂粮，龙泉花卉等名优特农产品在全省乃至全国都有较高的知名度。良好的农业发展成就和条件，为加快安阳市农业科技创新和推广奠定了良好的基础。

（五）安阳高效农业实践加速农业科技创新

高效农业是科技创新型现代农业产业模式。近年来，安阳市把发展高效农业作为全市“四大兴农计划”之一，把发展高效农业作为推进农业产业结构战略性调整、实现农业增效农民增收的突破口，加大对高效农业园区的扶持和奖励，高效农业取得长足的发展。截至 2011 年年底，全市高效农业园区已达 296 个，高效农业面积达 105 万亩。拥有一批建设标准高、效益好的百亩园、千亩方、万亩区，其中亩效益 3 500 元以上的高效农业面积 82 万亩，带动了 75 万农民依靠高效农业增收致富，每年为农民增加收入 6 亿多元。不断扩大产业化集群规模将是安阳以高效农业加快农业科技创新的正确选择，这也是安阳高效农业发展规划意见的主要体现。高效农业的发展，加快了农业科技的推广。高效农业对品种、栽植、管理的技术要求高，农民在大棚种植时主动要求学技术、用技术、请能人，一些农民还把相关技术组装配套起来，有效促进了自身劳动素质的不断提高，示范辐射作用不断增强，加快了农业科技的普及和推广，提升了农业生产的科技水平。

第五节　提高农业科技创新水平的困难及路径选择

一、安阳农业科技创新面临的困难

（一）农业科技创新不足，科技转化率低

技术进步是农业可持续发展的一个关键方面，只有不断的技术创新才能从根本上推动现代农业的发展。科技创新不是为了创新而创新，其目的是获得新的技术手段，并将其运用到农业生产中，创造出社会和经济效益。而科技成果的转化必然成为科技成果产生效益的关键。总体来看，安阳市当前农业科技创新成果转化率不高，再加上农业科研方面的投入不足，现有的科研成果质量不高，农业科研人员流失严重，农业科技推广服务体系不健全，使技术成果转化为生产力受到阻碍。

（二）农业技术推广途径不畅

农业技术推广是农业科技成果迅速转化为现实生产力的桥梁，是推动农业科技进步的重要环节。目前，全市农业技术推广体系在运行机制等方面还存在一些问题。科技成果与实践渠道不畅通，导致科技成果得不到及时转化，技术得不到有效推广，效能不能有效发挥。必须进一步创新农业高校和科研院所进行科技推广的途径和模式。

（三）分散农业经营与土地规模效应的不适应

当前，安阳市广大农村地区实施家庭联产承包责任制，扩大了生产经营自主权，刺激了生产积极性，农民的人均收入有了明显的增加。但一家一户的农业生产经营，使得每个农户拥有的土地面积少，经营规模小，很难产生规模效益，大大限制了农业劳动率和农产品商品率的提高，阻碍了农业机械化生产的实施和农业技术创新及应用，不利于传统农业向现代农业转型。近年来，安阳市土地流转规模不断扩大，但仍不能适应规模化发展的需求。2011 年年末，全市土地流转户数达 15.2 万户、面积达 86 万亩，平均每户 5.7 亩，土地流转面积规模偏小。

另外，安阳人多地少，农业基础设施落后，农民的组织化程度还很低，相互之间缺乏有效的社会联系和内部的凝聚力。目前农业组织化程度只有 20%，有 2/3 的农户游离于农业产业化组织之外，处于分散经营的状态。即使是处于专业化的组织之中，组织化的程度也很低，松散型居多。农业龙头企业辐射带动能力还不够，外向度偏低，农业合作组织规范运行的水平不高。在产业化水平方面，农产品加工程度只有 45%，规模以上加工企业不足 10%，带动能力较强的企业仅占 30%。这种在小块土地上分散经营的劳作模式，既增加了农业科技创新的成本，也增加了农户的风险，所以在一定程度上制约了新技术的推广和使用，特别是一些机械技术、工程技术、组织配套技术的推广和采用受到限制。

（四）农业科技投入不足

改革开放以来，安阳科技投入增长很快，但与国内外先进水平相比，仍有较大差距。目前世界平均农业投资占农业总产值的 1%，而我国仅为 0.27%，是世界对农业科技投资最低的国家之一。河南省财政用于农业技术推广的经费，连同地方配套资金，也仅相当于当年农业总产值的 0.25%，仅为发展中国家 0.5% 的一半。科技创新投入不足，使用效率不高。受财力不足的制约，河南省农业科技投入长期不足。农业科技投入强度不到发达国家平均水平的 1/10，也远远低于非农业部门。同时投入结构上存在诸多的不合理之处，农业科技进步贡献率平均为45%，远远低于发达国家的平均水平。

（五）农业科技人才流失

一方面，尖端人才的流失问题比较严重，成为影响农业科技水平提高的重要因素。另一方面，由于农业科技创新工作难度大、周期长、待遇低、条件差，特别是激励机制不健全，平均主义、“大锅饭”现象严重，很大程度上限制了农业科技创新人才的创新潜力，加剧了人才流失。尤其是直接面向农民服务的乡镇级农技推广人员流失严重。“农技推广队伍中将近一半的推广人员没有受过所从事工作领域的正式教育”。

实现农业科技成果转化，农民是内因、是关键，农民的科技文化素质在很大程度上影响着农业科技成果的转化效率。当前，安阳市农民的文化素质整体较低，初中文化程度以上人员不到一半，农民的科技意识不强。

二、安阳现代农业技术创新的路径选择

（一）安阳现代农业技术发展路径

生态高效农业技术创新是安阳未来农业科技创新的路径选择。依据安阳农业资源禀赋、农业技术资源条件以及农业实际发展状况和条件，未来进行农业技术创新的方向应因地制宜，改变对传统石化农业技术路径的依赖，走生态环保高效可持续农业技术创新的发展路径。这样才能持久保证粮食安全，打造全国粮食生产示范基地。

（二）现代农业技术创新路径的实现方式

1. 加强政府制度建设，创造良好创新环境

政府在农业技术创新中发挥重要作用。农业是国民经济的基础产业，农业科技创新明显具有公共产品的特性，为保障国家的粮食安全和国民经济的健康稳定发展，应发挥政府在农业技术创新中的主导作用。政府应在制度建设和财政投入中积极承担责任，为农业科技创新创造良好的创新环境。农业具有弱质性和高风险性，这就决定了短时期内涉农企业还不可能成为农业科技创新的主体。而农业科研公益性的特点，决定了政府对农业科技的投入始终是主渠道，保证农业科技投入占农业总产值的比重不低于0.5%，增加农业科技贷款额度，致力于优化科技资源配置及农业技术结构调整，在重大基础性研究及高新技术研究上组织力量协同攻关，并通过各种扶持与激励措施，鼓励农业经营主体从事农业科技研发。

要大幅度增加农业科技投入，保证财政对农业科技投入增幅明显高于财政经

常性收入增幅，逐步提高农业研发投入占农业增加值的比重，建立投入稳定增长的长效机制。发挥政府在农业投入上的主导作用，建立投入稳定增长的长效机制，确保新增财政“三农”投入部分用于公益性、基础性领域。认真落实粮食直补、农资综合补贴、良种补贴和农机具购置补贴政策。严格落实新增教育、卫生、文化、社会保障等事业经费主要用于农村的政策规定，对执行情况进行专项检查。整合资源，加强监督管理，提高财政资金的使用效益。广开门路增加对“三农”的投入。发掘优势农业农村资源，积极推进农业龙头骨干企业上市融资。加快农村金融服务组织建设，创新农村金融产品，提升为农服务水平，鼓励社会资本投资现代农业建设。

2. 积极建立农业科技创新激励制度

科技进步和自主创新能力是推动生产力发展的关键因素，提升农业科技创新能力是区域农业经济和社会持续健康发展的迫切要求。

当前，农业科技创新需求和供给脱节，农业科技创新需求和供给严重不足。农业科技和推广项目注重发展前沿技术和尖端技术却造成农业适应性技术供给不足。农民非农就业收益大大高于农业生产收益，以及农业创新学习采用成本高、风险大的困境使农业科技创新需要严重不足。为此，应从建立有效的农业科技创新激励机制入手，加大农业科技创新的供给和需要，加快技术创新和推广。农业技术创新激励制度应包括供给、需求和环境激励制度的建构。

3. 加快农业科技推广扩散

加快农业科技成果转化和推广应用。以国家农业科技示范园区为平台，继续推进农业科技园区建设和产学研联盟建设，着力促进农业科研院所、涉农院校与农业大县、企业结对帮扶。加快农业科技推广网络建设，加强乡镇或区域性农（林）业技术推广、动物疫病防控、农产品质量监管、农村能源开发利用等公益性服务。大力发展农村社会化技术推广服务组织，实施农村科技合作组织推进行动。继续推行农科教、产学研、科工贸紧密结合的农技推广服务模式，鼓励教学科研人员深入农村第一线开展科技推广，并将其成果作为评定职称的重要内容。实施县域农业科技创新能力提升专项计划和科技富民强县专项计划，加强农业特色产业科技示范基地、专家服务基地、引智基地和星火产业示范带建设。继续实施科技特派员农村科技创业行动，扩大科技特派员工作覆盖面。

4. 加快农业科技信息服务平台建设

大力推进农村信息化进程，加快国家农村信息化科技示范市建设，推进科技信息进村入户。在农业科技信息服务平台方面，应积极推进科技信息网络“村村通”工程；利用现代信息技术和传播媒体，高起点、高标准搭建支持多种现代和传统接收终端；拓宽“三农”科技服务网的基层服务节点，建成集电视、电话、电脑“三电”合一、互联互通的基层科技信息网络；同时应积极构建农村电子商务平台。在农业产业化公共服务平台方面，应重点加强国家级示范生产力促进中心的建设，培育若干具有较强核心竞争力的生产力促进中心。

5. 加大培训力度，提高农民科技创新需求

大力培养新型农民。以提高农民科技素质、职业技能和经营能力为重点，大力开展现代农业实用技术、农村经营管理技术、农村信息化技术、农民就业创业技能培训和农村实用人才培训。加速实施农村劳动力培训“阳光工程”、农村信息化骨干队伍培训工程和“雨露计划”扶贫培训，重点培养科技致富带头人、种养业能手、农村经纪人、专业合作社领办人、农民企业家和农村高技能人才。加快培育农业科技人才队伍。大力培养和引进高层次创新型农业科技人才，“千人计划”、“百人计划”等引才工程和科技领军人才培育计划向农业农村倾斜。采取多种形式，组织培育跨区域、跨部门、跨学科的优秀科技创新团队。大力推进省部共建高等农林院校，积极参与国家卓越农林教育培养计划，办好一批涉农学科（专业），提高涉农学科（专业）的生均拨款标准。加大对农村特别是贫困地区定向招生力度。引导和鼓励高等院校毕业生到农村基层工作，深入推进大学生“村官”计划和科技副县长计划。实施更加开放灵活的现代农业人才激励政策，完善基层农技推广人员职称评价标准，注重工作业绩和实效，鼓励科技人员在生产一线从事农技推广和创新创业。

第六节　政策建议

一、发挥政府主导作用，创造低碳农业发展良好环境

农业的低碳转型，是一项任务艰巨的系统工程，离不开政府的大力支持。安阳要充分发挥政府在低碳农业中的主导作用，制定低碳农业发展的相关制度政策和规划，在财政、金融、科技发展等方面予以扶持。首先，应借鉴发达国家经验，制定、实施适当的财税支持政策，促进农业的低碳转型。一要加大对低碳农业的财政投入和补贴力度，并对低碳农业生产实施减免税、专项补贴等优惠政策；二要对高碳农产品征收消费税或专项附加税，再转移支付或补贴给低碳农业产业或消费者。其次，在农业低碳转型过程中，资金约束较明显。要依靠金融手段，在银行信贷上对低碳涉农产业及企业有所倾斜，激励低碳农业发展。最后，在技术研发上加大政府对低碳农业技术的研发资金投入，满足低碳科技研发需求。

二、调整耕种方式，实现减碳增汇目标

农业是拥有碳源和碳汇双重功能的产业。农业的耕种方式对农业碳源碳汇产生重大影响。当前的农业耕作方式，如经常性耕作、复耕、农业机械化耕作等降低了土壤的固碳能力，增加了碳排放。对这些耕种方式进行调整，有利于减碳增汇，实现农业的低碳转型。第一，采用少耕、免耕等保护性耕作，减少机械化耕作，增强土壤有机质，加强土壤的固碳作用。第二，降低化肥、农药等高碳型生产资料的施用强度，提高其利用效率。全面推广测土配方施肥、平衡施肥等新技术，减少化肥、农药的施用强度，提高利用效率；选用高效低毒农药或采取生物、物理控制方法，较好实现减碳的目标，增加生物的多样性。通过农业的低碳化转型，减少碳排放，增强土壤对碳的固定和吸收功能，有利于农业由碳源转化为碳汇，提高农业碳汇净额。

三、加强农业废弃物资源化利用，以资源效益增加低碳农业贡献

我国农业资源丰富，农业副产品资源化利用潜力巨大，大有可为。农作物副产品的资源化、能源化利用，可提高农业净收益，减少环境污染，应对资源和环境危机，保障粮食安全。为此，一方面要加强农作物秸秆还田、有机饲料、生物质能源的综合利用水平；另一方面，国家要加大对绿色低碳生物质能源开发的投入力度，特别是大型沼气工程的建设，提供清洁能源，减少环境污染，减少对化石能源的依赖。

四、完善农业生产技术体制，推进外源性技术向内源性技术转化

现代高新科学技术是低碳农业发展的基础。要不断推进低碳农业技术的研发和创新，构建能够支撑低碳农业的生态化技术体系。生态高效农业技术创新是安阳未来农业科技创新的路径选择。应重点对减碳增汇技术、新型育种技术、农业废弃物资源化利用技术、生物能源开发技术进行研发和推广应用，提高低碳技术对农业的贡献。未来进行农业低碳技术的创新应因地制宜，改变对传统石化农业技术的依赖，依据各地农业资源禀赋特点、资源条件以及农业发展状况进行有针对性地开发。这样才能持久保证粮食安全，促进农业的可持续发展。

参考文献

[1] 冯玉香，何维勋，孙忠富等．我国冬小麦霜冻害的气候分析［J］．作物学报，1999，25（3）：335－340.

[2] 胡新良．低碳农业生产：农产品质量安全管理的治本之策［J］．江汉论坛，2011，

(8)：15－19.

[3] 李国志，李宗植．中国农业能源消费碳排放因素分解实证分析——基于LMDI模型[J]．农业技术经济，2010，(10)：66－72.

[4] 刘纯彬，王晓军．技术机会、产品需求与创新专有性——我国农业技术创新中影响因素分析[J]．未来与发展．2011，(10)：6－11.

[5] 齐晓辉．我国可持续农业技术创新模式及相关制度研究[J]．农业经济．2011，(3)：12－14.

[6] 齐晓辉，李强．我国可持续农业技术创新动力机制问题研究——以新疆生产建设兵团为例[J]．科技进步与对策．2011，(5)：57－61.

[7] 宿桂红，傅新红．农业技术创新与农业现代化关系研究[J]．湖北农业科学．2011，(15)：3207－3210.

[8] 谭爱花，李万明，谢芳．农业科技创新的成功案例研究——新疆天水产业发展创新之路[J]．生态经济，2011，(8)：93－97.

[9] 王松良，C. D. Caldwell，祝文烽．低碳农业：来源、原理和策略[J]．农业现代化研究，2010，(5)：604－607.

[10] 王青，郑红勇，聂祯祯，低碳农业理论分析与中国低碳农业发展思路[J]．西北农林科技大学学报（社会科学版），2012，(3)：1－7.

[11] 韦恒，柴方营．低碳经济与农业可持续发展对策研究——以黑龙江省为例[J]．哈尔滨商业大学学报（社会科学版），2011，(1)：12－16.

[12] 吴仲斌．基层农业技术推广公共服务机构建设中需要解决的问题[J]．红旗文稿，2009，(19)：12－14.

[13] 向丽．世界生物燃料发展与粮食安全保障的兼容性分析——基于土地的视角[J]．世界经济与政治论坛，2011，(5)；42－54.

[14] 徐祥明，覃灵华．中国近30年影响粮食安全因素分析[J]．国土与自然资源研究，2012，(3)：36－38.

[15] 翟虎渠．粮食安全的三层内涵[J]．中国粮食经济，2004，(6)：34.

[16] 郑恒，李跃．低碳农业发展模式探析[J]．农业经济问题，2011，(6)：26－29.

[17] 周静，王志丹．中国农业技术创新与现代农业发展[J]．沈阳农业大学学报．2010，(1)：25－27.

[18] 周小萍，卢艳霞，陈百明．中国近期粮食生产与耕地资源变化的相关分析[J]．北京师范大学学报（社会科学版），2005，(5)：122－127.

[19] 朱中甫，刘志明．加快农业科技创新，为现代农业提供技术支撑[J]．四川农业科技．2011，(7)：48－49.

第七章

农产品品牌建设的现状及竞争力分析*

【本章摘要】 农产品是人类赖以生存的主要商品，而河南省是一个农业大省，名特优农产品品牌资源十分丰富，是当之无愧的中国粮仓。同时，农产品也是质量隐蔽性很强的商品。传统品牌理论认为质量隐蔽性强的商品需要利用品牌进行产品质量特征的集中表达和保护。可现实中，农产品品牌建设要严重滞后于工业产品品牌和服务产品品牌。在此情况下，对河南省农产品品牌建设进行研究，可以充分发挥河南农业大省、农产品加工大省的优势，进而提高河南省农产品品牌的竞争力，实现河南省农产品持续快速健康发展。本章通过文案调查和实地调查相结合的方式，在收集大量的二手资料的基础上进行必要的实地走访调查，得出河南省农产品品牌建设的现状及存在问题，通过 SPSS17.0 软件对影响河南省农产品品牌竞争力的指标体系进行实证研究，提出了河南省农产品品牌建设的对策和建议。

第一节　引　　言

一、研究背景及目的

（一）研究背景

农业是我国国民经济的基础，发展现代农业，是当今世界农业的一个发展趋势。而农产品市场的竞争，已经不再只是农产品的竞争，而是农产品品牌的竞

* 本章主要内容为2011 年河南省教育厅人文社会科学研究项目（2011 - QN - 082）研究报告，负责人安鑫丽讲师，研究成员：李丽、初言玲、李国强、李文英、杨如意、李鹏、张露平。

争。我国企业界与学术界自20世纪90年代以来，开始重视对品牌的研究与讨论。近年来，对品牌与消费者关系的研究逐步成为品牌理论研究的热点，国内外品牌研究成果被广泛地应用于工业产业以外，特别是在农业领域的研究，取得了丰富成果。

品牌是现代农业的发力点和驱动轮，品牌产品已经成了一个地区和城市的名片，是抢占市场先机的制胜武器。温家宝总理曾指出："企业要在激烈的市场竞争中立于不败之地，就必须创造名牌产品。名牌就是质量，名牌就是效益，就是竞争力，就是生命力"。推进农业品牌化，建设特色农产品品牌，是落实党中央、国务院关于"整合特色农产品品牌，支持做大做强品牌产品"和"保护农产品知名品牌"的要求和目标。

河南省是一个农业大省，大约有6 900万农业人口，而且以全国6.51%的耕地生产了全国至少10%的粮食。历经数千年，农业已经成为河南省农村经济的根脉，与古老的中原文化交织在一起，成了现代社会中最能代表河南省的名片之一。多年来，党和国家都高度重视"三农"问题，凡是涉及经济发展的问题都与农民问题无法分割。自2003年起，河南省就明确提出"用发展工业的理念发展农业"，特色农产品也包括在内。与此同时，河南省成就了一批非常著名的品牌，例如中牟大蒜、原阳大米、灵宝苹果、信阳毛尖等。但遗憾的是，随着市场经济的发展，很多企业迷失了方向，开始走下坡路，甚至跌入了低谷。因此，合理确定河南省农产品品牌建设的发展方向及目标，是科学推进河南省现代农业建设的前提。

（二）研究目的

本章研究的目的主要包括两个方面：在理论方面，首先，厘清农产品品牌建设的相关概念，丰富农产品品牌建设理论。其次，剖析河南省农产品品牌建设中存在的问题，科学分解河南省农产品品牌建设的要素，构建科学、合理的农产品品牌建设评价指标体系，为河南省农产品品牌建设提供理论指导。在实践方面，分析河南省农产品品牌建设现状，了解河南省农产品品牌建设存在的问题与深层原因，提出有针对性的政策建议，指导河南省农产品品牌发展，提高河南省农产品品牌建设水平。

二、农产品品牌基本概念的界定

（一）品牌

目前，国内外品牌理论对品牌的内涵有多种定义。比较有影响的品牌定义大体上可以归为六类：即符号说、关系说、资源或价值说、媒介说、生态说、综合说①。总体上来说，品牌是由品牌名称和品牌标志两部分组成的一个集合，通常由文字、标志、符号、图案和颜色等一些元素构成，是消费者用以识别销售者的产品或服务，并使之与竞争对手的产品或服务相互区别开来的商业名称及其标志。

1. 品牌与商标

商标是一个法律概念，而品牌是一个市场概念。品牌和商标都有注册与非注册之分。只有依法注册后的商标和品牌才受法律保护。本章研究的品牌，是指经过注册的品牌，在后面的叙述中不再另加说明。

2. 品牌与名牌

名牌是约定俗成的词汇，是享有较高知名度和市场占有率的品牌，是品牌竞争中的成功者。企业实施品牌经营的目标就是创造名牌，扩大市场影响力。

（二）农产品品牌

农产品品牌是品牌概念在农产品经营中的延伸和运用，是以农产品的品种、产地等差异为基础，以商标、包装、口号、形象等为表现形式，帮助消费者识别农产品质量并促成购买偏好。具体而言，就是消费者一看到某个商标牌子就会联想到这种品牌农产品的质量、价格、味道甚至售后服务等。实质就是农产品经营者与消费者沟通的桥梁，让消费者很方便的识别不同的农产品经营者，同时体现农产品企业的信誉及其对消费者的承诺。

（三）农产品品牌建设

农产品品牌建设是指农产品品牌建设主体对品牌实施的规划、创立、培育、扩张等一系列行为过程。广义的农产品品牌既包括狭义的农业企业产品品牌，也包括质量标志、集体标志等要素。所以，农产品品牌建设的主体应包括两部分：基本建设主体——农业企业，参与建设主体——政府、行业组织和农户。

三、研究思路与方法

（一）研究思路

为了充分挖掘河南省丰富的农业特色资源，提升河南省农产品品牌在国内外市场的影响力，进而促进河南省农业农村经济快速发展，增加农民收入。本章在

① 余明阳．品牌学［M］．合肥：安徽人民出版社，2002.

查阅了大量的国内外关于农产品品牌研究的基础上，力求形成一个完整的思考与逻辑体系。

（二）研究方法

1. 文献资料法

本章的研究查阅了大量关于河南省农产品品牌建设的相关文献资料，对文献资料进行了整理、归纳、总结等工作，指出了河南省农产品品牌建设研究的薄弱环节和有待解决的问题，总结了河南省农产品品牌建设的现状。

2. 问卷调查法

本章运用问卷调查法调查了目前消费者对河南省农产品品牌建设的相关认知状况，为设计河南农产品品牌竞争力理论评价指标体系奠定了基础。

3. 定量分析法

针对问卷调查数据进行了定量分析，借助 SPSS17.0 统计软件，运用主成分分析法，获得了河南省农产品品牌竞争力评价的定量分析结果，为河南省农产品品牌建设决策提供了清晰、科学的数据支撑。

第二节　河南省农产品品牌建设的现状及问题

一、河南省农产品品牌建设发展现状

河南省各级政府响应中央关于“多予、少取、放活”的方针，充分发挥农业大省、人口大省的优势，大力推进河南省农产品品牌建设，走出了一条符合河南省实际的农业产业化道路，在农业产业化发展方面走在中西部省份的前列，并成为中国名副其实的“粮仓”和“厨房”。

（一）河南省农产品品牌数量发展现状

1. “三品一标”总量规模持续增加

“三品一标”是指无公害农产品、绿色食品、有机农产品和农产品地理标志。河南省“三品一标”总量规模在不断扩大（见表 7－1）。2011 年，农业部对全国 31 个省（区、市）和 5 个计划单列市的 90 个城市进行了三次例行检测，河南省平均合格率达 98.1%，名列全国第二。

表 7－1　　2009 年河南省“三品一标”情况

名　称	产品数（个）	产品总量（万吨）	年增长率（%）
无公害农产品	1 452	1 550.95	24.85
绿色食品	330	85.94	12.63
有机农产品	46	2.29	4.55
农产品地理标志	10	337.5	150

资料来源：http：//info.china.alibaba.com/news/detail/v0－d1008882198.html。

2010 年河南省已经修订优势农产品、特色农产品等标准 40～50 个，培育认定了 70～80 个省级农业标准化示范基地。积极推进无公害农产品、绿色食品和有机农产品的认证及农产品地理标志登记工作，稳步扩大总量规模。

2. 产业化基地建设快速增加

河南省各地各部门以“两个基地建设”为重点，结合自身实际情况，着力促进农业产业化经营，积极引导农业产业化经营项目向优势产业和优势区域集中、龙头企业向工业园区集中，初步形成了以豫北、豫中南为主的优质小麦生产基地和豫东平原奶业养殖基地、黄河滩区绿色奶业示范带、京广铁路沿线瘦肉型猪、中原肉牛肉羊、豫北肉鸡、豫南水禽等一批优势农业产业带。目前农业产业化经营水平稳步提高，初步形成了不同层次、不同类别、覆盖全省的龙头企业群体。全省符合农业部统计标准的农业产业化经营组织发展到 9 102 家，农民专业合作经济组织发展到 8 473 家。据统计，在国内市场上，每 10 个速冻水饺中有一半出自河南；每 3 袋半方便面就有 1 袋是河南造；全国肉类食品行业 50 强中有 9 家是河南企业；麦当劳、肯德基在中国的主要半成品原料 90% 来自河南，更使河南变身为国人“厨房”。

（二）河南省农产品品牌质量发展现状

农产品品牌发展的数量反映着品牌利用的总体状况，对于河南省农产品品牌在发展过程中，在质量方面呈现出来的特点，也是需要予以关注的问题。

2008 年，根据《中华人民共和国农产品质量安全法》的有关规定，农业部授权中国名牌农产品推进委员会进行了中国名牌农产品评价，有效期为 3 年，全国有 100 个优质农产品通过初评，河南省 5 个产品榜上有名。目前河南有 16 家企业的 19 种产品荣获“中国名牌”称号，占全省“中国名牌”总数的 60%（见表 7－2）。

表7-2　　2008~2010年河南省名牌农产品名单

产品名称	企业名称	证书编号
泛区牌种猪	河南省黄泛区鑫欣牧业有限公司	41-2007-166
九华山牌信阳毛尖	河南九华山茶业有限公司	41-2007-167
北徐牌生猪	河南省北徐（集团）有限公司	41-2007-168
中棉牌棉花种子	中棉种业科技股份有限公司	41-2007-169
质源牌腐竹	河南质源豆制品有限公司	41-2007-170
诸美牌种猪	河南省正阳种猪场	41-2007-171
文新牌信阳毛尖	信阳市文新茶叶有限责任公司	41-2007-172
广广牌冻煮田螺肉	信阳市广大水产食品有限责任公司	41-2007-173
峬山牌烟叶	河南省烟草公司洛阳分公司	41-2007-174
二仙坡牌苹果	陕县二仙坡绿色果业山庄	41-2007-175
百辽牌铁棍山药	武陟县百疗绿色怀药保健品有限公司	41-2007-176
蓝天牌信阳毛尖	河南蓝天生态茶业旅游股份有限公司	41-2007-177
光州牌信阳毛尖	潢川县光州名茶精制加工厂	41-2007-178
丰黎牌小麦种子	浚县丰黎种业有限公司	41-2007-179
正花牌花生	正阳县花生协会	41-2007-180
未来农业牌火龙果	河南省未来农业生物科技发展有限公司	41-2007-181
十八盘牌信阳毛尖	固始县武庙乡十八盘茶场	41-2007-182
上戈牌苹果	洛宁县上戈绿色果品开发有限公司	41-2007-183
丰黎牌玉米种子	浚县丰黎种业有限公司	41-2007-184
帅龙牌蜜饯	郑州市帅龙红枣食品有限公司	41-2007-185
浚单牌玉米种子	河南浚单种业科技有限公司	41-2007-186
邙岭百果牌石榴	荥阳市黄河百果庄园	41-2007-187
同荣菌业牌杏鲍菇	安阳市同荣菌业研制有限公司	41-2007-188
五洲绿源牌西瓜	中牟县无公害农产品质量管理协会	41-2007-189
仙灵牌灵芝	新乡市黄淮海食用菌试验场	41-2007-190
绿鸿牌菜心	开封市七彩虹农业经济发展有限公司	41-2007-191
健国铁棍牌铁棍山药	焦作市健国怀药有限公司	41-2007-192

续表

产品名称	企业名称	证书编号
虞国花木兰牌红富士苹果	虞城县张集镇园艺协会	41－2007－193
雪中玉牌细绒棉	新野县诚德贸发有限公司	41－2007－194
淮源牌桐柏玉叶（茶）	河南省国营桐柏茶种场	41－2007－195
裕丹神牌丹参	方城县裕丹参开发服务中心	41－2007－196
百辽牌怀菊花	武陟县百疗绿色怀药保健品有限公司	41－2007－197
坡头牌核桃	济源市绿野生态果品有限公司	41－2007－198
愚公山牌山楂	济源市下冶乡韩彦红果协会	41－2007－199

资料来源：http：//wenku. baidu. com/view/a6eb136e561252d380eb6e03. html。

除此之外，河南省创出了一批在国内外有一定影响力的名牌农产品，如“双汇”火腿肠、“华英”鸭、“金苑”面粉、“大用”鸡、“三全凌”汤圆、“思念”水饺、“莲花”味精等。双汇集团年销售冷鲜肉及肉制品 180 多万吨，是中国最大的肉类加工基地；华英集团年加工肉鸭能力达到 8 000 多万只，居世界第一；白象集团方便面年产 50 亿包，居全国第三；金星集团啤酒年产 150 万吨，进入全国四强。“思念”速冻食品列入沃尔玛全球采购系统；大用、永达成为麦当劳、肯德基的主要供应商。

二、河南省农产品品牌建设中存在的问题及原因

河南省各地依托资源优势，坚持市场导向，发展特色农产品品牌，已经形成了农产品区域化布局。但是在多年不断的发展过程中，依然存在一些问题。要对河南省农产品品牌建设进行充分研究，不仅要知道问题所在，还应该知道为什么出现这些问题。下面将围绕河南省农产品品牌建设中存在的问题及原因进行分析。

（一）价格竞争严重，不能凸显特殊优势

通过调查得知，最近几年，国际市场农产品价格不断上涨，而河南受技术、经营等多种因素的制约，农产品价格普遍偏低，加上国内外农产品对河南省农产品市场的争夺，赋予了强大的压力，严重制约了河南省农产品市场的公平、健康和可持续发展。之所以出现这样的现象，原因主要有：

1. 农业内部的过度竞争

在河南，农业生产经营规模相对狭小，农业生产经营主要由数量众多、分

散的农户承担，因为专业化程度低，产品结构类同，形成了过度竞争。加之改革开放以来，河南省农业生产取得了很快发展，买方市场已经形成，又在一定程度上加剧了农业生产者之间的竞争，使得农产品生产者在市场上讨价还价的能力大大削弱，并最终沦为价格的接受者，进而影响河南省农产品价格的合理形成。

2. 市场体系不健全，管理不善

近几年河南省农产品市场尽管取得了一定的发展，但与建立市场经济体制的要求相比，差距还比较大，主要表现在：首先，河南省农产品市场体系尚不健全，批发市场数量少，设施简陋，管理落后，地区封锁，不能面向全国发挥更大作用；其次，河南省农产品市场法规建设尚不健全，农产品交易的正常秩序没有法律保障，容易造成农产品价格信号失真，误导生产者，从而加大了河南省农产品市场价格形成的不确定性和风险性。在此以信阳毛尖为例进行分析。

众所周知，河南信阳毛尖是全国十大名茶之一，多次被评为金奖，2003 年 4 月又率先成功注册为地理商标。但遗憾的是，如今信阳毛尖不断遭遇假冒，管理混乱，卖不上价格，并没有真正走向全国。去过信阳的人都知道，信阳毛尖的广告牌就矗立在火车站候车大厅的楼顶上，和信阳站的牌子一般大小，非常醒目。民权路西侧幸福茶叶市场是信阳市规模较大的茶叶一条街，既有大型茶场的店铺，也有私人摊位，其中大多数卖的是散茶，没有牌子，或者是别人的商标，在搞恶性竞争。所以，龙井、铁观音的价格在一路攀升，而信阳毛尖的价格在一路下跌，越来越便宜。究其原因：首先，信阳毛尖的种植、生产缺乏统一的规划和管理，种什么样的茶，种多少茶，生产的茶叶以何种价格出售等都没有统一规定。其次，信阳茶园种植虽然比较集中，但多为分散经营，规模小，效益低，种一亩茶叶只能收入两三千元，而一亩龙井茶能收入一两万元，所以，茶农的积极性不高。最后，有些地方的茶叶打上信阳毛尖的旗号，以假乱真。因为在市场上如果不通过仪器检验，不好辨认茶叶的优劣。

3. 市场信息分布不对称

市场定价机制高效率运行的一个基本前提条件是完备的市场信息及其在卖者和买者之间的对称分布。但是现实中，河南省农产品的购买者比较容易获得农产品供给，但对河南省农业生产者来说，因为有诸多问题的存在：城乡之间在空间上的隔阂，农村的交通、通信、信息网络的不畅，导致农业生产者所掌握的有效信息无论在数量上还是质量上，都无法和购买者相提并论，因此形成了市场信息在生产者和购买者之间分布的严重不对称局面，进而会引起河南省农产品市场流通领域的混乱，影响其定价机制运行效率。

（二）忽视质量，缺乏创新

部分河南省农产品生产经营者短期行为普遍，质量意识淡薄，一味追求数量、利益，结果自断后路。质量一直是个被强调但却总是被忽视的问题，尤其对于农产品这个特殊的产品，质量不好甚至会危及消费者的生命。所谓创新，有人说是破坏性的创造，但落脚点还是在创造。河南省农产品表现出来的问题：一是没有创造；二是有破坏无创造；三是有质量无创新。先看原阳大米。以前，原阳大米比东北大米金贵，东北大米涨不涨，原阳大米根本不必在意。然而近几年，原阳大米已经要看东北大米脸色行事，原阳县大米族群里的一个“小老大”——迪一米业对原阳大米的话语权也日渐丧失。再比如，中牟大蒜因“个大味鲜”已经成功注册为“中国星火计划名优产品”商标。自 1991 年以来，其大蒜出口量约占全国大蒜出口量的 1/3，畅销全球 20 多个国家和地区。但 1995 年之后，大蒜出口量日益渐少，国内市场也日益渐小。这些现象背后隐含着深层次的原因：

1. 不注重生产过程

首先，过去蒜农按照大蒜直径的大小分袋包装，但 2000 年之后，蒜农认为不分级同样可以赚钱，因而选择混装蒜。相比之下，外省的大蒜基地却依然实行分袋包装。市场竞争的结果就是同样的价格，客商自然选择分级包装好的大蒜。其次，中牟的大蒜深加工企业一直没有形成气候，只有几家大蒜初加工企业。众所周知，深加工企业投资大，对产品质量的要求也高，受成本影响，这些企业一般只收购质量较次的蒜头或者裂开的有损的大蒜。与中牟大蒜截然相反的是山东金乡的大蒜，现在已经发展到 120 万亩的规模，设有专门的大蒜科研机构、经销机构，有足够储量的保鲜设施和多家大蒜制品企业，逐渐形成了自产自销的模式，占领了国外大部分市场。

2. 一味追求短期利益

这一点以原阳大米为例来说明。一直以来，原阳大米价格晴雨表体现在优良稻种上，但是优良稻种的推广却让人揪心。首先，种植面积在不断减少，这是原阳大米痛失市场话语权的“头号杀手”。一直以来，太平镇、原武镇、师斋西部和路寨南部等沿黄一带都曾是原阳大米的主产区，然而 2008 年、2009 年，水稻种植面积大量萎缩。2010 年的数据显示，原阳地区稻谷的种植面积大约 26 万亩，一年种植的大米总共不到 1 亿千克，算下来河南人均还不到 1 千克米，可见根本无法满足市场需求。其次，近两年，普通水稻秸秆价格猛蹿，一亩水稻仅秸秆能卖 400 元以上。然而，原阳优质稻种的秸秆却比不过普通水稻，并且优质稻种的秸秆在色泽、保暖效果等方面都无法和普通水稻相比，很多农民因此丧失了积极性，加之优质米卖不上优质价，导致农民放弃种植优质水稻。

（三）品牌定位不清晰，品牌保护意识不强

不少河南省农产品生产者对品牌定位不清晰，品牌保护意识不足，很少涉及专门的品牌管理或者设置专门的品牌管理机构，导致品牌管理缺位。当年“有毒大米”对原阳大米的重创将这点不足淋漓尽致的展现出来。再看个大色美味甜的灵宝苹果，在灵宝、三门峡甚至河南，没有人会否认他，没有人会认为这些苹果不够好，甚至全国各地的经销商也都会慕名前来收购。但是收购时，许多经销商会自己带来包装纸箱，贴上外地苹果的牌子，被冠以外地苹果之名，例如陕西白水、陕西洛川、山东烟台苹果的名号，或者干脆在包装纸箱上笼统地打上“水晶富士”、“西北苹果”、“黄土高坡”或苹果的英文“APPLE”等字样。那么，灵宝苹果究竟是甘为他人作嫁衣还是另有起因呢？实际上，导致出现这个现象的原因主要有两点：

1. 宣传力度不够

之所以出现上面所说的现象，原因之一就是因为酒香也怕巷子深，当地人认可你，可关键是外地人不认可。外地人为什么不认可呢？一个重要的原因就是灵宝苹果的宣传力度不够。灵宝苹果品牌的宣传，仅仅是在一个市。来看一下山西的“黄土高坡苹果”，不局限于一个市，而是在全省宣传，甚至在中央电视台做了很长时间“黄土高坡苹果”的广告。很明显，两者的宣传力度根本无法相比。

2. 当地包装业不发达

继续探讨这个问题，为什么当地人一般都认可，而外地人心里认可却贴换标签？除了当地宣传力度不够之外，还存在一个制约因素，就是三门峡当地的包装业不发达。三门峡市目前纸箱厂不多，尤其是能够生产出中、高档次果品纸箱的企业更是少之又少，远远不能满足当地果品纸箱包装的需求，不自身发展，而是舍近求远，从山西运城购进。

（四）农产品商标注册量偏少

据了解，河南省农产品中不仅仅是获得中国驰名商标的不多，整个商标注册量也是很少的，这与河南省的农业大省地位是不相符的。目前河南省之所以出现农产品商标注册少，驰名商标、著名商标更少，原因是多方面的：

1. 农产品品牌规模小

“十五”以来，省委、省政府立足河南省实际情况，立足于河南省农产品目

前存在的矛盾：农业比较效益低与实现农民持续增收的矛盾、河南省资源大省与经济强省的矛盾，提出了“围绕农业上工业，发展工业促农业”的思路，促进了河南农业大省向农业强省的转变。但从河南省农产品经营情况看，目前河南农产品品牌规模还较小，大部分农产品的生产还是分散的，基本上是一家一户的分散经营，经营规模很小，无法进行标准化生产，导致农产品品质不稳定，无法申请注册商标。

2. 生产者、经营者商标保护意识不足

一些地方的政府领导、企业负责人和农民没有商标意识，对商标的重要性认识欠缺。河南省是全国著名的小麦、玉米主产省之一，培育出了不少优良品种，但只有河南省“五二”农场种业开发有限责任公司注册的“五二”牌种子商标被认定为河南省著名商标。而与河南省相邻的山西省，涉农企业甚至普通农民都十分注意为自己的农产品注册商标，该省仅清徐县就先后有9个农民为自家的农副产品申请注册了商标。试想一下，河南省有着大量具有地方特色的农副产品，资源优势如此明显，成功注册一个商标，就有可能带富一个县、一个地区，关键是没有商标意识。

3. 生产者、经营者缺乏自信

在实地的走访中，调研人员对100位河南省农产品品牌生产者和经营者进行调查，发现多数生产者和经营者存在缺乏自信的问题。当被问及，“贵企业的商标是否注册?”1. 是；2. 打算注册；3. 没有打算注册。被调查者的回答如表7-3和图7-1所示，没有打算注册的占多数。

表7-3　商标注册情况表

贵企业的商标是否注册				
	频率	百分比	有效百分比	累积百分比
是	3	3.0	3.0	3.0
打算注册	28	28.0	28.0	31.0
没有打算注册	69	69.0	69.0	100.0
合计	100	100.0	100.0	

当被追问为什么没有打算注册时，绝大多数的回答都是现在还不到时机或者还没有能力，对自己缺乏信心。

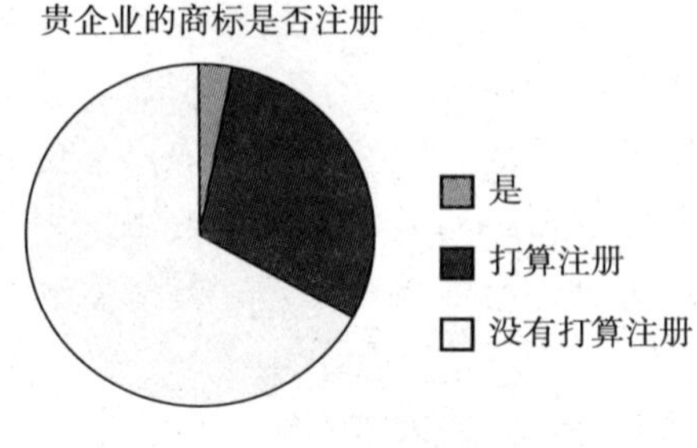

图 7－1　商标注册情况

第三节　河南省农产品品牌竞争力评价指标体系

一、品牌竞争力理论指标体系设计

对于品牌竞争力的研究，国内国外诸多学者从不同的角度进行了较完善的剖析，可以得出结论：一方面品牌竞争力受诸多因素的影响；另一方面，这诸多因素对品牌竞争力的影响也不是同等重要的，有主次之分。鉴于此，就要求设计一套科学地、实用的、系统地反映品牌竞争力的评价指标体系。本次研究把品牌竞争力的理论指标体系构建为两级（见表 7－4）。

表 7－4　　品牌竞争力理论指标体系

0 级指标	一级指标	二级指标
品牌竞争力	产品（F_1）	质量（F_{11}）
		名称（F_{12}）
		包装（F_{13}）
		原材料/工艺流程（F_{14}）
		服务（F_{15}）
	利益（F_2）	功能利益（F_{21}）
		心理利益（F_{22}）
		体验利益（F_{23}）
		财务利益（F_{24}）
	文化（F_3）	地域文化（F_{31}）
		品牌/企业文化（F_{32}）
		产品文化（F_{33}）
	形象/价值（F_4）	社会形象/价值（F_{41}）
		自我形象/价值（F_{42}）

（一）产品（F_1）

产品是指能够提供给市场，被人们使用和消费，并能满足人们某种需求的任何东西，包括有形的物品、无形的服务、组织、观念或它们的组合。不是所有产品都是商品，只有用于交换的产品才能称为商品。但是本研究不对产品和商品做严格的区别。对于所有商品来说，拥有产品是首要的，农产品也如此。市场营销学关于产品属性的描述非常详细，在此基础上，结合农产品的特点，认为产品需从五个维度来考虑，其中并未包括价格因素，而是把价格放在了利益中的财务利益中。

1. 质量（F_{11}）

毫无疑问，产品质量是关键，是品牌长盛不衰的重要支柱，是品牌的本质和生命，是保证企业在市场竞争中制胜的有力武器。总之，说到产品，首先就要强调质量，但质量往往被一些企业忽视，在生产过程中，生产者经常为了追求产量，追求数量，把质量放在后面，最后是害人又害己。正是为了保证质量，所以才有质量认证等一系列强制措施。

2. 名称（F_{12}）

现代的生活中，大大小小的品牌成千上万，每天都会有数不清的品牌名称在生活中和人们的头脑中不停地闪现，鉴于此，要想能够脱颖，吸引众人的眼球，需要有一个特殊的品牌名称，这个名称一定要易于记忆，简洁醒目。因此，要形成消费者的品牌忠诚，必须重视品牌名称。

3. 包装（F_{13}）

包装是指在流通过程中，为了保护产品、方便储运、促进销售，故而依据不同情况而采用的容器、材料、辅助物及所进行的操作的总称。当消费者初次接触一个产品时，首先映入眼帘的是产品的外在表现，即包装，而且买椟还珠的典故也折射了一部分消费者购买商品时的心理。

4. 原材料/工艺流程（F_{14}）

原材料主要指的是产品的物理组成。随着时代的变迁，消费者消费观念的转变，越来越多的消费者更注重原材料或者工艺流程，倾向于更关注环保，更注重节能。尤其对于农产来说，无论原材料还是加工过程都是不可忽视的。

5. 服务（F_{15}）

服务作为产品的延伸品，很大程度上影响消费者的购买决策和购后感受。具体包括售前服务、售中服务和售后服务。企业应该围绕服务项目、服务水平、服务形式三个方面实施服务策略。

（二）利益（F_2）

1. 功能利益（F_{21}）

功能利益是影响消费者购买的最重要的因素之一，是稳扎稳打的“实力派”。消费者之所以购买某个品牌的产品，是因为他有一技之长，购买后能够“为我所用”。例如，消费者之所以购买手表，最主要的还是注重他是否“准时”，否则，充其量也不能称为手表。

2. 心理利益（F_{22}）

如果说功能利益就是稳扎稳打的“实力派”，那么心理利益便侧重于虚无缥缈的“偶像派”。当然，如果没有功能利益，心里利益和体验利益就没有根基，有时候，企业为了销售产品，会给消费者一个心理暗示，消费者在购买过程中会获得心理上的满足，或者购买了某种产品之后，会有不同的感觉。例如，绿箭口香糖，告诉消费者，“嚼绿箭，清新口气”，农夫山泉告诉消费者，“农夫山泉有点甜”，不管是绿箭口香糖还是农夫山泉，无疑都利用了消费者的心理特征，这就是消费者的心理利益。

3. 体验利益（F_{23}）

随着体验经济的出现，越来越多的消费者渴望获得体验，农产品消费者也不例外。农产品经营者或生产者应该充分考虑如何刺激和调动消费者的感官、情感、思考、行动、关联等感性因素和理性因素，在农产品生产经营过程中重新定义、设计一种思考方式。

4. 财务利益（F_{24}）

消费者在作出购买决策之前，多数会考虑能给自己带来多少的财务利益，财务利益包括多方面，其中最显著的就是价格差异，价格一方面决定品牌的档次；另一方面也决定了企业的利润。除价格之外，财务利益还包括诸多的机会成本。

（三）文化（F_3）

品牌文化能让消费者产生差别化的心灵感受，是品牌背后的强大支柱。放眼全球、全国，讲究地域文化，立足企业，讲究企业文化，独看品牌，讲究品牌文化，单列产品，讲究产品文化。无论哪种文化差异，都必须让目标消费者接受认可，一旦让目标消费者接受，对提高品牌竞争力是十分有利的。

1. 地域文化（F_{31}）

不同地域的消费者，在人生观、生活观、价值观上面会有所不同，表现出差异性。具体而言，大到国家与国家之间会有差别，小到即使在同一个国家，由于地域的差别也会表现出差异性。就农产品来说，素有东甜西辣，北咸南鲜的说法。

2. 品牌/企业文化（F_{32}）

品牌或企业文化是品牌或企业在经营中逐步形成的文化积淀，代表了企业和消费者的情感归属、利益认知，是品牌与传统文化以及企业个性形象的总和。当然企业文化和品牌文化还是有区别的，企业文化更加侧重内部的凝聚作用，而品牌文化则更加强调企业外在的宣传和整合优势，通过将企业品牌理念有效地传递给消费者，试图占领消费者的心智。在购买过程中，消费者会无意的把这些文化强加到品牌或者企业之上，作为决策的一个重要参考因素。

3. 产品文化（F_{33}）

产品文化其实是品牌文化的一个具体载体，与品牌文化不同之处是，品牌文化是品牌本身的文化建设，而产品文化是与产品特性相关的文化建设。如在苹果上面印有“平安”或者“福”字，价格就会提高，这正是产品文化的体现。

（四）形象/价值（F_4）

1. 社会形象/价值（F_{41}）

众所周知，整个社会的价值/形象会约束、诱导消费者，影响消费者的购买行为。例如，改革开放前，中国人以含蓄、节约、节俭为美德，市场上奢侈品几乎无人问津。但改革开放后，奢侈品在经济危机之时居然成了销量第一的产品。

2. 自我形象/价值（F_{42}）

消费者在购买决策前、决策中都会根据自己所在阶层的消费观念进行，而其所在阶层的消费观念受消费者的职业、教育水平、收入水平、价值观念甚至居住区域的影响。

二、实证检验

（一）数据来源及方法分析

本课题利用网络和实地调查相结合的方式，抽取了 200 名河南省农产品的消费者。为了保证问卷的信度，首先，在选取调查对象的时候就特别谨慎，虽然采取的是随机的方法，但是都会首先了解情况，符合被调查对象条件才进行问卷填写。其次，在调查的过程中，对问卷进行严格把关，力争每份回收上来的问卷都是有效的。最终收回问卷 188 份，全部有效。

在理论指标体系构建的基础上，本课题运用 SPSS17.0 统计软件对问卷数据进行主成分分析，对上述 14 个指标进行标准化处理，通过荷载系数分析得出主成分。其原理和步骤如下：

主成分分析是一种通过降维技术把多个变量化为少数几个主成分的统计分析方法。这些主成分能够反映原始变量的绝大部分信息，他们通常表示为原始变量的某种线性组合。当原来若干个变量的总变差能够由少数几个线形组合来概括的话，那么这些线形组合中包含的信息与原来若干个变量几乎一样多，可以用这些线形组合替代原来的若干个变量，这样会使观测数据从高维降到低维，简化了数据。主成分就是若干个变量的一些特殊线形组合，这些组合把构成的坐标系旋转产生新的坐标系，在新坐标系中提供了协差阵的简洁表示。具体步骤如下：首先，对原始指标数据进行标准化。其次，求指标数据间的相关系数矩阵。再其次，求相关系数矩阵的特征值、特征值贡献率、特征向量。最后，根据特征值累计贡献率确定主成分的个数。

（二）实证分析及结果说明

采用SPSS17.0系统软件进行主成分分析，得到了方差贡献分析表（见表7－5）和主成分荷载矩阵（见表7－6）。

表7－5　　方差贡献分析

成分	初始特征值			提取平方和载入		
	合计	方差的（%）	累积（%）	合计	方差的（%）	累积（%）
1	3.841	27.438	27.438	3.841	27.438	27.438
2	2.915	20.820	48.258	2.915	20.820	48.258
3	2.355	16.819	65.077	2.355	16.819	65.077
4	1.945	13.890	78.967	1.945	13.890	78.967
5	0.966	6.899	85.866			
6	0.880	6.289	92.155			
7	0.547	3.904	96.059			
8	0.335	2.396	98.455			
9	0.216	1.545	100.000			
10	1.756E－16	1.254E－15	100.000			
11	1.131E－16	8.080E－16	100.000			
12	－4.153E－17	－2.967E－16	100.000			
13	－1.340E－16	－9.570E－16	100.000			
14	－3.491E－16	－2.494E－15	100.000			

表 7-6　　主成分荷载矩阵

主成分	质量	利益	文化	形象/价值
Q1	-0.619	0.378	0.458	0.207
Q2	0.526	0.086	0.173	-0.381
Q3	-0.778	0.461	-0.467	-0.543
Q4	0.594	0.187	-0.437	0.406
Q5	0.779	-0.160	-0.003	-0.383
Q6	-0.209	-0.902	-0.189	0.151
Q7	0.299	0.819	0.296	-0.162
Q8	0.121	-0.0660	0.799	0.512
Q9	-0.466	0.598	-0.196	0.228
Q10	-0.197	0.093	-0.519	0.120
Q11	0.322	0.180	-0.734	0.514
Q12	0.032	-0.057	-0.899	0.401
Q13	-0.454	-0.165	-0.219	0.765
Q14	-0.016	-0.152	0.142	0.840

从表 7-5 可以看到每个主成分的方差，即特征值。根据主成分个数提取的一般原则，即所提取的主成分的累积方差贡献率要大于等于 85%，同时，按照特征值大于 1 的原则对主成分进行筛选，得出只需提取 4 个主成分已能概括出绝大部分信息的结论。因此，提取前 4 个成分分别作为主成分。

由表 7-6 可知，该指标体系中共有 4 个因子和 14 项指标。结合理论指标体系，如果在表 7-6 中影响最显著的和理论体系假设的相吻合，则给予保留，否则，应该调整或删除。如此看来，其中，13 项指标和理论指标一致，得到了验证，只有第 8 个指标体验利益设计不太合理的，结果显示影响最显著的是文化 0.799，而不是利益 0.066。原因可能是“体验利益”的语义相对其他指标来说生涩、难懂，一般消费者不太理解。因此，把体验利益归纳为文化因子中的产品文化。这样，最终将品牌竞争力评价指标体系确定为 4 个因子，13 项指标，见表 7-7。

表 7－7 品牌竞争力评价指标体系

0 级指标	一级指标	二级指标
品牌竞争力	产品（F_1）	质量（F_{11}）
		名称（F_{12}）
		包装（F_{13}）
		原材料/工艺流程（F_{14}）
		服务（F_{15}）
	利益（F_2）	功能利益（F_{21}）
		心理利益（F_{22}）
		体验利益（F_{23}）
		财务利益（F_{24}）
	文化（F_3）	地域文化（F_{31}）
		品牌/企业文化（F_{32}）
		产品文化（F_{33}）
	形象/价值（F_4）	社会形象/价值（F_{41}）
		自我形象/价值（F_{42}）

第四节　加强河南省农产品品牌建设的途径

发现问题，自然要解决问题，不能任由发展，否则随时都濒临迅速萎缩，那样或许若干年后，我们只能从历史资料中追寻他们的身影。因此，必须要采取相应措施，化解这些瓶颈，推动河南省现代农业进一步发展。针对河南省农产品品牌建设的现状以及出现的问题，提出如下解决途径。

一、调节价格，建立完善的农产品价格调控体系

配置资源的基础手段是市场机制，而在市场机制中，最核心的机制是价格机制。目前河南省农产品品牌的定价机制不够科学，调控体系不太完善，使得消费者没有消费安全感，甚至严重影响河南省部分品牌农产品在消费者心目中的形象。因此，目前河南省农产品品牌建设中要解决的重要问题是建立合理配套的农产品定价体系。结合河南省农产品品牌的现状及存在问题，建立合理配套的农产品价格调控体系应该包括：

（一）成本导向定价

农产品成本导向定价法是一种按卖方意图定价的方法，主要是以农产品的成

本为中心来制定价格。其主要思路是：在制定价格时，首先考虑农业企业在营销中投入的全部成本，然后加上打算获得的利润。建立科学的河南省农产品价格，首先要了解河南省农产品价格的构成，主要由三部分组成：

1. 采购或种植养殖成本

农产品采购成本是指相关农产品加工企业购买初级农产品时付出的所有费用。其中包括购买农产品的货款，合作基地农产品质量监督检查费、管理费、技术指导费，收购农产品工作人员工资及其他经费等项目。

2. 加工成本

农产品加工企业的加工成本是指农业企业在加工形成可销售农产品过程中的所付出的成本，主要包括工人工资，机器、设备、厂房折旧，运输费用等，还有农产品损耗成本，主要是在加工过程中去除的很多的外皮、干叶等。

3. 经营成本

农产品经营成本是指农产品在销售过程中要付出的成本，包括营销费用、销售环节损耗等。其中组成比较复杂的是营销费用，既包括市场营销人员的工资，还包括在商场的入场费、宣传费、公共关系费用等。

（二）需求导向定价

农产品需求导向定价法不是依据农产品的成本来定价，是以农产品的需求为中心，依据消费者对农产品价值的认可和需求来制定价格，随市场需求的变化而确定不同的价格。一方面可增强农产品生产者应变市场的能力，根据市场导向来安排生产。另一方面，可使农产品生产者自主经营、自负盈亏，以市场供求为基础来发挥主渠道作用。同时，要积极引入竞争机制，规范市场主体行为，使市场价格能真正反映供求状况。需求导向定价法基本原则是：如若市场需求强度大，则应制定高价；如若市场需求强度小，则应制定低价。

（三）竞争导向定价

农产品竞争导向定价法是农业企业依据自身的竞争实力，通过研究竞争对手的生产条件、价格水平、服务状况等因素，参考市场供求状况来制定产品价格。产品的价格不与产品成本或需求发生直接关系，而只与竞争对手发生直接关系。举例说明，例如，即使产品成本或市场需求变化了，但竞争对手的价格未变，依然应该维持原价；反之，即使成本或需求都没有变动，但竞争对手的价格变动了，则应该调整其产品价格。

（四）政府调节定价

政府调节定价法不仅考虑市场，更侧重考虑政府有没有或者如何执行宏观调控的职能。政府首先应该全面分析农产品的供求状况，在此基础上对农产品购销价格进行预测，而政府的预测将是农产品生产者、经营者和消费者重要的参考依据，引导农产品在市场上的生产、流通和消费。例如，当市场上出现供过于求，市场价格接近甚至低于成本，为了保护农民的利益，调动农民的积极性，保持市场的稳定，政府必须采取行动进行干预，而且干预的方式要灵活。

综上所述，制定合理的农产品价格调控体系，还应遵循价值规律，只有这样，才有利于农产品结构的调整和优化，并长期适应市场的需要。

二、优化质量，深化加工过程

优化质量是指农业企业在整个加工过程中，每一个环节都要按照企业确定的相应标准严格要求，保证加工现场达到标准。当产量和质量发生冲突时，要坚决保证质量，而不是保证产量。河南省是农业大省，一直以来农业生产都偏重于量。而如今，农业生产已经从保障供给转向了适应市场需求，此时增加优质农产品的生产，不仅有利于从整体上提高农产品的品质和竞争力，也有利于缓解供大于求的实际矛盾。要优化质量，深化加工过程要坚持以下管理原则。

（一）兼顾品种、质量和品牌

优化质量，深化加工过程，至少要保证三个方面：品种、质量和品牌，三者要统筹兼顾，协调发展。例如，道口烧鸡素有“天下第一鸡”的称号，闻名于世。其特点：香味浓郁、酥香软烂、咸淡适口、肥而不腻，做到了三者的统筹兼顾。首先保证香味浓郁，需要用陈皮、肉桂、豆蔻、白芷、丁香、草果、砂仁和良姜八味佐料，缺一不可。其次顾及酥香软烂，制作技术要求很高，光是煮鸡这一道程序，就需要花上 3 ~5 个小时，再加上火候的调整，做好的烧鸡不需刀切，用手轻轻一抖，骨和鸡肉自动分离。如此一来，不用说是饥肠辘辘之时，就是酒足饭饱之后，只要提起道口烧鸡，也会令人馋涎欲滴。

（二）延长产业链条

出口创汇是评价农产品优质与否的一个重要指标。河南省农产品出口的一个显著特点是初级农产品比重降低，由占出口农产品总额的 67. 3% 下降到 63. 7% ，加工农产品比重上升，由 32. 7% 上升到 36. 3% 。出口的农产品不仅有传统的生猪、粮油、大蒜、茶叶、中药材、手编工艺等，而且又新增了磨粉小麦、食用菌、麻类、花卉、山野菜等。① 整体而言，农产品出口创汇有了较大提高，但是

① 2004 ~2010 年河南省出口创汇农业发展规划。

与其他省份相比差距是比较大的。原因不是农产品的品种不好，而是在生产环节上还需要进一步加强，延长产业链条。在特色产业经济带基础上，实施优势农产品加工增值战略，提高精深加工水平，延伸产业链条。只有这样，才能形成优质、高效、特色农产品加工业。

（三）完善制度，注重管理

实现效率的根本保证是制度，实现高质量的根本保障也是制度。尤其是农产品，加工过程复杂性，而且时间性很强，没有严格的管理制度将会造成混乱和低效率。因此，在整个加工过程中应该进一步完善制度，使其日臻完善。尽管如此，仍不可高枕无忧，企业管理者还要注重制度的执行和实施过程，注重管理，以免发生有制度无落实的情况。当然，在管理的过程中，应该秉承奖惩分明，落实制度，尤其是控制好价值链的战略环节。

三、明确定位，提高品牌美誉度

现代农业的发力点和驱动轮是品牌，而农产品品牌建设的核心内容却是品牌定位。当前大部分河南省农业企业负责人缺乏品牌定位意识，不懂得如何确定品牌定位。此时，品牌定位是否清晰就成了品牌成功与否的重要标志。农产品品牌的定位形式多样，包括领袖定位，例如，当年重庆奥尼成功跻身洗发水市场，贴上了植物洗发的标签；对抗定位，例如，双汇成功公然挑战春都，百事可乐与可口可乐平分秋色；高级俱乐部定位，例如，克莱斯勒告诉世人它是仅次于福特、通用的第三大汽车品牌；市场补缺定位，例如，春兰空调避开大道，占领两厢，成功占领空调市场；精神定位，例如，金芒果香烟等。这些都是定位的方法，但是不管选择哪种定位方法，都应该遵循以下原则。

（一）突出农产品特点

品牌定位的基本要求是突出农产品特点，明确在市场上处于什么位置，有什么特点，应该旗帜鲜明，立场坚定。举例来说，灵宝市素有“辣半县”的美誉，灵宝线椒已有200多年的历史，究其因，就是很好的突出了农产品的特点：颜色鲜艳，色红发亮，辣中带有浓香，果实小如线，晒干后果皮发皱，在国际市场上被誉为“河南皱椒”。再比如，产自豫东的芹菜品种“胡芹”，一度是被皇帝钦定的蔬菜贡品，又名“归芹”，距今已有1 000多年的栽培历史。其特点非常鲜明：根小棵大、杆粗、叶柄中空、叶片肥大、茎部光滑、无丝无渣、嫩、脆，素有“芹王”之称。

（二）明确农产品资源优势

如果农产品有独特的资源优势便可以以此进行品牌定位，明确告诉消费者。例如，众所周知，河南省地理位置适中，气候条件适宜，是“北花南迁、南花北移”理想的驯花场所。为此，可以重点建设郑州花卉苗木区、开封菊花区、洛阳牡丹区、南阳月季区、鄢陵花卉苗木区和潢川花卉苗木区。再比如，河南省同时又是一个中药材资源大省，无论品种数量还是储量在全国都是屈指可数。因此，可以重点建设豫西南中药材区和豫西北中药材区。豫西南中药材区主要包括南阳市，三门峡的卢氏县、灵宝市，洛阳的栾川、嵩县、汝阳县，平顶山的鲁山县等；豫西北中药材区重点发展四大怀药，主要包括焦作市的沁阳、孟州、武陟、博爱、温县，新乡市的辉县市、安阳的林州市及济源市等地。

（三）明确目标群体

产品究竟是供何人使用和消费的，目标群体是谁，一定要明确。同时应该注意在确定的过程中应该有针对性，而不是男女老少一起上，多不见得一定好。如2002年，贵州茅台酒将自己定位为最高档的礼品酒，零售价格连年上涨，价格不断攀升，销售量并没有减少，销售收入连年翻番。这正得益于认清了自己的目标群体，其目标群体是比较尊贵的客人，无论是宴会还是送礼，都能够使人享受到品牌的尊贵。

总之，品牌已经成了农产品质量、档次、安全性等诸多特性的化身，河南省应该坚持“市场导向、政府推动、企业主体”的原则，依托优势农业资源，提高农产品品牌的美誉度。

四、加大宣传，扩大品牌知名度

想要自己卖个好价钱，首先要众所皆知，让别人知道你的存在。因此，要实施农产品品牌战略，就要加大对农产品品牌的宣传，提高公众对名牌的认知度，扩大影响面。

（一）设计好听的名字

要扩大知名度，首先就是要让消费者能够记住并且愿意产生购买行为，显然好听的名字是第一步。所谓好名字，应该是简洁醒目，易读易记，富有某种含义等。举例来说，2011年，河南省原阳太空米改名为粳米博士。因为北方米大部分是粳米，博士也是一个行业“至高”的称呼，“粳米博士”即在粳米里这一品种技术含量更高、营养价值最丰富的意思。

（二）制定正确的广告策略

广告是企业在促销中应用最广的促销方式，是一种传递信息的活动，而连接广告与广告接受者的连接物质却是广告媒体。目前，比较常用的广告媒体包括：电视、报纸、互联网、杂志、广播、户外广告以及邮寄等。在选择广告媒体时，要考虑以下影响因素：

1. 媒体的性质与传播效果

不同的媒体有不同的性质，在传播范围、传播对象、社会声望、生命周期、传播速度等方面都有自己的特点。所以，选择广告媒体时首先要分析媒体的性质，考虑其传播效果。

2. 广告商品的性能和使用范围

不同商品有不同的性质和使用范围，而不同的媒体其性质和传播效果也是有别的。因此媒体选择者必须搞清楚这些情况，具体问题具体分析，对不同商品选择不同媒体。

3. 受众的习惯和文化程度

受众的生活习惯和文化程度也存在一定的差异，习惯不同，文化程度不同，其接触媒体的习惯和方式也不一样。因此，选择媒体时应该分析目标受众的习惯和文化程度。

4. 市场现状和消费趋势

任何广告活动都是在特定市场上对特定消费者进行的广告宣传，有具体的目标，影响着广告媒体的选择。因此，在选择广告媒体时应该考虑分析市场现状和消费状况及消费发展趋势。

5. 广告的制作和成本费用

不同的媒体，广告的制作程序和复杂程度不同，费用也不同。企业要根据自己的实际情况来选择合适的媒体，不可盲目跟风。

（三）实施积极的公共关系策略

当前，河南省农业企业的公关策略普遍缺乏，影响河南省农产品品牌美誉度的建设。因此，河南省农业企业需要运用公共关系策略，扩大市场占有率，提高市场竞争力。具体而言，在农业企业内部，实施公共关系策略，主要任务是沟通协调决策者与各职能部门之间或介于职能部门与基层人员之间的关系；在农业企业外部，实施公共关系策略，主要任务是沟通或协调企业与公众的关系。

实施积极的公共关系策略，可以起到事半功倍的效果，提高产品的知名度。同时品牌农产品实施公共关系策略，也可以发挥领导作用。例如，卢展工书记

"推销"信阳茶叶，并为原阳大米支招，李文慧书记进京"推销"三门峡水果等。

五、集约经营，调整农资渠道

从市场经济发达国家的实践经验看，在现代农业发展中具有极其重要地位的是集约经营。其特点是规模较大，市场主体功能较强。首先，利用组织优势，更适于有效地推广农业新品种、新技术、新工艺，其次，使原来分散的农户形成一个整体去面对市场，可以提高农民的市场谈判地位和农业的综合效益。2007 年 8 月，中国最大的蔬菜种植基地——寿光，第一个专业合作社成立，农户们抱团经营农产品。通过"公司 + 合作社 + 农户"的运营模式，一方面经营主体高度分散；另一方面农产品购销等环节的组织化程度又高度集约化。加入合作社以前，买种、种菜、销菜、选购农药化肥和农机具等都是个人打理。入社后每位农民都成了车间的一名工人，除了按照订单要求种出合格的产品外，其余几乎用不着操心。实行集约经营，调整农资渠道应该做好以下几个方面。

（一）加强宣传教育

实行集约经营，就要让农民充分了解农业合作组织的基本原则、价值理念及民主的管理方式，提高农民对发展比如农业合作经济组织的认识，广泛进行集约经营的宣传教育。鉴于此，农产品相关部门可在技术咨询、指导、培训技术人才等方面给予扶持，引导并鼓励各级农技推广机构与农民联合兴办各类农业合作组织。

（二）加大政府扶持力度

政府各有关部门要根据河南省实际情况，在不干预农业合作组织正常业务经营活动的前提下，加大扶持力度，及时制定相关的优惠政策，在财政、税收、信贷方面给予农业合作组织必要的支持，避免农业合作组织因资金短缺而难以开展正常经营活动，为农业合作经济组织的发展提供便利。

（三）规范运作方式

农业合作经济组织要健全本组织规章制度，建立社员代表大会、理事会、监事会，共同管理、相互制衡，使日常经营管理做到有章可循，实现规范化运作。

六、培训农民，加强品牌保护

无论是农业，还是农业企业，主体都是农民，因此发展现代农业，需要对农民进行培训，促使其成为懂技术、会经营的新型农民。意识决定行动，首先要加强农民科技意识的培养，使其意识到科技对农业的重要性。其次，要积极的对农民进行培训，可以充分发挥职业学校、农广校、农函大等农民技术教育等渠道的作用，提高农民获取科技知识和依靠科技脱贫致富、发展生产和改善生活质量的能力。最后，在培训的过程中，要考虑农民的实际情况，分目标、分层次、分阶段确定素质培训的内容，通过分类指导、典型带动，发挥农民主动性和创造性。除此之外，还要加强农民对农产品的品牌保护意识。目前，河南省不少农产品品牌还不能做到出淤泥而不染！就此而言，应尽快建立起一套切实可行的品牌保护机制。对品牌保护重要的一条就是重视商标，注册商标，保护商标。商标之所以有价值，是因为商标在产品营销过程中起着极为重要作用，被拥有人作为参与市场竞争的一个重要手段，为拥有人带来显著的经济效益，是一种宝贵的无形资产。综上所述，河南省农产品要想在市场上长久立于不败之地，长期的可持续地发展下去，走向全国，走向世界，就必须要建立一套完整的、成熟的应急机制。在品牌一旦受到伤害之时，政府要各司其职，部门要各尽其责，争取在最短的时间内，使受害品牌消除不良影响，恢复名誉。否则，受伤的恐怕就不仅仅是一两个农产品品牌本身，更重要的还有这些品牌所代表的群体和品牌背后众多农民的切身利益。

第五节　简要总结

长期以来，“三农”问题都是我国社会经济发展中的掣肘因素，要想使经济走向快车道必须首先解决相关问题。随着改革开放向纵深推进，河南省在农产品市场化的过程中，既要面对来自当地农产品竞争对手的挑战，又要抵挡来自国内、国外众多竞争对手的冲击。综合来看，一方面，河南省作为全国农业大省之一，主要农产品在全国占有突出地位，应该充分发挥优势资源，扬长避短；另一方面，河南省的农产品优势还没有真正转化为经济优势，虽为农业大省，但大而不强，农产品市场竞争力尚显薄弱。在这种形势与背景下，实施河南省农产品的品牌化已成为不可避免的趋势，一定程度上也影响了农产品自身的顺利发展。下面将本章研究内容总结如下：

第一，实行河南省农产品品牌化经营意义重大。品牌化是很多行业的一个大趋势，对河南省农产品来说，无论是生产者还是消费者都会受益匪浅，实行农产品品牌化经营不仅联结着农产品，还联结着生产经营者、消费者及社会，因此意义重大。综合来看，一方面，河南省发展农产品品牌有利于农产品走向市场，培养消费者的忠诚度，进而提高河南省农产品品牌的市场竞争力。另一方面，伴随着国家允许土地流转的政策出台以及龙头企业的大量兴起，经营方式发生了相应的转变，经营规模正在走向扩大，交通运输、通信及各级各类市场也快速发展，加上河南省政府的大力支持，共同促进农产品品牌化，为农产品品牌化提供了可能性条件。

第二，提高河南省农产品品牌竞争力势在必行。在农产品市场化的道路上，竞争无时不在，建立农产品品牌已是农产品发展的必需，提高河南省农产品品牌竞争力更是势在必行。历经数千年，河南省曾经打出了很多非常著名的农产品品牌，例如原阳大米、灵宝苹果、中牟大蒜、信阳毛尖、民权葡萄等。但曾经拥有并不意味着永远拥有。随着时间的推移，农产品市场上的很多品牌开始走下坡路，甚至跌入了低谷。在这种情况下，如果依然我行我素，袖手旁观，那么后果将不堪设想，因此，建立农产品品牌之后，还必须提高河南省农产品品牌竞争力。

第三，认清当前河南省农产品品牌建设形势是关键。河南省各级政府响应中央关于“多予、少取、放活”的方针，充分发挥河南省农业大省、人口大省的资源，大力推进河南省农产品品牌建设，走出了一条符合河南省实际的农业产业化道路，在农业产业化发展方面走在中西部省份的前列，并成为中国名副其实的“粮仓”和“厨房”。总体上来说，河南省各地依托资源优势，坚持以市场为导向，发展特色农产品品牌，农产品区域化布局基本形成。但是在不断的发展过程中，也存在一些问题。要充分进行研究，不仅要知道问题所在，还应该知道出现问题的原因是什么。

第四，设计河南省农产品品牌竞争力评价指标体系是重点。对于品牌竞争力的研究，国内国外诸多学者从不同的角度进行了较完善的剖析，可以得出结论：一方面品牌竞争力受诸多因素的影响；另一方面，这诸多因素对品牌竞争力的影响也不是同等重要的，必定会有轻重缓急之分。鉴于此，不仅要对当前河南省农产品品牌建设的形势进行分析，还应该设计一套科学地、实用的、系统地反映品牌竞争力的评价指标体系。在进行农产品品牌要素指标调研的基础上，把品牌竞争力的理论指标体系构建为两级。同时，运用 SPSS17.0 统计软件对品牌竞争力指标体系进行研究，力争搞好农产品品牌设计，增强河南省农产品市场竞争意识和经营战略意识。

第五，构建河南省农产品品牌建设是一项系统性工程。河南省农产品品牌建设是一项系统性的工作，要想收到效果，需要敏锐的市场经营头脑以及长期的努力。进行河南省农产品品牌建设，应该以树立良好的品牌形象为目标，以有效的品牌沟通为手段，在品牌要素上狠下功夫，环环相扣，步步为营，形成一个严整的体系。品牌形象是消费者所形成的记忆和联想，这点是至关重要的，因为能否让消费者形成记忆以及产生好的联想直接决定购买力。要想树立良好的品牌形象，需要进行品牌沟通，它是品牌与消费者之间的联系，只有和消费者沟通，消费者才能对该品牌有所记忆，有所联想。

参考文献

[1] 奚国泉，李岳云. 中国农产品品牌战略研究 [J]. 中国农村经济，2001，(9)：65－68.

[2] 杨洪波，彭民，李春华. 农业品牌价值模糊综合评估法分析 [J]. 辽宁工程技术大学学报（社会科学版），2005，(3)：172－173.

[3] 彼得·切维顿. 品牌实施要点 [M]. 北京：北京大学出版社，2005.

[4] 阿久津聪，石田茂. 文脉品牌，让你的品牌形象与众不同 [M]. 上海：上海人民出版社，2005.

[5] 石敏俊，金少胜. 中国农民需要合作社组织吗？[J]. 浙江大学学报（人文社会科学版）.2004，(5)：35－44.

[6] 王保利，姚延婷. 如何评估农产品品牌竞争力 [J]. 统计与决策，2007，(1)：47－50.

[7] 马文贤. 创建我国农产品知名品牌的现状分析及对策研究 [J]. 经济与法，2009，(2).

[8] 周应堂，欧阳瑞凡. 品牌理论及农产品品牌化战略理论综述 [J]. 江西农业大学学报，2007，(3)：37－42.

[9] 陈丽莉，易加斌，刘晓晶. 黑龙江省农产品品牌竞争力评价体系研究 [J]. 商业研究，2010，(6)：114－118.

[10] 范秀成. 品牌权益及其测评体系分析 [J]. 南开管理评论，2000，(1)：9－15.

[11] 胡晓云. 中国农产品的品牌化——中国体征与中国方略 [M]. 中国农业出版社，2007 (6).

[12] 冷志明. 论品牌农业 [J]. 生产力研究，2004，(10)：20－23.

[13] 王爱红. 实施品牌战略提高农产品竞争力 [J]. 哈尔滨商业大学学报（社会科学版），2009，(2)：73－75.

[14] 张可成，杨学成. 农产品品牌作用机理研究 [J]. 生产力研究，2008，(12)：28－64.

[15] 白光. 中国要走农业品牌之路 [M]. 中国经济出版社，2006.

[16] 博亚. 品牌战略规划的五大核心 [J]. 管理科学文摘，2007，(5).

[17] 胡晓云. 中国农产品的品牌化——中国体征与中国方略 [M]. 中国农业出版社，2007.

[18] 李云海. 浅谈地区农业品牌开发的新思路 [J]. 经济师，2005，(7)：181－182.

附：河南省农产品品牌消费者调查问卷

尊敬的女士/先生：

您好！我是安阳师范学院的教师，现在正在进行关于河南省农产品品牌竞争力方面的调查研究。恳请您抽出宝贵的时间帮助填答。本问卷的信息只做学术研究之用，采用匿名方式做答。您的参与对于我的研究非常重要，万分感谢您的支持！

一、基本情况

1. 您的性别：□男性　□女性

2. 您的年龄：□小于 20 岁　□20～29 岁　□30～39 岁　□40～49 岁　□大于 50 岁

3. 您的学历：□高中以下　□中专　□大专　□本科　□研究生及以上

4. 您的个人月支配收入：

□1000 元以下　□1000～2000 元　□2000～3000 元　□3000～4000 元　□4000 元以上

5. 您所在城市：________________

6. 在购买农产品时，您最关注：

□质量　□名称　□包装　□价格　□服务

7. 您认为当前河南省农产品的质量让您：

□很放心　□比较放心　□一般不放心　□很不放心

8. 您家庭购买的农产品主要来自：可多选

□商场或超市　□农贸市场（含小摊、早市）

□批发市场　□专卖店　□网上订购

9. 购买"绿色产品"、"无公害农产品"或"有机食品"对于您：

□很重要　□重要　□一般　□不重要　□很不重要

二、下面是关于一些农产品消费与品牌的问题，请根据您的亲身体验和感受，在相应的数字上画"√"。(1 代表"非常不同意，5 代表"非常同意")

	非常不同意	不同意	一般	同意	非常同意
1. 农产品的质量会影响您的购买	1	2	3	4	5
2. 农产品品牌名称会影响您的购买	1	2	3	4	5
3. 一些农产品精致漂亮的包装会影响您的购买	1	2	3	4	5
4. 农产品的原材料或加工流程会影响您的购买	1	2	3	4	5
5. 农产品销售人员的服务态度会影响您的购买	1	2	3	4	5
6. 购买农产品时您看重他的特性、用途	1	2	3	4	5
7. 您喜欢购买品牌农产品	1	2	3	4	5
8. 您喜欢品尝新品牌的农产品	1	2	3	4	5
9. 价格会影响您的购买	1	2	3	4	5

（续表）

	非常不同意	不同意	一般	同意	非常同意
10. 您会优先选择购买河南省农产品	1	2	3	4	5
11. 您专注于特定品牌的农产品	1	2	3	4	5
12. 一些农产品体现人的创造性，更有意义，价格高一些无所谓	1	2	3	4	5
13. 选择购买农产品地点或品牌时您会跟风	1	2	3	4	5
14. 购买农产品时您会考虑自己的身份	1	2	3	4	5

第八章

农业大省绿色食品产业链的建设与发展*

【本章摘要】 在低碳经济方向下，河南省绿色食品产业得到了快速发展。河南省具有生产资源丰富、农业特色鲜明、食品工业雄厚等发展绿色食品的有利条件，目前绿色食品企业数达到95家，产品数达到302个，龙头企业逐渐增多、品种结构趋向合理，在促进农业结构调整、带动农产品质量安全水平提高等方面起到了积极的作用。但河南省在发展绿色食品产业的过程中也存在不少问题，如绿色食品的品种数量较少、经济效益不高、绿色消费习惯尚未形成、企业的品牌意识不强等，这些问题制约了河南省绿色食品的进一步发展。本章在分析这些制约因素的同时，着重探讨河南省绿色食品产业链的建设与发展。

第一节 引　　言

当前，食品安全问题形势严峻，全社会对无公害食品、绿色食品和有机食品的需求越来越大，发展绿色食品适应了广大人民群众生活水平不断提高的要求。建立绿色食品产业链，实行全生产过程质量控制是行业发展的大势所趋。充分发挥河南省资源环境优势，建立结构合理、科学规范的现代化绿色食品产业链，让老百姓能吃上“放心菜”、“放心肉”、“放心粮”、“放心油”。既推进河南省经济的又快又好发展，又缓解了人民面对“问题食品”产生的社会矛盾，促进和谐社会的建设，实践了科学发展观。本章内容拟以安阳市绿色食品产业链的建立与发展为例，分析如何在河南省建立现代化的绿色食品产业链。

---

* 本章主要内容来源于2009年河南省政府决策研究招标课题（2009B544）的结项报告，负责人：李国强，安阳师范学院副教授，研究方向：消费社会学。成员：李文英、刘君、潘登、庞爱玲、安鑫丽、初言玲。

建立绿色食品产业链可从三个角度入手，一是“生产什么”，即确定绿色食品的品种以及产业链的区域布局。按照因地制宜的原则规划绿色食品产业链的区域布局。东部黄淮海平原和南阳盆地中部和东南部适宜发展以粮油加工为主的绿色食品，外加个别具有本地特色的农畜产品。豫西丘陵山区和南阳盆地边缘山冈地区适宜发展以林果业为主的绿色食品以及具有当地特色的绿色食品。南部亚热带湿润丘陵山地适宜发展亚热带林果业、绿色蔬菜及具有本地特色的绿色食品。地区中心城市周围适宜发展蔬菜、禽蛋等不易储存、保质期较短的绿色食品。按照扬长补短的原则确定绿色食品的发展品种。结合河南省粮食大省和农业大省的特点，考虑以粮食加工和特色农产品开发为两大突破口。拉长产品线，搞好深加工，做好大品牌，优先发展附加值高、适销对路的绿色食品，如面粉加工、畜禽屠宰、肉肠奶粉精加工等。二是“如何生产”，即探讨科学合理的绿色食品生产经营模式，涉及产业链组织、龙头企业培育、成本质量的控制、技术创新、政府扶持政策等。包括：参考经营实践、构建组织模式；培育龙头企业、建设生产基地；打造著名品牌、增加产品附加值；加强产业链管理、降低运营成本；注重技术创新、产学研一体化；加大扶持力度、做好物流服务六个方面。三是“为谁生产”，即绿色食品的市场定位、品牌定位、品牌营销与管理。包括：加强宣传，引导绿色食品的品牌消费观念；降低价格，增强绿色食品的品牌竞争力；文化积累，夯实绿色食品的品牌基础；渠道管理，增加绿色食品品牌接触点；终端促销，提高绿色食品品牌影响力五个方面。

第二节 绿色食品相关概念

一、无公害食品、绿色食品与有机食品

（一）无公害食品（Safe Food）

无公害食品是指产地环境、生产过程、产品质量符合国家有关标准和规范的要求，经认证合格获得认证证书并允许使用无公害农产品标志的未经加工或初加工的食用农产品。无公害食品是无污染、无毒害、安全优质的食品，生产过程中允许限量使用限定的农药、化肥和合成激素。无公害农产品标志图案（图8－1）[①] 主要由麦穗、对勾和无公害农产品字样组成，麦穗代表农产品，对勾

① 图8－1、图8－2、图8－3均来自百度图片［EB/OL］. http：//image. baidu. com. 2010－4－5访问。

表示合格，金色寓意成熟和丰收，绿色象征环保和安全。

图8-1

在目前自然环境和技术条件下，要生产出完全不受到有害物质污染的商品蔬菜是很难的。无公害蔬菜，实际上是指商品蔬菜中不含有关规定中不允许的有毒物质，并将某些有害物质控制在标准允许的范围内，保证人们的食菜安全。通俗地说，无公害蔬菜应达到“优质、卫生”。“优质”指的是品质好、外观美，符合商品营养要求。“卫生”指的是三个不超标：农药残留不超标，硝酸盐含量不超标，工业“三废”和病原菌微生物等对商品蔬菜造成的有害物质含量不超标。

（二）绿色食品（Green Food）

绿色食品是指遵循可持续发展原则，按照特定生产方式生产，经专门机构认定，许可使用绿色食品标志商标的无污染的安全、优质、营养类食品。按照技术标准划分，绿色食品产品分为AA级和A级两个等级。A级绿色食品达到发达国家食品质量安全标准的先进水平，AA级产品标准高于A级。两者除了在产地环境质量评价方法上有所不同外，最主要的区别在于对生产资料使用的要求不同。AA级绿色食品生产过程中不使用化学合成的肥料、农药、兽药、饲料添加剂、食品添加剂和其他有害于环境和身体健康的物质，按有机生产方式生产。而A级绿色食品生产过程中允许限量使用限定的化学合成生产资料。就生产方式和技术等级而言，AA级绿色食品相当于国外的有机食品，因此绿色食品概念涵盖了有机食品（赵新勇，2005）。绿色食品标志（见图8-2）是由农业部在国家工商行政管理局正式注册的质量证明商标。绿色食品标志由三部分组成，即上方的太阳、下方的叶片和中心的蓓蕾，标志为正圆形，意为保护。整个图形描绘了一幅阳光照耀下的和谐生机，告诉人们绿色食品是出自纯净、良好生态环境中的安全无污染食品，能给人们带来蓬勃的生命力。绿色食品的标志还提醒人们要保护环境，通过改善人与环境的关系，创造自然界新的和谐。

图 8-2

（三）有机食品（Organic Food）

有机食品标志（见图 8-3）由两个同心圆、图案以及中英文文字组成。内圆表示太阳，其中的既像青菜又像绵羊头的图案泛指自然界的动植物，外圆表示地球。整个图案采用绿色，象征着有机产品是真正无污染、符合健康要求的产品以及有机农业给人类带来了优美、清洁的生态环境。

图 8-3

有机食品这一名词是从英文直译过来的，在其他语言中也有叫生态或生物食品的。这里所说的“有机”不是化学上的概念。有机食品是指来自于有机农业生产体系，根据国际有机农业生产规范生产加工、并通过独立的有机食品认证机构认证的一切农副产品，包括粮食、蔬菜、水果、奶制品、畜禽产品、蜂蜜、水产品、调料等。

（四）无公害食品、绿色食品和有机食品的区别

无公害食品、绿色食品和有机食品三者的共同特点是：以环保、安全、健康为目标的食品，代表着未来农产食品业发展的方向。有机食品、绿色食品和无公

害食品的主要区别：有机食品在其生产和加工过程中绝对禁止使用化肥、农药、生长调节剂、畜禽饲料添加剂等人工合成物质。无公害食品、绿色食品（A级）则允许限量使用限定的化学合成物质。从这个意义上讲，有机食品比绿色食品、无公害食品的标准要求更高，生产难度更大。三者按标准规范要求不同，由低到高梯级分布为：无公害食品、绿色食品和有机食品。市场占有率以无公害食品为最多，绿色食品其次，有机食品再次之。除此之外，三者在土壤肥力来源、病虫灾害防治手段、认证机构与认证方法等方面也明显不同（林媚、冯先桔，2008）。

二、绿色食品的产业化、产业链与产业集群

（一）绿色食品产业化

绿色食品产业化（梅洪常，2004）是建立在资源可持续利用和良好环境基础上，以绿色食品为主导，以生产基地为依托，利用绿色农业的规模经济和范围经济优势及一体化的产销组织方式实现绿色食品的经济效益与生态效益循环互动的过程。在此定义下的绿色食品产业化的基本构架是由绿色食品的农产品生产加工企业和产前、产后专业化配套服务企业以及其他绿色食品专业管理部门、中介组织与农户等部分构成。各组成部分之间存在特定的经济技术关系和相互依存关系，构成统一的产业结构体系。这个体系中，生产加工专业化、标准化、规模化与营销手段现代化等相互配合，形成一体化的经营。

从制度经济学的角度来说，农业产业化经营本质上是一种制度安排。“公司+农户”的组织形式是通过一系列或松或紧的长期契约关系取代一些临时性的市场效益关系，进而形成一种基于商品契约的“准一体化”组织。农业市场中交易费用过高，发展绿色食品产业必须走产业化经营之路，我国绿色食品产业发展基本上都依托龙头企业，把产、供、销、贸、工、农、科技紧密结合起来，形成一条龙的经营机制，走产业化经营之路。绿色食品产业化理论属于农业产业化的一个部分。由于绿色食品生产根源于农业生产，绿色食品产业化的思路与农业产业化的思路相似。而绿色食品是从社会可持续发展的基础上提出来的，又不仅限于农业，其生产标准、产品标准比一般农产品的要求要严得多，因此，绿色食品产业化是农业产业化理论在绿色食品产业发展中的运用（高群，2007）。

（二）绿色食品产业链

产业链主要是基于各个地区客观存在的区域差异，着眼发挥区域比较优势，借助区域市场协调地区间专业化分工和多维性需求的矛盾，以产业合作作为实现形式和内容的区域合作载体。“任何一种产品从原料转化为合格的消费品，并传

送到消费者手中，都是通过专业化分工的不同环节完成的，通常包括：产品研发、采购、生产、加工、仓储、销售等环节，这些环节形成了上下游不同性质的生产和流通过程。”① 这个过程可由同一个企业负责也可通过不同企业间的分工协调来完成。产业链概念的提出便是基于这样的生产和流通过程，其内涵界定比较模糊，与价值链、供应链、企业链等的区别并不大。它们实际上是相通的，只是侧重点和出发点不同。

绿色食品产业链是指由与绿色食品生产密切相关的具有关联关系的生产流通主体所组成的链状网络结构，这些利益主体依其关联顺序包括农业科研、农资材料等前期产业部门，农作物种植、畜禽饲养等中间产业部门，以初级农产品为原料的食品加工、储存、运输、销售等后期产业部门（李军民，2007）。

（三）绿色食品产业集群

美国管理学大师迈克尔·波特 1998 年在其论著《簇群与新竞争经济学》中对产业集群有了明确的表述，即产业集群是指在某一特定领域内相互联系的、在地理位置上集中的公司和机构的集合，他认为所谓产业群或集群，是用来定义在某一特定领域中（通常以一个主导产业为核心），大量产业联系密切的企业及相关支撑机构在空间上集聚，并形成强劲、持续竞争优势的现象。王缉慈（2001）也指出，集群是企业的空间集聚现象，它既有本地区的历史根源，又取决于本地企业之间的既竞争又合作的关系集合。陈文华（2006）认为，产业集群是在特定区域中大量企业及相关机构基于专业化分工的、以群集为特征的一种经济社会现象；是在市场竞争中不断演进的、有效率的中间体组织；是全球化背景下发展区域经济的新的思维方法和发展模式。林其屏（2004）认为产业集群的核心是企业之间及企业与其他机构之间的联系以及互补性，即产业集群的共生机制，这种机制既有利于获得规模经济、互动式学习、技术扩散、形成竞争合作关系和创新，又比垂直一体化的大型企业具有更大的灵活性。此外，产业集群还具有区域认同与植根本地的特性（高群，2007）。

三、绿色食品产业链的空间分布

（一）绿色产业链空间分布的层次性

绿色食品产业链是由初级农产品生产、采购、生产加工、仓储、销售等单个链环连接构成的统一体，每一链环的累加都是对上一环节追加劳动力投入、资金

① 蒋逸民．关于农业产业链管理若干问题的思考［J］．安徽农业科学，2008，(22)．

投入、技术投入以获取附加价值的过程，链环越是下移，其资金密集性、技术密集性越是明显；链环越是上行，其资源加工性、劳动密集型越是明显。一般农户更多地从事诸如作物种植、畜禽养殖等劳动密集的经济活动，其技术含量、资金含量相对较低，其附加价值也相对较低；而绿色食品龙头企业更多地从事农产品深加工和精细加工经济活动，其技术含量、资金含量相对较高，其附加价值也相对较高。因此，欠发达区域一般拥有产业链的上游链环，其下游链环一般则布局在发达区域。

（二）绿色产业链空间分布的指向性

绿色食品产业链空间分布带有明显的指向性，第一，资源禀赋指向性，出于对优势区位的追求，产业链的布局必然依赖区域的资源禀赋，而资源禀赋的空间分布特征决定了追逐资源禀赋的产业链的空间分布。第二，劳动地域分工指向性，劳动地域分工使得各区域具有了自身的专业化生产方向，产业链对专业化分工效益的追求便造成了产业链的空间分散性。第三，区域传统经济活动指向性，区域传统经济活动通常是区域特定资源禀赋和区域经济特色的体现，经济活动的路径依赖性和惯性使得区域在产业链分工中具有深深的烙印。

四、发展绿色食品产业的战略价值

（一）发展绿色食品是我国食品发展的主要任务

食品是人类赖以生存和发展的重要物质基础。随着人类生态环境意识的提高和健康意识的增强，生态消费成为人们生活中的一部分。为减少环境污染和资源的浪费，保证身体健康水平，满足人们追求安全、优质、营养、无污染食品的需求，在可持续发展理论的推动下，绿色食品应运而生。绿色食品的开发和生产，不仅是为了满足人民群众对优质、安全食品的需求，更重要的是保护我国农业资源，改善农业生态环境（郑煜曦，2002）。因此，发展绿色食品已成为当前我国食品发展的主要任务。

（二）发展绿色食品促进了农村经济发展

近年来，随着人们健康消费观念与生态消费观念的加强，绿色食品市场需求日趋活跃。首先，农村地区工业化水平较低，资源与环境受到的破坏相对较少，具有发展绿色食品的先天自然条件。其次，农村地区具有劳动密集、资源丰富等特点，非常适合作为绿色食品产业链的初级链端。最后，发展绿色食品应以市场为导向，以资源为基础，建立以粮食加工、畜牧饲养业为主、产业关联效应强的龙头生产企业。通过龙头企业的领头作用，以利益为纽带，将企业与农户紧密联系在一起，带动种植业和食品加工业的发展，吸纳大量的农村剩余劳动力（赵新勇，2005），提高农业的市场化程度和集约化经营水平，有效地促进贸工农一体化、产销一条龙，推动农业产业化进程，推动区域经济的发展。

（三）发展绿色食品推动了农业产业结构调整

长期以来，在农村地区，以传统的粮食种植业、畜禽养殖业为主，虽然也有一些棉花、油料等经济作物，但并不能改变农业以初级产品为主、低加工、低产品附加值的局面，直接导致了农村经济落后，农民增收缓慢。发展绿色食品顺应了健康环保的时代消费观念，绿色食品的生产中高新技术替代了传统农业技术，帮助农民依托资源优势，调整产品和产业结构，改变以种植粮食作物为主的单元结构为“农、经、饲”相结合的多元结构，使农业产业链得以顺利延伸。

第三节　河南省绿色食品发展现状及存在的问题

一、河南省发展绿色食品的有利条件

（一）生产资源丰富

河南省具有发展农业的良好条件。首先，有充足的光热资源。河南省地处亚热带向暖温带过渡地区，气候兼有南北之长，气候温和，四季分明，日照充足，降水充沛。其次，拥有肥沃的土地资源。河南省土地资源丰富、类型多样，全省耕地面积为 792.6 万公顷，居全国第三位，另有少部分丘陵和山地，平地略多于丘陵山地。全省总面积中，山地丘陵面积 7.4 万平方公里，占全省总面积的 44.3%，平原和盆地面积 9.3 万平方公里，占总面积的 55.7%。为农、林、牧、渔业的综合发展和多种经营提供了十分有利的条件。最后，拥有丰富的水资源。境内有黄河、淮河、汉水、海河四大水系，大小河流 1500 多条，为农业灌溉提供了丰富的水源和便利的条件。

河南省是农业大省，粮油等主要农产品产量均居全国前列，是全国重要的优质农产品生产基地。2008 年，全省粮食总产达到 5 365.5 万吨（列全国第 1 位）；油料总产 505.3 万吨（列全国第 1 位）；蔬菜总产 6 394.31 万吨；水果总产 2 129.6万吨（列全国第 2 位）。同时，河南省也是全国重要的畜产品生产基地，

2008 年全省肉类总产量达 584.8 万吨，禽蛋产量 371.70 万吨，奶产量 298.62 万吨。[①]

（二）农业特色鲜明

受地区自然环境、独特历史文化的影响，河南省的特色农业异彩纷呈，涌现了许多名、特、优农产品，如开封的西瓜、中牟的大蒜、驻马店的芝麻、信阳的毛尖茶、西峡的猕猴桃、灵宝的苹果、新郑的大枣、新县的银杏，还有诸如道口烧鸡、华英鸭、桶仔鸡、固始鸡、南阳牛等肉类产品。绿色食品与特色农业有很深的渊源，特色农业为绿色食品的开发提供了良好的资源条件。依托本地特色农业发展起来的绿色食品比比皆是，影响较大的有：焦作市的铁棍山药、信阳市的板栗汁饮料与毛尖茶、新郑市的红枣干与红枣粉等。除特色农业外，各地市的传统强势农业如小麦、稻米、蔬菜、花生、芝麻等作物也为本地的绿色食品的发展创造了良好的条件，河南省绿色食品标志的使用集中在优质小麦粉、优质大米、绿色蔬菜、食用油上，根据统计，仅此四项就占全省绿色食品种类的68.5%，其中小麦粉一项占约50%。

（三）食品工业雄厚

河南省的食品工业在全国位居第二位，在中西部地区位居第一位。资料显示，2008 年河南省农副食品加工、食品制造业增加值、饮料制造业合计 1 431.13 亿元（当年价格），占全省工业的比重达 15%，成为全省最大的支柱产业。在国家统计局规定的 24 类食品工业行业中，河南省拥有 23 类。河南省食品工业规模效应凸显，逐步成为中国食品业标杆，但是，必须实现由单纯追求规模效应到注重品牌塑造和食品安全时代的过渡，这就要求河南省的加工企业必须通过改善原料基地生态环境，改进生产工艺，提高自身素质，成为开发生产绿色食品的主体，才能长期立于不败之地。

二、河南省绿色食品产业发展现状

（一）绿色食品产业发展概况

河南省早在 1990 年就开始发展绿色食品，1993 年第一个绿色食品豫坡酒问世，但是在 1993 ~2002 年的 10 年间绿色食品产业发展比较迟缓，全省具有绿色食品标志使用权的产品一直没突破 50 个。从 2003 年开始，河南省绿色食品产业

---

① 河南省统计局，国家统计局河南省调查总队．河南省统计年鉴 2009 [M]．北京：中国统计出版社，2010.

出现了快速健康发展的趋势，总量规模不断扩大，产业水平逐步提升，品牌效应不断增强（樊恒明，2007），2006 年年底，河南省有效使用绿色食品标志的企业数达到 47 家，产品数达到 167 个，分别比 2003 年增长 88% 和 289%，至 2009 年，企业数达到 95 家，产品数达到 302 个，相比 2006 年分别增长 102% 和 81%，产业发展跃上一个新的台阶，在促进农业结构调整、带动农产品质量安全水平提高等方面起到了积极的作用。

（二）绿色食品产业发展特点

1. *龙头企业逐渐增多*

目前，河南申报绿色食品的企业约 95 家，其中不乏一批国家、省、市级农业产业化重点龙头企业，例如莲花味精股份有限公司、河南龙云集团有限公司、思念食品有限公司、长远实业集团绿色食品发展有限公司、许昌湖雪面粉有限公司、蒙牛乳业焦作有限公司、洛阳巨尔乳业有限公司、大成面粉实业有限公司等。这些企业生产的绿色食品质量过硬，许多产品为国家、省级质量免检产品。但总的来看在近百家绿色食品生产企业中，龙头企业的总数并不多，大多数企业规模小、实力弱，在市场上无法形成较强的整体竞争优势。

2. *品种结构趋向合理*

截至 2009 年 10 月 5 日，全国共有 15 315 种产品使用绿色食品标志，河南获得绿色食品标志使用权的产品有 302 种，其品牌个数统计如下：小麦粉 157 个，蔬菜 27 个，鲜果与果脯 24 个，大米 17 个，酒类 13 个，果蔬饮料 9 个，乳品 8 个，糕点 8 个，大豆 6 个，肉类 6 个，食用油 6 个，禽蛋 4 个，调味品 4 个，精制茶 4 个，玉米 4 个，杂粮 3 个，干果与水产品各 1 个（见图 8 –4）。可以明显看出：河南省绿色食品以粮食加工类为主，突出了河南省粮食大省的优势。

另外，蔬菜、水果、饮料、酒类、食用油、禽蛋等也不少，显示河南省绿色食品的品种正趋向合理化。但是绿色食品中初级加工的农产品占大多数，其中深加工、能拉长产业链、增加产品附加值的产品并不多，这也是河南省绿色食品产业未来发展需要注意的问题。

三、河南省绿色食品发展中存在的问题

（一）绿色食品的品种数量较少

据来自中国绿色食品发展中心的资料显示，截至 2009 年 10 月 5 日，全国有效使用绿色食品标志企业数达到 6 064 家，产品数达到 15 315 个；已建成一大批有规模、有特色、高质量的绿色食品标准化原料生产基地，带动农户 1 290 万

户。2009 年绿色食品国内年销售额达到 3 162 亿元，出口额达到 21.6 亿美元，在国际市场上日益显现出强劲的竞争力。而河南省作为一个农业大省，从统计数据来看，绿色食品的发展并不乐观（见表 8－1、表 8－2）。

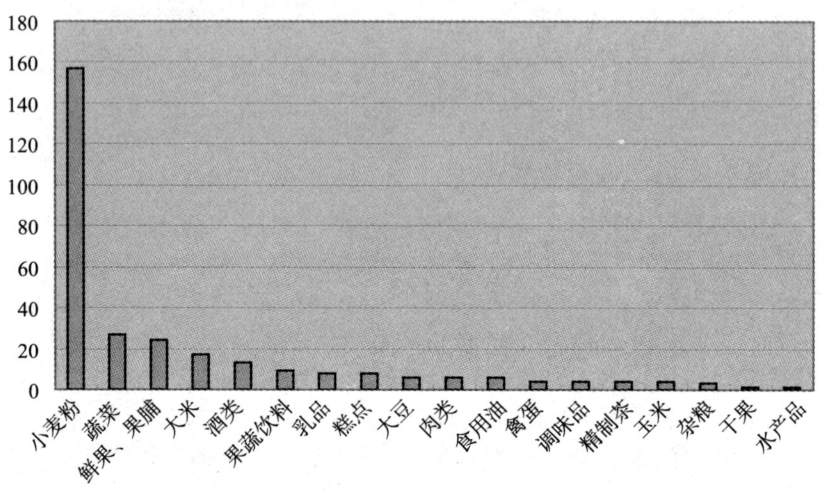

图 8－4　河南绿色食品标志使用品牌个数统计

资料来源：中国绿色食品网查询专栏，http：//www.greenfood.org.cn/，2009－10－5 访问。

表 8－1　　1996～2009 年我国绿色食品生产企业数

年份	1996	1997	1998	2003	2004	2005	2006	2009
河南	6	12	13	25	33	41	47	95
全国	463	544	619	2 047	2 836	3 695	4 615	6 064
比重（%）	1.30	2.21	2.10	1.22	1.16	1.11	1.02	1.57

资料来源：来自中国绿色食品发展中心。

表 8－2　　1996～2009 年我国绿色食品标志产品数

年份	1996	1997	1998	2003	2004	2005	2006	2009
河南	11	17	23	43	96	142	167	302
全国	712	892	1 018	4 030	6 496	9 728	12 868	15 315
比重（%）	1.54	1.91	2.26	1.07	1.48	1.46	1.30	1.97

资料来源：来自中国绿色食品发展中心。

从绿色食品产品数和生产企业数来看，河南省在全国的比重仅在 1997 年、1998 年超过了 2%，近 10 年来，这两个数字一直徘徊在 2% 以下，平均为

1.46%和1.62%。目前，河南省绿色食品的生产企业数量、产品数量分别约占全国的1.57%和1.97%，所占份额明显偏低。既落后于江苏省、浙江省、广东省等沿海经济发达省份，又落后于黑龙江省、河北省、四川省、内蒙古等欠发达省份。从产业结构看，河南省绿色食品初加工多，深、精加工少；从产品结构看，花色少、档次低、包装差，产品结构不能完全适应市场需求；产品更新换代慢，在国际市场上的竞争能力明显不足，出口量小，出口创汇能力不强。

（二）绿色食品的经济效益不高

经济效益来自于收益与成本的差额，众所周知，绿色食品的生产成本较普通食品高一些，原因主要体现在以下三个方面：首先，绿色食品的生产技术标准高，对土壤、温度、水气以及品种等的要求严格，产品要求单独包装、统一配送，需要投入更多劳动时间和现代化技术；其次，在生产过程中，要符合绿色食品生产要求而不用或少用化肥农药，一定程度上影响产品产量，成本降低的规模效应体现不出来；最后，申报绿色食品必须由有资质的省级检测机构对产地的水、土、气以及产品的品质、加工工艺、包装、运输等过程进行全程质量检测，合格后才能获得认证，一个绿色食品标志从申报到认证再到使用要花费一定的费用。从收益上看，虽然绿色食品的市场价格高出普通食品很多，但由于绿色食品价值难以被消费者感知、品牌影响力小、假冒伪劣产品多等原因，造成绿色食品市场需求不足、有价无市，所以绿色食品的经济效益与普通产品没有明显的差异。直接影响到生产者的积极性，也影响了我国绿色食品的健康发展。

河南省安阳市星河油脂有限公司，是华北地区最大的花生油集加工、销售为一体的现代化综合性股份制企业，公司的设备、技术、工艺、生产规模位居全国同行业前列，所处的生产基地内黄县是“国家级生态环境示范区”，该县出产的花生，颗粒饱满、营养丰富、富含不饱和脂肪酸，确保了星河压榨一级花生油的品质。先进的技术设备、国家级生态示范基地、就地采购自榨无菌灌装等这一切保证了星河牌压榨一级花生油的高品质。但是据调查，星河花生油由于品牌不响亮，即使有绿色食品的标志为其在市场保驾护航，价格也比鲁花、金龙鱼等名牌食用油低，仍然难以博得消费者的欢心。产品有价无市，经济效益不高，对一些绿色食品生产企业来说这已是不争的事实。

（三）市场主体的绿色意识不强

生产者绿色生产意识不强：由于化肥、农药等对农作物产量的提高有显著作用，很多以产量而不是以质量为主的农户对化肥农药的依赖程度越来越高。这种现象不仅在一般农户的生产中表现相当突出，甚至在一些绿色食品挂牌生产基地也有不同程度的表现。加之绿色食品质量检测机构较少，检测次数不多，给很多绿色食品生产企业以空子可钻，农户的绿色生产意识不强受到企业的默许，这直接影响了绿色食品的市场形象与声誉。消费者的绿色消费意识不强：一方面消费者缺乏绿色食品的知识，不少消费者认为地里长的绿色庄稼和蔬菜都是绿色食品。还有的认为凡是天然或野生的就是绿色的，如野菜等。其实，绿色食品是指无污染的安全、优质、营养类的食品，无污染既指生产过程中的无污染，也包括产地环境的无污染，如果产地环境很恶劣，即时生长在野外从不施用化肥和农药的野菜也不是绿色食品，甚至还有可能因毒物聚集而无法食用。另一方面消费者对“绿色食品标志”的价值难以有效感知，毕竟绿色食品和普通食品在口感、外观等方面并没有明显区别。再加上绿色食品的价格高出同类普通食品很多，这就导致消费者面对绿色食品不为所动。

（四）政府部门的规划设计不够

绿色食品产业的发展是一项系统工程，首先要具备良好的资源，其次还需要许多行业和部门的分工合作和密切配合。我国许多地方在发展绿色食品时，不考虑是否具备资源，不管产品是否有市场，也不研究是否符合当地的产业发展方向，设立许多“高大全”的目标，仅凭热情，盲目上马，多方筹集资金和劳力等投入建设和生产，却往往因缺乏良好的产业规划设计而不了了之，浪费了大量的人力、财力和物力，不但没有发挥绿色食品的产业带动作用，反而造成人们对发展绿色食品的偏见和误解。说起来容易做起来难，“纸上得来终觉浅，绝知此事要躬行。”目标的制定不难，比如说计划建立多少个绿色食品生产基地或发展多少个绿色食品很简单，但要实现这些目标就需要科学的规划与正确地实施。首先要考虑宏观的社会发展背景和项目区微观的社会经济条件；其次要分析预测产品的市场前景和当地的资源条件，不能盲目地计划把什么都发展成绿色食品，也不能只发展单一产业而破坏生态平衡；只有在系统分析的基础上，才能提出发展绿色食品的目标和规划发展的内容（周灿芳，2003）。河南省在绿色食品产业的发展上，缺少全局性、长远性的科学规划和产业扶持政策，如资金的倾斜、技术的指导、市场信息的提供、区域品牌的规划等。

（五）企业的品牌意识不强

“创业容易守业难”，在发展绿色食品过程中，同样也会遇到这样的问题。许多企业重申报轻管理、重标志轻质量，热衷于申报绿色食品标志，但是在使用时却收效甚微。相关管理部门也主要集中精力于前期的考察与标志审批，相对来说对后期的跟踪管理有所松懈，对已经获得绿色食品标志的生产基地，没有及时进行跟踪监测、检查与后续管理，产品质量有所下降，有的产品甚至达不到绿色食品要求；更有短视的企业为获取眼前的利润而在绿色食品 3 年的认证期后不重新申报认证却继续使用过期标志。造成了绿色产品市场的混乱局面，消费者真假难辨，进而损害了真正绿色食品生产者的利益，影响了绿色食品标志的价值与公信力，从根本上制约了绿色食品的健康发展。如火龙岗绿色食品公司位于安阳市汤阴县的火龙岗上，当地独特的地理气候环境十分适合种植杂粮类农产品，是河南省绿色无公害小杂粮生产基地。该公司早在 2004 年就获得小杂粮绿色食品的认证，但其在市场上却落后于当地的绿源牌无公害小杂粮。这也许与公司经营机制有关，但绿色食品企业重申请轻发展，重生产轻市场的经营观念，加之绿色食品标志价值的隐含性，使其在市场竞争中失去了自身的优势。

第四节　科学规划绿色食品产业链的区域布局

在建立绿色食品产业链方面需注意三个问题：一是确定绿色食品的品种以及产业链的区域布局，依据的是河南省发展绿色食品的比较优势。二是探讨科学合理的绿色食品生产经营模式，包括生产组织的设计、成本质量的控制、产品开发与技术创新、企业的市场策略等。三是产品为谁而生产，市场经济中，作为非公共物品的绿色食品是为那些愿意购买并有支付能力的消费者生产，产品为谁生产即绿色食品的市场定位、品牌定位、品牌营销与管理。

一、因地制宜、扬长补短

发展什么绿色食品？在哪里发展？这是涉及全省绿色食品发展布局的战略大计。绿色食品的发展离不开农业基础和市场需求，产业链的构建要么接近原料产地，要么接近市场。河南省是全国最古老的农业开发区之一，土地开发利用程度高，区域开发条件差异大。由于受复杂的地貌、过渡性的气候以及水文、土壤等自然因素的影响，使河南省土地资源在地域分布上呈现出明显的差异性。全省耕地面积的 3/4 集中分布在占全省总面积 55.7% 的平原区，而占全省总面积 44.3% 的丘陵土地，耕地面积仅占 1/4。各地区的土地资源开发条件也明显不同。按照因地制宜的原则，不同的地理区位条件在发展绿色食品时应有所侧重(见表 8－3)。

表 8－3　　河南省地理条件及绿色食品发展

地区	地理条件	适宜发展的绿色食品
东部黄淮海平原和南阳盆地中部和东南部	水热土组合条件较好，是全省耕作农业的主体，是水浇地和水田的集中分布区，开发条件优越	适宜发展以粮油加工为主的绿色食品，外加个别具有本地特色的农畜产品
豫西丘陵山区和南阳盆地边缘山冈地区	水土条件相对较差，特别是大部分地区水资源严重不足，是全省主要的旱作农业区	适宜发展以林果业为主的绿色食品以及结合当地特色农产品的绿色食品
南部亚热带湿润丘陵山地	有较好的水热条件，土地开发潜力较大	适宜发展亚热带林果业、绿色蔬菜及具有本地特色的农产品
地区中心城市周围	具有良好水土条件，接近市场，有便利的交通	适宜发展蔬菜、禽蛋等不易储存、保质期较短的绿色食品

表 8－4　　河南省各地市特色农业及绿色食品简表

地市	特色农业	绿色食品
焦作市	小麦、怀药、奶牛、肉牛	百疗铁棍山药、铁棍山药片、山药粉、山药脯、牛肉、牛奶、大米、香米、黑米、江米、小麦、猪肉、啤酒
信阳市	超级稻、弱筋小麦、双低油菜、华英鸭、固始鸡、淮南猪、南湾鱼、板栗、银杏、	信阳毛尖、栗子汁、山信香丝苗米、山信软质丝苗米、山信丝苗玉米、固始鸡蛋、固始鸡、大米
驻马店市	香菇、白芝麻、小麦、三黄鸡、长毛兔、黄花菜	小麦粉、挂面、高筋宽心面、豫坡老基酒
周口市	优质小麦、专用玉米、高蛋白大豆、高油花生、小杂果、小辣椒、瓜菜、食用菌	小麦粉（颗粒粉、特精粉、面条专用粉）、黄金梨、玉米、大豆、大黑豆、味精、腌菜
商丘市	椒辣、杂果、水产养殖、花生、药材、食用菌	速冻甜玉米、速冻甜豌豆、小麦粉、挂面、花生、汉白明月酒
南阳市	小辣椒、瓜果菜、食用菌、南阳黄牛、油	甘蓝、大葱、胡萝卜、黄河鳖、纯牛奶
三门峡市	苹果、石榴、桃、红梨、蔬菜、朝天椒、水产业	红富士苹果、白酒
许昌市	小麦、大豆、“三粉”、畜产品、蜂产品、蔬菜	小麦粉（馒头粉、面条粉、饺子粉）、超级特精粉、富强粉

续表

地市	特色农业	绿色食品
濮阳市	小麦、玉米、水稻、特种养殖、食用菌、水果	大米、黄河精米、“稻鸭米”和“稻米鸭”
安阳市	花生、粮食、中药材、红枣、蔬菜、食用菌、肉鸡	玉米糁、小米、小麦粉、杂粮粥、桃杏、花生油
新乡市	优质小麦、花生、蔬菜、水产、畜牧	小麦粉、挂面、大米、玉米糁、花生、黄金梨、葡萄、山楂汁
开封市	小麦、水稻、蔬菜瓜果、畜禽养殖、花生、大蒜	压榨一级花生油、花生蛋白饮料、小麦粉、龙须面
郑州市	郑州的红枣制品、大蒜、花卉、食用菌、石榴、瘦肉猪、奶牛、羊、黄羽肉鸡	樱桃、香油、红枣制品、番茄、黄豆糯玉米、小麦粉、大米、肉鸡、肉猪、鸡蛋、皮蛋、啤酒、红薯、豆浆、绢豆腐
洛阳市	奶牛、肉牛、优质粮食、果蔬、牡丹	芦笋、茄子、辣椒、芹菜、纯牛奶、酸牛奶、红富士苹果
平顶山市	温棚蔬菜、食用菌、畜牧饲养、林果等	冯异米醋、饼干
鹤壁市	小麦、玉米、大豆、生猪、肉鸡、肉鸽、羊、蜂	
济源市	优质粮食、畜产品、果品基地、无公害蔬菜基地	酥梨、石榴、薄皮核桃、红富士苹果、土鸡蛋、红油香辣酱
漯河市	畜牧、粮食、蔬菜	小麦粉、辣椒、黄瓜、番茄

目前河南省绿色食品产业在全国来看既没有数量优势，也没有质量优势与品牌优势，关键在于能否充分利用现有资源，使农业优势转为绿色食品产业优势，此谓扬长补短，扬资源、粮食之长补市场、品牌之短。具体来说，可结合河南省粮食大省和农业大省的特点，考虑以粮食加工和特色农产品开发为两大突破口。拉长产品线，搞好深加工，做好大品牌。以适应小康型生活需求为目标，加大科技含量，优先发展附加值高、适销对路的绿色食品。相关部门的决策资料显示：河南省要从我国的“粮仓”变成食品工业基地，就要在做深、做精上下功夫，努力拉长四条产业链：一是从小麦到专用面粉到方便面、饼干等精加工面制品；二是从畜禽到屠宰加工到火腿肠、肉肠等精加工肉制品；三是从玉米薯类到淀粉的精加工制品；四是从牛奶到奶粉的其他精加工奶制品。① 主要是以粮食为基础

① 河南省信息中心，http：//www.zhengzhou.gov.cn/，2010－06－10访问。

拉长产品线，并与地方特色农产品相结合，发挥区域自然环境与人文环境优势。

二、区域协调、避免冲突

建立科学的绿色食品产业链体系，既要考虑河南省在全国绿色食品发展中的位置和特色，又要注意协调省内各地区之间绿色食品的规划与发展。河南省有些地区绿色食品发展很快，并且也结合了本地区的特色农业，具备较大的发展潜力和很强的市场竞争力，如焦作市的铁棍山药、信阳市的绿色毛尖、三门峡的红富士苹果、新郑的红枣等（见表8-4）。还有很多地区的特色农业并没有转化发展出自己的绿色食品。如信阳的华英鸭与南湾鱼、周口的高油花生、南阳的黄牛、三门峡的朝天椒、安阳的食用菌等，这也许可以让政府相关部门在规划绿色食品产业链等方面得到参考。

郑州市由于具有丰富的农业资源、较大的消费市场和便利的交通条件，绿色食品产业做的红红火火。而鹤壁市由于地域狭小，土地资源少，市场潜力小，竟然没有一个绿色食品品种！这是自然的市场现象，政府相关部门不应过度干涉。

河南省有很多地市的绿色食品中都有小麦粉和蔬菜，特别是小麦粉，经统计共有三一、湖雪、绿业、裕星、雪健、帅洁、六月春、首山、火龙岗、龙云、双益、豫花、实佳、诚实人、喜顺、蓝匙、神人助、大长远、金杞、伟乔、博大、一加一、神桃共24个品牌。这一方面说明河南省绿色食品在小麦粉类别上很强大，企业发展较快；但是过多的绿色小麦粉品牌会让消费者感到迷茫，根据“物以稀为贵”的经济学法则，较多的绿色品牌必然降低消费者对品牌的认知与记忆，引发市场的激烈竞争。对此政府相关部门应该考虑引导企业在市场机制下进行合理的整合兼并。

第五节　构建科学合理的绿色食品生产经营模式

一、培育龙头企业、建设生产基地

发展绿色食品产业，关键是向市场要效益，围绕消费者的需求做文章，这必然要求建立一批面向市场、自负盈亏的绿色食品龙头企业，在龙头企业的引领下，拉动产业链上的各利益相关体的积极性，带动整个产业的发展。可见，塑造龙头企业是发展绿色食品产业的关键。河南省通过财政扶持、加强银企对接等措施，支持农业产业化龙头企业做大做强，使农业产业化经营迈出新步伐。作者从省农业厅获悉，2009年河南省规模以上龙头企业达6 000多家，有421家龙头企业销售收入超亿元，食品工业销售收入达3 800多亿元（田宜龙，2010）。

河南省漯河市把培育龙头企业作为推进农业产业化的着力点，紧紧围绕畜牧、粮食、蔬菜等主导产业，大力扶持一批大规模、高效益、强带动的龙头企业，打造了双汇集团、南街村集团、北徐集团、龙云集团、天翼公司等一批全国知名龙头企业。如依托双汇集团等畜产品加工企业，实施“双汇产业化工程”，建设优质畜产品生产基地；依托北徐集团等粮食加工企业，实施“优质粮食工程”，建设以优质小麦、玉米为主的优质粮食生产基地；依托龙云集团等蔬菜生产加工企业，实施“龙云工程”，建设以无公害蔬菜为主的优质特色农产品基地。

二、打造著名品牌、增加产品附加值

河南省是农业大省，但目前还算不上是农业强省，究其原因，主要是农业的产业链较短，农产品之中初级产品较多、深加工的较少、产品附加值低。由于绿色食品附加值低、品牌增值功能不强。生产企业并不能获得合理的市场回报，直接影响了绿色食品产业的进一步发展。因此，做强做大绿色食品产业的重要思路便是拉长产业链、增加附加值，做好品牌差异化定位，提升品牌价值。在这方面，郑州“好想你”枣业发展有限公司做出了最好诠释。“好想你”通过多年的努力，成为河南省红枣加工的龙头企业，先后被命名为河南省优质产品、河南省食品工业第一品牌，并获得20多种产品包装外观设计专利。该公司共开发“好想你”枣干、枣片、枣醋、枣饮、枣粉、枣茶等12个系列、180个单品，获得国家16项发明专利和多项科技成果。目前该公司是全国规模最大、枣制品最多、档次最高、辐射带动最广的红枣生产加工企业，拥有500亩红枣科技示范园和50 000亩无公害红枣联合基地，下属16家销售分公司及1 000余家红枣专卖店，是一家集红枣种植、冷藏保鲜、研发加工、专卖出口为一体的综合型企业。①

三、加强产业链管理、降低运营成本

现代企业的管理，已经从局部的生产环节发展到从采购到销售的每一个环节，并进一步地向产业链的上游与下游延伸，形成全产业链管理的趋势。从日本企业20世纪80年代的看板管理，到戴明的全面质量管理，无不渗透着产业链管理的思想，也可以说如今的竞争，已经不再是企业间的竞争，而是产业链之间的竞争，同样是猪肉加工的产业链，谁的成本低、质量好，谁就在市场上更有竞争优势。绿色食品产业链的构建，从一开始就要有产业链竞争的思路，一般来说，绿色食品生产加工的龙头企业最好是接近原料产地和产品市场，所处地区交通发

---

① “好想你”枣业股份有限公司网站，http：//www. chinaaoxing. com. cn/，2010－3－5访问。

达，这能直接降低运输成本，另外，最好借用食品市场的著名品牌发展绿色食品，即在开发的绿色食品上采用原食品品牌+绿色标志的形式，这样在市场开拓方面，可节省大量广告和促销成本。在这种品牌培育方法绿色概念满天飞的市场上，能打消顾客的疑虑，促使消费者放心购买该品牌的绿色食品。

成本的降低不能以牺牲质量为代价，生产企业必须严格控制产品品质，实施全产业链绿色质量管理。如图8-5（绿色食品标准体系结构框架图）所示，按照绿色食品生产过程所要求的四个标准（分为绿色食品产地环境质量标准、绿色食品生产技术标准、绿色食品产品标准、绿色食品包装贮运标准四个部分），从农作物种植到畜禽饲养、水产养殖和食品加工各个方面都要注重质量标准，这样有利于落实绿色食品生产从土地到餐桌的全面质量管理的指导思想。也可建立绿色食品质量追溯系统加强市场监督的力量，由消费者对食品安全营养的要求，逆推得到市场对产品的要求，再逆推得到企业对食品原料的要求、农户对生产环境的要求。

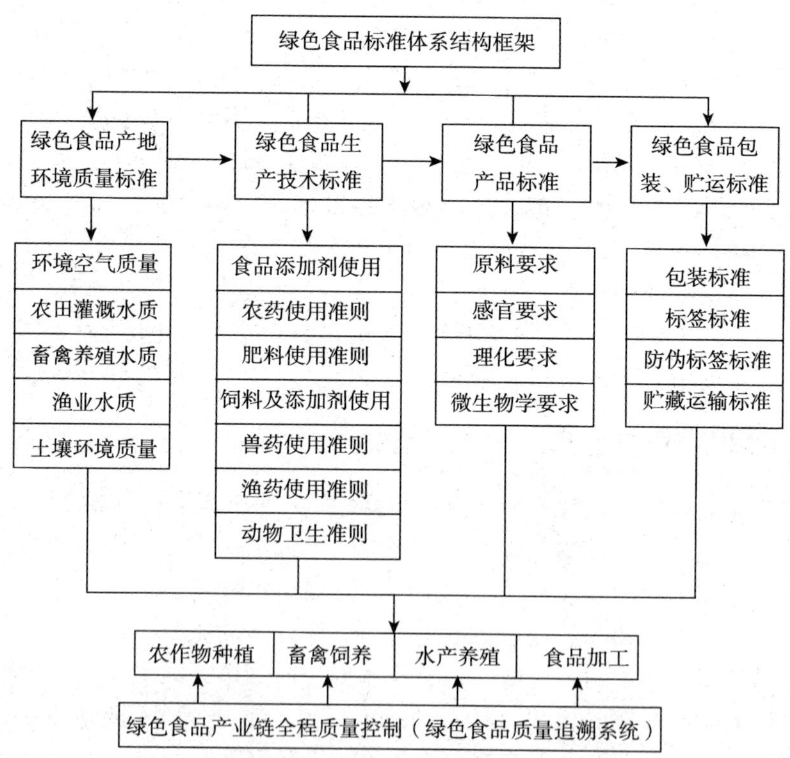

图8-5　绿色食品标准体系结构框架

四、注重技术创新、产学研一体化

绿色食品加工生产对原料质量、生产加工过程、储运系统等要求非常高：原料生产对自然环境、人工管理及使用农药化肥等都有严格要求；生产加工过程的生产技术、生产环境也要符合规定；仓储运输销售更是要符合绿色营销的规范。绿色是绿色食品的通行证，失去了“绿色”的绿色食品名存实亡，这里面环环相扣，缺一不可。因此，发展绿色食品，要把产品质量放在第一位，把产品的绿色标准作为质量控制的首要目标，应该依托相关基础理论的突破，有针对性地进行技术创新，然后结合生产领域的实践情况，将技术创新转化为绿色食品的生产力。这必然要求产学研三方在实际运作中的紧密配合，但在我国的绿色食品生产领域，产学研一体化的程度并不高，普遍存在的现象是产学研各自为政，高校专家学者的研究与实际脱节严重，大多为闭门造车，实践价值不高。而研究机构研发出的新种子、新技术等又不能实现与资本的完美联姻，出现新技术的市场应用瓶颈，很多新技术、新发明只是停留在纸上和证书上，应用率很低。而生产加工企业却因资金少、技术薄，产品缺乏技术创新。因此，打通产学研一体化的障碍，可以推动绿色食品技术创新，提高绿色食品的生产效率，降低绿色食品生产成本。

五、参考经营实践、构建组织模式

河南省农村地域广阔，人口众多，各地生产条件、生产力发展水平、城乡结合度殊异。各地的绿色食品产业化实践也必须遵循因地制宜的原则，呈现丰富多彩的特征。在绿色食品的生产实践中，已形成的产业链组织模式有：

（1）龙头企业带动型。即典型的“公司 + 基地 + 农户”模式，以农产品加工、销售企业为龙头，重点围绕一种或几种产品的生产、加工、销售，与生产基地和农户实行有机的联合，进行一体化经营，形成“风险共担，利益共享”的经济共同体。如河南梦想食品有限公司、河南幸福源绿色食品有限公司、河南三色鸽乳业有限公司、河南蓝天生态茶业旅游股份有限公司、豫东面粉有限公司、信阳市文新茶叶有限责任公司等。农民由于受素质和习惯的影响，缺乏足够的参与市场竞争的意识，加之农民信息渠道狭窄，不能准确把握市场的供求状况，更增加了农业的弱质和风险。绿色食品生产的组织模式实现了把公司、基地、农户组成了利益共存、风险共担的共同体，共同进入市场，解决了生产和需求、农民和市场脱节的问题，减少分散经营的盲目性，增强了农民抵御风险的能力（张平，2003）。

（2）生产协会主导型。即一般的“协会 + 公司 + 农户”模式。以农业生产协会为依托，建立面向市场、拥有自有品牌、以盈利为目标的公司，在某一产品的生产、加工、销售各个环节上，优化农户等生产要素，实行联合经营。这种类型的中介组织主要是行业协会，其类型属松散型组织。如河南省新野县蔬菜专业合作社，该社下设新野县郊区蔬菜开发有限公司、豫绿无公害蔬菜生产基地、新野县蔬菜专业社农资超市、工厂化育苗场、蔬菜营销公司7个专业经济实体。

（3）科技示范园区型。即绿色食品科技示范园区，对绿色食品原料生产、加工制造、生态农业建设、科研推广和观光农业等方面进行统一规划，合理布局，通过典型示范，规模推进绿色食品产业化基地建设。如陕县二仙坡绿色果业山庄示范基地，主要致力于绿色功能性保健水果生产技术的引进、研究、应用、示范与推广，按照国家绿色果品生产技术规程进行田间管理。

（4）股份合作型模式：公司+科教人员+农户模式。这种模式是由公司或企业提供资金、设备和场地（控股），科技人员提供高新技术成果和技术服务（在公司中占有一定比例的股份），共同组成股份公司。公司根据生产需要，采取自愿的原则组织农户，通过建立相对稳定的合同关系，形成比较紧密的产、加、销一体化的经济实体（李显军，2005）。目前这种模式在河南省绿色食品产业很少应用。

这些经营模式并不能说孰优孰劣，每一种模式在生产实践中都有其合理的一面，当然也有其不足之处。从产业经济学的角度来分析，在绿色食品的产业链上，各个参与生产的经营主体都有其自身的利益诉求，在各自成本—收益核算的前提下如何寻求一种风险分担利益共享的共赢模式是当前的主要课题。客观地说，各经营主体在利益上有冲突，在风险承担上有转嫁的动机，面对充满不确定性风云变幻的市场，怎样的组织模式才能使绿色食品产业链上的各经营主体通力合作、共进退、共荣辱？经过实践检验，只有市场化的运作机制才能使他们结成一个高效灵活、共赢共损的产业链整体。市场机制强调自愿，这种自愿是有限自愿，即自愿受合同的约束。经济学强调，人是理性的经济人，理性人目标是既定收益下追求成本最小，既定成本下追求收益最大。甚至，如果缺乏约束条件或信息不对称，理性人会在获取收益的同时，将成本转嫁给他人，这就是市场失灵中的道德风险。为消除市场失灵，就需要加上约束条件。如农户向企业出售加工绿色食品所需的粮食蔬菜等初级农产品，这依赖于双方签订的农产品购销合同，合同是在自愿平等互利的前提下签订的。这意味着，合同的签订履行符合双方的意愿和利益诉求。然而一旦绿色食品在市场上出现质量问题通过产品的逆向倒推机制，如果问题出在农户提供的初级农产品身上，便可依合同相关条款追究农户的责任。再如如果某一年，市场对绿色食品的需求上升或下降，企业可按合同约定幅度适当上浮或下调收购价格，这种市场反馈机制促使产业链的各个经营主体形成一种利益共享、风险共担的整体，有利于产业的发展，有利于经营主体的发展。

六、强化有序竞争、实现市场多赢

目前市场上，以绿色健康为卖点的食品五花八门，多种多样。这里面有真正的绿色食品，这些产品在外包装上都有国家绿色食品的标志。但大多数的食品并不是“绿色食品”，这些假绿色食品并没有绿色食品标志，它们自称环保绿色健康无污染等各种名头，让消费者无所适从。“绿色食品”满天飞，由于假绿色食品成本低，价格也低，直接冲击了绿色食品的销售，假李鬼打败了真李逵。绿色食品质量要求高，生产成本高，市场价格高，自然无法与这些假李鬼进行价格战，而消费者的绿色知识不足，无法分清楚哪个是真李逵哪个是假李鬼。出于保护自己的目的，为降低购买风险，自然选择低价格的食品，受“劣币驱逐良币规律”的作用，市场上绿色食品的生存环境岌岌可危。所以，市场管理部门应该加大食品市场的监督管理力度，加大打击假冒绿色食品的力度，还市场一个清明洁净的环境，这样有利于消费者的选择购买，也有利于绿色食品的发展。另外，绿色食品企业也要坚持质优价高的原则，努力守住自己的市场阵地，不搞恶性价格战。不搞价格战并不意味着不搞促销，价格战会降低绿色食品的身价与含金量，不利于企业与行业的长久发展。最后，政府相关部门应负责培育市场，教育消费者。让消费者了解什么是绿色食品，引导消费者形成绿色、低碳、环保的消费模式与消费习惯，消费是生产的源泉，消费引发生产，消费是指挥棒是方向。长远来看，这将有助于我国形成低碳环保的生产方式，促进我国和谐社会建设。

七、加大扶持力度、做好物流服务

扶持绿色食品产业，要立足河南省实际，制定有效的政策措施，营造良好的产业发展环境。主要有四个方面：一是落实优惠政策，引导绿色食品生产企业做大做强。在用足用好国家和省扶持农产品深加工的各项优惠政策的同时，制定落实河南省食品行业的税收、土地、贷款贴息等优惠政策，重点支持食品行业快速发展。二是加大财力支持力度，进一步调整投资结构，加大对食品工业园区和生产基地建设的投资力度，加快园区与基地建设步伐，强化河南省绿色食品的特色与优势。三是加大信贷支持力度，对绿色食品工业企业，尤其对规划中的重点项目、重点企业，金融部门在授信额度、审贷、放贷上，特事特办，保证企业资金链条的延续和项目建设的需要。四是聚合生产要素，鼓励和支持食品企业利用资本市场筹集发展资金，扶持优势食品企业尽快上市。充分利用民间资本和外资投资食品工业，鼓励和争取更多的知名食品企业落户河南。另外，扶持绿色食品产业的发展，还需搞活绿色食品的流通渠道，缩减流通时间。由于绿色蔬菜保鲜时间短、品质易腐等特性决定了其流通的改善关系到农户的收入水平和居民的生活质量，可考虑在绿色蔬菜产地，建立健全蔬菜批发市场机制，有助于蔬菜供给与需求相适应，保护蔬菜生产者与消费者利益，并且能形成从种植到加工到销售一条龙的产业化机制。

总之，在原食品的生产经营模式的改建方面，应注重政府行为与农户行为、企业行为的互动，明确发展绿色食品产业的主体是农民和企业，由政府引导转向市场自主经营，以市场导向为主，政策干预为辅的经营策略。

第六节　做好绿色食品的品牌营销与市场管理

绿色食品为谁生产这个问题，其实就是企业在为谁服务，认清自己的目标顾客或消费者群体，并将自己的品牌做好，让自己的客户能从众多的绿色食品品牌中认出自己并购买，这样的企业其实已经明白自己是在为谁生产。

一、绿色食品品牌的重要作用

（一）识别绿色产品，方便指牌认购

消费者能通过绿色食品品牌标志，迅速识别绿色食品，将其与普通食品区别开来。绿色食品品牌的建立降低了消费者购买安全食品时的搜寻、选购等交易成本及购买风险。现在大多数绿色食品属于初级农产品，如蔬菜、鸡蛋、大米、食用油等，在产品外观上与非绿色食品很接近，此时外包装上的绿色食品标志有助于消费者识别并选购绿色食品。

根据市场观察，只有少数企业在创立品牌之初就申报了绿色食品标志，大多数企业是在具有一定品牌知名度的基础上申报绿色食品标志。如洽洽瓜子、燕京啤酒、原阳大米等产品，绿色食品标志和品牌知名度相互促进，在名牌基础上的绿色标志更有可信度，在市场上也更有竞争力。那些具有绿色食品标志的新品牌，受绿色食品高生产成本的影响，产品价格往往高于一般同类食品，但自身品牌知名度不高，对价格难以形成强势支撑，从而影响了销售量，抑制了品牌的发展。

（二）保证绿色质量，降低购买风险

绿色产品在外包装上统一印制绿色标志，并有绿色条带区域。绿色食品标志是由绿色食品发展中心在国家工商行政管理总局商标局正式注册的质量证明标

志，企业使用该标志有效期为 3 年，到期后须再次申请。绿色食品标志提醒人们要保护环境和防止污染，通过改善人与环境的关系，创造自然界新的和谐。

绿色食品品牌是以公司信誉为保证，承诺公司的产品保持绿色状态，这样可打消消费者因不了解产品的性能和质量而产生的购买顾虑；而包装上的绿色食品标志对产品的质量、信誉担保；绿色食品标志隐含的国家信誉既支撑了绿色食品的高价格，又暗示了绿色食品出自良好的自然环境，具有优良的品质保证，使消费者由绿色食品标志自然联想到绿色食品的质量特征，对绿色食品本身产生一种信任感，从而产生购买欲望，形成实际购买行为，节约消费者搜集绿色食品信息的时间成本和精力成本。

（三）保护绿色行销，满足绿色消费

绿色标志是绿色食品的市场通行证，如今的消费者越来越讲究饮食健康，特别是现在环境污染严重，市场上又发生了很多食品质量危机，使绿色食品大受欢迎，某些非绿色食品也想从中分一杯羹，于是便打擦边球，纯天然、无污染、健康、安全放心等概念大行其道，消费者被搞得晕头转向，这种鱼龙混杂的局面影响了绿色食品市场的发展。对此，生产商可以对绿色食品商标这种无形资产申请法律保护，利用法律武器防止和打击其他品牌的假冒行为。所以，绿色食品标志有效保护了绿色食品的市场名声，已成为绿色食品名副其实的身份证，大大方便了绿色食品消费者的购买，也满足了一部分消费者消费绿色符号的心理。消费绿色标志符号的顾客心理有两方面：一是放心，购买消费绿色食品让人放心；二是炫耀，消费绿色食品是一种时尚，可较大地满足消费者的炫耀心理。绿色食品所展示的品牌形象和传播的品牌理念符合追求健康与环保的高端消费者的需求，消费者愿意为这种需求支付额外的费用（余明阳、杨珊珊，2008）。

二、塑造绿色食品品牌的障碍

戴有绿色食品标志的桂冠，凭借健康饮食的消费东风，绿色食品的市场销售应该是所向披靡，其品牌的塑造也应该一帆风顺。但事实上绿色食品品牌的塑造更加费时费力、更不容被忽视。原因主要有：

（一）价值难以感知

绿色食品的价值不易被消费者感知，绿色是什么？是无污染！是健康！但这种特点并不能吃出来，它不是味道的差别，也不是外观的差别。消费者无法真实地感受绿色食品给自己带来的价值。尽管对概念有好感，但处在信息弱势地位的消费者对产品及品牌却怀有戒心，不愿轻易相信（罗峦，2006）。

（二）高价格壁垒

影响消费者需求的首要因素是价格，比同类食品价格普遍高出50%甚至100%的绿色食品很难进入普通百姓的消费视线，一般来说，食品是必需品，而且是日常消费，需求价格弹性很小，但是由于有大量非绿色食品的存在，绿色食品并不是日常消费的必需品，面对高企的价格，工薪阶层消费者很少有消费绿色食品的能力，即使有这样的消费意识。品牌培育不能仅靠高高在上的好名声，还需要实实在在的销售量和市场占有率做支撑，没有销量的品牌自然也走不远。

（三）市场推广力度小

绿色食品生产企业大多实力小，无力搞大规模的促销和宣传。况且目前绿色食品的生产与消费尚在启动阶段，谁先培育市场谁先倒下，没有哪个企业愿意为推广绿色食品概念做大量的广告宣传，在市场发展初期，这样做无异于为他人作嫁衣。其次，由于产品销量不高利润不多，品牌的培育缺少主体内在的冲动性，即使一些具有战略眼光的大企业也不敢冲动地大做广告、大搞促销。

（四）同质化产品

现在的绿色食品大部分是初加工的农产品，经济学上认为农产品市场是最接近完全竞争市场的一个市场，初级加工的食品市场竞争很激烈，这意味着一个独立的绿色食品品牌的塑造成本将会更高（罗峦、李崇光，2006）。

三、绿色食品品牌营销现状的“4Ps”分析

（一）价格高，制约品牌竞争（price）

绿色食品定价普遍偏高，难以进入普通消费者家庭，也不利于市场扩大与品牌推广。由于生产经营成本较高，绿色食品的价格普遍偏高。笔者调查所在城市（安阳市）的三家大型超市，得到6种绿色食品的价格，表8－5是绿色食品与非绿色食品的价格对比。

表8－5　绿色食品与非绿色食品价格对比

类　别	绿豆（元/千克）	松花蛋（元/枚）	大米（元/10千克）	啤酒（元/355ml）	花生油（元/4L）	挂面（元/450克）
绿色食品	18	2	45	6.5	66	3.2
非绿色食品	7.9	1.3	38	3.2	36	2.6

由表8－5可知，绿色食品的价格较普通食品要高出约40%～100%，但绿色食品给消费者带来的健康效用却难以体验和测量，加之其口感与普通食品相差不大，使人们有这样感觉：吃不吃绿色食品无所谓，吃绿色食品可能有利于健康，但普通食品也不会对人体有什么害处。绿色食品对消费者不能形成有力的消费激励。另外，食品属日常消费品，价格弹性大，消费者对其心理定价不太高，而绿色食品较高的价格抑制了消费，使其陷入“有价无市”的尴尬。

有利面分析：将绿色食品与一般食品区隔，树立价高质优的高端形象，吸引高端消费者，满足其符号消费、健康消费的消费心理和消费欲望。不利面分析：不易被普通消费者接受，抑制销售，不利于后期的市场拓展和品牌竞争。

（二）品类少，影响品牌消费（product）

在笔者观察的三家大型超市中，绿色食品主要集中在大米、食用油、杂粮、蔬菜、鸡蛋等初级农产品种类上，品种较少，不利于消费者选购，满足不了绿色食品品牌消费者的需要。所以，从整体上看绿色食品目前还难以形成消费主流，而类似产品则充斥市场，混淆消费者的视听。加上绿色食品本身绿色诉求不够突出，过于概念化，难以取得消费者的信任，这些都制约着消费者对绿色食品的品牌消费。

有利面分析：品类少意味着绿色食品内部竞争少，易形成在绿色概念上的垄断地位。不利面分析：绿色食品产品种类少，形不成市场集聚效应，可选性差，阻碍品牌消费。

（三）渠道窄，抑制品牌扩张（place）

绿色食品的销售渠道不清晰，缺少专营柜台专营店，在超市的终端陈列也不够醒目。在超市的调查时，笔者发现绿色食品既没有销售专柜、专区，也没有专业的导购人员，一些超市理货员甚至不知何为绿色食品。绿色食品被超市按类别放在同类食品区，被大量同类的非绿色食品淹没，无法形成销售终端的展示效应，构不成扎堆聚群的市场效应。另外，绿色标志多位于产品外包装的上方，在超市货架上恰好被上面的货架遮挡，不仔细观察很难发现，使得绿色标志的形象塑造与促销功能大打折扣。

有利面分析：绿色食品和同类非绿色食品放在一处，可突出其健康环保的优势。不利面分析：价格高，绿色标志又被货架部分遮挡，易造成“有价无市、有店无客”的局面。最好是在超市突出摆放，同时派优秀终端促销人员与顾客进行适当沟通。

（四）促销低，阻碍品牌增值（promotion）

经观察，笔者发现，绿色食品促销人员少，缺少大规模的促销活动，终端渠道人员掌握的绿色食品知识有限，不能对消费者起到很好的告知和促销作用。广告更是少见，在市场的大众媒体与终端广告中，很难见到绿色食品企业与产品品牌的身影。

有利面分析：促销少、广告少意味着较低的营销费用。不利面分析：从外观及产品诉求上无法满足特定消费需求，不利于产品的销售与品牌的增值。所以，适当的售点广告结合厂家促销员的讲解可起到事半功倍的促销和品牌增值效果。品牌有时比绿色食品标志更有市场竞争力，如瓶装豆瓣酱，绿色的“葱伴侣”含量300克售价6元，而非绿色的“老才臣”含量350克售价竟然是7.2元。

四、对绿色食品品牌营销的系统思考

（一）加强宣传，引导绿色食品的品牌消费观念

从市场上来看，由于大多数消费者对绿色食品的了解只是停留在概念上，尚未真正认识绿色食品的价值，也缺乏鉴别绿色食品质量和识别绿色品牌真伪的能力。加上食品市场上绿色环保、健康无污染、无添加剂、不含防腐剂、无化肥农药残留等概念被反复诉求，宣称为安全食品、放心食品、天然食品的品牌随处可见，一些不法企业或商人假借绿色之名售卖非绿色食品在市场中浑水摸鱼。绿色食品的市场信誉受到威胁，绿色食品标志的权威性与含金量受到影响。品牌的塑造需要良好的市场环境，政府应加强市场监管，做好审批、检验等服务工作，营造公平竞争、制度规范的市场环境。

从绿色食品的生产企业来看，企业并不愿在“绿色”上投入太多的促销宣传，有限的广告费大多用在自身品牌的塑造。由于绿色消费市场还处在起步阶段，市场培育需要相当大的投入，市场发展需要一个过程。政府、行业都应承担一部分市场培育成本，仅仅靠个别企业来推动市场的进步是不现实也是不理智的，这样会留给别的企业“搭便车”的机会，前人栽树，后人乘凉，到头来只能是为他人作嫁衣。

从政府、行业协会的角度分析，绿色食品概念不够清晰突出，既影响了企业的生产积极性，也影响了消费者的需求信心。而单个企业又无力承担巨额的消费者教育成本和市场培育成本。在其他企业存在免费搭车动机下，政府或行业协会作为行业发展的主要获利者自然应该为此做出一些贡献。如用新闻媒体教育消费者，向大众讲解何为绿色食品，介绍绿色食品的优点，并引导消费者形成健康消

费的观念，创造独特的绿色消费文化，促进绿色食品市场的良性发展。

（二）降低价格，增强绿色食品的品牌竞争力

西方有句谚语：你能牵牛到水边，但你却不能强制它喝水。“强扭的瓜儿不甜”，通过宣传可树立绿色食品的形象地位，但并不能保证消费者一定会购买，任何人买东西之前的第一反应是看价格，量入为出。现在市场上绿色食品的价格与同类食品相比确实有点“高”不可攀。如罐装（容量355ml）啤酒，有绿色标志的燕京啤酒售价6.5元/罐，而无绿色标志的雪花、青岛、蓝宝、哈尔滨等品牌售价在2.8~3.5元/罐之间。经济学上分析影响消费者需求的第一要素是价格，不管产品质量如何好，高价格总是将许多消费者拒之门外，低迷的销量制约了企业的发展，影响了品牌的推广。所以，可适当降低绿色食品的价格以提高销售量从而增强品牌的竞争力。

（三）渠道管理，增加绿色食品品牌接触点

目前，绿色食品的终端渠道主要是大中型超市。该类超市具有良好的信誉，经营的产品也主要以食品为主，这有利于促进绿色食品的销售。但是由于绿色食品种类少，考虑到超市货物摆放的规律，绝大多数超市没有设立绿色食品专柜，绿色食品多散见并淹没于普通同类食品中，缺少足够的品牌接触点，消费者选购绿色食品时真是“众里寻他千百度”，这不仅增加了消费者选购绿色食品的成本，也不利于绿色食品的品牌推广。虽有极少数大型超市设立了绿色食品专柜，但专柜中有些并不是绿色食品，混淆了消费者对绿色食品概念的认知。建议在大中型超市内设立绿色食品销售专区，配合终端广告，提高顾客注意力，设置专业导购促销人员与顾客沟通。有条件的地区也可以单独开设绿色食品专卖店、连锁店，以增加终端品牌接触点（邓平波，2007）。

（四）终端促销，提高绿色食品品牌影响力

首先，绿色食品的售点广告要强调绿色食品的健康安全、天然环保等绿色价值，向消费者展示绿色食品在质量上的独特优势，提示顾客关注自身健康，增强其环境保护意识。其次，企业要建立和加强与政府部门、绿色消费者团体的关系，可与有关部门合作定期举办绿色食品知识讲座；也可以积极参与各种与环保有关的活动，树立起维护生态环境，重视消费者利益的绿色品牌形象。再其次，企业要对员工进行绿色促销的培训，通过人员促销使消费者对绿色食品了解程度加深，对企业品牌的忠诚度加强，进一步激发其对绿色食品的购买欲望。最后，绿色食品企业为了扩大销售，同样要对消费者进行灵活多样的营业推广。如可采

取赠送礼品、优惠券、特价包装、累积购买奖励、免费品尝等（盛丽颖，2004）。

（五）文化积累，夯实绿色食品品牌基础

提升品牌的文化内涵，可循照本地文化—农业文化—品牌文化的模式拓展经营思路，提高品牌含金量、知名度和影响力，借文化之力之势，提升品牌市场竞争力。绿色食品的价格高于一般同类食品，进行品牌营销时深厚的产品文化可给品牌注入高附加值，品牌价值的提升使消费者在选购绿色食品时感到物有所值，进而提高产品销售量，为品牌推广和进一步的品牌营销奠定了基础。怀药是产于焦作的名贵特产，焦作地区种植怀山药、怀地黄、怀菊花、怀牛膝已有近3000年的历史，四大怀药的原种产地均在沁阳神农坛风景区的老君洼一带。那里是天然的植物园，可以入药的植物近900种。作为“神农之药坛，怀药之本源”的神农坛风景区，正是四大怀药妙绝的天然品牌！还有什么能比“走药乡、品药香，神农坛上赏风光”的特色旅游更能促进四大怀药的发展和振兴呢？靠特色旅游带动怀药深加工，再靠怀药加工带动怀药科学种植，怀药种植又支持特色旅游，这正是焦作市经济结构调整实践得出的合理模式。由怀药和神农坛构成的这个良性循环圈恰好最大限度地实现了四大怀药的综合经济效益（李相宜，2001）。

第七节　政策建议

一、发挥地区资源优势，因地制宜确定绿色食品发展方向

绿色食品的发展离不开农业基础和市场需求，产业链的构建要么接近原料产地，要么接近市场。河南省土地开发利用程度高，区域开发条件差异大。按照因地制宜的原则，不同的地理区位条件在发展绿色食品时应有所侧重。

东部黄淮海平原和南阳盆地中部和东南部，水热土组合条件较好，全省耕作农业的主体，水浇地和水田的集中分布区，开发条件优越。适宜发展以粮油加工为主的绿色食品，外加个别具有本地特色的农畜产品。豫西丘陵山区和南阳盆地边缘山冈地区，水土条件相对较差，特别是大部分地区水资源严重不足，是全省主要的旱作农业区。适宜发展以林果业为主的绿色食品以及结合当地特色农产品的绿色食品。南部亚热带湿润丘陵山地，有较好的水热条件，土地开发潜力较大。适宜发展亚热带林果业、绿色蔬菜及具有本地特色的绿色农产品。地区中心城市周围，具有良好水土条件，接近市场，有便利的交通。适宜发展蔬菜、禽蛋等不易储存、保质期较短的绿色食品。

结合河南省粮食大省和农业大省的特点，考虑以粮食加工和特色农产品开发为两大突破口。拉长产品线，搞好深加工，做好大品牌。优先发展附加值高、适销对路的绿色食品，如面粉加工、畜禽屠宰、肉肠奶粉精加工等。

二、协调本区域内部绿色食品品种，避免相互冲突

建立科学的绿色食品产业链体系，既要考虑河南省在全国绿色食品发展中的位置和特色，又要注意协调省内各地区之间绿色食品的规划与发展。

河南有些地区绿色食品发展结合了本地的特色农业，具备较大的发展潜力和很强的市场竞争力，如焦作市的铁棍山药、信阳市的绿色毛尖、三门峡的红富士苹果、新郑的红枣等。但是，还有很多特色农产品有待发展成绿色食品，如信阳的华英鸭与南湾鱼、周口的高油花生、南阳的黄牛、三门峡的朝天椒、安阳的食用菌等。因此可考虑将产业链分布在消费市场附近，如郑州市由于具有丰富的农业资源、较大的消费市场和便利的交通条件，绿色食品产业做的红红火火。而鹤壁市由于地域狭小，土地资源少，市场潜力小，竟然没有一个绿色食品品种。

三、打造科学合理的绿色食品经营模式

首先是参考企业的经营实践、构建合理的组织模式，并加强产业链管理、降低运营成本。绿色食品生产与流通企业在各自成本—收益核算的前提下应寻求一种风险分担利益共享的共赢模式，其经营场所最好是接近原料产地或产品市场，所处地区交通发达，这能直接降低运输成本，另外，最好借用食品市场的著名品牌发展绿色食品，即在开发的绿色食品上采用原食品品牌＋绿色标志的形式，这样在市场开拓方面，可节省大量广告和促销成本，还能起到打消顾客的疑虑、促使消费者放心购买的效果。

其次是培育优质品牌、增加绿色食品的附加值。由于绿色食品之中初级产品较多、深加工的较少、产品附加值低、品牌增值功能不强。生产企业并不能获得合理的市场回报，直接影响了绿色食品产业的进一步发展。因此，做强做大绿色食品产业的重要思路便是拉长产业链增加附加值，提升品牌价值。

最后是加大扶持力度、鼓励技术创新、做好政策服务。扶持绿色食品产业，要立足河南省实际，制定有效的政策措施，营造良好的产业发展环境，推动绿色食品技术创新，提高绿色食品的生产效率，降低绿色食品生产成本。主要有四个方面：一是落实优惠政策；二是加大财力支持力度；三是加大信贷支持力度；四是整合生产要素，特别是物流环节的要素市场化整合。

四、狠抓绿色食品的品牌营销管理

首先是要加强绿色食品的宣传，引导崇尚绿色食品的消费观念。引导消费者

形成绿色消费观念，创造独特的绿色消费文化，形成对绿色食品的消费偏好。同时还要降低绿色食品的市场价格，高价格将许多消费者拒之门外，并抑制了消费者的需求，低迷的需求制约了企业的发展。

其次是要增强绿色食品品牌的文化积累。凝练品牌内涵，提高品牌含金量、知名度和影响力，借文化之力之势，提升品牌市场竞争力。深厚的产品文化可给品牌注入高附加值，品牌价值的提升使产品的高价得到支撑、使消费者在选购绿色食品时感到物有所值，为品牌推广和进一步的品牌营销奠定了基础。

最后是要规范绿色食品的营销渠道管理。在促销终端增加绿色食品品牌接触点，提高绿色食品品牌影响力，在大中型超市内设立绿色食品销售专区，配合终端广告，提高顾客注意力，设置专业导购促销人员与顾客沟通。

综上所述，应认清河南省绿色食品产业在全国的落后地位，采取有效的措施扬长补短，充分发挥河南省农业大省、粮食大省、文化大省的优势，利用河南省多样的农产品和独有的特色农业，培育出更多的绿色食品龙头企业，塑造出更多具有较强市场竞争力的绿色食品品牌，推进河南省农业、食品业的产业化发展，实现“生态河南、和谐中原”的发展目标。

参考文献

[1] 邓平波. 绿色食品品牌竞争力培育对策研究 [J]. 新西部，2007，(24).

[2] 樊恒明. 河南省绿色食品发展浅析 [J]. 河南农业，2007 (4).

[3] 高群. 绿色食品产业集群生成机理研究 [D]. 福建农林大学博士学位论文，2007.

[4] 国家统计局河南省调查总队. 发挥河南省资源优势、做大做强食品工业. 国家统计局：http：//www. stats. gov. cn/tjfx/dfxx/t20080729_ 402495659. htm 2010 -5 -5 访问。

[5] 河南统计局，国家统计局河南调查总队. 河南省统计年鉴 (2009) [M]. 北京：中国统计出版社.

[6] “好想你”枣业股份有限公司网站. 公司概况 [EB/OL]. 2010 -3 -5 访问：http://www. chinaaoxing. com. cn/athena/companyprofile/chinaaoxing. html。

[7] 蒋逸民. 关于农业产业链管理若干问题的思考 [J]. 安徽农业科学，2008，(22).

[8] 绿色食品标志. 百度图片 [EB/OL]. http：//image. baidu. com. 2010 -4 -5 访问。

[9] 林媚，冯先桔. 浅析无公害食品、绿色食品和有机食品 [J]. 中国果菜，2008 (3).

[10] 李军民. 国外农业产业链运作经验对中国的启示 [J]. 世界农业，2007，(2).

[11] 李显军. 中国绿色食品产业化发展研究 [D]. 中国农业大学博士学位论文，2005.

[12] 罗峦. 绿色食品品牌营销问题浅探 [J]. 经济师，2006，(1).

[13] 罗峦，李崇光. 绿色食品品牌营销的关键—凸显品牌核心价值 [J]. 生态经济，2006，(5).

［14］李相宜．四大怀药：天赐怀川无价宝［N］．焦作日报，2001－7－24.

［15］盛丽颖．中国绿色食品营销问题研究［D］．中国农业大学硕士学位论文，2004.

［16］田宜龙．农企好势头：河南省规模以上龙头企业达6000多家［N］．河南日报，2010－2－20.

［17］余明阳，杨珊珊．品牌营销管理［M］．武汉大学出版社，2008.

［18］赵新勇．黑龙江省绿色食品产业发展研究［D］．东北林业大学博士学位论文，2005.

［19］郑煜曦．绿色食品产业及其发展对策研究［D］．武汉理工大学硕士学位论文，2002.

［20］中国绿色食品网．查询专栏［EB/OL］．2009－10－5访问：http://www.greenfood.org.cn/sites/MainSite/List_2_12405.html。

［21］周灿芳．我国发展绿色食品存在的主要问题及对策探讨［J］．广东绿色食品，2003，(3)．

［22］郑州市政府办公厅．河南省食品工业发展中存在的问题［R］．河南省信息中心：http：//www.zhengzhou.gov.cn/html/070711085225.html 2010－06－10访问。

［23］张平．绿色食品发展及产业化政策研究［D］．安徽农业大学硕士学位论文，2003.

后　记

本书是安阳师范学院“豫北区域经济协同创新中心”、“中原文化研究中心”研究成员集体研究的成果。近年来，研究组成员围绕区域经济发展进行了多项课题研究，为地方经济社会发展提供了相应的政策建议。为继往开来，更好地推进高校服务社会的实践探索，我们选择部分成果，编辑成书，以期分享，共同勉励。书中不妥之处，还望读者不吝赐教。本书的具体工作是：第一章由张良悦完成，第二章由刘君完成，第三章由张良悦、杨群和刘君完成，第四章由张良悦、杨群和高晓峰完成，第五章由郭素玲和程芳完成，第六章由郭素玲完成，第七章由安鑫丽完成，第八章由李国强完成。全书有张良悦、郭素玲、李国强、刘君编辑统稿。

经济科学出版社的张频老师为本书的出版给予了大力支持和无私奉献，在此表示感谢！

作　者

2013. 12. 20

图书在版编目（CIP）数据

现代农业发展、城乡一体化与生态文明建设——地方区域经济发展研究/张良悦，郭素玲等著．—北京：经济科学出版社，2013.12
ISBN 978-7-5141-4190-0

Ⅰ.①现… Ⅱ.①张…②郭… Ⅲ.①区域农业-农业经济发展-中国②城乡一体化-研究-中国③生态环境建设-研究-中国
Ⅳ.①F327②F299.21③X321.2

中国版本图书馆 CIP 数据核字（2013）第 314001 号

责任编辑：张　频
责任校对：隗立娜
责任印制：李　鹏

现代农业发展、城乡一体化与生态文明建设
——地方区域经济发展研究
张良悦　郭素玲　等著
经济科学出版社出版、发行　新华书店经销
社址：北京市海淀区阜成路甲 28 号　邮编：100142
总编部电话：010-88191217　发行部电话：010-88191522
网址：www.esp.com.cn
电子邮箱：esp@esp.com.cn
天猫网店：经济科学出版社旗舰店
网址：http://jjkxcbs.tmall.com
北京季蜂印刷有限公司印装
710×1000　16 开　19.5　印张　380000 字
2013 年 12 月第 1 版　2013 年 12 月第 1 次印刷
ISBN 978-7-5141-4190-0　定价：58.00 元
（图书出现印装问题，本社负责调换。电话：010-88191502）